辛亥革命与
近代中国

谢俊美 著

The 1911 Revolution and Modern China

上海人民出版社

目　录

第一部分

第二部分

第三部分

附录　辛亥革命时期期刊介绍

前　言

辛亥革命是中国历史发展界碑性的标志。它继承和完成了延绵二百六十多年秘密会党的反清斗争和太平天国推翻清朝的斗争目标。而革命后建立的资产阶级民主共和国政权——中华民国南京临时政府则从根本上改变了中国王朝更迭嬗递的历史，开创了中华民族历史的新纪元。民国初年社会的混乱政局是封建王朝崩塌之后的回澜，而社会危机中又酝酿了新的历史转机。马克思主义在中国的传播和中国化最终使中华民族实现了民族独立并屹立于世界民族之林。

一、辛亥革命是绵延已久的会党起义和波澜壮阔的太平天国起义在近代的延伸

中国近代社会的新陈代谢是一个急速递进的变革过程。自满族贵族一统中国后，虽然秘密会党历史绵远，无论是延续了几百年的白莲教势力，立基开局近二百年的天地会，还是西南地区的少数民族起义，"复明"也好，"复汉"也罢，但对社会并未带来多大变化。随着岁月的推移，满族贵族入关镇压和先辈们喋血的情景早已变得模糊和朦胧，或成为伏藏于意识深处的潜流，秘密会党的斗争提不出更新的斗争口号，斗争最终难以成功。

在近代中国，提出要变更社会制度的是太平天国洪秀全。他从"驱夷（满）复夏（汉）"出发，在政治制度方面主要参照了中国古代"周礼夏官"之制。同时又吸取了历史上农民起义政权的一些做法。它源于古，"尊周攘夷，以复中华之盛治，分疆划井，以救黎民之艰辛"（《太平天国文书》）。但它又不囿于古，从斗争的需要出发，结合他们有限的西方文化知识，建立了自己的政治制度。太平天国政治制度在很大程度上反映了当时农民阶级对封建君主专制制度的不满，表现了对民主政治的渴求和向往。洪秀全借来西方的宗教，他要把理想的天朝变成人间的天国，在这天国之下，以上帝教义取天下和治天下，"拜上帝"既是宗教组织，又是政治组织。借"上帝"而将他们的政治诉求和追求的理想寓于其中。

把宗教政治化和反清斗争结合起来，这是太平天国斗争的重要特征，是中国史无前例的。因此，他的改朝换代的斗争超越了历史上任何一个会党的起义，作为现实的目标而具有巨大的号召力。太平天国对宗教教义的朦胧启迪和对现实的诉求交织在一起而形成巨大的社会冲击力，不到半年就进军了大半个中国。但宗教的政治化和政治化的宗教，在中外反动势力的"围剿"下，太平天国"改制"的理想还是很难实现。

太平天国的政治制度虽有不少进步的内容，如男女平等、共同参政、土地平均分配，等等，但他们一方面痛恨清朝专制黑暗，另一方面又崇拜皇权，封王之多，几乎凡金田首义之人均封了王，封王最多达上千员。

太平天国虽然建立了一套区别于清朝封建专制的国家机构和官制，但又摆脱不了封建专制的束缚和影响，根本提不出全新的政治制度方案。这是历史的局限性，是洪秀全无法超越的。所以，一切还是"式样翻新，而名目依旧"。太平天国政治制度的封建性、落后性极大地妨碍了它的斗争事业发展，导致它最后的失败。

尽管如此，太平天国政治制度仍超越了二百六十多年的会党斗争。太平天国的"改制"行动，尤其是砸孔庙、毁"圣学"、删改孔孟之书、毁弃纲常名教的斗争，引起了封建士大夫官僚们的极大惊恐。曾国藩指出："此岂我大清之变，乃开辟以来名教之奇变。"中国自古以来，叛乱之事多有，但从未有叛军将矛头指向儒家思想本身。再怎样穷凶极恶的"叛将"，都不犯"圣庙"，但太平天国的目的"不是推翻清朝，另建王朝，而是要将王朝整体消灭"①。从这里我们不得不承认，太平天国反清斗争在当时还是引起了整个封建社会极大的震动。虽未撼动清朝封建统治根基，但触动了封建社会的敏感神经，直接或间接推动或影响了中国社会的新陈代谢。太平天国政治制度中不少合理的成分为后来的革命者所借鉴。中共领导的农村土地革命中，在土地制度方面借鉴了太平天国《天朝田亩制度》的"耕者有其田"的土地政策。在用人制度方面，吸取洪杨事件的教训，创建了党内民主集中制；借鉴太平天国女官制度，在革命队伍内实行男女平等，给予妇女和男子同等的政治地位。在教育制度方面，太平天国实行女科考试，这对后来的女子文化教育带来了不小的影响。他们改制建国的斗争，直接影响和启迪了孙中山为首的资产阶级革命党人。

清政府虽倾力镇压了太平天国起义，但并没有改变自己灭亡的命运，在残

---

① ［美］裴士锋：《天国之秋》，黄中宪译，社会科学文献出版社 2014 年版，第 125 页。

喘了四十多年之后,还是被孙中山领导的辛亥革命推翻了。

二、辛亥革命是民族民主革命,开辟了中国历史新纪元

孙中山生于广东香山县(今中山市)。香山地区是不少太平天国将士的家乡,孙中山自小就耳濡目染太平军将士反清斗争的故事。他深为太平天国的失败感到可惜,誓志继承太平天国先烈的遗志,为"改变中国"而努力。因此有人将他称作"洪秀全第二"。此后,孙中山随兄长孙眉前往美国檀香山,在那里初步接触到西方的资本主义社会。对中国历史的记忆和对现实的黑暗的不满,化成他对美好政治制度的向往和追求。1894 年他和人秘密成立了兴中会,誓言"驱除鞑虏,恢复中国,创立合众政府",继太平天国洪秀全之后,提出学习西方政治制度的主张。此后,随着对国情的更深了解和对西方民主政治制度的认识,1905 年他又进一步提出了"驱除鞑虏,恢复中华,创立民国,平均地权",并写入中国同盟会的誓词,这成为反清革命的宗旨。为了实行这个革命目标,他先后发动了十次武装起义,这些起义连同当时其他革命组织如光复会以及大小会党发动的起义,和众多的"兵变"、"民变"、抗捐抗税斗争,共同汇成了声势浩大的反清革命斗争形势,给清朝统治形成了巨大的冲击,并直接导致了 1911 年10 月 10 日武昌起义爆发。

武昌起义爆发后,在革命党人的推动下,各省迅速响应。一个月内,先后有十多个省份、区域宣布独立,脱离清政府。在冀鲁豫地区,在袁世凯的操纵下,河南上演了"请愿共和不独立"的闹剧。袁世凯此举可以稳住他在这些地区的基本盘,不致号令不出都门。另外,此举加重他与南方谈判较量的筹码,同时也进一步向清政府施加压力,迫使清帝早日退位让出政权,使他早日登上临时大总统的宝座。"请愿共和"虽很伪善,但客观上表明了清朝大势已去,共和已是人心所向。民主共和必行于中国,任何人也无法阻挡。正如袁世凯的幕僚王锡彤说的,"清帝退位虽仰赖当局阴阳捭阖之妙,而实借民党发扬蹈厉之势,乃可恫喝而成功"①。但归根结底在于革命声势:"民主共和早已深入人心,不能易也。孙中山振臂一呼,民之从者如流水,南京开会,公举孙中山为临时大总统,遂为中华民国诞生之始。"②

而以张謇为首的立宪党人也以清廷大势已去,决心"手捧朝阳,不再扶持落

---

① 王锡彤:《抑斋自述》,河南大学出版社 2001 年版,第 86 页。
② 同上书,第 184 页。

日",转向拥护共和,支持孙中山革命党人。立宪派转向支持革命影响很大,加速了清政府的灭亡,张謇、前清江苏巡抚程德全、浙江立宪党人汤寿潜后来还应邀参加南京临时政府的筹建,担任实业、交通、内政三部总长,为新生的中华民国直接作出了重要贡献。尤其是张謇还一度在财政上支持临时政府。

1911年12月下旬,独立各省的代表齐集南京会议,选举孙中山为中华民国南京临时政府大总统。1912年1月1日,孙中山在南京就任,选举产生了临时参议院,颁布《中华民国临时约法》。中华民国正式成立。

中华民国是中国有史以来第一个资产阶级民主共和国,它庄严宣告了中国延绵了两千多年的封建君主专制制度的终结。南京临时政府的建立使孙中山、黄兴等资产阶级革命派为之奋斗的民主共和国理想变成了现实。尽管这个政府只存在了三个月,然而它毕竟是中国社会历史发展大变革的重要产物,是中国政治制度演变史上的里程碑。从近代社会新陈代谢的视角看,辛亥革命当然不是旧式农民起义,更不是旧式会党在近代的翻版。在学习西方方面,同样是近代中国学习西方、寻找救国救民真理的代表人物,孙中山要比洪秀全深远得多。洪秀全只是找来一个"上帝",也想借这个上帝打造人间"天国",但他的这个天国充塞着大量落后的东西,"天条""十戒"等都是封建糟粕,是落后的东西。与太平天国形成鲜明对比的是,南京临时政府成立之初真是"中国新气象,华夏大文章"①,处处保持着革命本色。临时政府摒弃了封建时代一切官样排场修饰,选择原两江总督府作为临时政府大总统办公地。临时大总统办公室是一个前后两进的套间,前一间为总统办公室,后一间则为宾客的接待室,而到了夜间则成为临时大总统的卧室。若有总长或次长一时无住处,则与总统挤住在一起。所有政府成员一律使用总统印发的饭票。蔡元培被任命为教育总长,没有办公室,最后带领几个助手总算在丁家桥找到一处,作为临时办公处。身为总长的蔡元培没有秘书,要自己动手洗衣服。有一位老者从扬州赶到南京看望孙中山,在门口被卫兵拦下,孙中山说,现在是民国了,让他进来。这位老者一见孙中山就要行跪拜礼,被孙中山连忙劝阻。孙中山说:"老人家起来,现在是民国了,总统不是皇帝,我今天是总统,为大家办事,如果明天不做总统了,就和你一样是一名公仆。"②为了保持革命党人的艰苦奋斗本色,蔡元培、于右任、汪精卫、蒋作宾、吴稚晖等人发起成立"进德会",登报声明不徇私、不谋私、不受贿、

---

① 1912年中华书局成立对联,王文濡:《联对大全》,中华书局1923年版。
② 谢俊美主编:《中国通史》第七册(近代分册),教育部标准教材,华东师范大学出版社2008年版。

不敛财、不摆架子、不嫖妓、不纳妾的"七不",让社会进行监督。临时政府一切因陋就简,甚至办公所用纸张公笺文件也是用较薄的黄毛纸印刷。

孙中山和临时政府的总长、次长们为新生的中华民国开了一个好头。南京临时政府在建元上也一反旧制。明清以来多以一君即位为元年。"而今以立国之始为元年,即中华新国之例也。""下令改用阳历,以壬子年正月一日为中华民国二月十八日,天下之耳目一新,改壬改岁,固新国之巨典也。至省去闰月,稽核最便,银行、大公司便利最多。"①总而言之,无论从哪一方面讲,由以孙中山为首的革命党人建立的中华民国,其"改制"活动都是破天荒的,要比太平天国改制深刻得多。作为中国社会历史大变动,辛亥革命给中国社会带来了以下几个根本性的变化。

1. 民主共和国体的确立是史无前例的。它结束了中国绵延两千多年的封建王朝赓续相延的局面,开创了民主共和体制。自此民主共和深入人心,顺之者昌,逆之者亡。有违此者则被视为大逆,全民共诛之,全国共讨之。

2. 确立了民族国家的认同。汉满蒙回藏,同为中华民族大家庭的成员,"五族共和,同为一家"。

3. 中国现代化开始起步。南京临时政府公报《宣言》、颁布的《临时约法》明确以建设现代化新国家为目标,提出了振兴实业、创办新式教育、发展经济。

4. 辛亥革命后各种思想在中国广泛传播,而其中之一的马克思主义在中国的传播直接催生了中国共产主义运动的兴起和1921年中国共产党的成立。

此外,辛亥革命还给人们留下主权在民、国家统一,以及追求民族平等、民主正义的强烈的理念。

三、民国初年社会政局的混乱是历史大变迁的回澜

社会新陈代谢是一个复杂的演变过程。辛亥革命后,民国初年中国社会出现了一系列倒退的现象,袁世凯解散议会、政党,国会活动停摆,袁氏悍然称帝,张勋复辟,乃至出现大小军阀割据混战的局面。"夫去一满洲专制,转生出无数强盗之专制,其为毒之烈,较前尤甚。"②这一切都是20世纪初年中国社会历史大变动后的回澜。

辛亥革命后,清室根据优待条件,仍居住在紫禁城内,使用宣统年号,颁布

---

① 《抑斋自述》,第133页。
② 孙中山:《建国方略自序》,《孙中山选集》(上),人民出版社1956年版,第166页。

起居注，一些前清臣僚还时不时入宫叩拜，继续效忠溥仪。以肃亲王善耆、恭亲王溥伟等为首的宗社党人以及张勋等前清武官仍然想着有朝一日清帝复辟。因此，从表面上，中国已是民国了，但实际上存在着两个对立的政权，旧势力不甘自动退出历史舞台。新旧势力仍在进行较量和搏斗。

1912年4月，袁世凯当上临时大总统。袁世凯得势和东山再起、取得政权，是利用了辛亥革命时复杂的国内外形势。"袁公为临时大总统，其所以如此之速者，得力于段芝贵率前敌将士一电请愿共和之最有力者也"，"政权归诸内阁，英使朱尔典实助袁公以成之"①。借民党革命声势以要挟清政府，借段祺瑞等五十名北洋将领之通电，并得到英国公使朱尔典的支持，袁世凯通过纵横捭阖手段当上内阁总理大臣。袁世凯公开表示"余不愿为革命党，余子孙亦不愿其为革命党"②。他本来就与革命党无缘，这就为民国带来极大的变数和危机。袁世凯上台后，处处与孙中山革命党人为敌，刺杀宋教仁，借口国民党议员支持"二次革命"而下令解散国民党，以致国会议员不足法定人数而停止召开。辛亥革命爆发当初，袁的幕僚分为二派，一派主张革命，推倒清室；一派以其子袁克定为代表，主张"逐清建夏"，"云台（指袁克定）主张复汉者也，借锡拉胡同屋，借银数千两作运动费"③。袁世凯当然知情，只是当时时机还未成熟罢了。1915年后，则公开支持杨度等设立的"筹安会"，进行洪宪帝制活动。洪宪帝制乃袁世凯自己一手造势而成，"公一生得力在乘机以立功，而洪宪乃自己造机，一蹶之后，愤懑盈胸，血气冲决，病不可为矣"④。最后在全民声讨中，走向败亡。

辛亥革命沉重一击，腐朽不堪的封建大厦立即倒塌。民国虽然建立，但封建的根基依然存在，社会凋敝，民生凋残。"民国改元而后，验契有费，公司派钱，且一切新税正在议行，尤不知凡几。"⑤民困无告，沦为盗贼，"河南禹州西山崇岭丛杂，盗贼浸盛，俗呼刀客，掳人勒赎，官不敢问"。"自光绪丁丑以来，河北旱荒，斗米一金，人相食。"⑥白朗起义延及晋冀鲁豫。

清代科举盛行，乡、会试三年举行一次，造成社会上大量的冗官冗员，以及数万进士、举人、诸生。清廷倒台后，这些依附和服务于封建政权的士子顿失其所，陷于饥饿之中。"仅江苏一省，知县一项，在千余员外。""京官则一部至少千

---

① ③ 《抑斋自述》，第176页。
② 同上书，第175页。
④ 同上书，第138页。
⑤ 同上书，第220页。
⑥ 同上书，第161页。

员之外。"中央六部九卿十八司,全国十八省,总计不下数万人。大批官吏、文人,不工不农不商,为生活所迫。1913 年梁启超自京师致信在外地的康有为,信中说:"两月来,在西河沿一带旅馆运动官缺者七万余人。其人或在前清久任实缺,或在大学优等毕业,何法对付,唯有谢绝耳!"①一时民间有"官荒""灾荒""税荒"之谚。②

辛亥革命后,北洋三镇驻防京津一带,财政部曾以社会秩序恢复正常为由,主张留守京师的官兵每月粮米扣减一两,令下之日,士兵大哗,几致"哗然溃变"。当时沙俄唆使外蒙古上层"独立",王锡彤建言袁世凯"宜推其锋,使之外向",武力收回外蒙古③。但袁表示"我终欲煦妪之,不愿用武力也"④。他要拥兵自重,为他的帝制活动服务。

民国初年封建统治的根基既未被摧毁,封建势力也未被铲除,而是大量残存;袁世凯挟势用权,进行帝制复辟活动,这些旧势力的残存卷起一股浊浪,孙中山等革命党人虽为之奋斗反抗,护国讨袁也好,护法也罢,都一时无力将其击垮,然而腐朽终究不能化为神奇,民主革命的力量最后必将战胜黑暗势力,取得胜利。

四、马克思主义中国化是中国历史大变局的必然

中国近代如同巨石大磨旋转,非到理想之处不会停止,即非要找到民族解放,国家独立、富强的道路,否则不会停转。经过几代中国人的奋斗摸索,中国人民最终找到了马克思主义,并使之与中国革命实际相结合。"把马、恩、列、斯的方法用到中国来","用马克思主义的立场、方法来解决中国问题"。⑤"中国共产党诞生后,中国共产党人把马克思主义基本原理同中国革命和建设的具体实际结合起来","实现了中华民族从东亚病夫到站起来的伟大飞跃"。⑥

马克思主义中国化既是马克思主义作为科学真理在世界的验证,也是辛亥革命以来中国社会历史大变动的必然结果。

马克思主义中国化是中国有史以来从未有过的大变局。

首先,它是辛亥革命对中国历史大变局的深化。辛亥革命中,革命党人奠

---

① 丁文江、赵丰田编:《梁启超年谱长编》,上海人民出版社 1987 年版,第 681 页。
② 《抑斋自述》,第 144 页。
③④ 同上书,第 184 页。
⑤ 《毛泽东文集》第 2 卷,人民出版社 1993 年版,第 408 页。
⑥ 习近平:《在纪念马克思诞辰 200 周年大会上的讲话》(2018 年 5 月 4 日),《人民日报》2018 年 5 月 5 日。

定了民国基石,而袁世凯却窃得了民国的名器。对于这样的结果,革命党人和袁世凯均心有不甘,于是在民国初年,双方又展开了生死搏斗。民国以后,民主潮流浩浩荡荡,早已深入人心,顺之者昌,逆之者亡。袁氏的种种倒行逆施,最终走向失败。

面对民国初年的混乱政局,孙中山没有停止对救国道路的探索。在开展护国、护法等斗争的同时,他开始寻找新的政治力量,寻找新的救国道路方案。他在学习西方资本主义的同时,隐约地察觉到在资本主义的背后还有一个更好的东西,那就是社会主义。但以孙中山为首的资产阶级革命派认为中国现在还很落后,现在只可以进行资产阶级革命。十月革命后,苏俄为了摆脱西方的封锁,支持亚洲被压迫国家和民族解放斗争,以结成国际反帝统一战线,他们找到了孙中山。此后孙中山开始同苏俄发生联系,并接受苏俄的建议和援助,改组国民党,创建黄埔军校,实行"联俄""联共""扶助农工"三大政策,领导轰轰烈烈的国民革命,进行北伐战争,旨在结束北洋军阀统治。

苏俄十月革命后,马克思列宁主义从俄罗斯远东传到日本,又通过俄国、日本的革命者传到了中国。"于是中国有不少同志者,也奋起来一致进行了,所以世界不久有大变动,中国不久也有大变动。"[1]中国共产党成立于 1921 年 7 月,但在此前,不少先进知识分子在 1918 年到 1920 年,已经间接接触到和接受了马克思主义,并在各地成立了宣传马克思主义的团体,将其同中国反帝反封建斗争结合起来。陈独秀、李大钊、张太雷、李达、李汉俊、毛泽东、朱德、周恩来、刘伯承、贺龙、彭德怀、陈赓等一大批共产党人都曾参加孙中山领导的辛亥革命、护国战争、护法斗争、反对北洋军阀统治的斗争。毛泽东自称是孙中山的学生。近代中国历史新陈代谢的一个特点,就是它如同一个接力棒,传递在许多代人之间,前赴后继,赓续相接,奋斗不止。

社会危机是社会矛盾激化的反映,各种是非矛盾积弊的暴露,往往又成为社会转机的起点。国共两党各有自己选择的道路,道不同,不相谋。1927 年,蒋介石背叛孙中山的"三大政策",发动"四·一二"反革命政变,大肆屠杀共产党人和革命工农,建立以蒋介石为首的国民党独裁统治。中国选择马克思主义是历史的必然,但客观现实限制了主观愿望,这个矛盾要求马克思主义中国化。大革命失败后,中国共产党人发动南昌起义、秋收起义,武装反抗国民党反动

---

① 中共一大会址纪念馆:《中共建党前后革命活动留日档案选编》,上海人民出版社 2018 年版,第72 页。

派。此后，国共两党进行了二十余年的斗争，中共在毛泽东领导下，坚持走农村包围城市、最后夺取城市、取得全国胜利的斗争道路，最终击败国民党反动派，于1949年10月，建立了中华人民共和国。从孙中山的"中华民国"到以毛泽东为代表的共产党人缔造的"中华人民共和国"，折射出近代中国社会新陈代谢的演变递进过程。这是一条由中国国情出发，真正继承和完成了孙中山未竟事业的道路。

总之，辛亥革命是旧民主主义革命的起点，它推翻了封建清朝，开启了中国历史新纪元；它在北伐战争中得到延伸，在1947—1949年的中国人民解放战争中得到了最后的胜利。中国共产党真正继承和完成了孙中山未竟的事业，而在饱经长达一百多年的民族苦难和屈辱及沧桑之后，中华民族终于在世界民族之林中重新站立起来。

导　读

从"体制内改革"到"体制外革命"

　　1911 年的辛亥革命是近代中国史上一次伟大的民族民主革命。它推翻了统治中国二百六十多年的封建清王朝,结束了在中国绵延了两千多年的封建君主专制制度,仿效西方,建立了民主共和体制的政权,实现了近代中国政治制度的第一次历史性飞跃,使中华民族的伟大复兴迈出了重大一步。

　　辛亥革命作为一场社会政治革命,实际上是先前中国仁人志士挽救民族危亡斗争屡屡受挫后的选择。正如革命前辈吴玉章先生所指出的那样:"中国在十九世纪中叶以后进入了一个曲折和复杂的转变过程,在这个时期所发生的一切社会政治和思想的变化,可以说都是导向这次革命(指辛亥革命——引者)的。"[①]吴玉章这里讲的"在这个时期所发生的一切政治和思想的变化",不仅有包含了会党反清斗争、太平天国等大小农民起义以及辛亥革命在内的"体制外革命",而且也包含了戊戌变法、庚子以后清政府推行的官制改革、预备立宪等"体制内改革"及其相关的社会变动。辛亥革命的成功可以说既是"体制外革命"胜利的结果,也是"体制内改革"失败的产物。

　　一、"体制内改革"是民族危机迫发的产物,是清王朝的自救之举

　　"体制内改革"和"体制外革命"是晚清最后几十年中国社会政治变迁的主要表现形式,两者相互交错,相互影响,共同推动晚清中国社会的新陈代谢。

　　所谓"体制内改革",就是在保存封建君主专制制度的前提下,采纳西方欧美和日本的相关政治法律制度,对现存的封建政权进行适当的改革,以达到延续封建统治的目的。晚清的"体制内改革"大致可分为舆论准备和实施两个阶段,而实施阶段又可分为戊戌变法和清末新政两部分。

　　第二次鸦片战争后到中日甲午战争前是晚清"体制内改革"的舆论准备阶段。

---

　　① 　吴玉章:《论辛亥革命》,人民出版社 1972 年版,第 1 页。

晚清"体制内改革"是民族危机迫发下的产物,目的虽是"延续封建统治",但又带有学习西方的性质。西方资本主义在对中国实行侵略压迫的同时,有意无意地将西方的文化、科技、宗教、政治制度、世界观、价值观等带到了中国。一些较早接触西方的士大夫官僚凭着他们的眼光和直觉,通过中外比较,力求用自觉的改革来捍卫自己,实现民族自强。第二次鸦片战争结束后,一批活跃在东南沿海开放口岸的先进志士承继林则徐、魏源等人的经世救国思想,著书立说,发文议论,力倡"体制内改革"。王韬说,"天道,与时消息,人事与时变通,盖天道变于上,则人事不得不变于下",①从中国传统应变的道理来论证改革的必要。郑观应在《盛世危言》中提出开议院、修铁路、办银行、练民兵等主张,虽然是搬抄西方的,但在中国士大夫那里,却是耳目一新的"新论"。生活在上海"夷场"(租界)的进士冯桂芬,经过多年考察和中外比较,写出了《校邠庐抗议》一书,提出了"公黜陟""汰冗员""许自陈""易吏胥""省则例""停土贡""改科举""采西学""制洋器""善驭夷"等主张,认为"古今异时亦异势",②时异势异,法亦应随时而变;"夷务"是当今国家"第一要政"。③光绪帝师翁同龢慕冯氏之名,在回籍修墓、道经上海时,特地购了一部带回京师,进呈光绪帝。光绪帝特地将书中"汰冗员""省则例""许自陈""采西学""善驭夷""制洋器"等六篇抄录装订成册,留在宫中随时浏览。④戊戌变法期间,谕令将该书重新印刷两千部,分发部院堂司和地方督抚,作为变法参考。⑤与郑氏、冯氏几乎同时,使臣郭嵩焘、曾纪泽、薛福成、黄遵宪,留法的马建忠,以及汤寿潜、邵作舟、陈虬、陈炽等一批人也在著作中指出"今之立国,不能不讲西法,亦宇宙之大势使然也"⑥。呼吁进行"体制内改革",内容涉及仿行西方社会民主制度,⑦实行"君民共治"⑧,重"民权"⑨,行"民政"⑩,建立"市政"⑪,学习日本,实行"君主立宪"⑫。但这些呼吁、发论,并未在统治高层形成动议。原因是:(1)当时多数士大夫官僚认为中国的

① 王韬:《答"强弱论"》,《弢园文录外编》卷七,第17页。
② 同上书,《易吏胥议》。
③④ 见谢俊美:《翁同龢传》,中华书局1994年版,第172页。
⑤ 见谢俊美:《政治制度与近代中国》,上海人民出版社2000年版,第226页。
⑥ 薛福成:《出使英法义比四国日记》,岳麓书社1985年版,第6页。
⑦ 郑观应:《郑观应集》(上),上海人民出版社1982年版,第61—64页。
⑧ 王韬:《与杨醒逋》,《弢园尺牍》卷二,第13页。
⑨ 郭嵩焘:《郭嵩焘日记》光绪三年十二月十四日,岳麓书社1984年版。
⑩ 黎庶昌:《西洋杂志》,岳麓书社1984年版。
⑪ 曾纪泽:《曾纪泽选集》,湖南人民出版社1984年版,第336页"日记"。
⑫ 郑观应:《郑观应集》(上),上海人民出版社1982年版,第61—64页。

政治制度是好的,"中华文物制度称胜,唯火器不及外夷",政治制度无须改革;(2)这些人不是体制内有影响的人物,人微言轻,多数人连条陈奏折的资格也没有,所以,他们的体制改革言论,少有上达朝廷的。统治集团高层中只有少数官僚感到体制有改革的必要,主张撷取西方议院民主之"义"。两广总督张树声曾说"西人立国,自有本末……育才于学堂,论政于议院,君民一体,上下一心,务实而戒虚,谋定而后动,此其体也",①主张采行西方议会制度。军机大臣兼总理衙门大臣文祥也说:"说者谓各国性近犬羊,未知政治,然其国中偶有动作,必由其国主付上议院议之,所谓谋及卿士也;付下议院议之,所谓谋及庶人也。议之可行则行,否则止,事事必合乎民情而后决然行之。"认为虽然"中国天泽分严,外国上议院、下议院之设,势有难行,而其义可采"②。文祥也和张树声一样,主张采行西方议会制度。张氏和文祥称得上晚清统治集团中最早提出"体制内改革"的倡导者。

从中日甲午战争到1898年戊戌变法失败,是晚清实行"体制内改革"的第一阶段。甲午战败后,举国求变。对时局的敏感,引发了"公车上书",以及强学会、保国会等吁请体制改革的团体活动。康有为又一次上书光绪帝,要求变成法、设议院、通下情。何启、胡礼垣、汤震、陈虬则提出了具体政改方案。③当时统治集团虽忧心战败造成的危局,但并无改政的举措和意愿,以致连外国人也感到清朝无可挽救。英国驻华公使欧格讷说:"自中倭讲和,六阅月而无变更,致西人群相訾议。……且中国非不可振,欲振作亦非致难也。今中国危亡已见端倪,各国聚谋,而中国至今熟睡何也?!"④英国传教士李提摩太向总理衙门条陈建议中国体制改革须从"教民""养民""安民""新民"四方面着手进行。⑤赫德也上书清廷,建言变政。但这些呼吁,建言,"无一准行者"。⑥直到德国强占胶州湾,俄国强租旅顺、大连,列强掀起划分势力范围、旨在瓜分中国的狂潮,这时统治者才深感国势阽危,亟图变计。直到此时,康有为、梁启超等要求体制改革的意见和建议才送到光绪帝手里。光绪帝认为中国之所以弄到今天这个地步,都是大臣们"疲玩",行政"敷衍搪责,一事不办"的结果;意识到中国政治体制到

---

① 见谢俊美:《政治制度与近代中国》,上海人民出版社2000年版,第226页。

② 《文祥传校注》,《清史稿校注》卷393,第9902—9904页。

③ 《戊戌变法》(一)(中国近代史资料丛刊),上海人民出版社2000年版,第201—207页。

④ 英国公使欧格讷与总理衙门大臣的谈话,光绪二十一年九月十四日,陈义杰整理:《翁同龢日记》,中华书局1994年版,第2845页。

⑤⑥ 《翁同龢日记》,第2844、3082页。

了非改革不可的地步,且"需从内政根本变起"①,"帝知非实行变法,不能立国,其时同龢辅政,力赞其说"②。但不幸的是,光绪帝并无实权。重大事件和重要人事任免都得请示慈禧太后,由慈禧太后定夺。在维新派的推动下,光绪帝执意实行变法,于1898年6月,诏定国是,宣布维新。先后裁撤和合并了部分闲散衙门,如中央的通政使司、詹事府,东河河道总督、漕运总督,督抚同城的云南、广东、福建三省巡抚,承办宫廷皇室日用物件的江宁、苏州、杭州三个织造衙门,以及地方上的粮茶盐道衙门,还有同光之际开办的各种善后、牙厘、支应、巡防等局、所。下令改革官制,裁汰冗员,停止实官捐纳,改八股为策论,擢用维新人士,参与新政;罢斥阻挠变法的大臣。变法引起了内外恐慌。机构的裁并,大批冗官冗员的裁汰,虽有利于行政效率的提高和减少行政开支;捐纳的停办,虽有利于净化吏治,但也使受影响之官吏一时生计无着。康有为曾条陈建议光绪帝设立制度局,荣禄闻此,直指此举"是废我军机",表示"我宁可忤旨,必不可开"。③这次体制改革使原本紧张的帝后关系、臣僚之间的人际关系变得更加紧张复杂,其间还夹杂着所谓的离间满汉的挑衅,把一个严肃的变法"妖魔化"。太后诘问光绪:"天下者,祖宗之天下,汝何敢任意妄为?! 诸臣者,皆我多年历选,留以辅汝,汝何敢不用?! 乃竟敢听信叛逆蛊惑,变乱典型?!"④把体制改革诬指为"任意妄为",把裁冗指为"不用",把支持和推进改革的维新人士诬为"叛逆",最后竟发动政变,幽禁光绪帝于瀛台,诛杀谭嗣同等"六君子",尽罢新政。晚清首次"体制内改革"由皇帝发动,至太后推翻而告终。

戊戌年间,反对体制改革的不仅有慈禧太后,而且还有许多士大夫官僚。当时在军机大臣、总理衙门大臣中赞同体制改革的只有翁同龢等少数人。恭亲王奕䜣认为国家刚经战败,元气未复,现在推行改革,将有动摇国本之虞。奕䜣的反对未必针对改革本身,在很大程度上是为了保持政局的稳定。在当时的中国,守成与守旧是一个意思。多数士大夫官僚认为设官分职,国家体制攸关,不能轻易更动,主张对原有机构和官制进行修补,"损益古今之制,按部改设,略仿《周礼》"⑤。这种思想认识直接影响了戊戌变法的成败。

从义和团运动失败、八国联军侵华到辛亥革命爆发,是清政府推行"体制内

① 《翁同龢日记》,第2844、3082页。
② 苏继祖:《戊戌朝变记》,《戊戌变法》(一)(中国近代史资料丛刊),第346页。
③ 《戊戌变法》(二)(中国近代史资料丛刊),第197—204页。
④ 苏继祖:《戊戌朝变记》,《戊戌变法》(一)(中国近代史资料丛刊),第346页。
⑤ 同上书,第219页。

改革"第二阶段,也是最后一个阶段。经过义和团运动和八国联军侵华战争,国内形势发生了很大的变化。慈禧太后为感激列强同意她继续执政,表示要"量中华之物力,结与国之欢心"。此时的清王朝已完全沦为"洋人的朝廷",成为对人民进行搜括、向列强支付赔款的工具。巨额的赔款摊派到各省,最后全部转嫁到人民头上。当时"捐税之多,无孔不及,所有柴米纸张杂粮菜蔬等,凡民间所用,几于无物不捐","凡百什物,均要抽捐;肩挑负贩,无不纳税"①。在征收过程中,各级官吏趁机勒索、横征暴敛,激起民众的普遍反抗,"祸变迭起,万里神州,几成乱薮"。以抗捐抗税为主要内容的反对封建压迫剥削的斗争,遍及全国城乡各地,对清朝统治造成了巨大的冲击。而"革命论盛行于国中……其旗帜鲜明,其壁垒森严,其势力磅礴而郁结,下自贩夫走卒,莫不口谈革命,而身行被坏"②。革命党人也"无日不思以推倒政府为事"③。正如时人形容的那样,清朝当时的处境是"猛虎扑于后,泰山颓于前"④,危险万分。在这种情况下,出于求生的本能和自救的意识,清廷重新撮拾起改革的旗帜,希望把一个油尽灯枯的王朝继续支撑下去。

晚清这次"体制内改革",分为官制改革和预备立宪两个时段,前后历时十年之久。1901 年 1 月 29 日,流亡西安的慈禧太后颁谕,令军机大臣、大学士、六部九卿、翰詹科道、出使各国使臣、各省督抚"各就现在情形,参酌中西政要,举凡朝章国故,吏治民生,学校科举,军政,财政,当因当革,或取诸人,或求诸己,如何而国势始兴?! 如何而人才始出?! 如何而度支始裕?! 如何而武备始修?! 各举所知,各抒所见,通限两个月,详悉条议以闻"⑤。接着重新宣布恢复"1898 年的改革纲领"⑥。4 月,设立督办政务处,正式拉开了晚清最后十年"体制内改革"的序幕。

改革总比守旧不变好。不过,由于这次"体制内改革"是由三年前推翻新政、扑杀维新志士的慈禧太后所倡导,因而从一开始人们就对这场改革抱着怀疑的目光、持不信任的态度,不为看好。总认为她同意改革"不过是对国内不满的搪塞、贿赂和对于外国无力的软弱屈服,都是政府无能的表现"⑦。不过,由

---

① 中国第一历史档案馆编:《辛亥革命前十年间民变档案史料》,中华书局 1985 年版,第 357 页。
② 《论中国现在之政党与将来之政党》,《新民丛报》第 92 号。
③ 匀士:《论近日中国权利思想之发达》,《清廷之改革与反动》(上),第 660 页。
④ 故宫博物院编:《清末筹备立宪档案史料》(上),第 41、242、473、629、651 页。
⑤ 中国第一历史档案馆编:《义和团档案史料》,中华书局 1979 年版,第 944 页。
⑥ [美]李约瑟:《清帝逊位与列强》(中译本),三联书店 1983 年版,第 15 页。
⑦ 同上书,第 16 页。

于她听政数十年,朝政大权在握,尽管有人对她宣布改革的举动持有怀疑和不满,但慑于她的专制淫威,还不敢公然违抗她的懿旨,所以,改革还是逐步开展起来。

有人曾把这次改革比作戊戌变法的"重演"和"再度来临"①。然而对这次改革略作考察,将它同1898年的戊戌变法相比较便可知,无论是改革的计划安排,还是组织运作,此次改革都要深刻得多。先后设立了督办政务处、政治考查馆(后改为宪改编查馆)、法律修订馆,各部院乃至各省份则设立了统计局、调查局,作为改革的具体指导机构。改革井然有序,一切按计划步骤进行。1901—1905年主要着手官制改革,1905年后则集中于宪政准备。新政期间,颁布了中国历史上首部宪法《钦定宪法大纲》,明确规定了中国采行君主立宪政体。虽然规定大权"统于君上",但也确认了一些具有资本主义性质的民主原则,用法律的形式规定了人民的权利和义务。虽然这些都还是纸面的东西,却是中国历史上破天荒的第一次。一位西方历史学家在评论此事时写道:"宪法大纲重点虽放在获得君上大权上……但必须承认,这对于使全国人民信服满清政府历次宣言的诚意来说,并不是一个很好的开始,但它终究是向前迈进了显著的一步。"②它参照欧美各国和日本的政治制度,实行立法、司法、行政三权分立,在中央设立资政院,代行议会,各省设立谘议局,作为省的立法机构。参照各国行政设置,厘定新的中央官制,组建新的中央行政机构,成立了中国史上第一个君主立宪政体责任内阁。就制度层面而言,晚清设立的责任内阁大体符合西方君主立宪国家的内阁制,更近似日本内阁制。总之,它希图用"平和的自我改革,来实现封建君主专制向君主立宪的过渡"。正如革命党人秦力山所说的那样,如果清廷真的实施这些改革方案,"如能经改革的方式削夺君主的权力,立法以限之,则名虽为改革,其实则为和平之革命"③。然而,清廷进行体制改革只是借用君主立宪来包装自己,并不是要去真的推行宪政,其真正的意图是"借立宪以行专制,假设阁以集皇权"④,是为了保存封建君主专制制度。因此,秦氏所说的"如果",从根本上说是不存在的。

---

① [日]和田清:《中国史概说》下卷,第328—330页,转引自《外国资产阶级学者是怎样看待中国历史的》第一卷,商务印书馆1960年版,第457页。

② [德]费纳克:《现代东洋史》,第209—210页,《外国资产阶级学者是怎样看待中国历史的》第二卷,第645—647页。

③ 秦力山:《革命箴言》,引自王德昭:《秦力山——从改良到革命》,《纪念辛亥革命七十周年学术研讨会论文集》,中华书局1984年版,第2684—2685页。

④ 《清末筹备立宪档案史料》(上)。

晚清的这次"体制内改革"以辛亥革命爆发、王朝被推翻而终结。它的失败固然与革命发生有关,但就史实而言,即使不发生革命,改革也难以进行下去,况且革命系因它而起。当时"不仅政府与人民之间有权力的冲突,而且还别有种族问题存在,在清政府的种族自私政策之下,欲求其和平改革,实属非望"①。改革本身存在诸多弊窦和无法克服的矛盾。

首先,这次改革是清政府在遭遇严重统治危机的情况下进行的,改革的目的是自救,并不是出于一种对未来的直接自觉。为了自救,不得不进行一些"真的改革",但又不想真的去做。新的官制尤其是三权分立的政治原则,打破了历来的局面;而地方行政机构与中央各部院对接后,地方事事受制于中央,督抚的人事权力大为削弱,"督抚几成局外之人"。地方议会的设立,使督抚又多了一层监督。因此,大多数督抚对改革感到不快。"论内阁担负责任则利于君,论国民之参与政权则利于民,论政体之齐一则利于国,独不利于官。……欲徇私利则既畏讥弹,欲贪婪则更多顾忌,此宪政实行所以诺者什一,阻者什九也"②。由于改革对督抚没有什么好处,督抚们对许多新政举措阳奉阴违,不是敷衍搪塞,就是以各种借口延搁不办,加以阻挠和反对。中央各部院机构裁并和人员的精减,造成了大批冗官冗员;新部院设立后,许多官员因对新政感到不便,办事消极,以致许多的改革举措始终"停留在纸面上","从未超出过纸面上阶段",③因而引起了社会的普遍不满:"筹备而不能举实,何如不筹备之为犹愈?!""枝枝节节而为之,微特不足以补救大局,反足以招致大乱。"④"一切改革都是有名无实,貌似神非",这样丧权辱国的政府留有何用?"政府存,而人民亡","唯有革命";"今日的国家有如漏屋,修葺不行,急宜另造"⑤。清政府既以作伪欺骗民众,遂引起立宪派的强烈不满。立宪派是清政府预备立宪的推动者和拥护者,主要由工商业者、部分士大夫知识分子和官绅组成,他们主张通过行宪,将中国变成一个真正的君主立宪制国家,使自己能参与对政府的管理。待见到清政府借行宪而集权,大搞"假立宪",无不表示失望和愤慨。清廷对立宪派采取不适当的高压处置,使立宪派决定背它而去。立宪官绅的背离,使清廷陷于空前孤立无援的境地,最终落得众叛亲离、被革命一举推翻的下场。

---

① ⑤ 秦力山:《革命箴言》,引自王德昭:《秦力山——从改良到革命》,《纪念辛亥革命七十周年学术研讨会论文集》,中华书局1984年版,第2684—2685页。

② 《清末筹备立宪档案史料》(下),第258、178、277、204页。

③ [英]琼斯:《中国》(中译本),三联书店1957年版,第144—146页。

④ 《清末筹备立宪档案史料》(上)。

其次，严重的财政困难也是导致改革失败的原因。这次改革在一定程度上也是为了解决国家财政困难，但改革本身需要经费，于是从中央到地方无不向人民层层摊派。"部臣筹费无出，责之疆吏，疆吏责之州县，州县舍百姓将谁责耶？"①"自近时新政试行，立学之费取之农、练兵之费取之农，其他杂款加税无一不取之于农"②；"各直省自摊还赔款、举行新政以来，用如泥沙，取尽锱铢，搜括已不遗余力，额外科派，民不堪命"③。新政不但未给人民带来好处，反而加重了人民的负担，成了扰民之举，因而引发了人民对改革的普遍不满。反对新政的"民变"事件层出不穷。失去人民的拥护，不能给人民带来实惠，这样的改革是难以推行的。

再次，改革后期缺乏强有力的领导。慈禧太后在世时，新政大体尚能照常进行，朝局也尚能保持相对"稳定"。1908 年光绪帝、慈禧太后相继去世，朝廷的权力中心顿时陷入"真空"，失去了"重心"，"加速了人们久已期待的内部崩溃的危险"。继承皇位的是三岁的溥仪，由其父载沣监国，为摄政王。载沣"没有时代所需要的魄力和才干"，由他主持朝政，"令人发生一种空虚之感"④。他"施政寡术，用人无方"，监国后，深感皇室处境危险，拼命加强皇族集权。他借口袁世凯在戊戌年间曾"出卖"光绪⑤，解除袁氏兵权，将其逐回河南老家，任命铁良为兵部尚书，将兵权收归自己手中。载沣的"一切努力只是拼命抵挡或推迟国家的破产和政治革命"⑥。庆亲王奕劻以贪黩闻名，载沣让他出任首届责任内阁揆首，被人指为违宪，而内阁九名成员中皇族竟占了五名，且都掌控军事、外交、财政等重要部门。载沣这样做，只是"形式上的加强，非但不能使自己强大起来……且这种做法只能激起汉人的排满情绪"，"越发加深种族的反感……并认识到当此内忧外患日深之时，为了保住国家，决不能把政权交给如此自私自利的满洲朝廷"⑦。载沣监国期间，体制改革表面上看似乎还在进行，但实际上早已沦为权力斗争，并逐渐演化为满汉之间的矛盾冲突，加剧了统治集团内部的危机。待到 1911 年辛亥革命爆发，体制改革就此画上句号。

晚清的这次体制改革是 20 世纪初年中国社会新陈代谢的一部分，有些改

---

① ② ③　《清末筹备立宪档案史料》(下)。

④　[美]赖德烈：《中国近代史》，第 109—117 页，《外国资产阶级学者是怎样看待中国历史的》第二卷，第 239—241 页。

⑤　此事学术界一直存在争议，一种说法认为袁氏并未出卖，袁氏日记也矢口否认。

⑥ ⑦　[日]矢野仁一：《现代支那论》，第 559—561 页，《外国资产阶级学者是怎样看待中国历史的》第二卷，第 220—241 页。

革如科举的废除、教育的改革、地方自治的开办、法律的修订等,都是具有进步意义的。在宪政的推进过程中,近代政治法律思想和观念得到了一定的传播,这在客观上有助于国民近代意识的形成。这些并未因清王朝的灭亡而废止,在辛亥革命后仍得到了保留,并成为资产阶级革命党人推行民主共和政治的基础。

二、"体制外革命"既是传统"造反"在晚清的延续,也是对西方资产阶级革命的借鉴

"革命"一词,在中国古代文献中早已有之。《易经》中说:"汤武革命,应乎天而顺乎人。"历史上,人们通常把反对封建统治的斗争称为"造反",到了近代,则诠释为"革命",陶成章就说过"革命就是造反"。晚清"体制外革命"大致分为两类。一类是传统的"造反"革命,这当中包括以"复明"为目的的秘密会党反清斗争和旨在改朝换代的斗争,诸如太平天国等大小农民起义。这类"革命"多带种族革命的性质,期望通过流血斗争,推翻满族贵族建立的清王朝,建立新的封建王朝。一类是带近代意义的革命,"如近日泰西诸国之革命是也"①,即借鉴西方资产阶级革命的方式,组织政党,发动民众,武力推翻清朝封建君主专制统治,在中国建立资产阶级民主共和国。孙中山领导的辛亥革命就属于这类。上述两类革命的共同点是都要推翻清王朝;不同的是前者要求改朝换代,不变更封建专制制度,后者则是一场制度革命,不仅要推翻清王朝,而且要结束存在两千多年的封建专制制度。两种革命既区别,又联系,同存于晚清社会变迁之中。

与晚清"体制内改革"出现的背景一样,晚清中国所面临的艰难险恶环境和错综复杂的历史因素是引发"体制外革命"的主要原因。挽救民族危亡、实现民族独立和国家富强则是其追求的目的。

清朝一统中国后,实行满族为尊的民族制度,其他民族地位下降。以秘密会党为形式的反清斗争自明清易代之日起,在中国存续了两百多年。"至其组织成分则有亡明遗民之仇满者,三藩乱后返乡难民之穷无得食者,太平天国余部,湘、淮军士之遣散者,横征暴敛与社会颓风下无以为业者。"②会党成员在不同时期虽有差异,但基本上是破产的农民和失业的手工业者、无业游民。其组织名称除天地会外,还有三合会、白莲教、哥老会、江湖会等,遍及大江南北以及

---

① 陈天华:《中国革命史论》,《陈天华集》,岳麓书社 1981 年版,第 214 页。

② 秦力山:《革命箴言》,引自王德昭:《秦力山——从改良到革命》,《纪念辛亥革命七十周年学术研讨会论文集》,中华书局 1984 年版,第 2684—2685 页。

闽广、福建、台湾、四川等地,因为分布较广,又衍生出许多分支名目,诸如三点会、小刀会、在理教、金钱会等。会党长期成为清朝统治的潜在威胁。白莲教曾在嘉庆年间发动大规模反清起义,波及七省,绵延数年之久,给清朝以很大打击。失败后,仍半公开半秘密地活跃在长江以北地区,后来的捻军基本上就是其流派之一。秘密会党名称虽异,但宗旨大致相同,都标榜"反清复明"(有时亦写"反清复汉")。道光以后,会党起义不断,规模之大,有时多达数万人;地区之广,往往跨越数省。道咸之际,天地会领袖胡有禄和朱洪英(假托朱明后裔)自称"南定王",在湘、桂一带开展反清斗争,建立"升平天国"。1853年(咸丰三年),刘丽川在上海发动小刀会起义,建立"大明国"。1854年(咸丰四年),广东三水人陈金刚自称"南兴王",发动起义。同年,两广天地会领袖陈开自称"平靖王",建立"大成国",起义军一度围攻广州。咸同之际,白莲教的分支灯花教在贵州起义,起义领袖张保山改名朱明月,诡称崇祯十二世孙,自称"朱王",发动起义。这些会党起义领袖称王建国,同历史上的农民起义并没有什么不同,它们在时间上共存,在空间上并列,互相呼应,聚合成推波助澜之势,在晚清五六十年间汇成农民起义的高潮。"反清复明"这个口号曾寄托了一代遗民在刀光血泊中追念故明的遗恨、希望和追求,不过由于明朝灭亡已有两百多年,当年遗民们壮烈死事的场面在他们子孙后代的心中早已变得模糊不清,岁月的迁流早已冲淡了这种感情,成为深藏于意识中的潜流。况且单独为朱明一姓去流血拼杀,已不足以号令更多民众参加这种斗争。这些会党在晚清最后几十年内存延相续,多半源于现实的苦难,如耕地的严重不足,人口的巨大压力,不堪赔款的勒索摊派和官府的压榨等。所以,这时期会党打出的口号多为"劫富济贫",并加入反洋教斗争。

会党作为反对清朝统治的潜在力量,客观上成为革命党人争取的对象。无论是孙中山,还是黄兴、宋教仁、蔡元培、徐锡麟、陶成章等人,他们早年的革命思想的发生均与这种反清种族革命意识有关。宋教仁在日记中就说过今日"无一寸完全干净汉族自由之地"[①]。陶成章说,"光复汉室,还我河山",徐锡麟说他"蓄志排满已十余年"[②]。而在兴中会、华兴会、光复会乃至后来成立的同盟会的政纲宗旨中都毫无例外地标有"排满"反清的内容,从而使"反清复明"的口号得以复活,"反满"遂成为会党与革命党人联结的纽带、联手斗争的基础。革

① 宋教仁:《我之历史》,《宋教仁集》(下),中华书局1981年版,第500页。
② 陶成章:《浙案纪略》,《辛亥革命》(三)(中国近代史资料丛刊),第38页。

命党人在斗争初期,"出于政治上、种族上之目的,导之使入于革命之途"①,曾主动联络会党。革命党人的争取联络,使分散的会党重新活跃起来,并卷入晚清民主革命的洪流。不过由于会党成员多半来自社会下层,"皆下流之所归",既少知识,又漫无纪律,难以调度指挥,革命党人后来逐渐与之疏远。但纵观辛亥革命全过程,在各省独立中会党作为一支反清革命武装力量仍发挥了重要作用。

会党在咸同年间虽然斗争活跃,起义频繁,但始终提不出新的口号,成不了大的气候,最后反而被"拜上帝会"后来居上。太平天国起义无疑是晚清一场"体制外革命"。与多数会党不同,太平天国起义的口号虽然也标明"讨胡""反满",但未去"复明",而是要打造一个新朝——太平天国。因此,这场"体制外革命"实际上就是改朝换代。太平天国起义之所以绵延十多年,席卷十余省,与它的土地政策、男女平等的思想主张有关。在太平天国,"无处不饱暖""无处不均匀",男女"皆兄弟之辈""姊妹之群"。

太平天国的领袖们将西方上帝的人人平等教义和中国传统的大同思想、平均主义糅合在一起,创造未来"天国"的蓝图,将中国农民的"造反革命"推到了最高水平。起义虽然最终失败,但搅动了整个封建制度,使清王朝的统治再也无法平复,并对后来的辛亥革命产生了巨大的影响。孙中山自幼爱听"洪杨革命故事,非常向往"②,并以洪秀全第二自比,自觉接受了太平天国反清革命的正面影响。1905年担任同盟会总理后,面对章太炎、陶成章等人的宗派分裂活动,孙中山又吸取了太平天国领导集团因争权夺利而互相残杀的反面教训,以革命大局为重,大力维护革命阵营内部团结。同盟会的纲领"平均地权"以及他的自由、平等、博爱思想,均吸收了太平天国起义的有关政策内容。除了孙中山,其他参加辛亥革命的人也或多或少地受到太平天国的影响。何香凝说她从小就喜欢听大人讲太平军反清故事,"并以太平军女战士为榜样,反对缠足"③。孙中山说过"吾党以华侨为多",辛亥革命成功,华侨功不可没。华侨支持革命,原因很多。其中之一是当时不少华侨的祖辈曾参加过太平军。太平天国起义失败后,为了躲避清政府的追杀,许多太平军兵员逃亡海外,为生活所迫,被迫充当苦役,饱受外国殖民统治欺凌压迫,"反满"革命的意识从未泯灭,并传输给

---

① 秦力山:《革命箴言》,引自王德昭:《秦力山——从改良到革命》,《纪念辛亥革命七十周年学术研讨会论文集》,中华书局1984年版,第2684—2685页。

② 孙中山:《建国方略》,《孙中山选集》(上),人民出版社1981年版,第168页。

③ 尚明轩:《何香凝传》,李新、孙思白主编:《民国人物传》(二),中华书局1980年版,第67页。

他们的后代。美洲洪门致公堂负责人司徒美堂早年就饱闻清兵入关疯狂屠杀的历史,阅读过《扬州十日记》《嘉定屠城》等书籍,饱闻从粤、闽逃出来的太平军将士反清斗争轶事,产生强烈的反清复仇的意识。1904 年认识孙中山后,便全力支持革命。1911 年 4 月广州起义失败后,国内同盟会电告孙中山,急需革命经费十五万美元。这在当时是一笔数目很大的款项,孙中山一时难以筹措,最后是司徒将加拿大多伦多、温哥华、维多利亚三地的四座致公堂房产典押出去,才筹足这笔款项。武昌起义爆发后,孙中山回国的旅费也是司徒等人提供的①。曾任民国外交部长的陈友仁,父亲曾是太平军杨秀清部下的战士,太平天国失败后亡命美洲特立尼达。在父亲革命思想的影响下,陈友仁追随孙中山,直接参加了辛亥革命②。在 1911 年黄花岗起义的七十二烈士中,据说也有不少是太平军的后裔,数代人薪火相续,前仆后继,为中国民主共和的建立作出了贡献。

秘密会党、太平天国起义以及少数民族反清起义虽给清朝统治以不小的打击,但它们的斗争始终不曾逾越改朝换代的范畴。在晚清,具有近代意义的"体制外革命"是从孙中山开始的。孙中山领导的"体制外革命"在斗争的方式上虽然还保留了不少传统"造反革命"的特色,但与传统的"造反革命"有着根本的区别,它直接取法西方资产阶级民主革命的理论学说,革命的最终目的是要推翻清朝封建统治,在中国建立资产阶级民主共和国,是要用资产阶级民主共和制度取代封建君主专制制度,是一场社会制度革命。

孙中山祖籍广东香山(今中山市),年轻时在香港接受西式教育,对西方资本主义社会有一定的认识和了解。他在走上"体制外革命"前,也曾主张"体制内改革"。1894 年 6 月,他手持同乡郑观应、郑藻如的推荐信前往天津,上书李鸿章,想通过李鸿章这样的地方实力派奏请皇帝进行改革,"重整康雍盛世之风,在对外战争中保护主权和领土完整"③。由于种种原因,孙中山的这次上书没有成功,他没有见到李鸿章,深知"和平之法,无可实施"④。甲午战败和战争中李鸿章的对外屈辱求和活动、中日《马关条约》的签订、清朝的腐朽无能,彻底击碎了他寄望于清廷通过改革重新振兴的幻想。同年,他前往檀香山,秘密组织反清革命团体兴中会,正式提出"驱除鞑虏,恢复中华,创立合众政府"⑤。次

---

① 廖承志:《首都各界人民公祭司徒美堂先生悼词》,《人民日报》1955 年 5 月 11 日。
② 陈元珍:《民国外交强人陈友仁——一个家族的传奇》,三联书店 2010 年版。
③ 《孙中山选集》(上),第 24 页。
④ 转引自林家有:《孙中山与中国近代化道路研究》,广东教育出版社 1999 年版,第 193 页。
⑤ 誓词中的"恢复中华"初为"恢复中国",后来兴中会香港总会成立后,正式改为"恢复中华",于是人们就一直沿用"恢复中华"。

年2月,兴中会合并辅仁文社,成立兴中会香港总会,并在广州设立分会,谋划发动广州起义。兴中会的成立,标志着孙中山正式抛弃"体制内改革"的主张,决心通过组织革命团体,开展武装斗争,推翻清朝的封建统治,在中国建立资产阶级民主共和国。

孙中山说:"中国革命发轫于甲午后,盛于庚子,而成于辛亥,卒颠覆君政。"①庚子事变前,主张"体制内改革"的思想盛行,孙中山"体制外革命"的斗争活动还不为社会所认同。《辛丑条约》签订后,清政府的卖国行径激起了人们的愤懑,舆论由"勤王"一改而主张将其"灭亡",赞同革命者日渐增多。1903—1905年间,章太炎发表了《驳康有为论革命书》,邹容撰写出版了《革命军》,陈天华发表了《警世钟》《猛回头》,这些著作和文论将反清革命的舆论推向了高潮。1904年,黄兴、宋教仁在长沙建立了华兴会,蔡元培、龚宝铨在上海建立了光复会,革命力量有了进一步发展。这一时期,尤其是华侨与留学生中同情和赞同革命者空前增多。"华侨之旅居外国者多受外人压制,因国家不自由,而个人之自由亦不能保",故赞同革命者众②。自科举废除,捐纳停止,大批士子为谋求生路纷纷到国外留学,以求一技之长;而各省为推行新政,大力开办学堂,派遣大批学生出国留学。到1905年年底留日学生已多达万人,1906年竟高达两万余人。新式学堂的开办、留学生的派遣,原想造就"遵守孔教、爱戴大清国的人"③,结果却造就了一批不同于传统士类,具有新知识、新思维的新型人才。目睹世界发展大势,他们深感封建专制的落后,逐渐抛弃"体制内改革"主张,而转向革命。"留学生中有十之三四,志趣远大,心在革命。"④留日学生日益倾向革命,还与留学生在日本的遭际有关。留日期间,日本人对中国人的蔑视和轻侮,使留学生深受刺激,从而滋生了一种强烈的民族主义。幸德秋水在《帝国主义:二十世纪之怪物》一书中说:"日本人的极端国家主义可谓空前,他们藐视中国人,讥笑中国人,甚至痛诋中国人,这种轻蔑的态度不仅表现在言语上,而且上自白发老人,下至幼儿,人人对四亿的中国人都充满嗜杀的动机。"⑤在这种情况下,中国留学生自然对日本产生强烈的反感,而清政府与日本政府限制和

---

① 《中国国民党第一次全国代表大会宣言》,黄彦主编:《论改组国民党和召开"一大"》(孙中山著作丛书),广东人民出版社2008年版,第118页。

② 孙中山:《检讨党务不振之因欲效法俄人以党治国》,《论改组国民党和召开"一大"》,第34页。

③ 《奏定学堂章程》(五)"各学堂管理通则",第5页。

④ 秦力山:《革命箴言》,引自王德昭:《秦力山——从改良到革命》,《纪念辛亥革命七十周年学术研讨会论文集》,中华书局1984年版,第2684—2685页。

⑤ 幸德秋水:《帝国主义:二十世纪之怪物》,东京岩波文库1966年版,第35页。

取缔留学生的做法,更激起了他们对清政府的愤恨,因而纷纷转向革命。

1905 年是晚清"体制外革命"力量大联合的一年,是年 8 月,兴中会联合华兴会,吸收部分在日的光复会员在东京成立中国革命同盟会(简称同盟会)。这是一个汇聚了当时革命精英、具有全国规模、领导资产阶级民主革命的统一政党。孙中山被推为总理,成为最高的革命领袖。同盟会以"驱除鞑虏,恢复中华,创立民国,平均地权"为政纲。反清"排满"是三团体同盟革命的共同目标和联合基础。"推倒满洲政府,从驱除满洲人那面说是民族革命;从颠覆君主政体那一面说是政治革命。政治革命的结果,就是建立民主立宪的政体。""民国"在当时对多数中国人来说,是个耳目一新的政体。孙中山说:"何谓民国? 美国总统林肯氏有言曰:民之所有、民之所治、民之所享,此谓之民国。"①翌年,孙中山在制定的《军政府宣言》中还以法国资产阶级革命时的"自由、平等、博爱"口号作号召,对同盟会的四条政纲分别作了解释,在 11 月发表的《民报》《发刊词》中,将其概括为民族、民权、民生的三民主义,明确表示要在推翻清朝封建君主专制统治后,在中国建立一个"平等的""民治的""国民的"资产阶级共和国。

同盟会的成立,是晚清"体制外革命"走向成熟的标志,此后革命党人的斗争目标更加明确,军事斗争步伐日益加快,直至取得革命的最后胜利。

三、辛亥革命是"体制内改革"失败和"体制外革命"胜利的产物

辛亥革命的胜利,从某种意义上讲,可以说是"体制内改革"失败和"体制外革命"胜利的产物,孙中山曾形象地将其喻为"群力"所致②。是改革与革命两者"合力"的结果。

正如前面所说,慈禧太后作为一名独裁者,在辛丑议和后虽主张变法、立宪,但究其真实意图还是借改革来维持封建君主专制政体。她只取立宪之名,不重实行,这就注定了"体制内改革"不可能做得认真彻底。她根本无视有关官绅的一再警告——"国运非收拾人心无可挽回,人心非实行宪法无可收拾,并以假立宪者真革命之说儆之"③,依然故我,置若罔闻,拒之不纳。溥仪继位,载沣监国后,统治集团陷于四分五裂状态。皇室围绕着权力明争暗斗。隆裕太后与载沣不谐。当时新派人物、两江总督端方是载沣的左右手,1909 年 11 月,隆裕

---

① 孙中山:《在东京〈民报〉创刊周年庆祝大会上的演说》,《孙中山选集》(上),第 80—81 页。
② 孙中山:《注重宣传以造成群力》,《论改组国民党和召开"一大"》,第 68 页。
③ 杨立强等编:《张謇存稿》,上海人民出版社 1987 年版,第 21 页。

太后借故解除端方的职务,想以此"在政治上制服摄政王"。①由于缺乏中心人物,统治集团内的汉族官僚内派系斗争也同样愈演愈烈。盛宣怀与袁世凯原本同属于李鸿章集团,李氏在世时,盛氏掌控全国的铁路、轮船、电报、邮政等重要部门,权力很大;袁氏统率武卫新军,手握重兵,曾残酷镇压义和团,被列强视为"强人"。1901年李去世前,荐袁自代。袁氏当上直隶总督兼北洋大臣后,先后将盛氏掌控的电报、铁路等经营大权夺到手中。邮传部和交通银行成立后,又派亲信陈璧、梁士诒等加以控制。宣统改元后,袁氏被逐,盛氏卷土重来,于1911年1月当上邮传部尚书,重新将轮、电、邮、路置于自己手中。同年,"出于对企业的垄断权",盛氏一手制定了铁路国有政策,将原经谕准商办的川汉、粤汉铁路收归国有,改为官办,结果引发了席卷川、粤、湘、鄂四省的保路风潮,最终导致了辛亥革命的爆发。

晚清,统治集团内部的权力斗争和"满汉矛盾"以及改革措施的种种失误,加速了社会矛盾的激化,客观上为"体制外革命"的成功提供了可能。自1905年8月同盟会成立,反清革命逐渐走向高潮。革命党人通过创办报纸杂志,加大革命舆论宣传,揭露清朝腐朽黑暗,宣传三民主义,阐述在中国建立民主共和的必要性。抱着"不灭清胡誓不休"的决心,为了激发人们"覆清之心",革命党人广泛搜集明末遗老有关抗清的文字资料和斗争事迹,编印出版《亡国惨记》等,加强对新军的革命宣传和联络工作。革命党人亦频频发动反清武装起义,从1906年起到1911年辛亥革命爆发前夕,同盟会先后联合会党和独自发动了萍浏醴大起义、河内起义、潮州起义、黄冈起义、惠州七女湖起义、钦州起义、廉州起义、防城起义、镇南关起义、钦州马笃山起义、云南河口起义、广州新军起义和著名的黄花岗起义。同一时期,光复会徐锡麟、秋瑾也策划了皖浙起义,秋瑾的牺牲在社会上产生了极大的影响。上述武装起义虽迭遭失败,但在政治上、精神上均给清朝统治者以很大打击。1911年4月的黄花岗起义,志士们斗争之勇敢,牺牲之壮烈,震撼了全国。此时整个国家如干柴烈火,一点即燃,处在革命大风暴的前夜。

黄花岗起义失败后,经过对先前历次起义失败的总结反思,宋教仁、谭人凤、赵声、陈其美等决定今后将革命斗争重心转移到长江中下游地区。同年7月,在上海湖州公学成立同盟会中部总会,设总机关于上海。并制定了上、中、下三策,上策为实行"中央革命",各省同时发动,最后一举攻占北京;中策为"长

---

① 《清末筹办立宪档案史料》(下),第408页。

江革命",长江各省同时发动,先立政府,然后北伐,攻占北京;下策为"边疆革命",仍像先前那样,在粤、桂、滇、黔等边地发动起义,最后向中原腹地推进。认为上策一时难以做到,下策是无奈之举,中策最为可行。计划在宣统五年,即1913年,在长江各省发动大起义,其"注意点尤在武汉"[①],"能争汉上为先着,此复神州第一功"[②]。这一计划得到了同盟会总部黄兴的赞同和支持。此后,谭、宋等往来于沪汉之间,并和沿江各省革命党人保持联络,秘密进行起义准备工作。这些准备为稍后爆发的辛亥革命迅速向长江中下游各省发展奠定了基础。

革命形势的日益发展,加速了清朝统治集团内部的分化瓦解。长江沿岸各省商贸发达,是当时中国的经济重心,也是立宪派力量较为集中的地区。庚子年间东南各省的官绅曾发起和推动刘坤一、张之洞实行"东南互保",凸显了他们在国家重大政治活动中具有一定的处置能力。张謇、汤寿潜、郑孝胥、谭延闿、汤化龙等则是清末宪政运动中的领袖人物。他们均是进士出身,大多经营实业,亦绅亦商,与工商实业界和官场多有联系。他们的家庭背景、个人功名、经历、社会关系,使他们在社会上具有举足轻重的地位。清廷宣布官制改革和预备立宪后,他们通过参加改革和投身宪政活动,成为地方立宪运动中的实力派。1906年12月,郑孝胥与张謇、朱福诜、雷奋等浙、苏、闽三省名士及实业界二百多人,在上海成立预备立宪公会,声言该会以"奉戴上谕立宪之旨趣,开发地方绅民政治知识为目的"[③],郑氏、张氏分别当选为会长、副会长。地方官制改革中,张謇被举为江苏谘议局长,谭延闿、汤化龙分别被举为湖南、湖北谘议局长。1906年清政府宣布十五年后行宪。立宪官绅认为清廷"空言立宪,缺乏诚意",又见革命形势日益高涨,他们开始把斗争活动的中心由原先主张开绅智、民智逐渐转为要求速开国会的请愿活动。1908年7月,郑孝胥、张謇等为了"劝告"和"要求"清政府加快立宪的步伐,联名向清政府请愿,要求速开国会。又以预备立宪公会名义致函湖南宪政公会、湖北宪政预备会、广东自治会以及皖、豫、直、鲁、川、黔等省立宪团体,于是年8月各派代表齐集北京,向都察院呈递请愿书,结果清廷发布以九年为预备立宪期限,届时颁布宪法,召集议会。

1908年11月,光绪帝和慈禧太后相继去世后,国内形势变得更加严峻。除革命党人发动的反清起义外,会党起事和民变几乎无地无之,无时无之。"近

① 周天度:《宋教仁》,李新、孙思白主编:《民国人物传》第一卷,中华书局1978年版,第45页。
② 黄兴和谭石屏诗,民革上海市委编:《孙中山在上海文物文献档案图录》,上海书店出版社2008年版,第74页。
③ 杨幼炯:《中国政党史》,商务印书馆1937年版,第42页。

来苛细杂捐,抽剥已极,民不聊生,皆由满人专制害我同胞。"千波万澜的民变发泄了人们对清廷的怨愤。民变多由具体事件而起,多带自发性,他们中不少人是贫民、饥民。民变与会党斗争结合是辛亥革命前夕反清斗争的一大特点。清政府因会党与革命党人联合,加强对会党的镇压,使会党的活动领域变得狭小,活动分散。会党与民变结合,不仅为会党反抗斗争开辟了道路,而且使民众反抗斗争避免陷于孤立无援。会党与民变的结合,说明清朝在农村的统治基础濒临崩坍。革命党人、会党、农民三者之间的联合斗争,加速了革命的来临。

革命形势的高涨,使立宪派和工商实业界极度不安,以"国势之危过于汉季且将十倍,出万死而求一生,唯持国会与责任内阁之成立",他们要求清廷立即召开国会,制定宪法,成立责任内阁。为此,全国立宪组织的代表先后进京,于1910年1月、6月、10月进行请愿活动,要求速开国会。张謇作为江苏代表提醒清政府:"须知皇帝与国家比较,则国家重于朝廷……爱国可以牺牲朝廷,虽有圣恩,若朝廷事事违反民意,措施乖张,只好背其而去。"[①]这无疑是对清廷的最后忠告。请愿代表坚持于1911年召开国会,并准备滞留北京,谭延闿等还与川、鄂等省代表谋划组织第四次请愿,直到清廷答应代表们的要求为止。不料此举激怒了清廷,并拿主张请愿的天津代表温世霖开刀,加以逮捕,遣戍新疆。其他代表见清廷如此冥顽不灵,遂纷纷离京而去。

1911年5月,"皇族内阁"成立。恰好此时,各省谘议局联合会在京举行第二次会议,谭延闿任本次会议主席,会议决定成立宪友会,以尊重君主立宪政体、促成责任内阁为政纲,他们以谘议局联合会的名义先后两次上书朝廷,指出由近支王公充当内阁总理大臣,不符立宪国通例,要求朝廷另简贤能,重新组织名副其实的责任内阁,结果遭到清廷的申斥。而谘议局联合会有关借债、禁烟等问题的上书,也都未获谕准,这使他们彻底失望。此外,汤寿潜因反对铁路国有政策而与清廷决裂。谭延闿因不满湖广总督瑞澂处理长沙抢米风潮"参办"湘绅王先谦、叶德辉,认为瑞澂"诿过于人",有意为湖南巡抚岑春蓂开脱罪责,请旨复查,结果遭到清廷申斥,因而对清廷不满。此时,湘、粤、川、鄂等省反对铁路国有风潮已起,立宪官绅有见清廷大祸临头,"深知革命已所不免,于是另作他图"。在清廷、革命党人之间,立宪官绅最终决定"不再去捧持落日,要来扶起朝阳"[②],转而附和革命。他们之所以作出这样的决定,还出于以下的考虑:

① 刘垣:《张謇传记》,上海人民出版社1975年版,第180页。
② 曹亚伯:《武昌起义真史》正编,1930年版,第36页。

(1)希望局势稳定,在局势严重动荡不安的情况下,为了尽量保持国内和平,防止国家分裂,不使大局完全糜烂,人民不致陷入水火涂炭,认为实行共和是唯一办法;(2)出于"声望的维持",在革命风暴中不能泊然袖手,担心那样做会有失去政治影响的危险;(3)"涉及个人及家族财产的安全",附和革命,可以在革命风暴中保存自己的实力和地盘,并尽可能地从"革命中捞取好处"。

立宪派对清廷的背弃,为革命党人争取立宪派、扩大革命战线提供了机会。革命党人以往发动起义主要依靠会党和新军,屡屡受挫,很不理想。为了争取革命早日成功,迫切需要寻找新的同盟者和合作对象,而立宪派和地方工商实力派是再合适不过的了。立宪官绅和工商实力派不仅在社会上有一定的民众基础,而且与官府多有往来,将他们争取到革命方面来,可以减少革命的阻力,有助于"体制外革命"获得成功。

自请愿受挫,立宪派"同清廷的关系日渐疏远,拥君的忠诚度明显淡漠了许多"①,"对君宪也不再抱有多大的希望"②。对革命态度的改变使立宪派同革命党人逐渐发生交往。事实上,张謇、汤寿潜、汤化龙、谭延闿、蒲殿俊等乃至长江沿岸各省的不少地方官绅同革命党人早已"互通声气"③。以张謇为例,早在1902—1907年间,张謇就与带革命倾向的爱国学社、中国教育会、《苏报》等机构及光复会领导人蔡元培发生联系,他本人也是中国公学、《神州日报》的董事,这种联系一直保持到武昌起义前夕。

武昌起义爆发后,张謇、汤化龙、汤寿潜等立宪派领袖人物公开谴责清廷背信弃义,"自古迄今,丧国未有如此之易者也。自先帝下立宪之诏,三年以来政府专己自遂,违拂民心,摧抑士论,其事乃屡见……于是人民希望之路绝,激进之说得以乘之,而人人离畔矣"④,公开表示拥护共和。立宪派虽将革命党人目为与"历代草寇盗贼无异",但认为革命党内还有领袖人物在中西文化方面有些根柢,所以对孙中山、黄兴等人表示认可,愿意合作。张謇、汤寿潜后来还参加了新生的中华民国南京临时政府,出任实业、交通总长,汤化龙出任湖北都督府的总参议。立宪派附和革命的举动受到革命党人的欢迎。到11月,全国二十四省中有十四省宣布独立,拥护共和。其中立宪派的参加,起了不小的作用。

---

① 张国淦:《辛亥革命史料》,人民出版社1958年版,第101页。
② 陈志让:《张謇在辛亥革命前夕政治思想的转变》,《纪念辛亥革命七十周年学术讨论会论文集》,第2302页。
③ 张謇:《政闻录》(三),1931年版,第39页。
④ 王锡彤:《抑斋自述》,河南大学出版社2001年版,第226页。

11月16日,清廷被迫起用袁世凯,并任命袁世凯组织新的"责任内阁",向其交出政权。袁世凯的出山,迅速改变了武昌起义后的政治格局,视革命党人为"盗贼""草寇"的立宪官绅立即投向袁世凯的怀抱,全力支持袁世凯。袁世凯军政大权在握,俨然是一个左右政局的关键人物。当时的情况是:一切反对"体制外革命"的人们都希望他能成为曾国藩,迅速扑灭革命;对清朝统治完全失望的立宪官绅和地方工商实力派希望他能成为新的统治者,稳住政局;而赞同"体制外革命"的人们则希望他能做华盛顿,推翻清王朝,成为未来民主共和国的大总统。但袁世凯对未来中国政治自有个人的考虑:"既不能做革命党……且不愿子孙做革命党。"他不赞同革命;他深知"专制之国,不容有大臣功高震主,家族且不保,前朝此例甚多,同是汉族且不能免,况非一族?!"所以他不会为清朝卖命。他的被逐,足以使他不会去做曾国藩①。正如蔡元培在给吴稚晖的一封信中说的那样:"弟以为袁世凯者,必不至复为曾国藩,然未必肯为华盛顿。故彼之出山,意在破坏革命军,而即借此以为帝。"②后来的历史证实了蔡元培的看法。袁世凯是靠权术起家的。他当上内阁总理大臣后,立即派人找到刚从监狱中释放出来的汪精卫,向汪氏表示他早已"同情革命",将自己装扮成"体制外革命"的拥护者,以之讨好革命党人。他还让他的儿子袁克定与汪氏结拜为弟兄,指使他们与杨度等人一起组织国事共济会,呼吁召开临时国民会议,举他为总统。他派遣留日学生朱芾煌持汪精卫的亲笔信前往武昌,说南北联合,清帝退位后,举袁氏为总统。此外,袁世凯还通过他的好友、英国公使朱尔典指示英国驻汉口领事葛福同黎元洪联络,对黎施加影响。袁世凯在拉拢民军的同时,调派清军南下,在军事上对民军施以打击。11月27日,炮轰汉口,并一举夺占汉阳。武昌全城置于龟山清军炮口之下,形势十分险恶。

武昌起义爆发后,革命迅速向全国发展。到11月初,全国先后有湖北、江西、湖南、陕西、云南、山西、贵州、江苏、浙江、广东、福建、安徽、四川、奉天、新疆等十多个省区宣布独立。为了筹建临时中央政府,12月2日,在武昌的各省都督府代表假座汉口英商顺昌洋行举行会议。由于会议前,黎元洪就已"向袁世凯开出'支票',只要袁世凯肯赞助共和,就推戴他作大总统"。所以,代表会议便作出了"如袁世凯反正,当公举为临时大总统"的决议。黎元洪同袁世凯一样,本来就不是"体制外革命"的赞成者,他是起义军捧上台的,历史上的这些偶

① 王锡彤:《抑斋自述》,河南大学出版社2001年版,第226页。
② 李华兴:《人世楷模蔡元培》,上海人民出版社1988年版,第74页。

然巧合,竟将这两个原本与"体制外革命"毫无关系的人推上辛亥革命的前台,充当了重要角色,后来竟又当上了民国的正、副总统。革命党人缔造了民国的基石,袁、黎却窃得了民国的名器。这实在是对历史的一个讽刺。

与在武昌的各省代表会议作出决议的同一天,江浙联军攻克南京。江苏都督程德全立即会同上海都督陈其美、浙江都督汤寿潜等召集在沪各省都督府代表举行会议,议决将临时政府由武汉改设南京,并嘱电孙中山及早回国,组织新政府,就任临时大总统。12月25日,孙中山到达上海。孙中山的回国,使革命党人有了中心,精神为之振奋。孙中山召集在沪的同盟会负责人黄兴、陈其美、居正、汪精卫等人会议,明确表示反对议和,力主用革命武力统一中国,"革命目的之不达,无和议之可言"①。同时商组临时中央政府。12月29日,在南京的十七省都督府代表假座原江苏省谘议局会议厅举行临时大总统选举会,结果孙中山以十六票当选,另一票为黄兴。稍后又选举黎元洪为副总统。1912年1月1日,孙中山在南京宣誓就职。中华民国南京临时政府正式宣告成立。它的成立,标志了孙中山领导的"体制外革命"的胜利。

袁世凯在得知革命党人组建南京临时政府、孙中山当选临时大总统后,又气又急,担心形势有变,一面对民军保持军事压力,一面通过南北和谈,迫使南京临时政府向他让步,交出政权。1912年1月上旬,汪精卫、王宠惠代表南方同北方代表唐绍仪、杨士琦秘密达成协议:袁世凯逼清帝退位,同意建立共和政体,然后孙中山就将临时大总统让给袁世凯。孙中山迫于主和派的压力,只得接受"谁先推倒清室,就推举谁为未来民国的临时大总统"这一承诺,并向袁世凯作了"虚位以待"的声明。张謇也密电袁世凯:"甲日满退,乙日拥公,东南诸方一切通过。"要他"旦夕之间,裁定大局"。②

袁世凯在得到南方这一切实保证后,便立即回过头来解决清廷。据说他在派唐绍仪到沪议和前,就曾与唐绍仪及杨士琦、梁士诒三人分别密商"究竟共和与帝制孰优","唐、梁二人均以世界各国革命以后多半成为共和国,而能保持帝制者,殆不多见。唯杨士琦深知袁世凯隐衷,力劝世凯迫清帝禅位之后,将于议和之可能,所以决计分作两截办理,比较不露痕迹"③。可见袁世凯早已决定抛弃清廷、日后帝制自为。南北议和后,又急急地指使人起草清帝退位诏书,最后采用了张謇起草的一份。1912年1月16日,袁世凯与其他内阁大臣联衔密

① 张难先:《中华民国成立记》,《辛亥革命》(八)(中国近代史资料丛刊),第14页。
② 孙中山:《建国大纲》,《孙中山集》(上),中华书局1980年版,第185页。
③ 李吉奎:《梁士诒评传》,广东政协文史资料编委会,第176页。

奏,要求隆裕太后召开御前会议,速定方针,顺从民意,及早退位。同月20日南京临时政府向袁世凯正式提交了清帝退位优待条件,力促清帝退位。26日,在袁世凯的授意下,以段祺瑞为首的四十七名(后增至五十名)清军将领联名致电内阁,要求清帝退位,赞成共和。电文最后表示,若不接受他们的电请,将率军前来北京。在这一电文的恐吓下,隆裕太后慌了手脚,2月11日,隆裕认可退位优待条件,表示愿意接受共和:"实行改良政体,以示不私君权,与民更始。"①2月12日,颁布退位诏书,正式宣布退位。此举不仅宣布了晚清"体制内改革"的彻底失败,而且也宣告了封建君主专制制度在中国将不复存在。

清帝宣布退位的第二天,2月13日,孙中山遵守事先的"承诺",宣布辞去临时大总统的职务。15日,临时参议院选举袁世凯为临时大总统。4月,临时政府迁至北京。革命党人建立的政权前后仅存在三个多月就这样结束了。革命党人为"体制外革命"流血奋斗了十多年,一手缔造了民国,到头来政权却落到从未赞成"体制外革命"、与革命毫无关系的袁世凯手中。从这个意义上讲,辛亥革命既胜利,又失败了。

四、作为"体制外革命"的辛亥革命的历史反思

作为一场"体制外革命",辛亥革命的失败原因很多。

首先,缺乏强有力的政治组织领导。从理论上说,1905年8月成立的同盟会是这场革命的领导核心,但实际上同盟会自成立之日起,始终处于软弱涣散的状态。这种软弱涣散的状态源自领导层在革命宗旨上的歧异。同盟会的政纲虽然规定推翻清朝后,在中国建立民主共和国,但在领导层内并不是所有成员都具有这个自觉意识。不少人对"平均地权",尤其是"建立民国"持有不同意见。孙中山曾指出,当时"所有抱着革命思想的中国人,约略可分为三类:第一类人数最多,包括那些因官吏的勒索敲诈而无力谋生的人;第二类为愤于种族偏见而反对满清的人;第三类则为具有崇高思想与高超见识的人。这三种人殊途同归,终将以日益增大的威力与速度达到预期的结果"②。在推翻清朝这点上说,三种人"殊途同归",是"一致"的,但因各自反清的背景不同,所以又存在许多分歧。以孙中山、胡汉民等为代表者,力主"法欧美之学说,倒现在之政府,建社会民主之政体……且直以武力而期成功"。以章太炎、陶成章等为代表者,

---

① 张孝若:《南通张季直先生传记》,《辛亥革命》(八)(中国近代史资料丛刊),第41—45页。
② 孙中山:《中国问题的真解决》,《孙中山选集》(上),人民出版社1956年版,第61页。

属于孙中山讲的三类人中的第二类,他们坚持"内诸夏而外夷狄"的观念,主张"恢复国权,发扬国粹者固有之民族主义"①。章太炎在《革命军》序中说过"改制同族,谓之革命"。在他看来,推翻清朝不能叫革命。至于推翻清朝后,行何种政体,则说"余固非执守共和政体者",认为"代议制共和政体存在诸多弊端⋯⋯无论君主立宪,还是民主立宪,都不如专制为善","共和之名不足多,专制之名不足讳"②。陶成章干脆就说革命就是"改朝换代"③。章、陶等不仅在革命宗旨上与孙中山等严重分歧,而且在行动上,另立山头,重组光复会,大搞宗派分裂活动。诬指孙中山吞蚀华侨捐款,借革命以肥家,要求罢免孙中山总理职务,企图谋夺同盟会领导权。武昌起义后,章太炎回到国内。当时正需要加强同盟会对革命的领导,他却大放厥词,倡言"革命军起,革命党消。天下为公,乃克有济"。在 1911 年 12 月 2 日致谭人凤的函中明确表示反对革命党人"以一党组织政府",认为如果那样做,就不是"天下为公",而是"以党见破坏大局"。章太炎此论一出,立即得到立宪官僚的吹捧,影响极坏。章太炎后来干脆宣布脱离同盟会,与立宪派张謇、赵凤昌等混在一起,专门与孙中山作对,拥袁、拥黎,要同盟会"销去党名",甚至疯狂到要一切反动势力联合起来使"党人灭迹"。对于章氏的言行,虽然同盟会的一些领导人从黄兴、胡汉民到朱执信等不屑一顾,但同盟会并未从组织上采取措施,发动会员对其错误言行进行批判、清算,而是任其泛滥、蔓延,结果对同盟会及其领导的南京临时政府造成极大的危害。孙中山后来在总结辛亥革命失败的原因时说:"革命党的失败,都是在这句话(指章氏所说的"革命军起,革命党消")上面。这是我们大家不可不彻底觉醒的。"④

其次,迷恋议和,过分依赖立宪派和旧官僚,缺乏武力推翻清朝统治的斗争决心。武昌起义爆发后,诸多省区革命党人起义响应,革命武装斗争的形势发展很快,如果此时革命党人统一协调独立各省军事行动,发动民众,组织北伐,也许辛亥革命是另一个结局。不幸的是,尽管孙中山本人"力持和议之非",但当时同盟会的其他负责人如黄兴、汪精卫等均缺乏武装推翻清朝的决心,热衷和议。在种族意识支配下,很快接受了袁世凯的议和要求,并以推倒清室为条

---

① 中国社会科学院近代史研究所:《辛亥革命时期期刊介绍》(三),人民出版社 1983 年版,第451 页。

② 章太炎:《复仇是非论》,《太炎文录初编》别录卷一;《代议然否论》,《太炎文录初编》别录卷一。

③ 陶成章等:《龙华会章程》,《辛亥革命》(一)(中国近代史资料丛刊),第 538 页。

④ 孙中山:《要造成真中华民国》,《孙中山选集》,第 430 页。

件,同意将未来国家政权交给袁世凯,将严肃的革命斗争演化为一场政治交易。在地方政权建设中,革命党人也缺乏自信和必要的底气。浙江革命党人褚辅成在筹议浙江都督府时,明确表示都督一职由汤寿潜担任,理由是要"借重汤氏的威望"。湖南独立后,焦达峰、陈作新任正、副都督。但独立未过几日,焦氏即遭杀害,结果推出立宪派官僚谭延闿为都督。独立各省府州县在独立过程中,依靠立宪派、旧官僚的情况也较为普遍。孙中山事后在总结辛亥革命失败的原因时说:"其时多重用老官僚,以老官僚有经验,犹胜于革命党之无组织也。"①

再次,革命党人执政的社会基础极为脆弱,缺乏广大民众的支持。辛亥革命爆发后,会党、绿林趁机起事,一些州县农村贫苦农民起而开展抗租抗捐抗税斗争,猛烈地冲击了封建统治的根基,有力地支持了革命党人的反清革命。同盟会员谭人凤说:"义军之起,会党无一不予……人无论远近,事不计险夷,人人奋勇,个个当先。"②如果当时同盟会及时因势利导,加以充分利用,把这些分散、自发的民众反抗斗争组织起来,完全可以壮大自身的力量,夯实革命斗争的基础,将革命引向深入。可惜,不少革命党人自诩高明,漠视民众,视民众为"无知愚民",指民众反抗斗争为"多事",是"骚乱"。甚至以会党"久为当世所病,人民所厌恶"为由,以维持地区治安为名,"饬令取消",或加以镇压。同盟会对会党和民众的斗争态度如此敌视,当然得不到会党和民众的支持。结果造成自己执政的基础极为脆弱,最终在旧官僚、立宪派的联合打压下,遭到了失败。

此外,不少党人以功臣自居,追名逐利,热衷权势,置革命理想于九霄云外,使同盟会日益丧失革命的先进性。辛亥革命后,尤其是南京临时政府成立后,不少党人为胜利所陶醉,变得忘乎所以。"逢人称首义,无兵不元勋。"甚至个别领导人也以共和政体建成为满足,沉浸在"清室推倒,共和建立"之中,"抱有建设计划者居少",以功臣自居者多。许多人丧失革命意志,染上旧官场的恶习,开始蜕变为新的官僚政客。追名逐利,争权夺位,讲究排场,生活糜烂,腐化堕落,早已置革命理想于九霄云外。由于同盟会是执政党,同盟会推行"蓄众容我,并无畛域"的发展政策,社会上大批形形色色的官僚、政客为着图谋私利遂趁机纷纷涌入同盟会和政府机构,结果造成同盟会迅速蜕变,不再具有原先的革命性和先进性。

---

① 孙中山:《检讨党务不振之因欲效法俄人以党治国》,《论改组国民党和召开"一大"》,第 34 页。
② 谭人凤:《发起社团改进会呈文》,北洋政府内务部档案,转引章开沅等主编:《辛亥革命史》(下册),人民出版社 1981 年版,第 351 页。

革命党人交出政权的第二年，袁世凯便一手派人刺杀了宋教仁。而后公然解散国会，取缔国民党，倒行逆施，破坏民主共和。"宋案"发生后，孙中山率革命党人被迫进行还击，实行武力讨袁。"二次革命"是辛亥革命的继续，终因内部意见不一，敌我力量悬殊，遭到失败。其后孙中山、黄兴等革命党人再次亡命海外，由真正的民国功臣变为民国"总统"袁世凯口中民国的"罪人"。孙中山在总结革命失败的教训时，就个人的过错进行检讨，他沉痛地说："当时予以服从民意，迫而牺牲革命之主张，不期竟以此而种今日之奇祸大乱也。"①然而孙中山并未因此而放弃革命，而是通过不断的探索，总结革命失败的教训，继续带领革命党人，为着在中国建立一个真正的民主共和国，继续努力奋斗。

---

① 孙中山：《八年十月十日》，胡汉民编：《总理全集》第一集，第 1031 页。转引自章开沅等主编《辛亥革命史》(下册)，人民出版社 1981 年版，第 382 页。

第一部分

邹　容

共和国方案的设计者

邹容(1885—1905)原名绍陶,字蔚丹,四川巴县人,出身商人家庭,少年时代即关心国家前途命运,戊戌变法时,阅读严复的《天演论》等新书刊,敬仰谭嗣同的激进改良主张。1901 年离家到上海,进江南制造局所设外国语学校——广方言馆学习日语,次年自费东渡日本,入东京文学院学习。在日期间,他广泛阅览外国资产阶级革命书籍,积极参加留学生活动。1903 年 4 月回国,在开展学生运动的同时,又从事革命理论创作,写成了《革命军》一书。书中系统地阐述了他的民主共和政治制度思想。是书由章太炎作序,后来发表在《苏报》上,由于文字浅近明快,"辞多恣肆,无所回避"①,矛头直指清王朝,一时影响很大。清政府于是通过公共租界当局,将邹容和章太炎逮捕,并分别判刑。1905 年 4 月邹容因不堪凌辱,最后瘐死狱中,年仅二十岁,为民主革命献出了年轻的生命。

一

19 世纪末 20 世纪初,中国内外矛盾空前激烈,民族危机日益严重,资产阶级革命思想迅速传播,并逐渐成为社会思潮的主流。邹容就是站在这个思潮主流的前头的杰出代表人物之一。

邹容作为近代中国知识分子革命化的典型人物,在他短暂的人生中,他的思想完成了由单纯的民族主义(种族主义)到资产阶级民主主义的转化。他的《革命军》一书在中国近代资产阶级革命运动中最大的历史功绩就在于它明确宣布革命的目的是要"共逐君临我之异种,杀尽专制我之君主,以复我之天赋人权"②,建立平等、自由的资产阶级民主共和国,并为这个民主共和国提出了具体方案,制定了二十五条建国纲领。在此之前,包括孙中山在内,中国还没有一

---

① 章太炎:《革命军》序。
② 邹容:《革命之教育》,《革命军》,大同书局 1903 年(光绪二十九年)版。

个人如此详尽、清晰地描绘出未来中国资产阶级民主共和国的图景,所以,我们可以这样说,邹容的政治思想是近代中国第一个较为完整、带有体系的民主共和政治制度思想。

邹容民主共和政治制度思想集中反映在他的《革命军》一书中,主要有以下几方面:

1. 树立民族尊严,强调民族独立。"中国为中国人之中国,我同胞皆须自认为自己的汉种,中国之中国",具体地说,就是"所有服从满洲人之义务,一律消灭"。①

2. 推翻清朝政府,消灭象征封建君主专制制度的满族皇帝。"以儆万世不复有专制之君主","对敌干预我中国革命独立之外国及本国人"②,"推倒满人所立之野蛮政府",建立资产阶级民主政权——中华共和国。

3. 在新政权下,全国男女皆平等,皆国民,"凡为国人,男女一律平等,无上下贵贱之分",人人享有生命、言论、思想、出版等天赋之自由权利,国民有纳税、服兵役、忠于国家之义务。

4. 国家须有人民公允、政府的权力是人民授予的,因此,政府的责任在于保护人民的权利,但如果"政府所为有干犯人民权利之事,人民即可革命,推倒旧日之政府"。③

5. 实行议会制度,各府州县选举议员,总统由各省总议员投票公举。

6. 以美国宪法和法律为蓝本,参照中国具体国情,制定自己的法律和宪法。

7. 新政府有独立的国家职能,在对外关系上,"所有宣战、议和、订盟、通商及独立国一切应为之事,具有十分权利与各大国平等"。④

这一纲领浸透了革命民主主义精神,充分体现了中国资产阶级的政治要求,即建立一个民主、独立、自由、平等的共和国家的理想。正如邹容反复强调的那样:"一国之政治机关,一国之人共司之,苟不能司政治机关,参与行政权者,不得谓之国,不得谓之国民。"⑤他认为这是"世界公理"。他想用美国独立战争的斗争形式推翻清朝封建统治,以建立资产阶级的国家,主张大众"有干涉国政、倡言自由说,以设立民主为宗旨者,有合全国工人立一大会,定法律以保

---

①②③④　邹容:《革命之教育》,载《革命军》。

⑤　邹容:《革命之原因》,载《革命军》。

护工业者,有立会演说、开报馆、倡社会之说者"。①邹容当然还未认识资产阶级给予工会权利的伪善目的,但他激切渴求平等自由的欲望,正反映了他对封建专制的憎恶。他提出的立国设政的具体措施,是他对比了中西不同政体得出的结果。他痛感只有民强,才有国富,最终国家才能立于世界民族之林,成为泱泱大国。而民强首先是要去奴性,即要国中无奴,即国民平等。到了国富民强之日,"恐英吉利也,俄罗斯也,德意志也,法兰西也,今日之张牙舞爪以蚕食瓜分于我者,亦将屏气敛息以惮我之威权,惕我之势力"。②

邹容设计的资产阶级民主共和方案主要源自以下几个方面:

(1)中国传统的民族主义;(2)受某些激进的改良主义者如谭嗣同对"旧学"的反叛的影响;(3)西方资产阶级民主思想;(4)受孙中山等人的民主共和思想的影响。邹容设计的民主共和国方案的思想指导基础,来自法国著名的资产阶级启蒙思想家卢梭、孟德斯鸠等人。他最崇敬的政治家是领导美国独立战争的华盛顿,对美、法资产阶级民主政治极为推崇。在日本学习期间,他一方面积极参加留日学生爱国反清活动,另一方面又刻苦研究学问,认真阅读卢梭的《民约论》、孟德斯鸠的《万法精理》等西方资产阶级学者的著作,研读了美国独立战争史、法国大革命史,接受了资产阶级的自由、平等、民主思想,并把天赋人权作为反对清朝封建统治和反对外来侵略奴役的思想武器。他认为卢梭的学说不仅是"法、美文明的胚胎",也是中国"起死回生之良药、还魂返魄之宝方",所以,"吾请执卢梭诸大哲之宝幡,以招展于我神州上"③。他说,"皇帝怕卢梭,我喜欢卢梭",自诩"法国大英雄卢梭之后第二人"。④

戊戌维新失败后,血的教训和封建王朝冥顽不化的严酷现实,更坚定了孙中山等革命党人推翻清政府、建立资产阶级民主共和国的信念。邹容接受了孙中山的民主共和思想,以法国资产阶级民主革命为学习楷模,特别是"模拟美国独立主义"⑤。他歌颂独立,号召民族独立。他阐明"自格致学日明,而天予神授为皇帝之邪说可灭,自世界文明日开,而专制政体一人有天下之制可倒"⑥,并鲜明地提出建立资产阶级民主共和国的具体方案,明确"立宪法,悉照美国宪法,参照中国性质而定",⑦即结合中国的具体国情而定,从而把中国学习西方民主政治同挽救中国民族危亡有机地结合起来,有力地推进了中国政治的近

---

① ② 邹容:《革命之原因》,载《革命军》。

③ 邹容:《绪论》,载《革命军》。

④ 见会讯、谈志,《新闻报》1903 年 12 月 5 日。

⑤⑥⑦ 邹容:《革命独立之大义》,载《革命军》。

代化。

二

邹容的民主共和国的政治方案中含有种族主义和种族革命的成分,这毋庸讳言。孙中山的同盟会的政纲中的"驱除鞑虏"中同样有这种成分,但这无关他们主张民主共和的宏旨。邹容用资产阶级民主共和国取代封建地主阶级的君主专制制度,用民主选举的总统更换一家一姓的皇帝的思想,无疑是一个巨大的历史进步。这种带有建立民主共和国要求的完整的民主主义不仅超脱了两千多年来农民阶级"皇权主义"的范畴,同时也摒弃了资产阶级改良派的君主立宪的方案,及时地回答了当时中国亟待解决的问题,即用何种方法、道路来挽救中国。他的这一方案渗透了战斗的民主主义,因而具有重大的历史进步意义。

邹容的资产阶级民主共和国的政治方案其思想基础来自西方自由民主学说。正如毛泽东同志指出的那样:是"从帝国主义的老家即西方资产阶级革命时代的武器库中学来了进化论、天赋人权论和资产阶级共和国等项思想武器和政治方案"[1]。邹容认为西方资产阶级思想家卢梭、孟德斯鸠等人的理论曾为西方民主共和政体的建立起过巨大作用,他们的进化论思想、天赋人权理论同样可以用来拯救中华民族。所以,他大力介绍天赋人权思想,宣传进化。认为人人"在生之初,无人不自由,即无人不平等",因而大家都是"始祖黄帝所遗传,子子孙孙,绵绵延延,生于斯,长于斯,衣食于斯,当共守其勿替,有异种贱族,染指于我中国,侵我皇汉民族之一切权利者,吾同胞当不惜生命共逐之,以复我权利"[2]。他把世界进化看作天然公理,"进化者生,不进化者则死;进化者胜,不进化者败"。进化是社会发展的必然规律。所以,他认为"天下事不兴则亡,不进则退",一个国家的进化主要靠人群的进化,泰西各国进化之所以快,能雄霸世界,是由于那些国家人民能接受新思想、研究新问题;我中华之所以被奴役,是由于人民蒙昧无知,体制不行、秩序不定,若要改变,当"德智分途并进,人自为战,而进化遂沛然莫之能御"[3]。如此则"国权日益伸,民力日益涨,民气日益奋"[4]。最终将列强赶出中国,把腐朽落后的封建王朝打倒,建立一个自由、平等、民主的社会。进化论在当时西方虽早已过时,但在中国却具有很大的影响

---

① 毛泽东:《唯心历史观的破产》,《毛泽东选集》(第四卷),人民出版社 1991 年版,第 1514 页。

② 邹容:《革命之教育》,载《革命军》。

③ 邹容:《革命之原因》,载《革命军》。

④ 邹容:《公私篇》,《浙江潮》第 1 期。

力,这就是邹容的鼓吹民约论、进化论受到中国众多士大夫知识分子欢迎的原因。

自 1840 年第一次鸦片战争后中国逐步沦为半封建半殖民地社会起,中国士大夫官僚知识分子萌生了变革社会、拯救国家的一般思想和思潮,主张"师夷长技以制夷",大兴洋务。甲午战败后开展变法维新。其形式大多采用温和改良的方法。但在民间则采取断然激烈的革命形式。洪秀全领导的太平天国、孙中山领导的起义等都是如此。邹容亦是如此。他认为实现民主共和政治理想的途径就是革命,认为革命力量"根源于国民",无论老年、中年、壮年、少年、幼年,无论男女,都要"相存相养相生活于革命中"[①]。认为这种广泛的自上而下的全民革命动员既是革命精神的体现,也是革命成功的保证。

邹容进一步指出,革命并非"野蛮之革命"而是"文明之革命"。革命既有破坏,又有建设,是为了建设而破坏,是为了国民赢得自由、平等、独立、自主的权利,是为国家增幸福。他主张效法意大利马志尼的革命与教育并行,使国民自觉养成"有自治之才力,有独立之性格,有参政之公权,有自由之幸福","去掉奴隶之根性"[②],有政治法律。他还说,要从意识形态方面动摇封建制度的上层建筑,使全体民众"进为中国之国民",要"制造无量无名之华盛顿、拿破仑"。邹容的上述革命理论同样来自西方欧美资产阶级革命学说,也是借鉴戊戌维新失败的惨痛教训。《革命军》一书出版后,引起轰动,革命党人深受鼓舞,在租界,"人们纷抢购买,读之为快",给当时孙中山领导的反清革命斗争以不小的推动。

---

① 邹容:《革命之教育》,载《革命军》。
② 邹容:《革命必先去奴隶之根性》,载《革命军》。

章太炎

探索救国的政治方案

　　章太炎（1869—1936），名炳麟，字枚叔，因慕顾炎武之为人，改名绛，别号太炎，后以别号著称，浙江余杭（今属杭州市）人，是近代中国著名学者，辛亥革命时期的重要理论家之一。

　　章太炎在参加民主革命的过程中，曾在反清革命成功后，在中国实行何种政治制度问题上，提出过反对代议制的主张。他的这一主张虽然早已被当时的历史事实所证明极不切实际，并最终遭到失败，然而在那时，作为一个探索救国的政治方案，它毕竟代表了一部分人的看法，还是应该给予重视，加以研究。

一

　　甲午战后，列强在中国掀起了强占租借地、划分势力范围、瓜分中国的狂潮，民族危机变得空前严重，救亡图存成为时代的主题。

　　同是救亡图存，从一开始就呈现了两种截然不同的道路，一种主张体制革命，武力推翻清政府，持这一主张的，以孙中山为代表。甲午战争爆发的这一年（1894 年）11 月，孙中山在檀香山成立反清革命团体兴中会，"以振兴中华，维持国体为宗旨"，以"驱除鞑虏，恢复中国，创立合众政府"为纲领。表示了他学习西方、推翻清朝，变封建君主专制的中国为资产阶级民主国家的决心。甲午战败前夕，孙中山即开始谋划发动广州起义。另一种主张，是实行体制内改革，对现存政制加以改良，来实现民族自救。持这一主张的以康有为、梁启超为代表，想通过支持光绪帝推行维新变法来实现他们的主张。但戊戌变法只进行了一百多天就被慈禧太后一手镇压了。谭嗣同等六君子的被杀，宣告了维新改良救亡图存的道路行不通。

　　章太炎就是在这一背景下，从书斋里走出来而卷入民族救亡图存大潮的。1869 年 1 月 12 日（清同治七年十一月三十日）他出生在浙江余杭县东乡仓前镇的一个读书世家。轰动晚清、百余年来家喻户晓的杨乃武与小白菜一案就发生在这里。章太炎初名学乘,后改名炳麟,字枚叔。成年后,因仰慕顾炎武,改名绛,别号太炎。章太炎的曾祖父和祖父都是秀才出身,"家资百万","藏书甚丰"。父亲章濬为当地有名中医,一度担任余杭县学训导,后因卷入杨乃武案被革职。章太炎先前曾参加过县试,但因患有癫痫(俗称羊角风)而无法应试,从此绝意仕途,专心学问。明末清初,浙江士绅曾进行过激烈的抗清斗争。入清后,这种反清意识依然不减,清政府采用严酷的高压政策,先后制造了曾静案、吕留良案、查嗣庭案、戴名世案、庄廷鑨案等文字狱①。然而两百多年过去了,这种种族意识并未随着岁月的流逝而轻减。父亲去世前对章太炎说:章氏入清已经八世,先辈入殓都是深衣,穿明代的上衣下裳,望不违祖训。后来到外祖父朱有虔那里问学,读到蒋良骐《东华录》中有关曾静案的文字,外祖父就给他讲了夷夏之防同于君臣之义的话,太炎问其有何依据,答以顾炎武、王船山说过:"历代亡国,无足轻重,只有南宋之亡,则衣冠文物亦与之俱亡了。"太炎就说"明亡于清,反不若亡于李闯(李自成)",因为他们都是汉人,文物制度尚能保存②。章太炎由此觉得"异种乱华"是心中的第一恨事,"反满"的种族革命的意识由此萌发。后来他就是带着"为浙父老雪耻"的强烈种族复仇意识投入到当时民族救亡大潮的。

遵照父亲的遗嘱,章太炎于光绪十六年(1890)进入杭州诂经精舍研习,一待就是八年,直到1897年才离开。诂经精舍系嘉庆年间浙江巡抚阮元所创办。当时主持人为学者俞樾。俞樾,字荫甫,号曲园,浙江德清人,进士出身,曾任翰林院编修,因在河南学政任上出题舛误,被参劾,奉旨革职永不叙用。但因系曾国藩的门生,在曾氏和李鸿章的护佑下,先后主讲苏州紫阳书院、杭州诂经精舍。教书之余,研究经训,著有《群经平议》,成为晚清经学研究的绝响。经太平天国起义十多年的冲击,江南已是田园荒芜,文物荡然。世家大族大多家破人亡,子弟无力读书,而一般为宦者也无暇绩学。章太炎在俞樾的指导下,苦研经训,饱读史书,有凡经、史、子、集无一不读,并对佛学,尤其是对华严宗、法相宗有着很深的研究,这些都直接影响了他的世界观。由于深通古今经学,不仅奠定了日后成为国学大师的基础,而且也使他拥有日后政治生涯中"傲人"的资本。如果说孙中山是从西方寻找救国救民的真理,从世界历史发展的大趋势来审视中国,振兴中国,那么,章太炎则是从中世纪走来,拿着古圣先贤们曾经鼓

① 章太炎:《检论》卷四《哀焚书》,《太炎文录》卷一。

② 朱希祖:《本师章太炎先生口授少年事迹》,许寿裳:《章太炎传》附录,百花文艺出版社2009年版,第25—26页。

吹和使用过的夷夏之防的传统"武器",掷向他所憎恨和要复仇的清政府,最终仍旧回归到传统中去。这就是孙、章本质的区别所在,也是后来他们彼此矛盾冲突的根源。

1897年(光绪二十三年),章太炎从杭州来到上海,进入汪康年所办的《时务报》馆任撰述。那时梁启超正担任该报主笔,大力宣传康有为的《新学伪经考》。康氏撰写该书,目的是托古改制,将孔子打扮成改革者,为自己的变法主张提供依据。他不是为经学而经学,而只是一种历史的假借。殊不知章太炎是一个纯粹的经学研究者,他所著的《春秋左传读》所阐述的观点与康有为的今文经学的观点正好相反,因此,章氏与梁启超等并无共同语言,双方时常发生龃龉,最后章太炎被迫离开《时务报》馆。戊戌政变后,他因支持变法受到通缉,避居台湾,以为当年郑成功抗清离今不远,遗风尚存,在台尚有可图,但终而不果。次年又因反对废黜光绪,再遭通缉,亡命日本。唐才常力主勤王,他不表赞同,当即断发,以示决绝。在《解发辫》一文中,他说"余年已立,而犹被戎狄之服,不违咫尺,弗能剪除,余之罪也"。①剪去发辫,以明自己"不臣满清之志"。章太炎的剪辫在当时轰动一时,被视为大逆不道、惊世骇俗之举。孙中山在看了章太炎的《解发辫》一文后,对其"反满"的勇气给予了高度评价,认为"有清以来,士气之壮,文字之痛,当推此次为第一"。②但此时孙中山尚未与章太炎见过面,对于章太炎的全部思想还不了解。光绪二十七年(1901),《訄书》行世,巡抚恩铭欲行大狱,章太炎再次亡命日本。

经由庚子、辛丑之变,清廷已沦为"洋人的朝廷",国人对于革命"排满"的看法发生了根本改变。林白水说:"中经六士(指谭嗣同、林旭、刘光第、杨深秀、杨锐、康广仁等戊戌六君子被杀)、三忠(指袁昶、许景澄、徐用仪被杀)及汉变诸子(指唐才常自立军起义人员汉口被杀),因聚怨于朝廷,乃创为革命之论。"③孙中山直接觉察到革命高潮的到来,他说:"当初次失败(指广州起义)也,举国舆论莫不目予辈为乱臣贼子,大逆不道,咒诅谩骂之声不绝于耳,吾人足迹所到,凡认识者,几视为毒蛇猛兽,而莫敢与吾人交游也。唯庚子失败之后(指惠州起义),则鲜闻一般人之恶声相加,而有识之士且多为吾人扼腕叹息,恨其事之不成矣。前后相较,差若天渊。"而"加以八国联军之破北京,清帝后之出走,议和

---

① 章太炎:《訄书》末篇,《太炎文录》卷二。
② 引见王林:《章太炎》,云南教育出版社2010年版,第26页。
③ 林獬(林白水):《政治之因果关系论》,张枬、王忍之编:《辛亥革命前十年间时论选集》(一),第762—763页。

赔款之九万万两,而后则清廷之威信已扫地无余,而人民之生计从此日蹙,国势危急,岌岌不可终日。有志之士多起救国之思,而革命风潮自此萌芽矣"。①然而这时的"革命之思"主要是指"排满""倒满"的种族革命。章太炎的种族革命思想适逢其时,迎合了当时的需要,光绪二十九年(1903)春,蔡元培组织爱国学社安顿南洋公学退学学生,章太炎应邀到校讲学,多述"明清兴废之事",而中国教育会则每周两次于张园举办讲座,公开宣讲革命,讲稿多在《苏报》上发表,其中以章太炎"排满革命之论"最为激烈。邹容作《革命军》,章太炎为之润色并为之作序,宗仰和尚出资,将其与《驳康有为论革命书》同时刊出,一时影响很大。在后一篇文章中,章太炎引经据典,对康有为的保皇观点进行了系统的批驳,阐述"排满"、进行种族革命的必要:"彼(指满族贵族集团)固曰异种贱族,非吾中夏神明之胄,所为立于其朝者,特曰冠貂蝉、袭青紫而已","满洲弗逐,而欲士之争自濯磨、民之敌忾效死,以期至于独立不羁之域,此必不可得之效也","长素犹偷言立宪,而力排革命者,宁智不足,识不逮耶?!"②文中还将光绪帝比作"未辨麦菽"的"小丑",以致引起了清廷的震怒,遂勾结租界当局,一手制造轰动当时的《苏报》案,章太炎因此被判囚禁三年。同一时期,他还发表了《排满平议》《讨满洲檄》《复仇是非论》《正仇满论》等文章,历诉清政府十四大罪状,指出"非种不锄,良种不滋;败群不除,善群不殖"③。这种文字鼓吹,对于长期遭受封建清王朝压迫的民众来说如饮醍醐,从未有过这样的痛快。加上当时科举废除,大批士子在为出路苦闷之际,看到章氏文论,备感振奋,以致章太炎一时名声大振,"国民咸慕,翕然从风"④。除了著文鼓吹"排满""反满"外,章太炎平日与友人交谈也率多类此。"以明末遗民故事及清末革命故事为多,盖前者为先生革命思想之所出也",⑤他是"缵苍水、宁人、太冲、蒉斋之遗绪而革命"。⑥即以张苍水、顾炎武、王夫之等人思想言论鼓吹革命。

二

　　1906年6月,因《苏报》案而被囚禁三年的章太炎获释,随即被孙中山派人迎往日本东京。到了东京,孙中山又在神田区锦辉楼为其召开欢迎大会,他受

① 孙中山:《革命原起》,《辛亥革命》(一)(中国近代史资料丛刊),第9—10页。
② 章太炎:《驳康有为论革命书》,《太炎文录》卷二。
③ 章太炎:《讨满洲檄》《正仇满论》,《太炎文录》卷二。
④ 许寿裳:《章太炎传》,第3页。
⑤ 左舜生:《我所见晚年的章炳麟》,许寿裳:《章太炎传》附录,第196页。
⑥ 钱玄同挽章太炎联语,《逸经》第十一期,1936年8月。

到了英雄般的欢迎。会上，章太炎发表演说，除了仍然讲他自幼读蒋良骐《东华录》中有关曾静、戴名世、查嗣庭等文字狱内容后，胸中发愤，立志"排满"的话以及甲午后"略看东西各国的书籍，才有学理收拾进来"，还大讲特讲"佛教，华严、法相宗，次说国粹，人物事迹"，竭力宣传他的"反满""排满"的种族复仇主张。

章太炎来日后，孙中山最初对他非常尊重，"凡开国的典章制度，多与先生商榷，先生亦佩服国父的善于经画"，"国父和先生二人，志同道合，千载一会，张良之赞汉高，刘基之佐明主"。比喻虽带旧时代痕迹，但也将孙中山与章太炎在民族民主革命中各自的地位、角色、作用说得很明白了。章氏来日不久，就被孙中山委以主编同盟会机关报《民报》的重任，给予他以极大的信任。

章太炎主编《民报》后，继续撰文发表"排满""反满"的主张，同时又从佛学的观点出发，阐发他对未来国家政治的看法。他说有民族，即有国家，有国家必有政府，比较世界各国政体，唯有共和政体为害较轻，要消除共和政体的危害，应当做到土地平均分配，使耕者不为佃奴；官立工厂，使工人得分赢利；限制继承，使富厚不传子孙；议员有贪污行为，平民可以解散议院，使政党不能纳贿。认为若做不到这四点，"不论君主立宪还是民主立宪，都不如专制为善"；专制国家没有议院，无议院则富人穷人地位相等，若设议院，而充当议员者，大都出于豪门，名为代表人民，实际上依附政党，与官吏朋比为奸，所考虑的不是民生利病，而是一党之私，因此，虽有共和政体，还不如专制政体为宜。章太炎这里讲的，包含以下三层意思：（1）代议制的民主共和政体不能行于中国；（2）政党与议员勾结，这种共和政体还不如专制政体为宜；（3）结论是现在建立共和政体只能是不得已之举。认为清朝推翻后，中国还是行君主专制为好，"帝王一人秉政，优于立宪，没有什么不好"。

1908年清政府颁布《钦定宪法大纲》，并下令各省于次年开办谘议局。《钦定宪法大纲》的颁布在当时社会上引起了很大的反响。国内立宪派和流亡海外的康梁保皇党人均对此表示欢欣鼓舞，认为中国从此"宪政有望矣"。而部分革命党人在听到这个消息后无不垂头丧气，认为日后反清革命更加困难，因而对革命前途产生消极悲观的情绪。就在这时候，章太炎在《民报》上发表了《代议然否论》一文。文章揭露了清政府立宪的实质不过是"推其意趣，不为佐百姓，亦不为保国家，唯拥护皇室尊严是急"①，指出清政府的立宪既不能自救，也不能救中国。文章还对未来中国实行何种政治制度谈了自己的看法。

_____

① 章太炎：《代议然否论》，《章太炎选集》，上海人民出版社1981年版，第483页。

以孙中山为代表的资产阶级革命派,主张通过革命推倒清政府,在中国建立资产阶级民主共和制度。1905年成立的同盟会纲领明确规定"驱除鞑虏,恢复中华,创立民国,平均地权"。后来孙中山将它概括为民族、民权、民生三民主义。也就是说,未来中国要采行欧美国家的资产阶级议会民主制度。但是当时多数革命党人对资产阶级议会民主制度知之甚少,只有宋教仁、朱执信等少数人有过研究,至于在中国如何实现则少有探讨。章太炎这篇文章是探讨这个问题的第一回。不过,他的探讨不是顺着同盟会的三民主义政纲进行正面阐述,而是从否定的角度,即从它对三民主义不利的角度来进行探讨的。

在《代议然否论》一文中,章太炎从"恢廓民权"、任何政体皆旨在"使其民平夷安稳"的目的出发,激烈反对资产阶级代议制。他说:代议制是以财产多寡、纳税多少为标准来决定选举权的。社会贫富不均,能当选的议员只限于少数富豪,而富豪本来就恃强凌弱、欺压平民,如再选举他们为议员(章太炎称之为"议士"),其为害更甚,不啻如虎添翼,万万不可。章太炎还从中西国情迥异的角度来证明他的观点。他说:中国广土众民,"汉土视英德法大至五六倍,视美利坚其民则繁庶至五六倍","为州县千百四,丁口则四万二千万有奇",社会等级层次多,与欧美西方国家不同。多选议员,则集会不便,即"猱屯麇聚,分曹辩论,嚣叹之声已足以乱人语"。少选、限选议员也不妥,选举结果"势必尽为豪富,如是选出的国会,则上品无寒门,下品无膏粱,名曰国会,实为奸府,徒为有力者傅其羽翼"。①况且议会有制定法律之权,议会席位既悉为豪富所占,这些人都是"求垄断唯恐不周"之辈,当然不能制定出有利于平民的法律。章太炎还以实行代议制的欧美、日本等国家为例,指出代议制只对地主、资本家有利,对于广大民众并没有什么好处,仍是压制民权。竞选议员时多靠权势和贿赂,"其被选不以成绩,有权力者,能以势藉结人,大俣取给于口舌,哗众啸群,其言卓荦出侪辈,至行事乃绝异",势必弊窦百出,因此"议院者,民之仇,非民之友也"。最后,章太炎说:"是故通选亦失,限选亦失,单选亦失,复选亦失,进之则所选必在豪右,退之选权坠于一偏。要之代议政体,必不如专制为善。满洲行之非,汉人行之亦非;君主行之非,民主行之亦非。上天下地,日月所临,遗此尘芥腐朽之政,以毒黎庶,使鱼乱于水,兽乱于泽,悂奰之虫,肖翘之物,莫不失其职姓,甚矣哉!酋豪贵族之风,至于今末沫也。"②章太炎对西方资产阶级代议制的虚伪性、欺

---

① 章太炎:《代议然否论》,《章太炎选集》,第466页。
② 同上书,第470页。

骗性的揭露和批判无疑是正确的。

代议制度既然十分腐朽,不足以"恢廓民权",那么到底是怎样的一种政治制度才是理想的政治制度呢?章太炎提出只设总统、不设议会,行政、司法、教育三权分立的主张。他说:"总统唯主行政、国防,于外交则为代表,他无得与,所以明分局也。司法不为元首陪属,其长官与总统敌体,官府之处分,吏民之狱讼,皆主之,虽总统有罪,得逮治罢黜,所以防比周也。学校者,使人知识精明,道行坚厉,不当隶政府,唯小学校与海陆军学校属之。其他学校皆独立,长官与总统敌体,所以使民智发越,毋忘执事也。凡制法律,不自政府定之,不自豪右定之,令明习法律者与通达历史、周知民间利病之士参伍定之,所以塞附上附下之渐也。法律既定,总统无得改,百官有司毋待违越。有不守者,人人得诉于法吏,法吏逮之而治之,所以戒奸纪也……凡经费出入,政府岁下其数于民,所以止奸欺也。凡因事加税者,先令地方官各询其民,民可则行之,否则止之,不以少数制多数也。民无罪者无得逮捕,有则诉于法吏而治之,所以遏暴滥也。民平时无得举代议士(即议员),有外交宣战诸急务,临时得遣人与政府抗议,率县一人;议既定,政府毋得自擅,所以急祸难也。民有集会、言论、出版诸事,除劝告外叛、宣说淫秽者,一切无得解散禁止,有则得诉于法吏而治之,所以宣民意也。凡是皆所以抑官吏、伸齐民也。"①他甚至断言,如果中国实行美国的联邦制,必然会出现南北战争那样的分裂现象,对建立统一的资产阶级民族国家是非常不利的。②

从章太炎的上述议论,可以看出,他主张反清革命胜利后要在中国建立的政治制度是一个行政、司法、教育三权分立,只设总统、没有议会的共和国。他设想的这个政治制度仍然没有跳出资产阶级民主政治的范畴,这样的三权分立实际上是从孟德斯鸠行政、司法、立法三权分立政治学说衍演而来的,他只是把立法权交给由教育长官主持的学者会议,又没有一个独立的机关去保证施行,比起西方的三权分立制度还欠完整。

章太炎反对资产阶级代议制的主观愿望是想把国家重要的权力直接归于人民,"抑官吏,伸齐民",却没有制定出一条实现和保证使平民行使管理国家权力的道路。他主张废除选举(唯恐民众代表落到豪富等少数人手中),只是当国家遇到危难亟待需要的时候,才采取州、县政府征询本地民众意见的办法;遇到

---

① 章太炎:《代议然否论》,《章太炎选集》,第 474—475 页。
② 同上书,第 477 页。

外交、宣战等大事时，才由各县临时选举代表和政府共同协商议定。这只能是一种幻想。事实上，人民要行使自己的权力，还是需要有自己的代表机关，若没有代表人民的机关，再好的民主制度也无从实现，人民根本无权力可言。

　　章太炎的政治思想还反映在他对现存封建君主专制制度的态度上。由于他并不认识政治制度根植于经济制度、"物质生产的活动"的道理，因此，他实际上并不反对君主专制政体，甚至认为如果有个好皇帝，建立有利于平民的政治制度，实行有利平民的政治措施，那么即使在君主专制政体之下，同样也可以有良好的政治。他说："诚欲求治，非不在综核名实也，然观贞观开元之政，综核之严，止于廉问官吏，于民则不为繁苛。夫惩创贪墨，纠治奸欺，宁非切要可行之政哉！……夫如是，则立宪无益，而盛唐专制之政，任他人与之称号耳。"① 至于对废除帝制建立共和政体的认识，他一方面认为"在今之世则合众共和为不可已……民主之兴，实由时势迫之，而亦由竞争以生此智慧者也"，② 一方面则说："始志专欲驱除满洲，又念时无雄略之士，则未有能削平宇内者，如是犹不亟废帝制，则争攘不已，祸流生民，国土破碎，必为二三十年，故逆定共和政体以调剂之，使有功者得更迭处位，非曰共和为政治极轨也。"③ 并说自己"非执守共和政体者"④。可见，章太炎的政治制度思想中还混杂着大量封建遗存，封建专制政治对他的影响根深蒂固，他的民主主义思想极不彻底。

　　综上可知，章太炎的司法与行政分开的政治主张的形成，一方面源自对西方资产阶级民主制度运行的考察，另一方面深受封建君主专制制度的影响。他发现古今中外历史上的国家政权机构总是与民对立，因此，他力主用立法来限制各级政府的权力，把司法交由"明习法律""通达历史、周知民间利病之士"，而不经由总统、豪富之手，并对总统权力进行种种限制，想以此来达到保障民权的目的。但这也只能是一种幻想。无数历史事实证明，人民保障自己权利的最好办法，只能是打碎剥削阶级的国家机器，建立自己的权力机构。由于受时代的局限，章太炎的目光还未能达到这一步。

　　然而，我们回到中国的现实来看一看，不难发现章太炎的这一主张严重脱离国情。当时中国是一个落后的封建君主专制的国家，章太炎反对的西方资产阶级代议制尽管存在这样或那样的弊窦、缺陷，但它毕竟比中国封建君主专制

---

① 章太炎：《代议然否论》，《章太炎选集》，第486—487页。
② 章太炎：《驳康有为论革命书》，同上书，第155—157页。
③ 《章太炎先生自订年谱》，《近代史资料》1957年第一期，第127页。
④ 《章太炎选集》，第473页。

制度要进步。对当时的中国而言,只能用它来取代封建君主专制制度,而别无其他选择。这就是以孙中山为代表的革命党人始终坚持用三民主义来挽救中国的原因。章太炎反对和否认代议制,客观上不是推进资产阶级民主革命,而是给革命队伍思想添乱,对推进民主革命起了消极作用。

孙中山曾经讲过,参加辛亥革命的人大致有三种:一种是怀有民主共和理想并为之奋斗的,这些人只是少数;一种是怀有种族革命思想的,包括会党在内;一部分是对现实不满的人。章太炎就怀着种族革命思想,主张逐清建夏,恢复汉族统治。章太炎的上述政治制度思想、主张集中反映了这一点。当然,具有他这种政治思想主张的还大有人在。这就无形中形成了与孙中山革命思想的严重对立,理所当然地遭到孙中山、黄兴、胡汉民、朱执信等革命党人的坚决抵制和批判。不过,由于大敌当前,民主革命尚未完成,所以,孙中山仍以政治家的非凡气度,本着求同存异原则,积极争取和团结章太炎等一起为实现民主共和理想去努力奋斗。

1911年辛亥革命成功,次年1月,中华民国南京临时政府成立,孙中山当选为临时大总统。革命成功,下一步是建设新生的民主共和国。当初组建政府时,孙中山曾提名章太炎担任教育总长,因众人反对而未果,但仍安排他为总统府高级顾问。章太炎却反行其道,大搞分裂活动,和旧官僚、旧立宪党人一起,公开反对孙中山为首的资产阶级革命派,鼓吹"革命军起,革命党消",反对同盟会组建的临时政府,进行反对同盟会的组织活动,继而又拥护袁世凯,在民初政治斗争中充当了很不好的角色。

回顾历史,再来看看章太炎在辛亥革命前后的政治思想和所作所为,不难看出,他的民主主义思想之所以不彻底,除与他地主士大夫的出身有关外,还同中国封建传统政治文化对他的浸润有关。他在杭州诂经精舍饱读史书多年,有凡儒家政教经籍之书,无一不读,对中国封建政治制度文化了然于心。他说:"我们中国政治总是君主专制,本没有什么可贵,但是官制为什么要这样建置,州郡为什么要这样划分,军队为什么要这样编制,赋税为什么要这样征调,都有一定的理由,不好将专制政府所行之事一概抹煞,就是将来建设政府,哪项需要改良,哪样需要复古,必得胸有成竹,才可见诸施行。"①他认为不能将中国封建社会的一切东西都加以否定的看法是对的,他本人主观上也是力图从民主主义

---

① 章太炎:《演说录》,《民报》第6号,第11—12页。

的角度来总结中国历史、政治文化,但由于没有科学地去总结和分辨中国传统政治文化中的精华与糟粕,不能认识封建君主专制制度的剥削本质,加上个人存在浓重的封建意识,所以,他无法也不可能提出切合中国国情的政治制度方案。

秋 瑾

主张社会改革、男女平权

在一百多年的民族民主革命中,许多革命家都给人们留下了难以磨灭的印象,秋瑾就是其中最突出、最鲜明的一个。秋瑾之所以如此,除了她死得悲壮,更缘于她的自我形象设计和梦想追求。

一、秋瑾自我形象设计

秋瑾籍贯浙江绍兴,生于闽,长于湘,又曾在北京住过一段时间,在她去日本留学前,她的形象基本上是一位知书识礼,足不出户的大家闺秀;相夫教子、腼腆的少妇。"光绪壬寅秋瑾初至京师,寓南横街圆通观斜对一小院,终日蛰居,非其至亲,见之则敛别。""二十四岁嫁给王子芳(王廷钧),家里开当铺、钱店,当时两夫妻感情很好。"①她"脾气很静,喜欢看书"②。就是这样一个藏于深闺,怕见生人的秋瑾,在两年后,则完全变成了另外一个人,史书对此均有不少记载,她留给后世的几帧男装遗照也证实了这一点。

到日本后,秋瑾首先将自己的名字"秋闺瑾"改为"秋瑾",去掉"闺"字,表示自己从此走出家庭,迈向社会、投入民族救亡的斗争。"危局如斯敢惜身?愿将生命作牺牲。"表示要将自己的生命献给民族民主革命。

庶母孙氏回忆说:"后来从日本回来,穿了日本衣服,住了几天,又到日本去了,第二次从日本回来,就男人打扮了。……她是小脚,穿了皮靴,里面垫花絮。"③

学者吕碧城回忆说:"其名刺为红色笺,印'秋闺瑾'三字。馆役高某举而报曰:来了一位梳头的爷儿们。盖其时,秋瑾作男子装,而仍拥髻,长身玉立,双眸迥然,风度已异庸流。主人款留之,与之同榻卧。……次晨,余睡眼蒙眬,因先

---

① 天任:《潜园腔录》,郭长海、秋经武主编:《秋瑾研究资料(文献集)》(上),宁夏人民出版社 2007年版,第 40 页。

②③ 郭长海、秋经武主编:《秋瑾研究资料(文献集)》(上),第 35 页。

瞥见其官式皂靴之双足，认为男子也。彼方就床头庋小奁，敷粉于鼻。吁嗟，当时讵料同寝者他日竟喋血饮刃于市耶?!"①

革命党人梅景九谈秋瑾留给他的印象："女士叫秋瑾，志向不凡，况且那时女子留学的很少。以后女士常和革命派人往来，联络学界几个同志组织了一份《白话报》，鼓吹民权主义，女士能做诗，时常登台演说，慷慨动人。""她皮肤白皙，柳眉，身材苗条，梳髻，穿着黑格子日本单衣裙，缠足，梳着日本式的发髻，莲步蹒跚。"②

"时或垂辫作男子装，到处演说，颇能动人"③，"女士又擅口才，每登演台，雄辩恣肆，往往倾动众耳。击掌声如百面春雷"。④

周作人在《知堂回想录》中则写道："其一切言论，亦悉如常人，未见有慷慨激昂之态，和服夹衣，下着些红色的裙而已。""见到一位历史上很有名的人物，虽然当时一点都看不出来，她会有那样伟大的气魄，此人非别人，即秋瑾是也。"⑤

1905 年 11 月，日本颁布《清国留学生取缔规则》，引起中国留学生极大愤慨，陈天华因悲愤而跳海自杀。秋瑾主张所有留学生归国，以示抗议。秋瑾虽为浙江人，但"口音习惯纯乎一湖南人"，湖湘文化中的敢作敢为和果断急切泼辣作风对她性格的影响在这里得到了充分的反映。过去很少有人研究湖湘文化对她日后投身反清斗争的影响⑥。当时鲁迅和许寿裳等部分老学生不同意秋瑾的主张。"结果被大会认为反动，给判处死刑。大会主席就是秋女士。据鲁迅说，她还将一把小刀抛在桌上，以示威吓。"⑦

秋瑾生前有一张照片给世人印象很深，那就是她手握倭刀，一身日本女子打扮的那张照片。"今之睹女侠遗容，见一和服执短剑而怒视者，神情每为之肃容。女子所持短剑产自日本。……女侠对此倭刀不啻为第二生命。言其用，固不逮手枪远甚，然女侠恒执刀而不愿手枪，尝语人曰:'手枪虽胜人，不足言武;短剑相击，乃是英雄。'其之爽直，不类女子，颇奇。"⑧秋瑾这种打扮，完全受了

① 郭长海、秋经武主编:《秋瑾研究资料(文献集)》(上)，第 43 页。
② 同上书，第 48 页。
③ 《申报》七月二十一日《绍兴消息》，郭长海、秋经武主编:《秋瑾研究资料(文献集)》(上)，第 132 页。
④ 《秋瑾之演说》，《申报》，郭长海、秋经武主编:《秋瑾研究史料(文献集)》(上)，第 156 页。
⑤ 郭长海、秋经武主编:《秋瑾研究史料(文献集)》(上)，第 64 页。
⑥ 陶在东:《秋瑾遗闻》，郭延礼:《秋瑾研究资料》，山东教育出版社 1987 年版。
⑦ 孙之梅:《宁调元与秋瑾交游考》，李永鑫、秋经武主编:《秋瑾研究论文选》，第 124 页。
⑧ 周香女士:《记鉴湖女侠倭刀》，《秋瑾研究资料(文献集)》(上)，第 68 页。

日本武士文化和中国古代侠客形象的影响。

"女侠好酒,擅诗词,日治革命工作,间以诗词消遣。……足御革履,无时或脱,询其故,曰:'以备不虞耳。'有倭刀二,手枪二,一为勃朗宁,一为六寸莲蓬枪,举其一畀余,一者日置枕畔,不离须臾。"①

为了筹办大通学堂,秋瑾从日本归国后,曾赴湖南,"向王廷钧索银二千两。曾一度回神冲故里,和家人诀别,声言脱离骨肉关系。当时乡里亲友莫不骇怪,认为疯癫,而加以唾骂,实则女士侍奉翁姑,对待丈夫、儿女感情极好。自立志革命以后,恐株连家族,故有脱离家庭之举,借以掩人耳目,这样一位智勇兼备的女子,历史上找到几个呢?"②

秋瑾在绍兴时,据历史学家范文澜回忆说:"我所看到的秋瑾,总是男子装束,穿长衫,皮鞋,常常骑着马在街上走。他骑着马来了,我们跑到马左马右瞪着眼看她,她也看着我们。"③

光复会的一些杭州会员回忆说:"秋瑾当时身穿一件玄色缎衣,黑靴。那时她三十二岁,光复会的一些青年会员都称呼她为秋先生。"④

有关秋瑾生前的形象记述还很多,无须再作论述。从上面几段当时人的回忆记述来看,在秋瑾被害前的五年多时间里,她的形象完全变成了一位身穿日本服饰、怀揣手枪、手握倭刀、脚着皮靴,善于演讲、泼辣雄奇、态度强硬、与丈夫离了婚、骑马行走街头,为当时社会无法理解,也不为众人接受的"怪异"女子。

二、秋瑾自我形象改变的原因

秋瑾形象的变异既有传统中国侠客文化对她的影响,又有外来文化的因素,更多的是因当时中国民族危机的强烈刺激而萌生的理想追求。

秋瑾自幼喜好读史,钦慕历史上的侠义志士,从花木兰到秦良玉,从梁红玉到谢道韫等,她都十分崇拜。后来她又了解了世界上其他国家的民族英雄,如罗兰、苏菲亚等,也非常羡慕。在中国古代的许多奇才侠女中,不少人像男子一样,领兵出征打仗,干了一番轰轰烈烈的事业。秋瑾渴望自己能像男儿一样,虽是女儿身,"身不得,男儿列;心却比,男儿烈"。这些都直接影响她日后改作男子打扮的原因。

---

① 张寄尘:《秋瑾轶闻》,《秋瑾研究资料(文献集)》(上),第81页。
② 谭日峰:《秋瑾赴湖南》,《秋瑾研究资料(文献集)》(上),第88页。
③ 范文澜:《女革命家秋瑾》,《秋瑾研究资料(文献集)》(上),第86页。
④ 周亚卫:《光复会见闻杂记》,《秋瑾研究资料(文献集)》(上),第89页。

秋瑾自我形象的改变与她对当时民族危机有了真正了解有关。她随夫到京,"有机会看到《邸报》和《朝报》之类的官方新闻后,了解到国内外的形势,尤其是和王廷钧的同事廉泉(南湖)的妻子吴芝瑛、陶大钧的妻子(荻子)结识以后,通过阅读新闻纸,才知道还有一个自己不了解的广阔世界"。①这个"广阔世界"彻底改变了她日后的人生。

秋瑾自我形象真正发生改变,与她同当时留日学生运动中宣传的民族革命思想的接触有关。在廉泉和陶大钧家,秋瑾"看到了不少从未看到的书报杂志,如东京湘籍留学生编的《游学译编》,浙江留学生编的《浙江潮》月刊,上海章士钊(行严)等办的《苏报》、陈撷芬等办的《女苏报》和杭州孙翼中办的《杭州白话报》等,以及上海拒俄义勇队和对俄同志会印发的、号召收复失地的周报《俄事警闻》(后改《警钟日报》)。这些公然宣传民族革命,以推翻清廷为宗旨的报刊使秋瑾领悟到:中国的前途不是走日本明治维新的改良道路,而是首先要用革命的手段,推翻清朝封建统治,以挽救民族的危亡"。②对革命思想的认同直接导致了秋瑾的精神状态发生根本改变,而自我形象的改变则是这种改变的最先反映。

秋瑾从小就有独立思考的精神、自由驰骋的禀性、男女平等的思想。六岁那年,家人要她缠足,她曾以父兄均不缠足为由,表示拒绝。后来,特别是她和丈夫离婚后,她获得个人人身自由,到了日本后,她改作男子打扮,当然也是因革命活动的需要,她开始脚穿靴履,完全成了一位名副其实的"秋先生"和"梳头的爷儿们",直到临终牺牲,她都没有改变。

日本武士文化对秋瑾的影响是不言而喻的。秋瑾身着日本和服,手握倭刀的形象显然是受了这种文化的影响。在中日甲午战争和日俄战争中,日本的武士道精神对日本获胜起了重要的作用。秋瑾只是从表面上看到了武士道有利的一面,未看到武士道罪恶的本质。她自号"鉴湖女侠",渴望自己能以侠义来唤起沉睡的古国,"宝刀之歌壮肝胆,死国灵魂唤起多"。③

革命党人也对她自我形象的设计起到了影响。早在湖南湘乡荷叶塘时,她就与唐群英相识。"两人常在一起,议论家事、国事,探讨人生,有时又和诗、练剑。"到日本后,两人关系更加密切,秋比唐小四岁,称群英为唐大姐。④

---

① 沈祖安:《秋瑾与王廷钧的冲突》,《秋瑾研究资料(文献集)》(上),第 40 页。
② 同上书,第 40—41 页。
③ 秋瑾:《宝刀歌》,《秋瑾全集笺注》,吉林文史出版社 2003 年版,第 246 页。
④ 《秋瑾全集笺注》,第 37 页。

影响秋瑾自我形象改变的具体原因不止上述这些,但从根本上说,她的改变是深受传统文化中的侠义文化影响和当时深重的民族危机刺激,以及民族救亡的强烈使命感所致。

三、秋瑾的梦想和追求

秋瑾自我形象的设计与她的梦想追求是一致的。她的梦想和追求又与她的革命实践活动相辅而行。她的梦想和追求不仅见诸她的文字,而且也体现在她的革命斗争中。

概括而言,秋瑾的梦想和追求主要有以下几方面:

秋瑾主张男女平等,男女平权。她从生理上论证男女原没有什么区别,"天生男女,四肢五官,才智见识,聪明勇力,俱是同的",因此,"天职权利,亦是同的"。①她在著作、演讲及所办的报纸中,反复介绍欧美国家男女平权思想和男女平等情况。

秋瑾认为女子要从男子专权的奴隶状态下解放出来,实现自立,首先要识字,接受教育,而后方能学技艺谋生,进而实现经济独立。"欲脱离男子范围,非自立不可;欲自立,非求学艺不可,非合群不可。"②因此,她主张兴女学,办女校,并多次担任女校教员。她认为妇女自立和妇女解放了,就能担负起"国民责任"。她在共爱会章程中写道:"本会以拯救二万万女子复其固有之特权,使之各具国家之思想,以行自尽女国民之天职为宗旨。"③"祖国陆沉人有责",号召妇女投入民族救亡斗争。

秋瑾知道妇女解放只是民族解放和社会解放中的一个问题,因此在主张社会改革、实行男女平权的同时,竭力主张流血革命。"民族主义和国民精神兼而有之。其志尤大。"她认为只有推翻腐朽落后的清政府,男女平权才有可能,中国才有希望,她的梦想才能变成现实。为此,在日本横滨,她参加了华侨秘密团体"三合会",被封为军师。在东京,与同志创办《白话》杂志,鼓吹革命。经陶成章介绍,加入了光复会。经冯自由介绍,加入了孙中山领导的同盟会,并成为同盟会评议员兼浙江主盟人,为同盟会中唯一的女主盟人。为了革命斗争需要,她还学习制造炸弹技术等。

将梦变为现实,重在践行。秋瑾非常强调实行的重要。1905 年 12 月秋瑾

---

① 秋瑾:《精卫石》,《秋瑾全集笺注》,第 466 页。
②③ 《实行共爱会》,《秋瑾研究资料(文献集)》(上),第 53 页。

回国后,随即投身实际反清革命斗争。在上海,她创办《中国女报》,继续宣传妇女解放,提倡妇女学文化学技术,积极参加社会政治活动;以学校为掩护,宣传革命思想,联络会党,发展革命力量,密谋武装起义。萍浏醴武装起义失败后,秋瑾于1907年应徐锡麟之请,回到浙江,"以浙事自任",谋划皖浙起义,计划夺取安徽、江苏、浙江,建立革命政权,以后再向全国各省发展,最后夺取全国胜利,推倒清朝。她以大通学堂为基地,培养起义骨干,腰间佩带手枪,骑着大马,亲自带领学生操练;又去金华、衢州等地联络会党,到杭州新军武备学堂、弁目学堂发展同盟会员和光复会员。徐锡麟安庆起义失败后,秋瑾计划于六月初十日在绍兴发动起义,因起义计划泄露,她不幸被捕,六月六日遇害,为实现自己的梦想和追求献出了自己年轻的生命。

四、秋瑾自我形象设计的"检讨"

在日常生活中,人们从外表评判人,非经多次接触不能对其有一个深入了解和认识。所以一个人给他人的最初印象是非常重要的。

秋瑾被害的具体原因固然很多,但其中她的自我形象设计颇值得"检讨"。有人说她不是死于清朝官府之手,而是死于绅绅告密。这一说法不完全对。清朝浙江巡抚张曾扬、绍兴知府贵福、山阴县令李钟岳、浙军标统李益智等人就是杀害秋瑾的刽子手,这是不争的事实。但"绅绅告密"在官府杀害秋瑾的过程中也起了不小的作用。秋瑾遇害时,正值清政府推行"预备立宪"之际,地方士绅是推行宪政的主要力量,晚清的政治格局是地方左右中央。绍兴知府如何办理大通学堂案,尤其是如何处置秋瑾等问题,当然还少不了要听取浙江士绅的意见。据说,当贵福就此与浙江立宪派领袖、士绅代表汤寿潜商讨时,汤寿潜执定秋瑾是"匪"类,当杀。"汤寿潜恨秋瑾主张男女平等,是破坏伦常,提出秋瑾所作的诗词里的'男女平权一杯酒,责任上肩头''大好头颅求善价,不知谁是沽屠人''山河破碎我无家'几句,作为她从事革命的证据。贵福乃捕秋,讯问口供,秋瑾……骂汤寿潜吞没沪杭路款,欺骗国人。汤见供词大窘,对贵福说:'这种供词如发表,不仅不能镇压革命,反要促成革命。可照曾文正(曾国藩)改李秀成供词的办法,伪造口供。'竟以'秋风秋雨愁煞人'为她造反的罪状,促使贵福杀害了她。"①证以《天义》的报道,也证实秋瑾被害与汤有关。"汤寿潜者,外托伪道德之名,隐为谋利之计,为浙省之大贼,此次绍兴之狱,系因汤寿潜运动浙

---

① 王璧华:《秋瑾成仁经过》,《秋瑾研究资料(文献集)》(上),第148页。

抚绍守,浙抚绍守信其言,故成此狱。近寿潜致书东京某同乡,盛夸绍守办事之善。阅者皆为目裂。"①由于有了浙江士绅的支持,贵福遂将秋瑾杀害。

绍兴地区历来是封建文化发达的地区。清末,绍兴一带封建礼教氛围仍很浓烈。"夫为妻纲""三从四德"仍被视为天经地义,如秋瑾所说"读书世家的女子不自由更甚"。因此,在这种环境下,秋瑾鼓吹男女平等、男女平权,不为众人理解,遭到强烈的抵制,被视为蛊惑人心的"邪说",而她身怀手枪,脚蹬皮靴,一身男装打扮,骑马行走在街上的形象也不为众谅,被视为"癫狂",女子的"另类"。汤寿潜正是挟着这种社会舆论而力主杀死秋瑾的。浙江巡抚问汤寿潜时,"汤其实并不知道秋瑾搞革命的事,只认为秋瑾经常穿了日本学生装、骑了马在街上跑,太随便,不正派,因此说了一句'这个女人死有余辜'"。②这句话是周建人得自陈叔通之口,笔者认为是可信的。从这个意义上讲,秋瑾是被封建礼教杀死的。汤寿潜主张杀秋瑾除了对秋瑾的形象看不惯,认为不正派外,背后是否还含有立宪派与革命派之间的斗争,也很难说。汤当时是商办浙江全省铁路有限公司的总理、江浙预备立宪公会副会长,名望大得很。因此,他的话很有分量。也可以说,秋瑾是死于立宪派之手。

此外,秋瑾行事有欠沉稳,这也有损她的形象。吴芝瑛回忆秋瑾的性格表现时说:"生平豪纵尚气,有口辩,每稠座,论议风发,不可一世。"③徐自华则说:"迹其行事,不拘小节,放纵自豪,喜酒善剑,若不可绳之以理(礼)法。然其本衷,殊甚端谨。在稠人广座,议论锋发,志节矫然,人辄畏重之,无有敢一毫犯其词色者。虽爱自由,而范围道德,固始终未尝或逾也。徒以锋棱未敛,畏忌者半。"④这种好胜好斗的性格也是造成秋瑾遭人"畏忌"的一个不可忽视的因素。

秋瑾自我形象的设计,自有其道理,虽有不足,但瑕不掩瑜。"丹心未遂身先死",她是为民主革命而死。"若论女界牺牲者,千古一人秋竞雄。"她是近代中国妇女界为民族解放流血牺牲第一人,是近代中国当之无愧的最伟大最杰出的女性。

① 《绍兴某君来函论秋瑾事》,《天义》第六卷,1907年9月;李永鑫、秋经武主编:《秋瑾研究论文选》,第90页。
② 《回忆鲁迅片断》,《北京师范大学学报》1979年第3期。
③ 吴芝瑛:《记秋女侠遗事》,《秋瑾集》,第187页。
④ 徐自华:《鉴湖女侠秋君墓表》,《秋瑾集》,第186页。

孙中山

中国民主革命的先行者

孙中山是一位伟大的爱国者。孙中山爱中国。他以世界为舞台,以当时世界上的"合众政府"为榜样,发动和领导"驱除鞑虏"、推翻封建清朝的革命斗争,经过十多年的牺牲奋斗,最终推翻了清朝统治,建立了中华民国。在革命胜利之后,他又针对中国的国情,提出五族共和,各民族一律平等,中华民族是一个多民族的大家庭主张。他撰写了《建国方略》,提出了"五权宪法",设计了建设新中国的蓝图,决心将一个封建、落后、黑暗的中国建设成一个民主、富强、光明的新中国,虽最终未能如愿,但为之奋斗了一生。

孙中山是中国民主革命的先行者,是中国民主革命的倡导者、领导者。他继承了太平天国农民起义未竟的革命事业,以西方民主革命理论为指导,发动和领导了推翻封建清朝的民主革命。晚年在苏俄和中共的帮助下,重新解释了三民主义,提出联俄、联共、扶助农工的三大政策,将民主革命推向一个更新更高的阶段。他的三民主义曾是20世纪上半叶中国人的思想和行为的指导理论。

孙中山是中华民族的英雄。他反对帝国主义侵略奴役中国,主张废除治外法权,收回租界;他反对外国列强对中国的经济压迫,主张和支持中国民族工商业,发展民族经济;他反对列强破坏和干涉中国革命,他的革命斗争活动常常遭到列强的破坏和阻挠,但从不气馁,坚持革命到底。但他又是现实主义者、实用主义者,他害怕外国干涉,因而有与外国妥协的想法和做法,甚至愿意以适当牺牲民族利益为代价,求得国家的独立。这虽可以理解,但终究不值得肯定。不少学者对此有过专门论述,此处不再多讲。总之,瑕不掩瑜,综观孙中山的一生,他无愧为中华民族的英雄。

孙中山是中国近代化事业的先驱、中国近代化最初的设计者。主张中国学习西方、在中国推进近代化,在孙中山之前和之后,大有人在。但是系统而又全面地提出中国在政治、经济、文化乃至社会、思想等各方面近代化的,孙中山是第一人。他的《建国大纲》是他有关中国近代化的代表作之一。他的这部著作连同他的《建国方略》等其他著作中阐发的思想和主张对于今天我们的现代化建设仍不失借鉴和指导意义。

孙中山的一生，在中国历史上前无古人。他去世后，人们对他的纪念始终不断，以他名字命名的纪念象征遍及海内外，凡是有华人的地方，就有对他的纪念。中山堂、中山塑像、中山纪念馆、中山图书馆、中山医院、中山大学、中山中学、中山小学、中山公园、中山路、中山桥、中山码头，等等，随处可见。如此大规模的纪念，真实地表达了中国人民对他的仰慕和崇敬。孙中山已成为现代中国人文精神的一个象征，这在中国历史上也是极为罕见的。正如一副挽联中写的那样："毕生心血，大半销磨革命事业以去；盖世英名，完全注力平民主义而来。"因为他一生为国争雄，为民族谋福祉，所以，人民永远记住他。

孙中山是中国共产党的真诚朋友。孙中山去世后，中国共产党致中国国民党中央执行委员会唁文，并为孙中山先生逝世发表了告中国民众书，赞扬了孙中山的革命精神，高度评价了孙中山先生的丰功伟绩，表示一定继承孙中山先生的革命遗愿，实现孙中山国民革命目标。经过二十多年的流血牺牲，中国共产党实现了孙中山的国民革命目标，于1949年结束了蒋介石国民党的反动统治，建立了人民民主专政的新中国，现在正为建立一个强大的现代化国家而努力。

国民党"一大"召开前夕，孙中山在同部分国民党人座谈时曾说过：我们革命的时间太久了，因为革命屡遭失败，变节的变节，颓废的颓废，只有少数人坚持到现在。如果说革命失败对革命者是个考验，那么革命成功后同样是个考验。孙中山是一位历史人物，但仍对当今中国具有重大影响。今天，我们纪念孙中山，就是要传承孙中山的精神。学习和传承他在艰难顿挫的岁月里"愈挫愈奋"的坚忍精神；传承他推翻封建专制、建立共和、捍卫共和的忘我牺牲精神；传承他爱国、革命、勇往直前、追随时代潮流、与时俱进、不断进步的精神；传承他为了国家统一、民族进步繁荣，不断探索、勤奋读书的学习精神。孙中山没有留下多少物质财富给他的家人和国人，他留下的是一笔用之不尽的精神财富——《孙文学说》。我们要传承他以天下为己任、廉洁奉公、无私奉献的精神，为实现中华民族的伟大复兴薄尽绵力，作出应有的贡献。

一、孙中山的民权主义思想

作为中国民主主义革命的先行者和一位伟大的爱国者，孙中山一生最可贵之处,就是他能不断地随着时代的前进而前进,不断地靠近人民,不断地从革命斗争的实践中吸取经验和教训来发展自己。民权主义思想是孙中山革命思想的核心。在1905年中国同盟会初成立时,孙中山就将民权主义作为重要内容写入同盟会的纲领,并为之奋斗不止。中华民国成立后,他又以临时大总统的名义,将民权主义化为若干具体的政策法令,并载入《临时约法》,用法律形式将民权规定下来。辛亥革命失败后,目睹社会政治现实和民众的苦难,孙中山在坚持革命斗争的同时,继续进行理论探索,对民权主义思想进行修正、充实和发展,从而把民权主义思想推进到一个新的阶段。

(一)孙中山民权主义思想的基本内容

孙中山出身贫苦,从青年时代起,就对人民的苦难十分关注。早在1880年,他在檀香山求学期间,目睹美国物质文明和民主政治制度,就萌发了"改良祖国,拯救同群"的思想[①],"以为中国非民主不可"[②]。1894年11月兴中会成立不久,他又说:"我等今日与前代殊,于驱逐鞑虏、恢复中华之外,国体民生,尚当与民变革,虽经纬万端,要其一贯之精神,则为自由、平等、博爱。"[③]此后他的民权思想有了进一步的发展。1905年8月,中国同盟会在东京成立,孙中山在同盟会的《军政府宣言》、《民报》发刊词、《三民主义与中国民族之前途》中,将他的民权思想作为三民主义的内容之一正式公开宣示出来。

民权主义是孙中山革命思想的重要组成部分。民权主义的核心首先是用革命的手段改造中国。但孙中山认为推倒满洲贵族建立的清政府,进行民族革命不难,难的是如何从根本上铲除这种"恶劣政治的根本"——几千年来的"君主专制政体"。要解决这个问题,他认为最好的办法是实行政治革命,即废除封建政治制度,建立资产阶级议会民主制度。所以,在孙中山看来,政治革命、国体民生的变革,既是民权主义的内容,又是"政治革命的根本"[④]。孙中山认为,要实现民权主义,必先有民治,然后才能够真正说得上民有、民享。这里的所谓"民治",也就是人民首先要取得真正的政治权,若无政治权,其他经济改革、民族独立则无从谈起。即是说,如果民权主义不能实现,那么民族主义、民生主义也就不能完满实现。认为人民政治权的获得,民权主义的实现,不能一蹴而就,而是要逐步做到。实现民权主义的第一步是推倒封建帝制,建立"国民政府"。第二步是实现"人民主政"。这一步又分为三个时期,即三个阶段。第一期为

---

① 胡汉民编:《总理全集》第二卷,第141页。
② 《国父全集》第二卷,1973年台北出版,第182、406页。
③④ 《孙中山选集》上卷,中华书局1973年版。

"军法之治","军政府督率国民扫除旧污之时代"。由中央军政府会同地方行政从事社会治理改造工作。地方每县设立安民局,由局长和若干名由绅士出任的局员、顾问组成。这一期,实际上是由少数革命党人和地方绅士的联合专政。第二期为"约法之治",由"军政府授地方自治权于人民,由人民自行总揽国事之时代"。制定约法,军政府与地方议会及人民各循守之。约法之治是军法之治到宪法之治之间的过渡。目的在于使人民"养成自由平等之资格和掌握主权的能力"。第三期为"宪法之治",是"军政府解除权柄,宪法上国家机关分掌国事之时代",在这一期,制定宪法,"国民公举大总统及公举议员以组织国会,一国之事依据宪法以行之"①。至于宪法,他认为西方三权分立并未能实现民权,因此,他主张增加考试权和监督权,连同立法、司法、行政共为五权,即五权分立或叫五权宪法。

由上可知,孙中山的民权主义基本是在对人民管理国家缺乏能力这一认知下提出的。一方面要给人民民主和权力,但另一方面又不信任人民;在做法上同民权主义的精神也是相矛盾的。他所说的军法之治,实际上是资产阶级和封建地主阶级对人民的联合专政。所谓的"约法之治"实际上是资产阶级对人民的"训政"。一待他的这一主张付诸实践,便矛盾百出,这在清王朝被推翻后暴露得最为充分。

(二) 孙中山民权主义的实践活动

辛亥革命前,孙中山的民权主义思想主要停留在理论探讨与宣传方面,带有极大的主观性。辛亥革命胜利后,中华民国南京临时政府成立,孙中山当选为临时大总统,其民权主义思想由理论变为实践便成为了可能。

1912 年 1 月,孙中山当选临时大总统,在就职宣言书中明确宣布"国家之本,在于人民",②并根据西方国家的三权分立的原则,组建了中国历史上第一个资产阶级革命政府,迈出了民权主义的重要一步。此后,他又将民权主义的思想化为若干具体政令加以颁布。为了保障人权,孙中山下令废除在中国社会上长期存在的所谓"贱民"身份,规定凡是国民所具有的"国家社会的一切权利",他们均可"一体享受";下令禁止买卖人口;审判人犯,禁止体罚,废除刑讯,鞫狱定罪当视证据,不偏重口供;人际交往,废止跪拜,以鞠躬为礼,废除"大人、老爷"称呼,在人格上一律平等;等等。

---

① 《军政府宣言》,《总理全集》上,方略。
② [日]宫崎滔天:《三十三年落花梦》,第 123 页。

为了体现"主权在民"的精神,孙中山还将民权主义的内容条理化、法典化,用法律的形式规定下来。中华民国《临时约法》就是孙中山民权主义思想的集中反映。《临时约法》第一章《总纲》清楚地规定:"中华民国由中华人民组织之","中华民国之主权属于国民全体"。第二章《人民》部分,规定"中华民国人民一律平等,无种族、阶级、宗教之区别",人民享有人身、居住、财产、言论、出版、集会、结社、通信、信仰等自由;人民有请愿、诉讼、选举及被选举等权利;人民有纳税、服兵役等义务。孙中山说:"中华民国主权属于国民全体,一以表明我党国民革命真义之所在,一以杜防盗憎主人者,与国民共弃之。"①《临时约法》对民权的规定,既充分体现了资产阶级所标榜的民主精神,也是民权主义思想的深化和发展,具有划时代的意义。

　　为了确保"主权在民"的实现,《临时约法》规定五权宪法为国家的指导法则。孙中山说,"实现了五权宪法以后,国家用人行政都要照宪法去做",②官厅为治事机关,职员(包括总统)乃是人民的公仆,本非特殊阶级,"在职一天,就是国民公仆,是为全国人民服务的"。所有官员均要经过考试,"任官受职,必赖贤能","尚公去私,厥唯考试"。③

　　民国初年,孙中山的民权主义实践活动充分体现了孙中山"主权在民"的民权主义思想和反封建专制主义的革命精神。他的民权主义思想比起辛亥革命前要丰富深刻得多。可惜,由于南京临时政府只存在了三个多月、孙中山较早地辞去临时大总统,他的民权主义思想未能进一步实施便告结束。因此,我们还无法对他的民权主义实践活动作出更多的评价。《临时约法》固然是体现孙中山民权主义思想的重要文献,但它是在临时政府北迁前夕资产阶级革命派为了约束袁世凯而制定的。它制定后,资产阶级革命派就交出了政权。而窃取了"民国总统"的袁世凯根本就不打算去执行。不过它日后却成了孙中山坚持反封建反军阀独裁统治的重要理论根据和斗争武器。

　　(三)孙中山对民权主义的再认识

　　孙中山为民权主义而奋斗的最大贡献是他领导了辛亥革命,在中国推翻了封建君主制,实现了共和制。辛亥革命的胜利,中华民国的建立,在孙中山看来,标志着民族主义、民权主义已"付之实现",以后的"当务之急即民生主义是

---

①② 《孙中山选集》下卷,中华书局 1973 年版。
③ 南京临时政府公报,第 24 号,1912 年 2 月 28 日。

也"①。然而，就在孙中山计划和盘算如何为民生主义去奋斗时，"渔阳鼙鼓动地来"，窃取民国大总统的袁世凯却向革命派举起屠刀砍来，先是刺杀了宋教仁，继而一手镇压了孙中山和黄兴等发动的反袁"二次革命"，孙、黄等一大批志士再次亡命海外。革命派用鲜血和头颅缔造了民国，但袁世凯取得了名器后，"民国"却容不得革命派，这是一个极大的讽刺。继后，袁世凯又下令解散国民党，解散国会，废除《临时约法》，进而冒天下之大不韪，悍然帝制自为。在民国初年复杂的政局下，资产阶级革命派发生了很大的变化，有的消极沉沦，对未来失去了信心；有的醉心议会；有的与立宪派旧官僚打成一片；有的干脆充当袁世凯的走狗。在革命转入低潮的艰苦岁月里，孙中山困而弥坚，仍屹立在时代的潮头，面对反动逆流，坚定不移地继续和恶势力战斗。然而，无论是护国战争，还是护法斗争，最终都未解决问题。袁世凯虽然死了，代之以大大小小的军阀统治，国家政治陷入黑暗，人民生活于水深火热之中。1919 年孙中山曾悲愤地指出："民国成立，去一满洲之专制，转生出无数强盗之专制，其为毒之烈，较前尤甚。"他说，他当初组织同盟会，建立国民党，本意是为了救国救民，"救斯民于水火涂炭之中，今乃反之"，"陷水益深，蹈火益烈"②。同年，他在上海环球中学发表演说，说他破坏的是一个专制政治，想不到而今有三个专制政治：官僚、军阀、政客。这三方揽有民国之最高大权，所以，国家政治更加恶劣了③。残酷的现实，使孙中山认识到改造中国不是一件轻而易举的事，辛亥革命并没有将革命的敌人消灭，真正的民国并没有建立，民权主义并未实现。失败、挫辱迫使他不得不痛苦地反思、检讨自己的过去。他在这些反思和检讨中，对他的民权主义也进行了重新审视和再认识。

孙中山在重新审视他的民权主义时，坚信他的民权主义思想是正确的。"主张民权，就是顺应时代的潮流"。他发表了许多文章，到处讲演，宣传他的这一看法。他说，辛亥革命前，在清朝统治下，"无论为朝廷之事，为国民之事，甚至为地方之事，百姓均无发言权，或与闻之权；其身为官吏者，操有审判之全权，人民身受冤枉，无所吁诉"④，"至其堵塞人民之耳目，锢蔽人民之聪明。尤可骇者，凡政治书多不得浏览，报纸尤悬为厉禁……国家之法律，非人民所能见闻……至于创造新器，发明新学，人民以惧死刑，不敢从事"⑤。他说：以前在皇

---

① 孙中山：《中国革命的社会意义》，《人民日报》1956 年 11 月 11 日。

② 孙中山：《建国方略》。

③ 《孙中山选集》上卷，中华书局 1973 年版。

④⑤ 《孙中山选集》下卷，中华书局 1973 年版。

帝和贵族的封建暴政桎梏下,人民如同牛马;今天,在旧官僚和军阀的压榨下,人民"被困于黑暗之中"①。

孙中山认为民国成立以后,民权主义之所以不能实现,还同民众的经济地位有关。要真正实现民权主义、主权在民,那就必须使国民在经济上拥有权力。人民如果经济上不独立,没有地位,在政治上也就无权可言。当时中国人口百分之九十以上是农民,而农民的根本问题是土地问题。所以,早在1905年发表的同盟会宣言中,孙中山就提出了"平均地权"的主张,"文明之福祉,国民平等以享之。当改良社会经济组织,核定天下地价,其现有之地价仍归原主所有,其革命后社会改良进步之增价,则归国家,为国民所共享。……敢有垄断以制国民之生命者,与众共弃之"。②他认为"平均地权""土地国有"的方案,可以防止社会贫富不均和垄断的发生,可以避免"文明恶果"。但是,民国成立以后,民生问题根本没有解决,军阀、地主、官僚仍占有大量土地,资本家仍拥有巨额财富,社会贫富悬殊的现象仍然很尖锐。孙中山似乎已意识到经济与民权之间的关系。他说:"民国大局,此时无论何人执政,皆不能大有设施。盖内力日竭,外患日迫,断非一时所能解决。若只从政治方面下手,必至日弄日纷,每况愈下而已。必现从根本下手,发展物力,使民生充裕,国势不摇,而政治乃能活动。"③如何使"民生充裕,国势不摇"呢?他认为除了必须真正做到平均地权,土地国有,还须"节制资本",限制私人资本生产和经营的规模,尤其应当反对私人"托拉斯",认为"少数富豪投资实业,全社会将受其制裁,价格之高下,亦不得不听其垄断",主张实行国家社会主义。至于农民问题的解决,认为非实行"耕者有其田"不可。④

孙中山认为民国成立以后,民权主义未能实现,人民当不起主人,还同民众素质低下有关。要实现民权主义,还政于民,教育是关键。"教之有道,则人才济济,风俗丕丕,而国以强,否则反之。"⑤他从历史进化论出发,把以人事补天工,以人事促天然的思想同革命联系起来。认为只要经过人的努力,文明就能进步。同样,实现平均民权也是如此。通过训、教,提高国民的文明素质,新的民主共和政制就能建立起来。如何来教育训导人民呢?孙中山主张必须让人民树立"忠信思想",做法是让人民宣誓"以发其正心诚意之端,而后修、齐、治、

①② 《孙中山选集》上卷,中华书局1973年版。
③ 《孙中山致宋教仁书》,《三民主义半月刊》卷三,第六期。
④ 《三水梁燕荪先生年谱》上,第523页。
⑤ 引见《孙中山研究论文集》上,四川人民出版社1984年版,第84页。

平之望"①。必须让国民养成好的道德;有了好的道德,方能成为主人,这样国家才能长治久安。为此,他号召恢复中国固有的道德,首先是忠孝,其次是仁爱,再次是信义和平;呼唤传统文化良知,即《大学》中的政治哲学"格物,致知,诚意,正心,修身,齐家治国平天下","用固有的道德和平去统一世界,成一大国之治"。

孙中山认为民国成立以后,民权主义、五权宪法未能成为事实,还同议员的选举有关。早在辛亥革命前,孙中山从"还政于民"的指导思想出发,就对议员选举的国民性非常重视,"今者有平等革命,革命以建民国政府,凡为国民,皆平等而有参政权,大总统由国民共举,议员由国民公举之议员构成之"②。但是,民国初年的国会议员选举并非他当初设想的那样,他认为民国初年议员选举的方法太草率,当时只要愿意做人民代表的人,不问其道德学问如何,便举他做议员。议员本身素质不好,加上受外界武力的压迫,不但不能行使职权,而且总是不顾民众利益,只顾私利。有人问他:"我们中国革命以后,是不是达到了'代议政体'呢? 所得民权的利益究竟是怎么样呢?"他气愤地说:"大家都知道,现在的代议士,都成了'猪仔议员'。有钱就卖身,分赃分利,为全国人民所不齿。"③他认为要解决中国的问题,便不能靠那些议员,要靠国民自己。如何靠国民自己呢? 孙中山主张对国民进行训政。认为当今中国的共和,犹如幼童之入私塾读书,应先由先知先觉的革命政府进行教育,待这些"民国的主人""成年"之后,再还政于民。因为"四万万中国人久惯于专制统治,素为专制君主的奴隶,向来多有不识为主人,不敢为主人,不能为主人的"。

(四) 孙中山晚年民权主义思想的发展

在民初的十多年里,孙中山虽始终坚持民权主义,并一再对其进行修补,为之奋斗,但始终未能找到实现民权主义的正确途径。到他晚年,俄国十月革命胜利,中国共产党成立之后,中国革命进入了新民主主义阶段。由于新的历史条件,特别是得到苏联和中国共产党的热情帮助,他的民权主义才有了很大的发展,进入了一个新的阶段。1924 年,在苏联和中共的帮助下,孙中山改组了国民党。在同年召开的国民党"一大"上,孙中山在大会宣言中重新解释了三民主义,把联俄、联共、扶助农工的三大政策作为新三民主义。

孙中山在接受苏联与中共的影响后,首先对民国成立以后十多年来为民权

① 孙中山:《建国方略》。
② 《孙中山选集》上卷,中华书局 1973 年版。
③ 《孙中山选集》下卷,中华书局 1973 年版。

主义斗争的活动进行了总结。他沉痛地说:"古人有言:'以前种种,譬如昨日死;以后种种,譬如今日生。'由今日起,将十三年前种种可宝贵最难得的教训和经验,来办以后的事。"①承认民权主义没有实现,"是前清遗毒武人和官僚的罪";②承认革命不彻底,中途常常妥协,"以后应当把妥协调和的手段一概打消……来做彻底成功的革命"③。认为要真正实现民权主义,必须从革命斗争做起,必须打破军阀和援助军阀的帝国主义。在打倒军阀和帝国主义之后,民权"则为一般平民所共有,非少数人所得而私",也就是说资产阶级、小资产阶级和广大工农都参与国家主权的管理,政权"公天下",交给人民去治理。即实现让人民取得政权和治国的"民治"。政府必须"替人民作工夫,重申总统和各级官吏为民众公仆"的概念,使人人皆知国为民有,革命才会真正实现民有、民治、民享,才能成为真正的民国。为了实现这一点,他主张发动工农,认为农民是实现民权主义的基础,工人是"指导和先锋"。直到此时,孙中山总算是真正找到了实现民权主义的阶级力量和社会基础。1924年,孙中山应邀北上,讨论和平统一和建立中央政府的问题,他提出把召集国民会议作为根本的政治主张。他在致段祺瑞的电文中指出,历次所谓代表会,其代表皆为政府所指派的人,真正的国民代表对于会议根本无顾问之权。政府所派的人物多是各派势力的代表,他们的决议都是从维护各自的利益出发,而不代表民众的利益。因此,他认为国民一日无参政权,就一日脱离不了苦难。直到临终之时,他仍在呼喊"唤起民众"。

在俄国十月革命的影响下,孙中山还深切地认识到,要解决中国民权问题,不能简单地照搬照抄西方的一套。孙中山的民权主义理论基本来自西方资产阶级的自由、平等、博爱学说,但十多年的奋斗使他感到中西国情不同。他在把旧三民主义变为新三民主义之后,开始对西方民权主义的虚伪性进行猛烈的抨击,一再重申中国不能仿效外国的民权。他指出,"民权问题在外国政治上,至今没有根本办法,至今还是一个大问题。就是外国人拿最新发明的学问来研究民权,解决民权问题,在学理上一方面,根本上也没有好发明,也没有得到一个好的解决方法。所以,外国的民权办法不能做我们的标准,不足为我们的导师"④。在一次演讲中,他说得更明确:"如果我们仿效外国政治,以为也是像仿效物质科学一样,那便是大错","管理物的办法可以学欧美,管理人的办法当然

---

① ③ 《孙中山选集》下卷,中华书局1973年版。

② 《孙中山选集》上卷,中华书局1973年版。

④ 孙中山:《三民主义·民权主义》第五讲。

不能完全学欧美"，"一味的盲从附和，对于国计民生是很有大害的"。民权无论在美，还是在法，均未解决好，如果我们"步他们的后尘，岂不是一代不如一代，还要再起革命吗?!"①孙中山的这些话对西方资产阶级议会制度所作的批评，也是对当时军阀、官僚、政客利用国会贪赃枉法的深刻揭露。晚年，他得知俄国十月革命后建立"人民独裁"，非常赞赏，确信这种政体一定较欧美的代议政体完善得多。至此，他总算找到实现民权的真正途径和方法，可惜他尚未及实现，即与世长辞了。

民国成立以后，人民无权与军阀官僚政客擅权的残酷事实，使得孙中山一直思考如何解决只能把官吏、议员选出来，而没有权力把他们管理起来的矛盾。他在批判西方议会民主虚伪性的过程中，认识到"代议制不是真正的民权，直接民权才是真正的民权"。②只有把政权"放在人民掌握之中"，"既曰民权国，则宜为四万万人民共治之国家，治之法，即赋予人民以完全之政治上权利，可分为四：选举权、罢官权、创制权、复决权"。选举权是人民选举官吏和被选举的权利；罢免权是人民撤换贪赃枉法的不能代表人民利益的官吏的权利；创制权是人民以公意创立各种法令而政府必须执行的权利；复决权是人民废除和修改政府所制定的不利于人民利益的法律法令的权利。认为"有了四个民权，便可以直接管理国家的政治"③。如何来实现直接民权，即"管理国家政治"的四权呢？孙中山认为最好的办法是实行地方自治。主张以县为自治单位，赋予县民权机构以权力，其人民有直接选举和罢免官吏之权，创制和复议之权。各县选举国民代表一员，组织代表会，参与中央政事，这样可以直接表现人民的意志和权利，全民政治权力就可以实现。

为了确保政府的效能，孙中山主张将国家权力分成政权与治权，即权与能分开。将治权交由有能力的人去办。人民享有的选举、罢免、创制、复议四权，这是政权，是政府的职能。政权是"管理政府的力量"，治权是"政府自身的力量"。如果人民有"权"、政府有"能"，用人民的四个政权来管理政府的五个治权（即宪法五权）才算是一个完全的民权的政治机关。在这里，孙中山想以"权能区分"缔造一个完全归人民使用、为人民谋幸福的理想的"万能政府"，他的愿望是好的，但实际上做不到。孙中山代表的中国资产阶级没有能力也不可能去建立这个万能政府。

---

① 孙中山：《三民主义·民权主义》第五讲。
② 《国父全集》第二卷，1973 年台北出版，第 406 页。
③ 《孙中山选集》下卷，中华书局 1973 年版。

（五）对孙中山民权主义思想的评价

民权主义是孙中山民主革命思想的重要组成部分。民权主义的主旨是按照西方资产阶级议会制，并吸收中国传统的"民为邦本""大道之行,天下为公"的思想和固有的科举考试、御史监察制度,构成一个中国式的资产阶级民主共和国,以取代和改造半殖民地半封建的落后中国,并使之屹立于"世界民族之林"。作为一种政治理想,孙中山及其所代表的中国资产阶级革命派为之流血奋斗了数十年。从中国近代社会变迁的大势来看,孙中山的民权主义在中国无疑具有重大的反封建意义和进步性,这是应当加以肯定的。

民权主义的核心是还政于民,人民当家作主,成为国家的主人。但是,孙中山渴望建立的五权宪法的国民政府,并不是全民政府,实质上只是资产阶级专政的一种形式;他所宣称的新政治也并非是全民政治,而是资产阶级的民主政治。因此,又有着很大的局限性和狭隘性。不过由于孙中山抓住了当时人们痛切关心的社会政治问题,所以,民权主义仍对一般民众具有极大的说服力和吸引力,仍在较大范围内反映了当时大多数人的利益和要求,具有极大的革命意义,因此,在近代中国社会政治思想领域中产生过重大的革命作用。

孙中山实行民权主义的根本目的是要根绝几千年来的"封建专制政体",建立一个"民治、民有、民享"的"民国"。辛亥革命后,以孙中山为代表的资产阶级革命派虽曾建立了中国历史上第一个资产阶级民主共和国政权——南京临时政府,但是这个革命政权犹如昙花一现,前后只存在了三个多月就夭折了。如果说,新的世界历史和半殖民地半封建的中国社会性质曾是孙中山民权主义思想的出发点,那么这个出发点在辛亥革命后依然存在,并没有被改变。辛亥革命只推倒了一个皇帝,并没有推倒帝国主义在中国的统治,也没有铲除封建专制制度赖以存在的社会基础,这个社会的性质亦未因民国的建立而有所改变。事实证明,民族主义是实现民权主义的先决条件,不结束帝国主义及其走狗封建军阀官僚在中国的统治、实现民族独立,中国人民就不可能有民主可言和主政之日。在这种情况下,民权主义乃至民生主义,永远只能成为一纸空谈。中国民族资产阶级对帝国主义和封建主义斗争的妥协性、软弱性,这些先天不足的因素,决定它不可能完成推翻帝国主义和封建主义的双重任务,中国资产阶级不可能在中国实现民权主义,这一历史使命有待于以中国共产党为代表的无产阶级去完成。

民本、民权之类的思想是中国古代民主政治思想宝库中固有的东西,不少进步思想家曾以此来批判封建专制主义。但是,像孙中山那样系统地吸收西方的民主、自由、平等,博爱思想,融合中国传统的民主思想,将它概括成民权主义,作为资产阶级民主革命的斗争纲领并为之奋斗的,先前却不曾有过。列宁说过:"判断历史的功绩,不是根据历史活动家没有提供现代所要求的东西,而是根据他们比他们的前辈提供了新的东西。"①就这一点来说,孙中山的伟大功绩是不可磨灭的。他的民权主义思想演变历程,既是他为国家、民族解放事业从事艰苦的理论探索的心路记录,也是这位为中国劳苦大众谋利益尽瘁一生的伟大革命家的真实写照。

二、孙中山"五族共和"的民族建国思想

辛亥革命后,孙中山提出"五族共和"的建国主张,是孙中山民族国家思想形成的标志。不仅在当时,即使在今天,这一思想对加强民族团结、维护国家统一,仍有着重大的指导意义。

(一)"五族共和"的民族建国思想主张的提出

1912 年 1 月 1 日,孙中山就任临时大总统。就任当日,他便宣布中华民国今后实行"五族共和"。他说:"国家之本,在于人民。合汉、满、蒙、回、藏诸地为一国,即合汉、满、蒙、回、藏诸族为一人,是曰民国。武昌首义,十数行省先后独立。所谓独立,对于清廷为脱离;对于各省为联合,蒙古、西藏意亦同此。行动既一,决无歧趋。枢机成于中央,斯经纬周于四至,是曰领土之统一。"②"中华民国之建设,专为拥护亿兆国民之自由权利,合汉、满、蒙、回、藏为一家,相与和衷共济"③;"中国自广州北至满洲,自上海西迄国界,确为同一国家,与同一民族"④。在此后参议院制定并通过的中华民国《临时约法》中,重申中华民族"主权在民",各民族一律平等。《临时约法》"总纲"规定"中华民国由中华人民组成之","中华民国主权属于国民全体";"总纲"第三条明确规定"中华民国领土为二十二行省、内蒙古、外蒙古、西藏、青海",用法律的形式确定了中华民国的领土范围,宣布中国是一个统一的多民族的国家⑤。第二章"人民"中,则明确规定中华民国人民一律平等,无种族、阶级、宗教之区别,人民享有法律赋予的保有财产及营业、言论、著作、刊行及集会结社之自由,居住、迁徙、信教等各种自

---

① 《列宁全集》第二卷,人民出版社 1984 版,第 154 页。
② 孙中山:《临时大总统宣言书》,《孙中山全集》第 2 卷,中华书局 1982 年版。
③ 《孙中山全集》第 2 卷,中华书局 1982 年版,第 2 页。
④ 陆达节编:《孙中山先生外集》,中华书局 1932 年版,第 65 页。
⑤ 《孙中山全集》第 2 卷,中华书局 1982 年版,第 220—224 页。

由,用法律规定,赋予各族人民以广泛的民主自由权利。①

孙中山在宣布实行"五族共和"时,清朝被推翻已指日可待,但当时宣统皇帝尚未退位,仍有数省未宣布独立,继续效忠清廷,接受其"统治"。此时,孙中山提出"五族共和",不再提原先的"驱除鞑虏"。有人说,那是因为反清斗争已经取得了巨大的胜利,旨在向全国各族人民宣布其未来国家的大政方针,是孙中山民权主义思想的反映②。这一说法是对的。但若对当时中国国情稍加考察和分析,除了这一点外,其实事情并非如此简单,其中显然有着政治斗争的需要和极为复杂深刻的社会原因。此外,中国有五十多个民族,孙中山为什么单提汉、满、蒙、回、藏五个民族,其中又有什么深意?

首先,是因为辛亥革命中出现外蒙古和西藏两地区的异质"独立"、实为民族分裂的严重事件,现实要求孙中山必须及时地宣布民国实行"五族共和",各民族共建民国的政治主张。

蒙古族是中华民族大家庭中的一员。"周代称严狁,秦为匈奴,汉为单于,唐为突厥,又称契丹,宋、元为铁木真。蒙古之称始于辽金",清代列为藩部,为中国的一部分③。数百年来,汉、蒙两民族,友好相处,"俨如一家"。清代,蒙古分为漠南(今内蒙古自治区)、漠西、漠北(今蒙古国)三大部。1904—1905年日俄战争后,日、俄秘密图占我国东北及蒙古地区。根据密约,沙俄将蒙古地区视为其势力范围。由此,清政府除将东北改建黑龙江、吉林、奉天三行省外,也加强了对蒙古地区的治理,推行政治改革,实行驻军、移民、殖边。新政举措由于有损蒙古王公贵族利益,遭到了严重抵制。而一些派驻蒙古的"大吏措施未善,每多压制,甚且有一任官吏敲诈剥削,以致恶感丛生",部分蒙古王公贵族在沙俄的引诱下,遂萌生背华投俄的念头。1911年8月,活佛哲布尊丹巴呼图克图召开蒙古王公大臣会议,决定寻求俄国庇护和支持,脱离中国。沙俄久欲图吞我国蒙古、新疆地区,公开表示支持哲布尊丹巴的分裂活动。沙皇尼古拉二世

① 《孙中山全集》第2卷,中华书局1982年版,第220—224页。

② 林家有教授在《孙中山与中国近代化道路研究》一书中说,五族共和最先是武汉革命党人提出的:武昌首义后,孙中山在巴黎与《巴黎日报》记者谈话时明确指出"中国革命之目的,系欲建立共和政府,效法美国,除此之外,无论何项政体皆不宜于中国",随后武汉革命党人又通过协议,确定革命胜利后在中国实行汉、满、蒙、回、藏五族共和,"孙中山同意了武汉革命党人的提议"。详见林家有:《孙中山与中国近代化道路研究》,广东教育出版社1999年版,第229页。笔者又查阅章开沅、林增平、冯祖诒先生主编的《辛亥革命史》一书,对此也语焉不详。

③ 卓宏谋:《蒙古鉴》,王景春序,沈云龙主编:《中国近代史料丛刊》三编,第45辑,台北文海出版社影印本1978年版。

和俄国外交大臣尼拉托夫训令驻华公使廓索维兹就此进行所谓的对华交涉,迫使中国"承认"。清廷复函俄国外交部,不承认所谓的外蒙古"独立",指出外蒙古"纯系中国内政,与俄国无涉"①。同年10月,武昌起义爆发,以哲布尊丹巴呼图克图为首的外蒙古上层民族分裂分子趁内地各省宣布独立之际,以"满清皇室已覆亡,藩属关系当因而解除"为由,于12月28日宣布"脱离"中国,成立所谓的蒙古国,"拥哲布尊丹巴为喀尔喀皇帝,帝号额真汗,年号共戴,国号为大蒙古国,以库伦为首都"②。在宣告中外的同时,驱逐清朝驻库伦大臣三多。当时驻库伦清军只有一百三十多人,在数千名俄、蒙军的围攻下,三多等被迫撤出库伦。与此同时,在外蒙古上层民族分裂分子的鼓动下,西藏的达赖喇嘛也利用四川及内地其他省份宣布独立之机,趁机宣布西藏"独立"。

　　外蒙古地区和西藏地区上层分子的民族分裂活动传出后,举国震惊,纷纷发表通电,表示强烈谴责,指出蒙、藏地区自古以来就是中国不可分割的一部分,要求他们停止民族分裂,撤销所谓的"独立",回到祖国的大家庭。孙中山领导的南京临时政府为此郑重发表声明,拒不承认所谓的"大蒙古国",指出"蒙古是中国领土的一部分,外蒙古问题是中国内政问题,不便有第三国出面干涉,外蒙与何国所订条约,中华民国概不承认","蒙汉唇齿相依,犹如堂奥之于户庭,合则两利,离则两伤"③。内蒙古各旗盟会议,声明决不参加外蒙古的民族分裂活动,并劝告外蒙古撤销独立,回到祖国大家庭。以喀尔喀亲王那彦图为首的蒙古王公联合会还通过决议,并致电独立各省,宣言赞同共和,反对分裂,"天祚中国,俾满、蒙、汉、回、藏五大族结成团体"为"人心归向"④。袁世凯内阁也电函哲布尊丹巴呼图克图,晓以民族大义,指出现在"时局阽危,边事日棘,万无可分之理",要求取消"独立"⑤。迫于全国反对民族分裂的强大舆论压力,临时政府电令四川都督尹衡昌率川军进藏平叛,并很快击溃叛军,软弱的达赖喇嘛被迫宣布取消"独立"。对于外蒙古问题,临时政府先后派遣陈箓、孙宝琦、胡惟德等为专使,开展对俄交涉。沙俄玩弄两手,一方面支持外蒙古"独立",诱迫所谓的蒙古国与之签订《俄蒙协定》,根据这个协定,外蒙古完全沦为沙俄的殖民地;

---

　　① 陈春华译:《俄国外交文书选译——关于蒙古问题》3号文书,引见卓宏谋:《蒙古鉴》,第198—201页。

　　② 陈崇祖:《外蒙近世史》第一编,台北文海出版社1965年版,第10页。

　　③ 见卓宏谋:《蒙古鉴》,第224页。

　　④ 中国第二历史档案馆编:《临时政府公报》第一辑第二册,江苏人民出版社影印本1981年版,第59页。

　　⑤ 渤海寿臣辑:《辛亥革命始末记》(二)要件篇,台北文海出版社1969年版,第1页。

另一方面,为免英、日干涉,沙俄只承认蒙古在中国的宗主权下具有"自治地位",想以此同中国讨价还价,索取在蒙古的权益。交涉中,俄国态度极为蛮横,以致有关外蒙古问题的交涉毫无结果。

由于全国反清斗争中出现外蒙古和西藏的民族分裂活动,孙中山除以临时大总统名义发表声明,表明自己和临时政府的立场外,还利用其他场合阐述自己民族共和的政治主张,强调"五族共和"的重要性和必要性。1912年2月18日,他在《布告国民消融意见蠲除畛域文》中指出:"今中华民国已完全统一矣,中华民国之建设,专为拥护亿兆国民之自由权利,合汉、满、蒙、回、藏为一家,相与和衷共济,丕兴实业,促进教育,推广全国之商工,维持世界之和平,俾五洲列国益敦亲睦,于我视为唇齿兄弟之邦。"[①]在说明各省"独立"问题时,他说:"所谓独立者,对于满清为脱离,对于各省为联合,蒙古、西藏意亦同此。"[②]他甚至主张"改蒙古为行省,与中国各省平等"[③]。他指出,推倒清政府是为了消除清政府对各民族的压迫,实行真正的民族平等,扫除封建专制流毒,实现真正的民族统一和国家领土的完整。孙中山的民族共和主张为维护国家的统一和形成多民族为一体的大中华奠定了基础。

其次,孙中山提出汉、满、蒙、回、藏"五族共和",是从这五个民族的历史地位和中国现实政治的考量而发论的。孙中山这里讲的五个民族有广义和狭义之分,广义上泛指整个中华民族,包括今天所说的五十多个民族;狭义则专指这五个民族。从中国几千年的历史来看,中国各民族均作过不同的贡献,但这五个民族在中华民族发展史上具有特殊的重要地位。中华民族"在古代是一个极其复杂的民族,经过了四五千年的混合同化,才结为一体",虽然还有汉、满、蒙、回、藏、苗、瑶、壮、彝等许多民族之分,都是因为地域的关系,暂时保守其语言风俗习惯,而"血统早已混合,生活逐渐改变,宗教也差不多一致了"。[④]以汉族为例,汉族也并非其原始的名称,仅仅是因汉朝的声威而得名,是融合了四周的少数原始部落而形成的。传说中的黄帝、炎帝是我们的人文始祖,黄帝起于北方,号轩辕,也就是猃狁,转音为匈奴。炎帝姜姓,是西羌的代表,羌原为牧羊人,加上南方的九黎(蚩尤为其首领),诸族混同为一,咸为中华民族的祖先。可以说,

---

① 《孙中山全集》第2卷,中华书局1982年版,第105页。

② 《中央对蒙藏重要政策汇编》,"蒙藏委员会"印行,1995年版,第3页。

③ 《临时政府公报》,第1号,江苏人民出版社1981年版。

④ [美]拉铁摩尔:《中国的边疆》,中国科学院编:《外国资产阶级学者是怎样看待中国历史的》第一卷,商务印书馆1961年版,第187页。

中华民族各族实际上继承了同一个血脉。汉族人数众多,在日后的发展中,日渐成为中华民族的主体民族。在近代以前,中华、华夏、中国,往往代表汉族。满族是中国的少数民族之一,据历史文献记载,满族最早生活在东北黑龙江、松花江、牡丹江一带,约在公元 12 世纪就同中原内地发生了往来。作为一个少数民族,满族人数虽少,但在中华民族史上曾有过自己的辉煌。这就是为什么孙中山反复强调,革命不是消灭满族,而是要推翻它所建立的专制政府。这也是孙中山将满族列入"五族共和"中的五族之一的原因。回族是中国的少数民族之一,在其形成过程中曾融入大量汉族成员,延续至今的回汉通婚等事实,使得回族成为中国各民族中与汉族最接近的民族。汉文化是回族认同的文化符号,这种认同加强了回族与主流文化的密切联系,使之发展始终能与中华民族保持一致。在中国历史长河中,我们都能随时看到回族为社会文化,乃至为反对外来侵略作出的贡献。回族的先民曾使用过阿拉伯语、波斯语、突厥语等诸语言,但当回族作为一个民族共同体形成时,使用汉语成为回族的一个特征[1]。回族信奉伊斯兰教,是伊斯兰教在中国的主要载体,也是回族区别于汉族与其他民族的标志。由于回族在少数民族中人数较多,且分布广泛,与汉族联系密切,孙中山将其列为五族共和中的五个民族之一,是在情理之中。蒙古族历史上曾在中国建立过元朝。藏族自古就与内地汉族交往密切。正如梁启超在 20 世纪 20 年代所指出的那样:西藏、满洲和蒙古都是中国的领土,"早为中国历史所证实,这些地方从五千年前中国开国时就属于中国"[2]。孙中山将蒙古族、藏族列为"五族共和"中的五族之一,既有现实政治的考量,也是对这些民族在中华民族发展史上所作贡献的肯定。

正如前面所讲,中华民族是经过长期融合、重组、统一形成的,作为中国境内所有民族的总称,是在进入近代以后,在反对西方资本主义列强对中国的殖民侵略和国内封建专制统治的过程中形成的。西方的殖民侵略,不仅使中国主权受到侵害,而且也使各个民族的生存受到了威胁,各民族深感民族团结、联合的重要。在共同反对外来侵略的过程中,日渐形成了共同的民族意识——中华意识。这个中华意识就是孙中山倡导的"五族共和""振兴中华"的基础。

---

① 丁宏:《从回族的文化认同看伊斯兰教与中国社会相适应的问题》,胡春惠等主编:《少数民族——中国的一个政治元素》,香港《亚洲研究》丛书 2009 年版,第 41—43 页。

② 梁启超:《在天津青年会上的演说》,见中国科学院主编:《外国资产阶级学者是怎样看待中国历史的》第一卷,商务印书馆 1961 年版,第 165 页。

辛亥革命虽然推翻了清朝,建立了中华民国,但无论在辛亥革命中,还是在民国建立后,正如孙中山所指出的那样,仍有许多人思想存留种族革命的意识,幻想"变专制为共和,变满清为皇汉"。①章太炎曾力主用革命手段推翻清王朝,但他始终坚持为复汉而"反满"。他在给邹容《革命军》一书所作序文中写道:"改制同族,谓之革命;驱除异族,谓之光复。"在章太炎看来,推翻清王朝,不应当叫作革命。至于清朝推翻后,实行何种政制,他表示"随俗为宜",人云亦云,"共和之名不足多,专制之名不足讳",说他"固非执守共和政体者"。章太炎如此,其他主张"反满"而抱有帝王思想的人就更多了。孙中山提出"五族共和"就是在扭转和改变这些人的这种狭隘的种族偏见。孙中山说:中国是一个多民族国家,"总数四万万","汉族是多数",当中有"几百万蒙古人,一百多万满洲人,几百万西藏人,百几十万回教之突厥人","还有苗、瑶、僮族及其他民族",只有各民族"联成一个大民族团体",才能与列强抗衡。这个"大民族团体"不是别的,就是中华民族。中华民国是中华民族各族人民共同参与建立的、国民共同管理的民主共和国。②

　　有人说,"五族共和"是武汉革命党人最先提出的。这里,我们且不去讨论这一问题,其实,这一思想早存在孙中山的民族、民权主义思想中了。早在1895年制定香港兴中会章程时,孙中山就提出"振兴中华,维持国体",主张维护多民族统一的国家,反对分裂,指出:"中国一旦为人分裂,则子子孙孙世为奴隶,身家性命且不保。"③1896年12月和1897年3月,孙中山在《第一次广州革命的起源》一文中,指出"我们四万万同胞必须要、也一定要从残暴野蛮的酷政中解放出来,在仁慈公正的政府领导下,以文明进化的技艺,同享天伦之乐"。④1903年9月,孙中山从中国传统的君轻民贵的民本思想以及儒家的"大道之行,天下为公"的民主思想出发,提出他的民权主张,他说,"今天我们讲民权,民权的学说是由欧美传进来的",中国古代有民权思想,而无其制度,故革命以后行"以民立国之制","把满清推翻,改专制政体为共和,让四万万人来管理国家"⑤。这四万万人是指包括所有民族在内的全国人民。同年,孙中山在发表的《支那保全分割论》一文中,严厉批评西方和日本军国主义分子有关肢解中

　　①　冯自由:《革命逸史》,中华书局1982年版,第220页。
　　②　孙中山:《民族主义第一讲》,《孙中山选集》,人民出版社1981年版,第621页。
　　③　《孙中山全集》第一卷,中华书局1981年版,第22页。
　　④　陈旭麓、郝盛潮主编:《孙中山集外集》,上海人民出版社1990年版,第3—4页。
　　⑤　《国父全集》第二册,台北"中央文物供应社"1973年版,第569页。

国、分割中国的言论和阴谋①，指出中国是世界上历史最悠久的文明古国，"衮然独存经数千年，至今犹巍乎一大帝国"，"人民为地球上最和平之种族，当最强盛之时亦鲜有穷兵黩武、呈威力以服人者，其附近小邦多感文德而向化"，今日虽弱不自保，皆因清政府"失措致之"，"支那民族有统一之形，无分割之势"②。以国势民情而论，中国均无分割之理。他也强烈反对中国像美国那样，采行联邦制度，他说美国那十三个州向来完全分裂，不相统属的，所以联合不起来，"中国各省在历史上向来是统一的"，"中国原来既是统一的，便不应该把各省再来分开"③。维护国家统一、实行中华民族独立，"消灭君权，让人民去实行民主共和制度"。这里孙中山虽未明确提出"五族共和"，但已完全包含了这层意思。孙中山指出，欧美西方国家两三百年来，"人民为之奋斗的就是为自由，他们的口号是自由、平等、博爱三个名词，好比中国革命用民族、民权、民生一样"。④

（二）"五族共和"民族建国思想主张的历史深远意义

孙中山的"五族共和"、各民族共同建设新国家的思想是孙中山民族、民权、民生三民主义思想的一部分，这一思想既源自中国儒家的天下归一的大一统思想、仁爱思想、民本思想和均产思想，更多的是来自欧美思想家，如法国大革命时期的自由、平等、博爱主张，孟德斯鸠的三权分立，卢梭的民权、天赋人权、人人平等思想，美国林肯的民有、民治、民享，威尔逊的民族自决的主张，以及威廉的社会史观、亨利-乔治的土地税理论，等等。⑤

孙中山"五族共和"的思想和主张受到各民族的欢迎。以喀尔喀亲王那彦图为首的蒙古王公联合会致电临时政府"赞同共和"，"窃以共和成立，合五大民族共成中华民族"⑥。前清皇族四十六名宗室成员全体上书临时政府，以"现在共和宣布，满、汉、蒙、回、藏即成一家"，"合满、汉、蒙、回、藏于一大中华民国，在欧美或有先例，在东亚实为创举，天下一家，无意分畛域"⑦。雍和宫喇嘛奇特

---

① 当时西方和日本有人鼓吹分割肢解中国，认为"中国若行新法，革旧弊，发奋为雄，势必至凌白种而臣欧洲，则铁木真、汉那比之祸，势必复见于异日也。维持文明之福，防塞黄毒之祸，宜分割支那，隶之为列强殖民之地"。见《孙中山全集》第一卷，中华书局1981年版，第218—219页。

② 《孙中山全集》第一卷，中华书局1981年版，第218—219页。

③ 孙中山：《民权主义第四讲》，《孙中山选集》，人民出版社1981年版，第745—746页。

④ 孙中山：《民权主义第二讲》，《孙中山选集》，人民出版社1981年版，第716—717页。

⑤ 林家有：《孙中山与中国近代化道路研究》，广东教育出版社1999年版，第86页。

⑥ 《临时政府公报》第一辑，江苏人民出版社1981年版，第一册，第3—4页；第二册，第103页。

⑦ 《临时政府公报》第一辑第二册，江苏人民出版社1981年版，第24、69页。

木云丹敖思尔等代表藏族上书临时政府赞同共和:"合五大民族,同德同心,以开大业。"①回族教掌王振益、王宽、张德纯、安桢一等代表全国回族致电临时政府:"窃自共和政体宣布,亿众欢腾,从此东亚化五大族为一家,是诚千古未有之美举。"②本着各民族平等,"蒙、藏、回、疆与内地各省平等",临时政府不设理藩专部,而在内务部专门成立了蒙藏事务处,将蒙、藏、回等地区行政事务一并"纳入内务行政范围",在临时参议院议员名额上,对蒙、藏、满、回族人数作了规定③。为了推动蒙、藏地区的发展,临时政府还批准成立蒙藏统一政治改良会,该会以推动"五族平等,俾伸蒙藏人权"为宗旨,④对民国初年国家的统一和领土完整发挥了有益的作用。

从中华民族五千多年的历史来看,辛亥革命只是短暂的一瞬间,然而它却是中国历史的伟大的转折点,民主共和的新纪元,是中国历史新的一页。当初孙中山提出"驱除鞑虏"旨在革除满族权贵所建立的封建君主专制制度,而倡导"五族共和"则是为了实现民主共和的政治理想,追赶世界潮流,使中华民族跻身世界强国之列。因此,从这个意义上说,孙中山提出"五族共和"、各民族共建中华所凸显的是一种历史的进步。

正如前面所说的,中国是一个具有悠久历史的文明古国,生活在这块土地上的各族人民经过几千年的交往、融合,组成了中华民族这个大家庭。在这个大家庭里,各民族都为创造中华文明作出了应有的贡献,并形成了共同的民族意识——中华意识。在这种民族意识下,不论哪一个民族,也不论人口的多少,都是中华民族的一员,共存共生,谁也不能把它们分离出去。

中华民族和中华民族意识是在抗击外来侵略和反对封建专制压迫下日益牢固树立起来的。还在近代以前,就出现过万里回归祖国的事情。清代乾隆年间,远涉中亚和俄罗斯的土扈特蒙古族十多万人,因不堪沙俄的欺凌,冲破沙俄的重重阻挠、克服恶劣的气候条件,毅然举族东归,演出了中华民族史上民族认同的悲壮一页,受到了祖国的欢迎和热情接待。乾隆帝在承德避暑山庄亲自接见了土扈特部落酋长,赐给土扈特部落领地。这种民族认同感自进入近代以后,变得更加强烈。

1840 年第一次鸦片战争爆发后,中国沦为半封建半殖民地社会。西方资

---

①② 《临时政府公报》第二辑第一册,江苏人民出版社 1981 年版,第 31 页。

③ 《临时政府公报》第二辑,江苏人民出版社 1981 年版,第一册,第 170 页;第四册,第 191 页。

④ 《临时政府公报》第六辑第四册,江苏人民出版社 1981 年版,第 191 页。

本主义在对我国实行殖民侵略的过程中,沿海地区和内陆边疆地区首当其冲,而边疆地区正是少数民族集中聚居的地方。东三省,除汉族外,还有满族、鄂伦春族、赫哲族、朝鲜族等,内、外蒙古是蒙古族聚居的地区,新疆地区则是汉族、维吾尔族、哈萨克族、回族等民族集中聚居的地区。沙俄、日本对我国这些地区久存吞并之心,先后通过发动侵略战争或利用中国发生内乱之机,对这些地区进行掠夺和蚕食。1864 年西北回民不堪清王朝的残暴统治,发动起义。在清政府暂时失去对新疆的控制之时,沙俄趁机夺占伊犁地区,并和英国勾结,炮制阿古柏政权,企图将新疆从中国分割出去。清军收复新疆后,沙俄又通过签订不平等条约,割占了中国大片土地。在沙俄强占伊犁期间,新疆各族人民同俄、英殖民侵略者及其傀儡阿古柏的分裂活动进行了坚决斗争,维护了国家的统一。同样地,在 1894—1895 年日本发动的中日甲午战争和 1904—1905 年日俄为争夺中国东北的日俄战争中,日俄侵略者疯狂烧杀抢掠的暴行,激起了生活在台湾的高山族和东北地区的各族人民的反抗斗争。此外,英国对我国西南地区和西藏也久存吞并之心,多次制造事端,挑起战争,企图霸占,遭到生活在这一地区我国各族人民的反对。1903 年英军入侵西藏,次年 4 月侵犯江孜,西藏军民以低劣的武器战胜了优势装备的英军,收复了江孜。江孜保卫战是近代以来西藏人民反对外来侵略、捍卫祖国领土完整和国家统一最为壮烈的一页。至于其他各族人民参加反对外国殖民侵略的民族战争的事,更是史不绝书。各族人民就是在反对外来侵略的过程中,进一步加强民族凝聚力,从而日渐形成共同的中华民族意识的。

义和团运动后,清廷完全沦为"洋人的朝廷"、外国殖民侵略者在中国的代理人。为了支付赔款和外债,清政府加紧对各族人民的搜刮,清末,清政府已成为中国社会前进的绊脚石,"驱除鞑虏"、推翻清朝封建君主专制制度,追赶世界潮流,将中国建成一个民主、富强的新国家已成为各族人民的共同愿望和追求。正如孙中山所说的,"驱除鞑虏"只是为实现建立民主共和的第一步,即必经之路和必要条件,而"五族共和",各民族一起共同创建民主共和国才是中华民族追求的最终目的。

孙中山对"五族共和"、中国的未来充满了信心。他说:"以我们四万万优秀文明之民族……正所谓以有为之人,据有为之地,而遇有为之时者也",①"占世

---

① 孙中山:《建国方略之一:孙文学说——行易知难(心理建设)》,《孙中山选集》,人民出版社1981 年版,第 163 页。

界人口四分之一的国家的复兴,将是全人类的福音"①。"我们生在中国,正是英雄用武之时","若能奋起直追,建成一头等民主大共和国,执全球牛耳","将一切野蛮的法制改变起来,比米国(美国)还要强几分的"。②

孙中山去世已近百年,然而他的"五族共和"的民族建国思想直到今天,对于加强民族团结、实现中华民族的伟大复兴仍不失其伟大意义。让我们继承和发扬他的这一伟大思想,为实现中华民族伟大复兴的中国梦而努力。

三、孙中山"联俄""联共""扶助农工"三大政策再审视

"联俄""联共""扶助农工"三大政策(以下简称"三大政策")是孙中山晚年革命生涯中最富历史意义的部分,三大政策不仅对当时的中国政党政治,而且对此后中国的社会历史的演变均产生过重大影响。数十年来,不少中外学者曾对三大政策,尤其是"联俄""联共"进行研究,提出有价值的见解。笔者在吸收前人成果的基础上,依据孙中山本人的有关言论、著作及时人的有关记载,就三大政策提出的背景、实行情况以及孙中山去世后这一政策的演变作一探讨。

(一)"联俄"既是列宁和共产国际"东方战略"的产物,也是孙中山反思革命屡遭挫折、对苏俄革命经验的借鉴

20世纪20年代是中国社会政治转型最为激烈的时期。苏俄十月革命的影响和对孙中山革命活动的介入和支持、中国共产党的成立以及共产国际对中国革命的指导等是推动这一时期中国社会政治转型的重要标志和动因。

1917年俄国爆发十月社会主义革命,列宁及其领导的布尔什维克建立了世界上第一个无产阶级专政的政权——俄国苏维埃政权(简称苏俄政权)。苏俄政权建立后,遭到世界资本主义列强的围攻,企图将它扼杀在摇篮中,苏俄政权处于"岌岌可危的孤立状态"。为了打破世界资本主义的封锁,鉴于当时共产主义运动在欧洲处于低潮,列宁和他领导的共产国际希望通过支持亚洲各国民族解放运动,打击世界资本主义列强。列宁一直关注孙中山的革命活动,十月革命前,列宁曾与孙中山彼此致意,十月革命后也与孙中山偶有书信联络,知道"孙中山是中国革命的领袖"③。1919年至1920年加拉罕代表苏俄政府两次发

①　《复鲁赛尔函》,《孙中山全集》第1卷,中华书局1981年版,第319页。
②　孙中山在东京中国留学生欢迎大会的演说,《孙中山全集》第1卷,中华书局1981年版,第279页。
③　张国焘:《张国焘回忆录》(上),北方妇女儿童出版社2003年版,第248页。

表宣言,宣布废除沙俄强迫中国签订的不平等条约,放弃侵略中国的种种特权。苏俄政府的宣言,给了中国人民以极大鼓舞,中国人民将苏俄视为朋友。孙中山说:"俄国与中国今为对等之国家,彼对于不平等条约有共同之目的,成为中国之友邦也。"孙中山一次在回答国民党部分干部有关"联俄"一事时说:"此次俄人与我联络……乃俄国自动也。"①1923 年 1 月 26 日《孙文越飞宣言》的发表,标志孙中山"联俄"政策的初步确立,并直接促成了日后国共两党的合作。宣言表示苏俄完全支持孙中山的革命。重申承认 1920 年 9 月苏俄对华宣言原则,准备放弃帝俄时代对华的一切条约及强行夺取的权利,中东铁路由中俄协商共管,苏俄无意使蒙古脱离中国,为防范白俄,俄军不必立时撤退。但宣言中,越飞为了迎合孙中山,又同意"共产组织甚至苏维埃制度事实上均不能引用于中国"②。这些都是孙中山所欢迎的。宣言中的这一措辞实际上"含有否定中共作用的意义"③。对于宣言的内容,中共事先并不知情,待看到了这些内容,亦只是将其看作是一个具有外交辞令的文件,万万没有想到后来它竟成了国民党反共分共的依据,使中国革命蒙受了莫大的损失。

如果说苏俄希望通过对孙中山以及亚洲各国人民革命斗争的支持,来摆脱岌岌可危的孤立处境的话,那么,孙中山当时也迫切需要苏俄的支持和援助。孙中山曾领导了辛亥革命,推翻了清朝统治,创建了中华民国,但正如他所说的那样,十多年过去了,"徒有民国之名,毫无民国之实",这都是"由于革命没有成功"④。"军阀、官僚、政客朋比为奸,播弄政潮,无时或已,以致内乱频仍,政变迭起,国几不国,行将见吾党艰难缔造之功,为之断丧殆尽。"⑤在近代政局的变动中,孙中山始终是一个失意者。列强对他的态度一直不够友善,对他手拟的实业计划、建国大纲,尤其是有关聘请西方技术人员并利用西方列强的资金来开发中国富源的主张表示冷淡。华盛顿会议上,列强也未接纳他单独派遣代表的建议,倒是苏俄政府邀请他派代表出席远东各国共产党及民族革命团体代表大会。孙中山在国内与四周政敌所进行的军事、非军事斗争也迭遭挫折,他曾企图获得列强的谅解和支持,但列强总是支持他的政敌。孙中山

---

① 孙中山批邓泽如等抨击共产党密函,1923 年 12 月,黄彦主编:《论改组国民党与召开"一大"》(孙中山著作丛书),广东人民出版社 2008 年版,第 58 页。

② 《孙中山全集》第七卷,中华书局 1985 年版,第 51—52 页。

③ 张国焘:《张国焘回忆录》(上),第 195 页。

④ 孙中山在广州中国国民党恳亲大会上的演说,1923 年 10 月 15 日,《论改组国民党与召开"一大"》,第 25—26 页。

⑤ 《改造中国国民党宣言》,《论改组国民党与召开"一大"》,第 52 页。

"设想到将来如能得到苏俄的实际支持,或许不会如过去动辄遭受挫折"①。"联俄"使中国革命"能得到苏俄的支持"②。当时陈炯明的叛变,使孙中山"几乎失去了一切",而国民党中背弃他的人也不少,尤其是李石曾、蔡元培、吴稚晖、王宠惠等四十九人联名通电要他下野,这件事给他的打击和刺激更是不小。可见孙中山"联俄"政策的提出,固然有他的革命思想作背景,也是"时势所逼而成"。③

孙中山的"联俄"政策除获得苏俄的实际援助外,还包括"师俄",即借鉴俄国革命成功的经验,反思和总结过去失败的教训,重组革命力量。他认为俄国革命的成功关键在于有一个有组织有纪律的政党,有一支党所掌握指挥的军队,"俄国革命之成功,全由于党员之奋斗。一方面党员奋斗,一方面又有兵力帮助,故能成功"④,"其革命主义之所以能彻底,其党的组织与纪律,与其为国为民利益而奋斗之方案,皆为中国所借鉴"⑤。"俄国完全以党治国,比英、法之政党握权更进一步",此事"可为我们模范"⑥。他检讨了国民党当时的情况,承认民国成立以后,国民党"党务日渐退步"⑦,指出"本党分子此刻过于复杂,党内人格太不齐","热心党务,真正为本党主义去奋斗的人固然不少,但大多数党员都是以加入本党为做官的终南捷径"。"如果是得志的,做了大官,便心满意足";"若是不得志的,不能做大官,便反对本党,去赞成敌党"⑧。他说:"吾等想革命成功,一定要学他(苏俄)","要取法俄国注重党的纪律","因为要学他的方法",所以,孙中山特地聘请鲍罗廷为国民党的组织教练员,帮他培训国民党的干部。

在总结过去革命失败教训的基础上,孙中山先于1922年9月4日在沪召集国民党部分高级干部会议,解释他"联俄"以及"联共"的新政策,并获得一致赞成。继而于1923年10月在广州召开为期七天的国民党恳亲大会,"商讨党务兴革",决定"以俄为师"⑨,着手改组国民党,"吾党此次改组乃以苏俄为模

---

① ② ③　张国焘:《张国焘回忆录》(上),第188—191页。

④ ⑥　孙中山在广州大本营对国民党员的演说,1923年11月25日,《论改组国民党与召开"一大"》,第48—50页。

⑤　孙中山复赵世炎等说明国民党改组要义并望党员身体力行函,1924年2月6日,《论改组国民党与召开"一大"》,第167页。

⑦　孙中山对广州中国国民党党务讨论会代表的演说,1923年10月16日,《论国民党改组与召开"一大"》,第33页。

⑧　孙中山在广州中国国民党恳亲大会上的演说,1923年10月15日,《论改组国民党与召开"一大"》,第25—26页。

⑨　《中华民国史事纪要》,1923年7—12月册,第519—520页。

范,企图根本的革命成功"。"此次改组有两件事:第一件是改组国民党,要把国民党再来组成一个有力量的政党;第二件就是用政党的力量来改造国家。"①会后组成了由他委派的包括胡汉民、邓泽如、林森、汪精卫、新加入国民党的李大钊,以及鲍罗廷等人在内的临时中央执行委员会,负责国民党的改组事宜。②

孙中山在借鉴苏俄革命成功经验中,发现国民党宣传工作很不够。"因为国内大多数人民不明白民国的道理,不了解本党的主义……所以,本党在中国革命,从前的破坏成功,现在的建设不能成功",今后要重视革命理论的宣传,宣传"本党之主义,使世人都明白本党之主义,来倾向本党"。他认为"人心就是立国的大根本","改造国家,还要根本上自人民心理改造起,所以感化人群的奋斗更是重要"③。为此,在改组后的国民党中央,专门设立宣传部,负责对党内外的革命宣传。

孙中山主张"联俄",主要是想通过苏俄的援助,借鉴苏俄以党治国、以党领军的成功经验,来实现他的革命理想,而并不是要在中国移植苏俄的共产主义制度。他一再向苏俄声明"反对对华宣传和移植共产主义"的主张④。

"联俄"政策确立后,孙中山在广州黄埔创办军官学校,苏俄政府不仅提供了枪支弹药和经费,而且还派来了许多军事顾问和教官。其中有不少人还在改组后的国民党内担任要职,如鲍罗廷先后担任国民党的组织教练员、国民党中央和国民政府的高级顾问,位高权重;加仑将军任高级军事顾问,参与东征和北伐的军事谋划。此外,还有人担任外交顾问、参谋团主任、航空局局长、交通总监、舰队总监、兵工厂顾问等,他们均为国民革命作出了贡献。苏俄对国民党的这些支持和帮助,对国民党的振兴以及国民革命的开展起了重要的作用。⑤

(二)"联共"、国共合作既源于孙中山的思想和其对共产主义的理解,也是中共服从共产国际指示的结果

"联共"始于国民党改组前,与"联俄"相连,这一政策的制定,与孙中山的思想,以及他对共产主义的理解有关。

---

① 孙中山在国民党"一大"的开会词,1924 年 1 月 20 日,《论国民党改组与召开"一大"》,第 87 页。

② 《中华民国史事纪要》,1923 年 7—12 月册,第 532 页。

③ 孙中山在广州中国国民党恳亲大会上的演说,1923 年 10 月 15 日,《论国民党改组与召开"一大"》,第 26—29 页。

④ 《孙中山全集》第七卷,第 458—459 页。

⑤ 张国焘:《张国焘回忆录》(上),第 189 页。

1922 年 5 月陈炯明叛变后,孙中山处境极为孤立。8 月中旬,孙中山回到上海,当时"只有中共对他表示好感"。中共表示要与孙中山合作,公开谴责陈炯明的叛变行为,并处分了支持陈炯明的中共广东地区的负责人谭植棠、陈公博、谭平山等人,"这些使孙中山为之感动,认为中共确有诚意与他合作",并"立即赞成中共党员加入国民党,以实现国共合作的主张"①。随后李大钊、陈独秀、蔡和森、张太雷等人由张继介绍,孙中山亲自主盟,加入了国民党。

中共为什么要同意与孙中山合作? 这与中共对当时中国革命形势的判断以及对孙中山领导的国民革命的认识有关。中共认为中国的反动势力只是帝国主义的工具,中国革命运动要能有成就,必须从反对帝国主义下手。既然反帝是包括共产党和国民党在内的所有各政党团体的共同要求,那么实现国共合作完全是可能的,国民革命是当前的中心任务。孙中山领导的中国国民党虽有许多"毛病",但是环顾全国,除了国民党,"并无别的可观的革命势力"可以联络。所以,中共从成立初期,就"表示将支持孙中山的民主的民族的革命",认为孙中山的国民党是领导国民革命的重心,通过支持国民党,可以使国民党进一步革命化,以期推翻帝国主义及其工具——军阀在中国的统治。②

孙中山之所以同意共产党员加入国民党、实行国共合作,除现实的困境外,还与他对共产党与共产主义的看法分不开。孙中山认为共产主义并非俄国首创,中国早已有之。"共产主义,不过中国古代所遗留之小理想者哉!"③"至于共产主义之实行,并非创自俄国,我国数十年前洪秀全在太平天国已经实行,且其功效较俄国尤大,后为英国戈登所破坏,故今日无从考证。"④

孙中山深信他的三民主义是"最适合中国国情""顺应世界潮流""建设新国家"的一个"最完美的主义"⑤,认为三民主义包括了共产主义,"质而言之,民生主义与共产主义实无别也"⑥,"本党既服从民生主义,则所谓社会主义、共产主义与集产主义均包括其中"⑦。他又说"俄国尚不能实行共产主义,那么在中国

①② 张国焘:《张国焘回忆录》(上),第 163、218 页。

③ 孙中山在广州与日本记者松岛宗卫的谈话,1924 年 2 月,《论国民党改组与召开"一大"》,第 178 页。

④ 孙中山关于民生主义之说明,1924 年 1 月 21 日,《论国民党改组与召开"一大"》,第 113 页。

⑤ 孙中山在广州中国国民党恳亲大会上的演说,1923 年 10 月 15 日,《论国民党改组与召开"一大"》,第 30 页。

⑥ 孙中山批邓泽如等抨击中国共产党密函,1923 年 12 月 3 日,《论国民党改组与召开"一大"》,第 56 页。

⑦ 孙中山关于民生主义之说明,1924 年 1 月 21 日,《论国民党改组与召开"一大"》,第 111 页。

实行三民主义是最恰当的了"。在他看来,共产主义是三民主义中的一个部分①。为了消除国民党内部分干部对"联共"的疑虑和对国共合作的反对,孙中山还进一步说:"共产主义与民生主义毫无冲突,不过范围有大小耳。"②

孙中山因为俄国革命的成功、俄国共产党人在革命中的表现,对共产党抱有好感,他说俄国之所以能抵抗强敌,全靠俄国全体人民和共产党员之奋斗。"俄国当革命之时,国内有许多党并立,如社会民主党、民主革命党等而皆不能成功。今日成功者是共产党。"③

孙中山认为中共并非苏俄的傀儡和工具,他们加入国民党,"欲打破民国之现状","共产派与社会主义青年团之加入本党,以期有益于革命之实行"。"他们的加入,以昭吾党之量能容物,而开将来继续奋斗之长途","彼此既志同道合,则团体之内无新旧分子之别"。④因此,应欢迎和赞同共产党员的加入。

孙中山的"联共"政策和国共合作的实现与共产国际的推动有关。国共合作最早是由列宁提出的。列宁的这一主张源自他的这一思想:殖民地半殖民地国家的共产党可以与本国的资产阶级民主派结成临时联盟,共同反对帝国主义及其在本国的走狗。在1922年1月召开的远东各国共产党及民族革命团体代表大会上,列宁向国民党代表张秋白和共产党代表张国焘询问国共两党"是否可以合作?"两张均表示:"国共两党一定可以很好地合作。"列宁指出在中国民族和民主革命中,国共两党应当密切合作,而且可以合作,并指出在两党合作的进程中,可能发生若干困难,不过相信这些困难是可以被克服的。⑤

列宁指出在国共两党合作的进程中"可能发生若干困难"的看法是带有预见性的。从国民党方面来看,相当部分的国民党老党员和海外党员,担心共产党员加入国民党,并担任部分领导职务后,将会使国民党的领导权落入共产党手中,因而表示反对。国民党"一大"后,因一部分老国民党员失势落选,这种反对声浪更加高涨。早在1923年12月,国民党酝酿改组前夕,邓泽如等十一人就密函孙中山,抨击共产党,说此次共产党"加入吾党,乃有组织有系统的加

① 张国焘:《张国焘回忆录》(上),第241页。
② 孙中山关于民生主义之说明,1924年1月21日,《论国民党改组与召开"一大"》,第113页。
③ 孙中山在广州大本营对国民党员的演说,1923年11月25日,《论国民党改组与召开"一大"》,第48页。
④ 孙中山就国民党改组原因致海内外同志书,1924年3月,《论国民党改组与召开"一大"》,第187页。
⑤ 参见张国焘:《张国焘回忆录》(上),第152页。

入……决定利用我党之方法,其大前提则借国民党之躯壳注入共产党之灵魂";"陈独秀实欲借俄人之力,耸动我总理于有意无意之间,使我党隐为被共产党所指挥","奸人谋毁吾党,其计甚毒,不可不防"①。而国民党改组半年后,当年积极主张"联共"的张继便和邓泽如、谢持等人则公开向国民党中央执行委员会和孙中山弹劾共产党在国民党内建立党团组织的做法是"党内有党",要求加以取缔。②不少国民党高级干部担心,实行国共合作将会使国民党陷于更多政敌的反对和包围之中,这些对国民党都非常危险。"联俄容共政策会遭受国内外实力者的反对",在政治上将使国民党陷于孤立③。汪精卫也认为共产党员加入国民党是"孙悟空对付猪精的办法"。当时孙中山非常需要许多革命力量来支持和参加国民革命,他既要"联俄",也要"联共",深知中共与共产国际的上下级特殊关系,所以,对于党内这些担心和这股反共声音逐一加以劝解和排除,指出中共党员之加入本党之原因,"在于灼知中国今日军阀与帝国主义勾结之现状,非国民革命而无由打破","当国民革命之时代,一心一德,唯本党主义是从,其原有之共产主义固不因之抛弃,而鉴于时事之关系,初不遽求实现,故与本党亦无所冲突。至加入本党之后得不脱离中国共产党,则以中国共产党为第三国际一支部,与国内角立之政党性质不同,故其党员之跨党,与元年(指 1912 年)以来国内政党党员跨党为风气者异其旨趣,且本党为代表国内各阶级利益而奋斗,中国共产党则于各阶级中之无产阶级特别之注意以代表其利益。无产阶级在国民中为大多数,加以特别注意,于本党之主义、精神无所违反。中国共产党员李大钊等加入本党之始,曾以此意陈之"。孙中山指出,若因共产党员加入国民党而导致国民党"分裂"和有亡党之虞,这"类于杞忧",是杞人忧天。至于中共对其加入国民党的党员"施以告诫,俾知对于本党何者当为、何者不当为,此不能施以恶意。以此之故而被以'党团作用'(意指分裂破坏、党内有党——引者)之称,实为过往","中国共产党对于其党员之加入本党者施以指导,俾知对于本党应如何尽力,此在中国共产党为当然之事"。孙中山是国民党的最高领袖,在党内外享有崇高威望,所以,国民党内这股反共势力尚不敢放肆猖狂,其"联共"、国共合作在孙中山的主持下尚能大力开展进行。不过鉴于党内这股反共势力,孙中山迫于压力,还是在国民党中央执行委员会内设立了国际联络委

---

① 孙中山批邓泽如等抨击中国共产党密函,1923 年 12 月,《论国民党改组与召开"一大"》,第57—59 页。

② 详见《革命文献》第九辑,第 72—80 页。

③ 张国焘:《张国焘回忆录》(上),第 246 页。

员会,该会的任务之一,"即在务期了知中国共产党之活动与本党之关系"①。他称赞反对国共合作的冯自由、张继等人是国民党"之前辈有力革命家""器局雄伟之政治家";将反对"联俄""联共"、国共合作的张继、冯自由、谢持等视为国民党内的"稳健派",徐谦、谭平山等为"急进派",他与汪精卫、胡汉民等是"综合派",三派"皆为国民党而努力"。在他生前,国民党内反共、反对国共合作的暗流虽涌动不绝;但碍于他的声望,尚不敢肆虐。待到他去世后,西山会议派、蒋介石等就大肆破坏国共合作,公开反苏、反共、镇压工农。

对于共产党员加入国民党、国共实行合作,中共党内同样存在许多"困难",领导层内分歧严重。有的认为共产党员加入国民党是"混合"而不是"联合",部分党员担任国民党领导职务,担负指导工作,易与国民党上层人士"争夺地盘与权势"②,引起国民党员的不满。1922年7月中共在上海召开"二大",会上通过了可以与所有的民主派和革命团体合作的决议,但拒绝了共产国际代表马林和达林有关加入国民党的建议。由于中共是共产国际下面的一个支部,马林执定共产党员必须全部加入国民党,共产党必须与国民党合作。8月初,马林从莫斯科来到北京,旋赴上海,再次提出中共党员以个人名义加入国民党的建议,但仍遭拒绝。在马林的坚持下,中共中央于同年8月17日,在杭州西湖召开特别会议,经过激烈争论,通过了接受共产国际指示,同意部分共产党员以个人名义加入国民党,实行国共合作的方针。1924年1月,国民党"一大"召开,大会通过了中共党员和社会主义青年团员正式加入国民党,并担任要职。国民党"一大"的召开和共产党员加入国民党,标志国共合作的正式形成。为了保持共产党员的独立性,在中共"三大"上,由陈独秀提议、经会议批准,通过了"中共党员加入国民党内工作者都应组织党团,以保持中共党员在国民党内一致的主张和发挥他们在国民党内的影响"。③此举的原意本来是要表示陈独秀不愿牺牲中共的独立,安抚党内反对国共合作的人,想不到此举后来却成了国民党右派用来反共的一个借口。

"联共"、国共合作就是在上述国内外各种政治因素下促成的,它开创了中国历史的新局面。国共合作期间,中共为推动大革命发挥了重要作用。1924年1月国民党"一大"时,共产党员在国民党二十四名中央执行委员会委员中占

① 《中国国民党中央执行委员会第二次全体会议关于党内共产派问题之训令》,《论国民党改组与召开"一大"》,第197—201页。
② 张国焘:《张国焘回忆录》(上),第228页。
③ 张国焘:《张国焘回忆录》(上)。

了三位,在十七名候补中央执行委员中占了七位,两者合计,中共在国民党中央执委中几乎占了四分之一。在国民党"一大"中常委中,中共占了一位(谭平山),八名中央部长,共产党员占了两位(谭平山,林祖涵[伯渠]),若加上大权在握的鲍罗廷,中共在国民党中央中占有举足轻重的地位。这种情况既显示了共产党在领导国民革命中的突出地位,同时这种局面也使国民党右派忧心忡忡。

国共合作局面形成后,所幸中共还多少保持清醒,国民党"一大"后,中共中央也赓续召开了一次中央扩大会议。会议认为中共在国民党内的工作不过是中共工作的一部分,中共党员在国民党内的工作,应是积极支持左派,争取中间派,反对右派,结成广泛的革命统一战线,这样才能达到推进国民党革命化的目的,有利于国民革命的顺利进行。会议强调中共工作的重点主要还是自身的发展。发展中共的组织是一刻也不能放松的。除了开展职工运动外,还应开展在农民中的工作①。这些部署为后来国共关系破裂后,中共独自开展革命斗争创造了条件,为向农村发展奠定了基础。

(三)"扶助农工"是孙中山借鉴苏俄革命成功经验和中共大力促成的结果

辛亥革命前,孙中山领导反清革命斗争,主要是依靠会党、策动新军以及吸收国内青年学生和海外留学生,基本上将工农排除在外。辛亥革命后,孙中山先后发动了"二次革命"、护国和护法斗争,在这些斗争中,不是依靠自己有限的革命力量,就是依违于军阀之间,仍然把工农大众摆在一边。因为缺少民众的支持,所以迭遭失败。自从与苏俄接触后,孙中山从苏俄革命成功的经验中看到人心向往、人民的支持对革命成功至关重要,"俄国之所以能抵抗此强敌(指英、美、日等对苏俄的武装干涉),全靠乎全国人民与党员之奋斗",俄国"共产党之所以成功,在其能合乎俄国大多数人心,所以俄国人民莫不赞成他,拥护他"。在反思苏俄成功经验的同时,他也检讨自己过去的不足:"吾党之奋斗多是倚靠兵力之奋斗,故胜败无常,若长此下去,吾党终无成功之希望。"②表示今后定要效法苏俄依靠人民。

孙中山深受俄国共产党与人民之间关系的启发,意识到"人心是立国的大根本"③,人民是党的力量的源泉。"吾党本身力量者,就是人民的心力","吾党从今以后,要以人民的心力为吾党力量,要用人民心力奋斗","以人民的心力做

---

① 张国焘:《张国焘回忆录》(上)。

② 孙中山在广州大本营对国民党员的演说,1923年11月25日,《论国民党改组与召开"一大"》,第48页。

③ 同上书,第41页。

基础,最为足靠"①。工农是人民的主体,要以人民的心力为基础,就必须依靠工农大众。中国的工农处于社会最下层,生活最为困苦,国民党要想取得民众的支持,国民革命要想取得成功,就必须实行扶助农工的政策。"革命行动欠缺人民心力,无异是无源之水,无根之木","中国要进步,非用群力不可。要用群力,便要合群策群力,大家去奋斗,不可依赖一人一部分,用孤力去做","请全国人民都同心协力去做,革命才容易成功"。②

如何来扶助农工呢?国民党"一大"宣言指出:国民党正从事反抗帝国主义与军阀,反抗不利于农民工人的特殊阶级,为农民工人而奋斗,亦即农民工人自身而奋斗。孙中山认为扶助农工,首先要大力吸收工人加入国民党。他说:扶助农工就是为了改造国民党,要把"国民党建成一个群众革命先锋组织",要"改组中国国民党,使本党能有更多的工人参加进来"③。其次,要感化人群,唤起民众。认为改造国家,还要根本上自人民心理改造起,所以,"感化人群的奋斗更是重要"。为了谋求社会的根本改革,还要"努力唤起民众的觉醒"。国家的统一、永久的和平,"除了四万万民众的觉悟和真正的群众性改革外,别无他途可寻"。青年是国家的未来,孙中山认为唤起民众,还必须重视青年学生。"我们国民党人从辛亥革命到现在经过了多少困难……老的老了,奋斗的时代太久了,觉得我们的党也有些衰老了,党要改组,就是要革命党再年轻起来……青年来加入,来续党的新生命,党没有青年加入,就要中断。"④

孙中山认为要扶助农工,就是要取法现在的苏俄,"从政治上说,我们应当为多数人谋幸福,为真正没有幸福的人谋幸福。简单说来,就是替最下级的人民谋幸福"。认为仅依靠工人还不够,还必须仿效苏俄的做法,"要工人与农民的合作"⑤。至于如何合作,孙中山在国民党"一大"前后并无明确的论断,只是提出以确定人民完全自由平等权,增进农民工人的生活为要。孙中山虽从俄国革命成功的经验中看到工农大众对革命成败的重要性,但由于他所领导的国民

---

① 孙中山在广州大本营对国民党员的演说,1923 年 11 月 25 日,《论国民党改组与召开"一大"》,第 46—49 页。

② 同上书,第 76 页。

③ 孙中山在上海与中国共产党领导人李大钊的谈话,1922 年 8 月下旬,《论国民党改组与召开"一大"》,第 4 页。

④ 孙中山在广州与北京大学学生王昆仑的谈话,1923 年 1、2 月,《论国民党的改组与召开"一大"》,第 22 页。

⑤ 孙中山在广州与清华大学学生施滉等的谈话,1924 年 2 月 9 日,《论国民党改组与召开"一大"》,第 173 页。

党员大多来自中小资产阶级和民族资产阶级,并不能代表广大工农劳苦大众利益,孙中山本人亦"否认阶级斗争,认为在中国只有大贫小贫的区别,并无阶级的显明分别"①,他的扶助农工政策有着极大的局限性。只是在中共的推动下,他的这一政策才变得轰轰烈烈。

孙中山主张"扶助农工"虽旨在推动国民革命,但扶助农工本身却有助于社会进步。而中国共产党是无产阶级政党,代表全中国最广大的工农劳苦大众的利益。因此,两党在这点上有相近之处。不过,中共追求的不是资产阶级民主共和国,它的最终目标是要在中国铲除一切剥削制度,建立无产阶级专政,这又是两党的不同之处。中共自成立之日起,就把组织和发动工人运动作为党的一项重要工作,在工人中大力发展党员、组织工人俱乐部,成立工会,开展反帝反军阀统治斗争,先后发动和组织领导了省港大罢工、京汉铁路工人二七大罢工,以及上海的五卅运动。在大力开展工人运动的同时,中共"三大"又接受毛泽东的提议,积极开展农民运动,开办农民运动讲习所,在农民中发展党员,建立党组织,成立农民协会,开展反对地主剥削、维护农民权益的斗争。

在中共的大力推动下,全国的工农运动有了很大的发展。到 1925 年 5 月,广东有二十二个县建立了农民协会。1926 年 4 月,首届农民代表大会在广州召开,会上成立了广东省农民协会,拥有会员二十余万人。到北伐前夕,湖南农民协会会员达十一万多人,全国农会会员高达九百八十万人。1925 年 5 月,第二次全国劳动大会在广州召开,会上成立了由中共领导的中华全国总工会,从此,全国的工会有了统一的领导。到北伐前夕,全国加入工会的工人高达二百八十万人②。工农运动进入了一个新的发展时期。

1926 年 3 月,广东国民政府挥师北伐,全国工农运动随着北伐进军的节节胜利而走向高潮。与此同时,国民党内右派势力也日益嚣张,一年之后,国民党蒋介石终于举起屠刀,屠杀共产党人和工农群众。国共由合作走向分裂。

(四) 孙中山"联俄""联共""扶助农工"三大政策未能完全实行的历史反思

"联俄""联共""扶助农工"三大政策是孙中山一手制定的,如果说这三大政策从 1924 年 1 月国民党"一大"召开后开始实行,那么到 1927 年蒋介石发动"四一二"政变、汪精卫"七一五"分共,前后大致实行了三年多。国共由愉快的合作开始,最后却以流血而结束。这一结果值得进行历史反思。

---

① 张国焘:《张国焘回忆录》(上),第 241 页。
② 张玉法:《中华民国史稿》(修订版),台北联经出版事业股份有限公司 2010 年版,第 134 页。

先谈"联俄"。孙中山当初提出"联俄"政策是在国内外求援受阻、陈炯明叛变、处境极为艰难的情况之下。先前他企图在国内借助军阀之力,在国外借助列强之力开展斗争活动。他曾派朱和中到德国、派马素到美国、派廖仲恺到日本进行外交活动,但均无结果。在实行"联俄"政策后,孙中山对"联俄"也并不专注,始终对英、美"示好",抱有幻想。《孙文越飞宣言》发表的同月,还发表了另一篇和平宣言,主张在全国统一前,由直系、奉系、皖系及他所依附的西南军阀划疆自守、裁兵、借款。他认为借款最好由英国承担。1923年2月,他出席港督举行的宴会,盼与英国交好。次月,与英国驻广州总领事商议用英款开港,并表示愿与港英政府合作。此后又由他的秘书陈友仁宣布他的外交政策,希望能得到英、美的财政援助,用英、美的技术专家致力于建设①。他的这些示好动作,英、美并不领情,英、美一直对他采取敌视的态度,企图搞垮他的政权,这使他大伤脑筋。当时孙中山在国际绝少朋友,既然苏俄对他示好,不应加以拒绝,于是遂确定"联俄"。

孙中山确立"联俄"政策后,大批苏俄军事顾问和军官来到广东帮助国民党。孙中山对鲍罗廷更是信用有加,因而引起国民党内一部分干部的不满。他们对俄人在国民党中央大权在握心存疑虑,"彼所谓助我党者,计不过万余支枪耳,然盘踞吾党最高之党权、政权、军权,所得代价,实过太巨"②。蒋介石、张秋白等一批国民党上层人士在访问苏俄后,对苏俄的印象并不好,认为苏俄决非中国可以依靠的国家。认为苏俄并没有平等待中国,1919年至1920年加拉罕曾代表苏俄政府两次宣布废除沙俄与中国签订的不平等条约,放弃侵略中国的种种特权,但数年过去了,苏俄没有兑现,这使中国人非常失望。非但如此,与沙俄时代相比,苏俄有过之而无不及,"中东铁路之不平等,甚于俄皇之时"。苏俄还以日本对朝鲜方式强占中国外蒙古,一方面承认外蒙古是中国领土,另一方面又拒绝从外蒙古撤军,也不宣布废除《俄蒙密约》。这些都引起了中国人民的愤慨。鲍罗廷作为孙中山聘请的顾问,位居国民党高层,党政大权独揽,引起国民党内一部分元老的妒忌。廖仲恺遇刺后,他认为胡汉民嫌疑最大,在未有证据的情况下,竟然要派特委去拿办审讯胡氏,后遭特委拒绝,逮审胡氏才未成为事实。后来仍将胡氏逐出广州,派往苏俄③。国民党元老们对他的不满,极大地动摇了国民党"联俄"的基础,西山会议派公开弹劾他。而他所信赖和依靠

---

① 郭廷以:《近代中国史纲》,香港中文大学出版社2010年版,第367页。

② 《中华民国史事纪要》,1924年1—6月册,第336页。

③ 《中华民国史事纪要》,1925年7—12月册,第781页。

的汪精卫"不免软弱,虽有清誉,并无实力"①。待到 1927 年蒋介石公开反共,宁汉合流,鲍罗廷终被解聘。1927 年 8 月中共发动南昌起义,武装反抗国民党,国民党认为系苏俄指示,下令驱逐所有在华的苏俄顾问。至此,孙中山制定的"联俄"政策宣告结束。

再说"联共"。"联共"政策是由孙中山为排除党内反对势力而制定的。这一政策的制定,除了前面所述的原因,亦与"联俄"分不开。因"联俄"而不能不"联共"。国民党历来成分复杂,有左右派之分,虽说同属一党,但信仰的主义不尽相同。比如吴稚晖是一个有名的无政府主义者,国民党却一直允许他自由活动。1923 年,一次他郑重其事地问陈独秀:"共产党领导的革命大约在什么时候可以成功?"陈氏"答以大约需要三十年"。吴氏听了这句话"惊骇地说:那么国民党的寿命只有三十年了?!"陈氏向吴氏解释说:"所谓中共领导的革命三十年后可望成功,并不等于说三十年后国民党就会寿终正寝。"吴氏对陈氏的解释非常"不满"②。吴氏对共产党的疑虑和不满多少反映和代表了国民党内一部分干部的心理,反共的国民党员除胡汉民、戴季陶外,尚有冯自由、马素、邓泽如、林直勉、谢持、林森、邹鲁、张继等一批人。前文曾提到,早在国民党酝酿改组时,冯、马、邓等人就对"联共"表示反对,不许共产党跨党、亦不许国民党加入中共,国民党"一大"半年后,张继与谢持、邓泽如等借口跨党问题弹劾共产党,指出"绝对不宜党中有党"。孙中山逝世后四个月,戴传贤就发表《孙文主义的哲学基础》和《国民革命与中国国民党》两本小册子,阐述三民主义与马克思主义不同,提出中国需要的是三民主义的国民革命,而不是共产革命;还指责共产党在国民党内搞破坏活动。戴氏的这两本小册子实开全面反共的先声,为稍后国民党实行全面反共制造舆论。1925 年 11 月,由林森领衔,谢持、张继、邹鲁、居正、石青阳、冯自由、石瑛、覃振、张知本、茅祖权、沈玄庐等十多名国民党高级干部在西山碧云寺孙中山灵前召开所谓国民党一届四中全会,通过《取消共产派在本党之党籍案》《开除中央执行委员之共产派谭平山案》《决定本党今后对于俄国之态度案》《顾问鲍罗廷解除案》《开除汪精卫党籍案》等七个提案,稍后又在上海另立中央,掀起了一股防共、逐共的浊浪。在中共的推动下,国民党中央于 1926 年 1 月在广州召开"二大",对西山会议派的分裂活动进行了批判,并对参加者分别给予开除党籍、警告、严重警告等处分。但是这些措施并未能阻

① 张国焘:《张国焘回忆录》(上),第 340 页。
② 同上书,第 250 页。

止这股反共的势力的发展。蒋介石有感于革命大权旁落,为了夺取国民政府军事领导指挥权,先后通过制造中山舰事件和整理党务案,即以行动镇压国民党中的中共和苏俄势力,将防共、反共从会议弹劾扩大到军事、党务等各个实际部门。当时中共领导人陈独秀采取退让政策,致使蒋介石的反共阴谋活动步步得逞。北伐战争开始后,随着北伐节节胜利,工农运动高涨,中共力量有了较快的发展,到1927年4月,中共党员人数已达到五万七千九百多人。对于共产党的迅速崛起和在国民党内的地位,国民党内反共势力日夕不安。他们惊呼,再此下去,"恐青天白日之旗,必化为红色矣"①。1927年4月,蒋介石在上海大开杀戒,公开屠杀共产党人。7月,汪精卫在武汉宣布反共。中共发动八一南昌起义,汪氏下令"讨伐",和平分共变成武力反共。至此,国民党完全抛弃孙中山的"联共"政策。此后,以蒋介石为首的国民党继续采取消灭共产党的方针,对中共进行围追堵杀长达二十二年之久,直至1949年被中共领导的革命击败为止。

关于"扶助农工"政策。1924年1月国民党"一大"前,国民党虽也开展过工人运动,但规模和影响均不及中共领导的工人运动;"一大"后的农工运动"大体由共产党主导"②。但国共两党对中国社会经济情况分析判断不同,因而在扶助农工的政策上严重分歧,这就严重限制了这一政策的实施。孙中山及其领导的国民党否认中国有阶级差别,三民主义的土地政策主张平均地权。平均地权采用和平的方式进行。所有私人土地由地主估价,呈报政府;国家照价征税,亦可照价收买。国家可以将公有之地和照价收买之地配售给农民,以达到耕者有其田的目的。但中共的土地政策则是主张通过没收地主资本家的土地、资产直接分配给农民和工人。中共"一大"通过的纲领中规定"消灭资本家私有制,没收机器、土地、厂房和半成品等生产资料"。但实际做法并未如此。对农村,虽提出消灭地主剥削,但实际上推行的是减租减息。国共合作后,又于1925年提出过"耕地农有"口号,但实际做法仍是减租减息。次年中共四届三中全会则提出"二五减租"。可见两党在土地政策上并不相同。北伐战争开始后,中共根据共产国际要求在北伐时期推动土地革命的指示精神,决定开展土地革命。由于两湖地区国民党左派"势盛"③,1927年3月国民党中央在武汉召开二届三中全会,通过决议,允许佃农有永久使用土地权,没收贪官污吏土豪劣绅及一切反革命派

---

① 《中华民国史事纪要》,1924年1—6月册,第337页。
②③ 张玉法:《中华民国史稿》,第134、139页。

的土地财产,于是湘、鄂、赣地区开展分配地主土地的斗争。土地革命引起国民党内,尤其是北伐军人的恐慌,因为他们不少人来自农村地主、商人家庭。这一土地政策,直到蒋介石在南京、上海等地"镇压"共产党,武汉国民政府受到两湖地区军人和富农的压力,才有所收缩。由于陈独秀的消极退让,国民党对农民协会的活动严加限制,直至取缔,湘、鄂、赣三省被屠杀的工农群众多达万人以上[1]。孙中山的"扶助农工"政策随着国民党的反共而成为历史。

一般史书都认为,孙中山的"联俄""联共""扶助农工"三大政策之所以未能完全实行,应归因于孙中山的去世和中共领导人陈独秀等人的消极退让错误。其实,孙中山实行三大政策,从一开始就带有实用主义色彩,出于"在策略上迎合中共和苏俄所要建立的统一战线"的需要。他虽实行三大政策,但"并未改变其素所抱持的三民主义"[2]。国民党的立场并未真正站到工农大众一边,它代表和维护的始终是资本家、地主等有产阶级的利益,这才是"三大政策"不能完全实行的症结所在。

四、孙中山的"兴亚论"

(一)

孙中山在革命生涯中,与日本的关系极为密切。从 1897 年 8 月第一次赴日到 1924 年 11 月最后一次访日,三十多年中,他约有三分之一的时间,即有九年,是在日本度过的。用他自己的话说,他与日本感情很深。在致某日本友人的信中,孙中山说:"弟所交游者以贵国人为多……弟之视日本,无异第二之母邦。"[3]他结识的日本人,据说有七百多人,几乎囊括了日本政界、军界、经济界、外交界、文化宗教界等各方面名流、显贵,甚至包括浪人等。其中著名的有犬养毅、大隈重信、桂太郎、平冈浩太郎、梅屋庄吉、宫崎寅藏和宫崎弥藏兄弟、内田良平、头山满、萱野长知、南方熊楠、下田歌子等。

在长期的革命斗争以及与日本友人的交往中,孙中山逐渐形成了他的"兴亚"思想,即主张通过中日提携努力,使亚洲被压迫民族和国家从西方殖民统治下摆脱出来,最终实现民族独立和富强。

孙中山的"兴亚"思想除源自他的民族革命思想外,首先与明治维新后日本的巨大变化有关。日本通过维新变法走上富国强兵的道路给他留下的印象极

---

[1] 张玉法:《中华民国史稿》,第 140 页。

[2] 张玉法:《中华民国史稿》。

[3] 《孙中山全集》第 1 卷,第 524 页。

为深刻。早在 1894 年他在给李鸿章的上书中就写道:"试观日本一国,与西人通商后于我,仿效西方亦后于我,其维新之政为日几何,而今日成效已大有可观,以能举此四大纲(即"人能尽其才、地能尽其利、物能尽其用、货能畅其流"),而举国行之,而无一人阻之。"①明治维新后的日本巨变,对孙中山日后革命思想的形成具有重要影响。他将维新后日本的"国强民富"当作他日后追求的目标。他甚至认为"日本维新是中国革命的第一步,中国革命是日本维新的第二步。中国革命和日本维新实在是一个意义"。②正是出于对日本明治维新的肯定,他又萌生希望通过日本,实行中日提携、共图发展,振兴亚洲的"兴亚"思想。

孙中山的"兴亚"思想在与日本友人的交往中日渐形成。1897 年,孙中山首次到日本,与宫崎寅藏进行了一次极有意义的交谈。宫崎在笔谈中写道:"弟周游贵国,与真士大夫上下议论,先自兴亚之策而入,兴亚之第一着在中东之提携,而欲举中东合同之实,非一洗满清之弊政不可。"这里讲的"中东"就是指中国和东瀛日本。孙中山同意宫崎的观点,即"中东合同,以为亚洲之盟主"③。由于天津上书失败,又见清政府在甲午战争中腐败无能、一败涂地,孙中山在檀香山秘密成立了反清革命团体兴中会,确立"驱除鞑虏,恢复中国,建立合众政府"的宗旨,决心通过革命,武力推翻清朝封建统治。在国体方面,主张仿效美国的民主共和政治制度,而不采君主立宪,以实现国家的富强。他说:"我认为人民自治是政治的极则。因此,我的政治主张是共和主义。"他甚至进一步认为"共和政治不仅因为它是政治的基本原则,适合于中国国民的需要,而且在进行革命上也是有利的","拯救中国四亿的苍生,雪除东亚黄种人的耻辱,恢复和维护世界的和平和人道,关键只在我国革命之成功"④。可见孙中山的"兴亚"思想,基础是民族主义,在国内是革命"排满",对外是反对西方列强殖民统治,通过联合日本,达到振兴亚洲,即"兴亚"的目的。

孙中山的"兴亚"思想不仅包括日本,而且还包括所有遭受西方列强奴役压迫的亚洲各国各民族,希望通过各国革命力量的联合,实现"兴亚"。在日期间,经日本友人引荐,孙中山先后结识了韩国的朴泳孝、菲律宾的彭西、越南的潘佩珠、印度的巴什等民族独立运动革命家,还会见过流亡日本的俄国革命者。孙中山通过和这些亚洲独立运动家、革命者接触交往,对亚洲各国民众遭受西方

---

① 《孙中山全集》第 1 卷,第 15 页。
② 《孙中山全集》第 11 卷,第 365 页。
③ 《孙中山全集》第 1 卷,第 181、183 页。
④ [日]宫崎寅藏:《三十三年之梦》,第 122、123—124 页。

列强侵略压迫的苦难有了进一步了解,益发强化了他的"兴亚"思想。孙中山希望日本能成为"兴亚"的"顶梁柱"①。越南的潘伯玉在《联亚刍言》一书中,主张日华提携以改造、复兴亚洲,完全是受了孙中山"兴亚"思想的影响。20世纪亚洲各国民族独立运动的兴起与高涨,显然与孙中山的"兴亚"思想的影响分不开。

(二)

孙中山的"兴亚"思想从1897年最初提出,到1924年主张实行中日俄同盟,其间经历了一个漫长而复杂的过程,而"兴亚"思想内涵也日益丰富。

孙中山认为日本的独立是"兴亚"的前提。他说:"日本废除和外国所立的一些不平等条约那一天,就是我们全亚洲民族复兴的那一天。"②如果亚洲各国照日本那样变法自强,废除和外国所立的不平等条约,那确实可以实现全亚洲民族复兴。但日本自维新后走上了一条对亚洲邻国实行侵略扩张的道路。1874年悍然出兵入侵我国的台湾,1879年吞并中国的附属国琉球,接着又剑指朝鲜。日本的所谓独立实际上是通过侵略亚洲邻国实现的,它独立之日,也就是它追随欧美列强,进一步侵略奴役亚洲各国之时。日本不是"兴亚"而是"祸亚"。

孙中山把他"兴亚"主张的实现寄托于日本。明治维新后,日本出现了"征韩论""征清论""脱亚入欧论"。持这种观点的人,主张以日本的优越地位,"大力提倡日本对亚洲各国的领导者使命"③,主张对中国和朝鲜发动侵略。但也有人考虑到,日本这样做,势必要遭到中、朝及其他亚洲国家的反对。于是日本利用沙俄东扩侵占我国大片国土、英国强占香港、葡萄牙强占澳门、英美法在上海建立租界等侵略活动,提出了"兴亚论"。1880年,曾根俊虎、宫岛诚一郎等人还成立了"兴亚会","张纲纪于内,振威信于外,使宇内万邦永瞻皇祖皇宗之懿德,救贫扶朽,是诚国家百年之长计"④。这里的"兴亚论"只是对外侵略扩张论的遮羞布、代名词,是完全骗人的招数。在这一"理论"的欺骗诱导下,大批浪人来到中国、朝鲜进行活动,联络朝野,搜集情报,无所不为。在他们看来,只有日本才有资格领导亚洲;亚洲的关键是中国。他们竭力鼓吹中日合作是"兴亚"的核心,只要联合亚洲各国,就能共同抵抗西方列强的东侵。后来的历史证明,

---

① [日]木村毅:《布引丸——菲律宾独立军秘话》,恒文社1981年版,第230页。
② 《孙中山全集》第11卷,第401页。
③ 参见[日]远山茂树:《福泽谕吉与自由民权运动——近代的开始》,东京雄山阁出版,第30页。
④ 黑龙会编:《东亚先觉志士纪传》(上),第361页。

曾根俊虎、宫岛诚一郎、荒尾精等人鼓吹的"兴亚论"旨在为日本对亚洲侵略扩张铺平道路,与赤裸裸的"征韩论""征讨清国论"如出一辙,没有丝毫区别。

孙中山的"兴亚论"在本质上不同于曾根俊虎的"兴亚论"。孙中山的"兴亚论"只是想借助日本,联合亚洲各国脱离西方列强的殖民统治,实现亚洲各国民族独立和繁荣。然而,曾根俊虎,包括后来赞同这一主张的南方熊楠、犬养毅等人鼓吹的"兴亚论"还是引起了孙中山的兴趣,也可以说是共鸣。1896年,孙中山与南方熊楠在英国伦敦相识。南方在有英国人在场的情况下,说"但愿我东方人一举将西方人悉逐于国境之外"。在与南方分别时,孙中山特地写下了"海内存知己"这句中国古诗送给南方,以表示在"兴亚"一事上找到了与己见相同的人。犬养毅也是具有"兴亚"思想的人,1902年孙中山在致其的一封信中写道:"人生得一知己可以无憾,弟与先生见之矣。"

在"兴亚"思想的影响下,一些日本浪人如宫崎寅藏、宫崎弥藏兄弟和萱野长知等,还直接参加了孙中山领导的反清革命活动,他们的活动反过来又助推了孙中山的"兴亚"思想。宫崎寅藏在《三十三年之梦》(又译《三十三年之落花梦》)中追叙他的兄长宫崎弥藏的话:当今世界是一个弱肉强食的时代,只要黄种人奋起抵抗,就可以改变;改变的关键就是中国。中国人如能一扫弊政,振奋起来,不仅黄种人可以改变命运,还可以引领世界,行道于万邦。而亚洲人的兴起,关键又在于要有担当领导责任的英雄人物。宫崎弥藏决心到中国去寻觅,如果寻觅不到,就由他自任。可惜,他来中国不久,就病死了。宫崎寅藏继承了兄长的遗志,来到中国。但因经济拮据,很难坚持。宗方小太郎乘机拉拢他去上海的日清贸易研究所,但宫崎认为该所是侵略中国的机构,最终拒绝。后来他结识了孙中山,便与孙中山走到了一起,并引为同志,支持和参加中国的反清革命,直至去世。萱野长知亦是孙中山的朋友,和孙中山相识三十多年。他们与孙中山共议"兴亚",思想几近一致。有他们参加,孙中山中日合作共同"兴亚"的思想变得更加坚定,幻想他的"兴亚"主张一定能变为现实。

需要指出的是,在当时日本,曾根俊虎等人的"兴亚论"并不占舆论的主流。社会舆论的重心,尤其是政界、军界、经济界,仍是"脱亚入欧论"和"大陆政策",伊藤博文、井上馨、山县有朋等明治重臣的对外侵略扩张的思想和主张仍有相当市场。他们主张"脱亚",加入欧美列强"俱乐部",与欧美各国共同主宰亚洲和世界,在世界政治舞台上展现日本的"风采"。在这一思想指导下,他们主张由日本"改造亚洲""领导亚洲"。继发动侵略中国的甲午战争后,日本于1900年参加八国联军,镇压中国义和团反帝爱国运动;1910年正式吞并朝鲜,将朝鲜变为日本殖民地。日本搞维新,中国也学日本,但日本就是阻挠中国进步。孙中山曾气愤地说:日本的军阀、财阀们老是与国民党作对,实不可解。日本军国主义决不容许中国"兴起"和强大,注定了孙中山的"兴亚"思想主张不能实现。

为了把"兴亚"的思想变为现实,孙中山决定先从中国做起,即通过革命推翻清朝统治,将中国变为民主共和国,而后实行中日提携,共同推动"兴亚"大业。为此,他始终把希望寄托于日本,希望日本支持他的革命,甚至把日本对他的支持看作"兴亚"的具体表现,但他的这些希望一再破灭。

1912年1月,孙中山就任中华民国南京临时政府大总统。1913年2月,孙中山以退隐之身到访日本。当时沙俄正煽动外蒙古"独立",英国鼓动西藏"独立",中国有被肢解的危险。孙中山遍访日本朝野,主张中日联盟。他说:"亚细亚者,为亚细亚人之亚细亚也。亚细亚人应有保持之义务。然中国现在则欠乏维持之实力,故日本之责任,非常重大。"①中日应真诚合作,"单只日本一国,亦绝不能终久维持东亚之大势,当予中国扶助,携手进步"②。当时的日本财阀和政客们正怀独霸东亚的野心,孙中山倡导的中日同盟、共维亚洲和平的主张只是一厢情愿。正如李大钊指出:"大亚细亚主义是并吞中国主义的隐语,是大日本主义的变名。"③在日本访问期间,孙中山与卸任首相桂太郎作了长时间交谈。桂太郎利用孙中山"兴亚"思想,表示支持孙中山"去策划亚洲各民族的独立与联系",④并发起成立"中日同盟会"。孙中山对他的这次日本之行十分满意,回国后说:"现在日本在朝在野之政客,均有世界的眼光与知识,且抱一大亚洲主义。"⑤袁世凯对于孙中山同日本大谈合作,大为疑忌,他不愿看到孙中山同日本走得"太近",又因国民党在参、众两院获得多数席位,于是就在孙中山回国前夕,派人在上海火车站刺杀了国民党代理事长宋教仁。"宋案"发生后,孙中山匆匆回国,孙中山依仗有日本的"支持",拒绝黄兴等人"行诸司法解决"的提议,毅然发动"二次革命",结果遭到惨败,孙中山等再一次流亡日本。孙中山联日"兴亚"的打算再一次落空。

孙中山流亡日本后,日本政客们认为他已是一个毫无实力的孤独者,已无

---

① 《孙中山全集》第3卷,第15—16页。
② 同上书,第14页。
③ 李大钊:《李大钊选集》,人民出版社1978年版,第129页。
④ 宫崎寅藏:《三十三年之梦》,第291页。
⑤ 引见戴天仇(季陶):《日本论》,第97页。

利用价值,对他大为冷落。当年追随他的日本友人,如内田良平、宗方小太郎等,也因对其内外政策不满离他而去。从这时候起,到他去世,十多年中,历届日本内阁不仅不与中国合作致力于亚洲民族独立,相反还利用第一次世界大战,加紧侵略中国。日本借口对德宣战,强占山东半岛,向袁世凯提出灭亡中国的"二十一条"。寺内内阁通过币原借款,鼓动中国参战,借此控制段祺瑞的北京政府。孙中山认为日本此举正是"东亚联合发展的机遇",主张"中国与日本、美国以亚洲主义,共同开发太平洋",但他的主张没有得到日本政要们的响应。尽管如此,孙中山仍旧把他"兴亚"的主张寄托于日本"觉士达人"。他多次致函日本政要,派代表赴日本游说,称日本是"东亚先觉",政要是"日本达人",务望他们为东亚造福,"努力自重",而表示自己"亦必竭尽可能,以副尊意"。①孙中山的这些表白,均未能打动日本政客。1918 年护法运动失败后,他坐船返沪,路过日本,日本的政要们认为他既无地盘,又无实力,自身难保,都不愿见他,使他大为伤心。他后来终于感悟到他这样寄希望于日本,无疑是"与虎谋皮"。②

(三)

护法运动失败后,孙中山陷入了他革命生涯中又一极为困难的时期,就在他对革命前途感到绝望的时候,列宁领导的苏俄和成立不久的中国共产党向他伸出了援助之手。孙中山接受了苏俄与中共的建议,改组了国民党,重新解释了三民主义,建立了黄埔军校,实行"联俄""联共""扶助农工"三大政策,国民革命有了较大的发展。

孙中山在发动新的国民革命时,仍念念不忘"兴亚"初衷。1924 年 5 月,因美国通过限制日本移民的法案,日本上下对欧美强烈不满,感到受了极大的"歧视"和侮辱,一时"大亚洲主义"思潮又一次泛起。孙中山及时地看到了这一点,决定利用这一时机,呼吁日本国民反省,奉劝日本实行大亚洲主义。他在"忠告日本国民宣言"中回忆说:"余企图亚细亚民族之大同团结已三十年,因日人淡漠置之,遂未具体实现,以至今日。使当时日本表示赞同,想不至如今次受美国极端的屈辱。"这无疑是对日本拒绝真正"兴亚"政策的最好批判。他劝告日本"忍受耻辱,退而静谋亚细亚民族之大结合"。③由于受苏俄援助和支持东方被压迫弱小民族解放运动政策的影响,他提出组织中日俄"东方同盟"、共兴亚洲

---

① 孙中山致田中义一函,《孙中山全集》第 4 卷,第 422—423 页。
② 引见李吉奎:《孙中山研究丛录》,中山大学出版社 2014 年版,第 228 页。
③ 《孙中山全集》第 10 卷,第 134—135 页。

的主张,并派李烈钧作为他的代表,赴日本联络、宣传,但李氏此行"鲜有成效",最后无功而返。

1924 年 10 月,冯玉祥发动北京政变,囚禁总统曹锟,亲日的皖系军阀段祺瑞和奉系军阀张作霖控制了政权。应段氏邀请,孙中山北上参加善后会议。孙中山认为北上共商国是之前,得先听听日本方面的意见、看看日本的态度。李烈钧也劝他先去日本,再赴北京:"日本老友甚多,皆彼国之贤达,与总理夙契厚者,倘过日本晤谈,获益必大。"①孙中山此行绕道日本,意图在此。但日本政府并不欢迎他到访。孙中山的代表殷汝耕两次前往东京会见外务省亚洲局局长出渊胜治,询问孙中山可否赴东京一行,遭到拒绝。孙中山又派人与犬养毅接洽,犬养毅也借故不与他见面。头山满虽与他见面,但却要他就中国收回旅大租借地问题表态。孙中山很是生气,加上天气寒冷,旅途劳累,身体渐有不适,不久就生病了。

就在日本政要冷落孙中山的时候,神户市商业会所等五家团体邀请孙中山作讲演,会议组织者请孙中山就大亚细亚问题发表看法。孙中山于 11 月 28 日如约而至,在神户高等专科学校就此作了一场讲演。这篇讲演稿后来以《大亚洲主义》为题公开发表。其讲演的内容大致包括以下几个方面:认为日本废除不平等条约之日,即亚洲民族复兴之时;大亚洲主义是文化问题,要完成大亚洲主义这一使命,只能用东方固有的王道文化去战胜西方的霸道文化、强权政治;1904—1905 年的日俄战争,日胜俄败,是近代以来亚洲民族第一次战胜欧洲民族;从"联俄"的立场出发,指出苏联已非昔日沙皇,呼吁承认苏联;指出提倡大亚洲主义,就是为被压迫民族抱不平,伸张正义,支持并帮助亚洲被压迫民族从西方列强殖民统治下解放出来。认为若要达到此目的,唯一办法就是诉诸武力。讲演中,孙中山还指出,当今乃至未来的国际关系中,摆在日本面前的有两条路:是作东方的王道干城呢,还是作西方的霸道鹰犬呢? 孙中山这样讲,表明他不再把"兴亚"的理想寄望于日本的政要权贵,而寄托于日本人民,这显然与他推行"联俄""联共""扶助农工"的思想有关,这是他"兴亚"观的一个质的飞跃,根本立场的大转变,具有重大而深远的历史进步意义。至于讲到亚洲被压迫民族和国家要用武力收回失去的主权,这既是他几十年革命斗争的总结,也是苏俄无产阶级革命对他的启示:他认识到西方列强绝不会将自

---

① 李烈钧:《李烈钧将军自传》,章伯锋、顾亚主编:《近代稗海》第 9 辑,四川人民出版社 1988 年版,第 74 页。

己掠夺来的殖民权益轻易地交出来。要"兴亚",实现大亚洲主义,只有靠亚洲各民族自己。孙中山这里无疑是号召亚洲各国人民起来用武力推翻西方列强的殖民统治。

孙中山的神户讲演受到听众们的热烈欢迎。他虽是对日本国民讲的,却也是说给日本政府听的。他虽没有公开抨击日本对中国的政策,但已在反对日本帝国主义了。

神户讲演后,孙中山离日赴津,前往北京,次年3月因病去世,享年五十九岁。

黄　兴

民主共和国的一位杰出创始者

黄兴,原名黄轸,字克强,一字廑午,湖南长沙人①。他和孙中山都是杰出的中国民族民主革命家,辛亥革命的主要领导者,中华民国的开国元勋。他们从1905年7月在日本相识,到1914年6月在日本分手,共事有九年之久。他们一起共同组织中国革命同盟会,策划多次反清武装起义,领导了辛亥革命,组建了中华民国南京临时政府,但在"二次革命"后,两人却因意见分歧,终于分手。黄兴与孙中山的分手,从表面上看,缘于两人对中华革命党党纲和入党手续存在不同看法,但实际上他们自相识后,在一系列重大问题上一直存在分歧,只是过去没有人去专门进行研究罢了。

一

黄兴早年深受太平天国起义的影响和中法战争马江海战清军失利的刺激,萌发了关心时势和探求救国救民的志趣。进入两湖书院后,他开始接触西方资产阶级政治学说,粗知世界大势,思想和学识有了飞跃的进步。唐才常自立军起义失败后,黄兴认识到勤王保皇并不能救国,开始倾向反清革命。

1902年赴日留学,是黄兴人生的转折点。在东京弘文学院留学期间,他对清朝的腐朽有了进一步的认识,对西方、日本图谋侵吞中国的野心感到忧心忡忡。由于意识到学习文化知识固然重要,但军事知识对救国似乎更重要,他十分留意军事。一有空,就参观日本士官联队,观看日军操演,听日本军官讲授军事韬略,到神乐坂武术会学习射击。在留学期间,他结识了一大批爱国志士,并积极投入留学生发动的拒俄运动,反对沙俄强占中国东北。回国后,于1904年

---

① 1912年5月,黄兴在与李贻燕等人谈话时,说到自己名字的由来。他说少时阅读太平天国历史而萌发"革命动机",但是看到后来太平军领导人"有了私心,互争权势,自相残杀",以致功败垂成,不觉"气愤腾胸,为之顿足",遂取名"轸"字,就是"前车既覆,来轸方遒",汲取太平天国失败的惨痛教训。见文明国编:《黄兴自述》,人民日报出版社2011年版,第3页。

与章士钊等十多人秘密成立了反清革命团体华兴会,被举为会长。华兴会规定了"扑灭满清"的反清革命宗旨,同时提出了先"雄踞一省与各省纷起"的革命斗争策略。华兴会成立后,黄兴又成立了黄汉会和同仇会,联络湖南的武备学堂学生、新军,争取湖南的会党"哥老会",计划以武备学堂学生、新军为主,会党为辅,发动长沙起义,浏阳、醴陵、衡阳、岳阳、常德、宝庆响应,集中全力攻下长沙,一举夺取湖南。同时又派遣宋教仁、胡瑛负责联络武汉三镇新军;派陈天华、姚洪业前往江西游说巡防统领廖某,劝其响应革命;又派章士钊、杨笃生、周维桢等担任上海、南京、四川方面的联络工作,并设爱国协会于上海,作为华兴会的外围组织。而黄兴本人则往来于湘鄂等地,负责指挥调度,统筹全局。华兴会计划中的起义后来虽告流产,但这一起义计划具有极高的军事价值和历史意义,它充分展现了黄兴杰出的军事才能。后来的历史事实证明黄兴这一行动计划是正确的。

长沙反清起义失败后,黄兴于 1904 年秋辗转到达日本。在日本,有幸结识了宫崎寅藏(即宫崎滔天),并很快成为好友。宫崎也是孙中山的好友。1905年 7 月,孙中山由欧洲到达日本,物色革命志士,发展革命力量,宫崎随即向孙中山推荐了黄兴。宫崎对孙中山说:黄兴是个"非常人物"。孙中山此时需人甚急,迫不及待地要与黄兴见面。在宫崎的安排下,孙黄两人在黄兴的东京牛込区临时寓所相见,随后一同到附近一家名叫"凤乐园"的中国餐馆,两人就"革命的话题,推心置腹,畅所欲言,就像多年的老朋友一样",大有相见恨晚的意思。两人足足谈了将近两个小时,因"专心谈话,两人酒菜未沾,直到最后才举杯庆贺"。[1]孙黄所谈的具体内容我们已不得而知,但推测所谈内容总不外是反清革命、争取民族独立等方面。

黄兴回忆说他幼时因阅读太平天国史而萌发"革命的动机",又见"清廷政治腐败,纲纪不修,外人不以人类视我",益坚"革命之决心"[2]。而孙中山自幼爱听老一辈讲"洪杨杀鞑子"的故事,以"洪秀全第二"自比,所以,"村童与乡人(干脆)称他洪秀全第二"。[3]发动反清革命、争取民族独立的共同志向,是黄兴与孙中山走到一起的根本原因。早在两人相识的十年前,1894 年孙中山就在檀香山秘密成立了革命团体兴中会,黄兴则是华兴会会长。不过,孙中山的兴中会的成立早于华兴会九年,其成员多为海外华侨;孙中山当时眼光长远,明确

① 黄一中:《先父黄兴和孙中山的革命友谊》,《苏州文史资料选辑》第七辑;《黄兴自述》,第 3 页。
② 黄兴:《革命之动机》,《黄兴自述》,第 3 页。
③ 王杰:《平民孙中山》,广东人民出版社 2011 年版,第 34 页。

以"建立合众政府"为革命最终目标。由此可见,兴中会、华兴会虽同为革命团体,同样致力于用暴力手段推翻清朝统治,但在人员构成、革命宗旨等方面明显存在差异,前者了解并接受了西方的资产阶级民主政治思想;后者虽出于现实的考量,但种族革命的色彩较浓。这种差异在后来孙、黄的革命合作中日益凸显,直接影响了革命的进程。

孙、黄相识的第二个月,1905 年 8 月,孙中山代表兴中会,黄兴代表华兴会,联合部分在日的光复会员,计七十余人,在东京赤坂区桧町三番黑龙会所在地宣布成立中国革命同盟会。对于与孙中山的兴中会联合问题,华兴会内部意见并不一致。据宋教仁在《宋渔父日记》中的记载:7 月 29 日,他与陈天华应邀到黄兴寓所,"商议对于孙逸仙之问题(指与兴中会联合)。先是孙逸仙已晤廑午(即黄兴),欲联络湖南团体中人,廑午已应之,而同人中有不欲者,故今日集议。既至,廑午先提议,星台(陈天华)则主以吾团体与之联合之说,廑午则主形式上入孙逸仙会,而精神上仍存吾团体之说,刘林生(即刘揆一,字霖生,一作林生)则主张不入孙会说。余(宋教仁)则言,既有入会与不入会之别,则当研究将来入会者与不入会者之关系何如。其余亦各有所说,终莫能定谁是,遂以'个人自由'一言了结而罢"。①从这段记载来看,对于加入孙中山的兴中会,华兴会内部存在同意和不同意两种意见。黄兴是一个重承诺、讲信用的人,他既表示华兴会愿意加盟兴中会,当然不会反悔。但他又是一个讲究民主、平等待人的人,不会强制持反对意见的人去入会。在他的努力下,最终采取个人自由参加的办法,凡愿意者"各人签名""自书誓书""传授手号"。刘揆一"因持异议"没有加入②。值得注意的是,黄兴本人持"形式上入孙逸仙会,而精神上仍存吾团体之说",虽然加入了同盟会,但在思想上、精神上仍坚持原先华兴会"誓扫胡虏,恢复中原"③的宗旨,与同盟会的"驱除鞑虏,恢复中华,创立民国,平均地权"的纲领存在很大差异。华兴会与光复会的宗旨"光复汉室,还我河山"接近,以种族革命为主要目的。这样做,从政治上说是讲不通的——已加入了同盟会,就得遵守同盟会的纲领。但当时的中国政党水平就是如此。当时中国的政党还处于萌芽状态,朋党盛行,结义行为较为普遍。从现代的眼光来看,同盟会还不能算是真正意义上的政党。"二次革命"失败后,就今后如何开展革命,孙、黄意见

---

① 陈旭麓主编:《宋教仁集》,中华书局 1980 年版,第 124 页。

② 刘揆一后来于 1907 年 1 月加入同盟会,2 月代理执行部庶务干事。同年因孙、黄去越南,刘代行总理职务,主持东京本部工作,直至武昌起义。

③ 黄兴:《喜见共和之成功》,上海《民立报》1912 年 2 月 15 日。

对立,孙中山就曾指责黄兴有自己的"亲信部下",搞小团体,实际就是批评黄兴仍信任原华兴会员、保留原先华兴会的"小圈子"。黄兴坚决予以否认,不承认有此事。在同盟会成立大会上,孙中山重申了他的革命主张,"革命之目的系建立共和政府,效法美国,除此之外,无论何项政体皆不宜于中国"①。这一主张无疑代表了当时中国革命的最高水平,要远远高于华兴会,这也是孙中山之所以成为中国民族民主革命精神领袖的原因。根据黄兴的提议,大会一致推举孙中山为总理,黄兴为执行部庶务,居协理地位,负责实际工作,总理不在时,可以全权处理会务。

二

同盟会成立后,黄兴提议,将其与宋教仁主编的《二十世纪之支那》杂志改为《民报》,作为同盟会机关报。孙中山在《民报》发刊词中第一次将同盟会纲领概括为"民族""民权""民生"三大主义,即三民主义。对于孙中山的三民主义,同盟会内并非所有人表示赞同。蔡元培说,同盟会"会旨虽有建立民国、平均地权诸义,但会员大率以驱除鞑虏为唯一目的"②。以章太炎、陶成章为代表的原光复会员始终秉持"一民主义"(民族主义),章氏甚至认为革命成功后,是行宪政还是君主制,都无关紧要。当时不赞同三民主义的主要是原光复会员,华兴会员的抵制和不接受不占主流。

因为清政府要求各国驱逐孙中山,所以,孙中山不仅不能在国内逗留,在日本、南洋同样不能自由居住。经过同盟会内部商讨,决定"国内一切革命计划委托黄兴与胡汉民两人主持",孙中山则"专发展国外党务并筹款,以济革命之需"。此后,孙、黄先后于1908年策划了钦州起义和云南河口起义,两次起义虽告失败,但两人并未气馁,黄兴决定于1910年发动更大规模的广州起义。起义前,黄兴起草了《致总理论革命计划书》,分析了当时的敌我形势、广东新军的情况、革命力量与会党联络情况、在广州发动起义的诸多有利因素,并成立了统筹部,组织了"选锋队"(敢死队)。他派遣自己儿子黄一欧秘密打入广州防营内,与新军联络。"三二九"起义发动后,黄兴亲自率队攻打总督衙门,这次起义由于指挥问题和混入奸细,遭到惨败。七十多名志士壮烈牺牲,他们的遗骸后来安葬于黄花岗,即今天的黄花岗七十二烈士墓。起义中,黄兴本人也受了重伤,

① 孙中山:《民权主义第四讲》,《孙中山选集》,中华书局1981年版,第745—746页。
② 蔡元培:《宋教仁"我之历史"序》,《宋教仁集》(湖湘文库),岳麓书社2010年版。

后在党人徐宗汉的掩护下得以脱险和康复。他的英勇牺牲精神赢得广大革命志士的肯定。胡汉民说,黄君"广州三二九起义,乃毅然不顾一切,以牺牲之精神,为开国之先导,此先生不可没也"①。孙中山对黄兴身先士卒、冲锋在前的英勇行为也给予了高度评价,"黄君一身为同志所望,亦革命成功之关键",但对他亲自督队认为非其所宜,"彼之职务,盖可为更大之事业,则此个人主义(指其亲自冲锋上阵),非彼所宜为"。②

　　黄花岗起义前,孙中山的革命方略是先在南方一省或数省取得胜利,然后再向长江流域、黄河流域及其他地区发展,最后夺取全国胜利。因此,革命活动、武装起义始终放在两广和西南地区,"这种东一冲西一击的斗争方法,总是不能奏效"。③黄花岗起义失败后,黄兴、宋教仁等对革命屡遭失败的原因进行反思,认为"天下事断非珠江流域所能成,主张长江革命"。为此,在上海成立了中国同盟会中部总会。黄兴在致谭人凤函中说:"能争汉上为先着,此为神州第一功。"④长江革命的重点在两湖,计划在1913年发动起义,其注意点"尤在武汉"。⑤长江革命之论实际上否定了孙中山的边疆革命方略,而中部同盟会虽仍遥奉孙中山和东京同盟会总部,但实际上它是一个不受同盟会总会指挥的独立的革命团体。长江流域是中国的经济重心,交通发达,革命势力较强,会党活跃,长江革命成功的希望较大。当时黄兴的计划是,"以武昌为中枢,湘、粤为后劲,宁、皖、陕、蜀亦可同时响应以牵制之,大事不难一举而定"⑥。孙中山当时对长江革命有何想法,我们已不必再去讨论了,因为后来武昌起义的爆发和辛亥革命的成功证明了长江革命方略的正确。

　　武昌起义爆发后,湖北地区革命党人抱着平民革命的思想,推举新军协统黎元洪为都督府都督。蒋翊武说:"武昌首义为真正之平民革命,只要顺应革命,举谁为都督都可以。湖北举义,以湖北人为领袖最为适宜。"⑦虽说是"平民革命",但还浸淫于"反满复汉"的种族革命的理念。黄兴受武汉革命党人的电请,立即由港启程赴鄂,指挥起义军同北洋军作战。正如前面所说,黄兴虽身为同盟会负责人,但在精神上仍抱持原华兴会"直捣幽燕,驱除鞑虏"的宗旨,在此

---

① 胡汉民:《黄兴致总理论革命计划书》阅后题语,上海驰翰拍卖公司印行资料,2013年。
② 文明国编:《黄兴自述》,第411页。
③ 林增平:《辛亥革命》,巴蜀书社1982年版,第287页。
④ 《孙中山在上海文献档案资料》,上海书店出版社2008年版,第87页。
⑤ 《宋教仁传》,李新、孙思白主编:《民国人物传》(一),中华书局1985年版,第45页。
⑥ 冯自由:《革命逸史》第一集,《黄兴自述》,第62页。
⑦ 万迪麻致曾省三书,上海驰翰拍卖公司印行资料。

后的斗争中,竟也表示只要袁世凯顺从共和,推倒清室,就推举袁世凯为未来民国的大总统。黄兴的这一主张除和他的种族革命的思想有关外,还与先前袁世凯与他的一次秘密接触有关。据黄兴说,早在1909年宣统改元这年,袁世凯就曾秘密派人同他接触,共商推翻清朝。

> 当袁世凯未解职(回籍)之先,是时兄弟(黄兴自谓)寄留南京,有直隶总督杨士骧代表人来会,据称宫保(指袁世凯)此时地位颇觉危险,甚愿与革命党联合,把清室推翻,复我故国。兄弟当时亦曾答以袁君有此思想,诚为吾辈革命党人所赞同。……然代表人去后,终不见袁氏有些许举动,未几,袁即辞职回籍。以意度之,或因有为难之处,故不能动也。①

武昌起义爆发后,清廷被迫起用袁世凯,袁氏的复出自然引起黄兴的高度关注。而袁氏此时也在大肆玩弄两面手法,一面令北洋军猛攻武昌,一面暗中派人与革命党人谈和。黄兴自上一次与袁氏来人接触后,遂也萌发利用袁世凯的念头。他甚至希望袁世凯成为中国的拿破仑、华盛顿。1911年11月9日,黄兴在致袁世凯的信中写道:"明公之才能,高出兴之万万。以拿破仑、华盛顿(比之),即南北各省亦当无有不拱手听命者。"②但蔡元培对黄兴的看法不以为然,认为袁必定借机称帝③。后来的历史证实了蔡元培的预见。12月9日,黄兴在致汪精卫的信中又说:"项城雄才英略,素负全国重望,能顾全大局,与民军为一致行动,迅速推倒满清政府,令全国大势早定,外人早日承认,此全国人人所仰望。中华民国大统领一席,断推举项城无疑。"④为了说服持不同意见的人,他还强调袁世凯同为汉人,"民军之起义无非欲推倒清室,今袁世凯求和,声令清帝退位,是政权已归我汉人之手,同心协力,建一真正共和之国家",而"其时袁氏之部下亦皆汉人,我汉人不应互相残杀",革命党"本人道之观念,故许其议和"。⑤"长江革命"中原定挥师北伐,占领北京,但此时黄兴并不积极。黄兴后来解释说:"只因袁氏当时戴假面具赞成共和,吾人以革命之目的已达,加以吾党以人道相待,不思再动干戈,至人民涂炭,故让总统于袁氏耳。"⑥当时各省都督府代表聚会南京,准备组织政府,拟举黄兴为大总统,黄兴力辞不就,表示"万辞不获已,兴只得从各省代表之请,暂充临时大元帅,专任北伐,以待项城举

---

① 黄兴:《在旧金山民国公会宴会上的演讲》,《黄兴自述》,第300页。
② 《黄兴集》,中华书局1981年版,第82页。
③ 李华兴:《人世楷模蔡元培》,上海人民出版社1982年版,第56页。
④⑥ 黄兴:《在美洲中国国民党支部召开的"二次革命"纪念大会上的演讲》,《黄兴自述》,第294页。
⑤ 黄兴:《在旧金山民国公会宴会上的演讲》,《黄兴自述》,第304页。

事后即行辞职,便请项城充中华民国大统领,组织完全政府"①。而袁世凯在得到黄兴等革命党人的确切保证后,抓紧对清廷的"逼宫"行动,以便早日将未来国家的政权夺到手。

武昌起义爆发时,孙中山正在海外,他是在美国一家报纸上得知武昌起义的消息的。于是连忙坐船回国。对于武昌起义后国内发生的一切,他当然不知,对于黄兴等革命党人计划推举袁世凯为未来大总统一事,亦无从知晓。12月22日,孙中山回到香港,其时他可能已知道国内的一些政情,所以,胡汉民劝他留在广东,主持广东政务,孙中山没有同意。25日到达上海后,孙中山立即召开同盟会领导人会议,力主北伐,反对南北和议,极不赞成举袁氏为未来大总统,对黄兴等人做法表示强烈不满。孙中山为了实现他"建立民国"的理想,仅用了五天时间,迅速组建了由革命党人和江、浙两都督及起义海军负责人联合组成的临时中央政府,并于六天后,即1912年1月1日在南京宣告成立,孙中山宣誓就任中华民国临时大总统。然而,南北和议以及袁氏推倒清室、顺应共和,就举其为大总统之事,各省都督府代表会议早有成案,中外皆知,孙中山无法推翻更改,最后只好无奈地接受"辞职"这一残酷的现实。孙中山和革命党人流血牺牲奋斗了十多年,最终却因"举袁为大总统"这一着而断送了革命。这大概是辛亥革命时期乃至以后很长时间,孙中山和一切反对这种举措的革命党人最为纠结的事:一切都做好了,孙中山与革命党人只能接受。黄兴这一举措,可以说是"聚九州之铁铸此大错"。辛亥革命后,袁世凯种种倒行逆施,日益暴露,直接影响了黄兴在革命党人中的威信,而孙中山威望日益增腾,与此不无关系。而"二次革命"中他与孙中山的分歧及革命失败后与孙中山的"两情分手",再加上袁世凯悍然帝制自为,这一切更助长了人们对他"雄而不英"(吴稚晖语)的看法。20年代以后,黄兴渐渐淡出人们的记忆,执政的国民党人对他少有纪念,簿书更少有宣传,这固然因他早逝,但在很大程度上与他在袁世凯问题上的错误决策有关。

对于辛亥革命的失败,须对当时社会进行整体性的反思。辛亥革命时期,"驱除鞑虏,恢复汉室"的种族革命思想有着广泛的社会基础,不仅革命党人中的大多数持这一思想,而且社会上也普遍存在"以汉替满"的倾向。清军入关后大肆屠杀汉族人民,对各族人民实行残暴统治,以会党为形式的秘密反清斗争几乎与清朝相始终。"驱满兴汉""以汉替满"成为全社会的诉求。作为汉族官

---

① 荣朝甲编:《缔造共和之英雄尺牍》,潮记书庄1912年版,第78页。

僚,袁世凯正是利用了革命党人头脑中这种种族革命思想,以及当时人们对他遭受清廷排斥打压的"同情",施展阴谋诡计,最后夺得了政权。在其帝制野心还没有完全暴露之时,多数人还不能看清他的反动真面目。因此,从这一层面上说,辛亥革命的失败,又不独是黄兴一人的过错,而是一代中国人的迷失所致。

1912年2月,宣统帝宣布退位,孙中山迫于内外压力,辞去临时大总统。黄兴也因南京临时政府裁撤,由陆军总长变为南京留守。6月14日,留守解职。内察国情,外观时局,黄兴深感当初自己决策之非和失去政权的伤痛。10月25日,是黄兴三十九岁生日。他在乘坐"楚同舰"回湘途中作了一首感怀诗:"卅九年知四十非,大风歌好不如归;惊人事业付流水,爱我田园想落晖。入夜鱼龙都寂寂,故山猿鹤正依依;苍茫独立无端感,时有清风振我衣。"①诗中感叹交出政权、革命失败,充满了无限凄凉之感。

三

1913年,袁世凯派人暗杀了宋教仁。"宋案"真相查明后,就如何解决,黄兴和孙中山又一次意见分歧。孙中山主张举兵讨伐袁世凯,并吁请日本提供武器和款项。宫崎同意孙中山的意见,为之奔走,力促其成,只因日方所提条件苛刻,未能实现②。黄兴认为现在清帝已经退位,南北统一,"但能以政见相折冲,不愿以武力相角逐",主张"求诸于法律",通过法律途径解决③。他对于袁世凯铲除革命势力的阴谋还缺乏足够的认识,把革命党人同袁世凯之间的矛盾看成"兄弟阋墙之争"。孙、黄两人意见分歧,以致孙中山的讨袁计划不能说处处受阻,至少着着落后。直到袁世凯派重兵南下,"假鄂以逼赣,据沪以逼苏",迫于自卫,苏、赣、皖、湘、粤等省方才宣布"独立",举岑春煊为讨袁军大元帅,进行"不得已之战争"。然而黄兴也清醒地看到:其时"南京已非民党势力"所控制,讨袁军"饷糈枪弹均缺,或当不免一败",如"我奋斗到底,将使大好河山遭受破坏,即获胜利,全国亦将糜烂,且有被列强瓜分之虞"④。当时黄兴还考虑到:"且其时知大势已去,不宜再为负隅之计,以徒劳兵事,而致引起国民无穷之恶感,反不如留后来之地步,以作第三次革命之工夫。"⑤当时民国初建,民心思

---

① ② 黄一欧:《回忆先君克强先生》,《黄兴自述》附录,第369、387页。
③ 上海《民立报》1913年7月18日,《黄兴自述》,第264页。
④ 黄兴:《关于"二次革命"可能失败的声明》,《黄兴自述》,第273页。
⑤ 黄兴:《在美洲中国国民党支部召开"二次革命"纪念大会上的演讲》,《黄兴自述》,第293页。

安,对于革命已感厌倦。革命党人讨袁比反清革命更难。当初清廷已是众矢之的,要求推翻它的人多,革命党人反清斗争深得人民同情与支持。而现在讨伐的袁世凯是民国的大总统,袁世凯是用"孙、黄捣乱""破坏民国统一"的"罪名"来讨伐革命党人的,党人斗争取胜的难度很大,与其引起国民无穷之恶感,不如暂且退却,以图将来。"二次革命"的失败,缺少民众的支持亦是一因。

"二次革命"失败后,孙中山、黄兴等革命党人再次流亡日本。孙中山事后追忆,认为这次失败主要是因为黄兴不与他合作,矛头直指黄兴。他在致黄兴的函中说:"若兄(指黄兴)当日能听弟(孙中山自谓)言,宋案发表之日,立即动兵,则海军也,上海制造局也,上海也,九江也,犹未落袁氏之手,况此时动兵,大借款必无成功,则袁氏断不能收买议员,收买军队,收买报馆以推翻舆论。此时之机,吾党有百胜之道,而兄见不及此。及借款已成,大势已去,四都督已革,弟始运动第八师营长,欲冒险一发,以求一死所,又为兄所阻不成。此等情节,则弟所不满于兄之处。"①黄兴对此不以为然,在复函中予以反驳:"宋案发生以来,弟即主以其人之道还治其人之身(意指用暗杀手段),先生由日归来,极力反对。即以用兵论,忆最初弟与先生曾分电湘、粤两都督,要求其同意,当得其复电,皆反对,陈其不可。今当事者皆在,可复询及之也。后以激于感情,赣省先发……先生欲赴南京……且轻身陷阵,故弟愿以身代先生赴南京,实重爱先生,愿留先生以任大事,此当时之实在情形。"②黄兴认为"二次革命""乃正义为金钱、权力一时所摧毁,非真正之失败",并力劝孙中山"不为小暴动以求急功,不作不近情言以骇流俗,披心剖腹,将前之所是者是之,非者非之"。组织干部,计划久远,共同努力,分道进行,革命没有不成功的③。但孙中山没有接受黄兴的意见。

孙中山执定"二次革命"的失败,是革命党人不听从他的指挥所致。孙中山的看法有一定道理。自辛亥革命成功,同盟会改组为国民党,许多党人以功臣自居,腐化堕落,早已丧失了革命意志,革命阵营已呈一盘散沙状态。"二次革命"失败后,许多人离开了革命队伍,甚至卖身投靠袁世凯,加害自己同志。而部分逃亡到日本的革命党人也"均极灰心,以为我们已得政权尚还归于失败,此后中国实不能再讲革命,对前途悲观绝望"④。有鉴于革命党人的软弱涣散,为了重新凝聚革命力量,实现"扫除专制,建设完全民国"的理想,孙中山计划改组

---

① 孙中山复黄兴书,《黄兴自述》,第291页。
②③ 黄兴复孙中山书,《黄兴自述》,第293页。
④ 黄彦主编:《论改组国民党和召开"一大"》(孙中山著作丛书),广东人民出版社2008年版,第138页。

国民党,但未成功,只好另组新党——中华革命党。中华革命党的组建,是孙中山在革命遭受严重挫折、革命力量处于严重软弱涣散的情况下,为了保存革命力量、延续革命的不得已之举,但遭到黄兴、李烈钧等一批革命党人的反对。黄兴直指孙中山这一做法违背了孙中山自己平日所倡导的民主平等之主张,"不愿先生反对自己所提倡之平等自由主义",并拒绝参加该党。孙中山复函黄兴,望黄兴同意再给他进行"第三次革命","以两年为期,过期不成,即让兄(指黄兴)独办",并要黄兴劝阻所谓"亲信部下"不要散布"中国军界皆听黄先生之令,无人听孙文之命""孙文所率者不过一班无知少年学生及无饭食之亡命者"之类的话。黄兴见后很不高兴,复函说:"革命原求政治之改良,此乃个人之天职,非为一公司之权利可相让渡、可能包办者也,以后请先生勿以此相要……弟并未私有所标帜以与先生异,故绝对无'亲信部下'名词之可言。若以南京同事者为言,皆属旧日之同志,不得谓之'部下'。今之往来弟处者,半多先生会内之人。至词之有无,弟不得而知。"①当时不赞同孙中山做法、拒绝参加中华革命党的人不少,如李烈钧、李根源、陈炯明、柏文蔚、钮永建、程潜、熊克武、谭人凤等,他们也都是跟随孙中山多年的老同盟会员。他们的意见对立直接造成国民党内部分成两派,党务一时不能统一。而对黄兴来说,精神压力更大。"戟指怒骂,昔年同志,贻书相讥,谤语转移,哓哓嗷嗷"等,不一而足。他一再反复解释:他与孙中山之间只是"为此不妥之章程(指中华革命党章程),未免有些意见不合处","吾非反对孙先生,吾实要求孙先生耳"②。他原名黄轸,就是汲取太平天国后期领导人争权夺势自相残杀的教训,"前车既覆,来轸方遒"。"太平天国起事初节节胜利,发展很快,但因几个领袖互争权利,终至失败,我们要引为鉴戒。"③深知在日本很难再与孙中山共处,加上陈其美、戴季陶、居正等人编造散布他携带巨资在日大兴土木,修建公馆之类④的谣言,弄得黄兴很生气。"现在国事日非,革命希望日见打消,而同志间犹自相戕伐若是,悲愤不胜",遂决定与

---

① 黄兴复孙中山书,《黄兴自述》,第293页。
② 黄兴与梅培的谈话(1914年10月5日),《黄兴自述》,第317页。
③ 黄绍强:《纪念先祖父黄兴》,《黄兴自述》,第6页。
④ 据黄兴说,"二次革命"失败后,为防袁世凯迫害自己在乡下的祖母、母亲和子女,他在谭延闿的帮助下,将他们护送至上海。但一家大小十来口开销很大,生活不易。到东京后,租屋也很贵。于是黄兴便不得不变卖手中平昔收藏的字画,在东京郊区购买一块价格比较便宜的土地,建造房屋数间,安置家小。陈其美、戴季陶说他在东京造公馆,意在逼黄兴"顺从"孙中山,"此事实由入会问题(指黄兴拒绝加入中华革命党)"而起。并借此打击黄兴,贬低他在革命队伍中的形象。黄兴赴美,又有人散布说黄兴挟资逃跑。对此,孙中山也不信,认为这是谣言。

孙分手,远赴美国,为"使中国成为一个实至名归的共和国",继续奋斗。孙中山与黄兴毕竟共处多年,深知其人其才,便在黄兴赴美前夕,单独设宴送行,并集古诗句书联"安危他日终须仗,甘苦来时要共尝"以赠"克强同志"。①

孙、黄的分手只是暂时的。黄兴在美国仍然维护孙中山的革命领袖形象。1915年袁世凯悍然帝制自为,孙中山得知,立即开展护国讨袁斗争。1916年,应孙中山的电请,黄兴由美洲坐船回国,重新回到昔日的革命队伍。途中他感慨万端,赋诗述怀:"太平洋上一孤舟,抱载民权与自由;愧我旅中无长物,好风吹送到神州。"②同年10月,因胃出血不治,病逝上海。灵柩安葬长沙岳麓山。北京政府为之举行国葬,以悼念他为中国民族民主革命所作的不朽功绩。林森评价:"克强先生心思缜密,措置周详,辅佐总理进行革命,厥功伟矣。"冯玉祥说:"克强先生开国元勋,目光远大,不畏牺牲,为国为民,为万世开太平,文武合一,今之圣人。"③当年在东京时,章太炎、陶成章等光复会员攻击孙中山"借募款以肥私",企图罢免孙中山,夺取同盟会的最高领导权,是黄兴挺身而出,大力维护孙中山的领袖地位,其高风亮节,赢得了革命党人的高度赞誉。有人说:"无公则无民国,有史必有斯人。"④这些评价,无疑是十分中肯的。他无愧为近代中国民主革命史一位人格高尚的革命家。

黄兴和孙中山都是立志献身国家和民族的人,他们都将自己的一生无私地献给了伟大的中国民族民主革命。他们的分手是缘于斗争策略和方法上的分歧,他们只是一时"分手",而不是"分道扬镳"。即使分手时,他们的"道"还是共同的,这个"道"就是推倒专制,在中国建立一个真正的民主共和国。他们的结合与分手,同时也从一个侧面让我们看到中国民族民主革命的复杂性和艰巨性。

---

① ② 王杰:《平民孙中山》,第67页。

③ 林森、冯玉祥对黄兴的评价均见上海驰翰拍卖公司2013年1月所刊革命文献资料《黄兴致总理孙中山述革命计划书》跋文。

④ 黄绍强:《纪念先祖父黄兴》,《黄兴自述》,第1页。

宋教仁

设计民权立宪政体蓝图

从上海闸北公园正门进去,正面是一座高大的陵墓,墓前花岗岩的碑上刻着隶体"渔父"二字,这位墓主就是中国近代史上著名的革命家宋教仁。

宋教仁,字遯初,亦作钝初,号渔父、公明、桃源逸士、桃源渔父等,湖南桃源县人。1913 年 3 月 20 日,他由沪赴京参加政事活动,在上海火车站突遭人暗杀,时年三十一岁。同年 6 月 26 日被安葬在这里。

宋教仁的一生虽很短暂,但与辛亥革命息息相关。他是辛亥革命的重要领导人之一,有凡辛亥革命中的重大活动均与他有关。

一、坚持民族民主革命旗帜,设计民权立宪政体蓝图

清末民初的革命家大多是从反清"排满"迈步的。宋教仁最初亦主张种族革命。早在漳江书院读书时,受塾师翟方梅和教谕黄彝寿的影响,他阅读了顾炎武、黄宗羲、王夫之的著作,以及司马光的《资治通鉴》、顾祖禹的《读史方舆纪要》等,明"夷夏之辨",通晓历史上王朝兴替和治乱得失①,慨然有"排满革命"、改革国家之想。1902 年宋教仁考入武昌文普通学堂后,爱国革命思想进一步萌发。时值义和团运动失败和八国联军侵华之后,列强对中国的侵略日甚一日,而清朝统治更加腐朽。他经常与同学田桐等一起讨论时政,关注日俄对我国的侵略活动,忧心国家的前途命运。深感"无一寸完全干净汉族自由之土地",决心"欲展回天策"②,"重展夫天戈",以"完全我神圣之主义",谋求"自由独立"。1903 年结识了从日本归国的黄兴、陈天华等,因志趣相投而结为同志,从此走上反清革命的道路。1904 年 11 月,他与黄兴、陈天华、刘揆一等在长沙秘密成立反清革命团体华兴会,并担任该会副会长。决定在慈禧太后万寿节

---

① 郭汉民编:《宋教仁集》(一)前言,湖南人民出版社 2008 年版,第 1 页。
② 宋教仁:《出亡道中口占》,《宋教仁集》(一),第 1 页。

(十月初十日)这一天发动起义。由于计划泄露,起义失败,最后被迫亡命日本。

宋教仁到日本后,先入东京政法大学,继入早稻田大学。留学期间,他的革命思想有了巨大的飞跃,由一个种族革命论者变为一个民族民主革命论者。在学期间,他花费了大量的时间和精力,阅读和研究有关西方欧美资本主义国家和日本的政治制度,包括议会、政党等方面的著作。先后翻译了《俄国制度要览》《日本宪法》《英国制度要览》《各国警察制度》《美国制度要览》《奥地利匈牙利制度要览》《比利时、奥国、俄国财政制度》《德国官制》《普鲁士官制》等著作,对于欧美主要国家的社会政治制度、社会组织机构、职能分工及其利弊进行分析,并同中国的制度进行比较,从而形成了他对日后中国民主政治的思考,为提出在推翻清朝封建君主专制制度之后,在中国建立一个以民权为基础的宪政国家奠定了理论基础和思想基础。他说:"今而后,吾益知民族的革命与政治的革命不久可行于中国矣。"他讲的"民族的革命"就是"反满","驱除鞑虏,恢复中华";所说的"政治的革命"就是推倒封建君主专制制度,"创立民主共和国家"。"立宪政府也,共和政府也,其执政,文明之国民也"①,"吾辈亦非主张种族革命论者","吾辈欲建共和政体,推倒(清)政府"。②

1905 年中国同盟会成立前,在当时的革命领导人中,如此系统深入地研究和了解西方欧美国家的政治制度,并认真细致地考察构思中国未来民主共和政治的,除孙中山外,并不多见。章太炎评论他"能知政事大体"③,并非虚言。孙中山对推翻清朝后,在中国建立民主共和国家的主张主要集中在他的"三民主义"之中,对于这一点,宋教仁基本赞同,但是在未来民主共和政体的构建和权力运作中,彼此存在差异。当时多数革命党人还只专注于如何推翻清朝,至于清朝推翻后究竟实行什么样的民主共和政治考虑并不多,或者说还十分朦胧,而宋教仁却比他们先行一步,考虑得具体而细致。他十分注重民主共和政治制度建设,关注在政体设计上如何从根本"防弊"。

宋教仁对未来中国的民主共和政治主张主要集中于"民权的立宪政体"上。他说:"今后吾国政治变革,结局虽不可知,然君主专制政体必不再许其存在,而趋于民权的立宪政体之途,则固事所必至者。"④宋教仁这里讲的"民权的立宪政体",在西方主要有美国的总统制和法国的责任内阁制。他本人更倾向于法

① 宋教仁:《虽设学部亦何益耶?》,《宋教仁集》(一),第 15 页。
② 宋教仁:《在武昌议和会议上的发言》,《宋教仁集》(一),第 432 页。
③ 章太炎:《宣言九则》第九则《品藻时贤》,《民国报》第二号,上海,1911 年 12 月。
④ 宋教仁:《论都察院宜改为惩戒裁判所》,《宋教仁集》(一),第 336 页。

国的责任内阁制。对于宋教仁的"民权的立宪政体"主张,尤其是有关采行责任内阁制的主张,孙中山明确表示反对。孙中山从创立兴中会的那一天起,就以建立"美利坚合众政府"为奋斗目标,力主未来中国实行总统制。孙宋在未来政体设计上虽然意见分歧,但由于革命尚未成功,这一问题还未提到议程上来,还不至于影响领导层的团结。

宋教仁的"民权的立宪政体"主张源自对中西政治制度的探索和深沉思考,所以他从未放弃过,而且只要革命形势一旦许可,他随时随地将它提出来,准备加以实施。早在1911年在香港筹划广州"三二九"起义时,他就起草了一旦革命党人攻占广州,夺取广东后建立民权政府的有关文告、约法及中央、地方制度等①。1911年10月武昌起义爆发后,革命党人建立了中华民国湖北军政府,他本着同样的民权立宪政治理念和政体构想,参与了鄂州约法和官制的起草和制定。在《临时约法草案》中明确规定:议会为最高权力机构,由"人民选举的议员组织之","都督由人民选举","总揽政府"。②

1911年12月,孙中山从海外回国,月底到达上海,立即召集同盟会主要负责人黄兴、宋教仁、居正、陈其美、钮永建等,讨论筹建临时中央政府事宜。就未来中央政府的组织、权力的运作,宋教仁仍力主实行责任内阁制。其理由是,认为总统是民国的国本,不可轻易更动,实行总统不掌握实权的内阁制,总统就不担负实际责任,即使受到冲击,因有内阁担负责任,国本便不会受到动摇。"吾人主张内阁责任制,以期造成议院政治者。盖内阁不善而可以更迭之,总统不善无术变易之,如必欲变易之,必致动摇国本",又主张"正式政府由政党组织内阁,实行担负责任"③,欲取内阁制,则舍建立政党内阁无他途。直到他遇刺牺牲前,犹坚持认为"总统当为不负责任,内阁制之精神,实为共和国之良好制也,国务院宜以完全政党组织之"④。他后来以同盟会为基础,联合其他政党团体,改组为国民党,就是为着实现他的这一政治理念。但当时孙中山则仍坚持总统制,理由是现在是革命特殊时期,"内阁制乃平时不使元首当政治之冲,故以总理对国内负责,断非此非常时代所宜。吾人不能对于唯一置信之人而复设防制之法度",并表示"余亦不肯徇诸人之意见,自居于神圣赘疣,以误革命之大计"⑤。宋教仁与孙中山共事有年,对孙中山任事作风多有了解,他力主内阁制

---

① 见郭汉民编:《宋教仁集》(一)前言,第5页。
② 宋教仁:《中华民国鄂州约法及官制草案》,《宋教仁集》(一),第411—426页。
③④ 宋教仁:《代草国民党之大政见》,《宋教仁集》(二),第591页。
⑤ 见《宋教仁集》前言,第5页。

是否含有限制之意,不得而知。当时孙中山出任临时大总统是众望所归。最后由于黄兴的工作,经在南京的各省都督府代表会议讨论,通过未来政府实行总统制,并选举孙中山为临时大总统,这场政体之争才告一段落。由于先前章太炎曾讲过未来共和国总理一席"非宋(教仁)莫属"之类的话,因此有人以为宋教仁力持内阁制是为了谋取总理这一职务,是"私心自用",这显然是对宋教仁政治理念的误解和对其人格的歪曲。"存诚自不妄话始"①,宋教仁倒也光明磊落,襟怀坦白,他说,社会已进步到民主共和时代,苟为国家、民族,想当总理,也没有什么不对,只是个人目前还无此水平,而"妄道以得之则不可耳"。②

事实上,宋教仁力主总统制下的责任内阁制,是就中国政治制度建设而言的,并非冲着孙中山而来,更非旨在对孙中山"设防制之法度"。南京临时政府北迁前,临时参议院通过《临时约法》,又改总统制为责任内阁制,确实有防范袁世凯的意图,那是革命者处于弱势情况为挽救革命的举措。这种"因人改制"的做法后来引起了袁世凯集团的不满。但从宋教仁那里来看,这一制度是他历来所主张的。无论谁来任总统,他都坚持实行责任内阁制。后来他组建国民党,并使之成为国会内第一大党,也不是为了要限制袁世凯的权力,防止袁世凯的独裁,还是为了实现他的政治理念,追求民主共和政治的长治久安。

宋教仁的"民权、宪政、政党、责任内阁制"的政治设计,是在考察和权衡中西政治制度利弊之后提出的,是当时先进的中国人对未来中国民主共和政治制度的一种探索。当时中国还是一个半封建半殖民地社会,是落后的农业国,他的这一政治设计,超越现实,带有理想化色彩,即使实行起来,也是阻力重重,所以,待到1913年国会选举,国民党在参众两院议员中获得绝对多数后,袁世凯便狠下杀手,于是年3月20日派人将他刺死于上海火车站。

二、组建同盟会中部总会,直接推动辛亥革命

1905年是中国民主革命力量大联合的一年。是年8月,孙中山领导的兴中会联合黄兴、宋教仁的华兴会以及部分在日本的光复会员,共同组建了中国革命同盟会(简称同盟会)。同盟会汇聚了当时革命的精英分子,具有近代政党的性质。宋教仁协助孙中山组建同盟会,被举为司法部检事长。他与田桐等创办的《二十世纪之支那》杂志,更名为《民报》,成为同盟会的机关报。他一面主

---

① 宋教仁手书条幅,《宋教仁集》(一),书首插页。
② 宋教仁:《答匿名氏驳词》,《宋教仁集》(二),第508—509页。

持报务,宣传革命,阐述孙中山的三民主义;一面担任同盟会的领导工作,黄兴赴华南一带组织发动武装起义后,由他主持和指导同盟会的庶务,成为同盟会的主要实际领导人之一。

同盟会成立后,在加强革命舆论宣传工作的同时,还频频组织发动武装反清起义。

其中,广州"三二九"起义(黄花岗起义)给清朝统治不小的打击,尤其是志士们视死如归、壮烈牺牲的精神在全国引起了极大的震动,有力地推动了全国的反清斗争。但也给革命带来了巨大的损失,大批革命骨干的牺牲,造成同盟会后期领导乏人。宋教仁也参加了这次起义,且受了伤。日本外务省档案馆内保存了1911年5月18日、19日宋教仁写给日人内田良平的信,信中说:"鄙人来港无他,即为此番发动广东事件(指"三二九"起义)。黄兴君在美国运动的结果,获得少许金钱,因而欲以广东为中心,向中原进发。鄙人亦怀担负一部分责任之念来港。上月二十七日因密谋泄露,不得已仅先发一队兵力攻打总督府,击战之后,官兵毙命二三百人。最终寡不敌众,招致败退的惨境,同志牺牲者亦有百余名。"讲他与黄兴等人"皆负伤",他正在香港清风楼养伤,不久将赴沪三洋泾桥《民立报》馆。①

广州"三二九"起义后,孙中山远在美国,赵声在港去世,黄兴养伤,同盟会领导几陷于瘫痪状态。"东京本部在事实上等于名存实亡。"②"常山节烈终呼贼,崖海风波失援兵。特为两间留正气,空教千古说忠名。伤心汉族终难复,血染杜鹃喉有声。"③同年4月,宋教仁怀着决心为黄花岗死难烈士报仇的悲痛心情和为着争取反清革命斗争的胜利,来到上海。宋教仁到上海后,与同盟会负责人陈其美、潘祖彝、吕志伊、林森、谭人凤、曾杰等二十余人在上海湖州公学秘密成立同盟会中部总会总机关。会后发表了沉痛的宣言,检讨了过去革命屡屡失败的原因:"有共同的宗旨,而无共同之计划;有切实之人才,而无切实之组织。"决定设立同盟会中部总会,"定名同盟会中部总会者,奉东京本会为主体,认南部分会为友邦,而以中部别之,名义上自可无冲突也,总机关设于上海,取交通便利、可以联络各省、统筹办法也"④。总机关下设五个总干事,分别由宋教仁、陈其美、谭人凤、杨谱笙、潘祖彝担任。根据宋教仁和谭人凤等人提议,中

① 详见郭汉民编:《宋教仁集》(一)前言,第1页。
② 黎东方:《细说民国》,上海人民出版社1998年第二版,第259页。
③ 宋教仁:《哭铸三尽节黄花岗》,《宋教仁集》(一),第437—438页。
④ 见《同盟会中部总会》,黎东方:《细说民国》,第258页。

部同盟会决定此后将革命中心转向长江流域,"以谋长江革命",①并预定在宣统五年(1913)在长江各省举行起义。此后中部同盟会又先后指派有关领导人分赴各省区主持工作,南京方面为郑赞丞、章木良;安徽方面为范鸿仙;湖北方面为居正;湖南方面为曾杰、焦达峰;上海和江苏、浙江方面则由陈其美等负责联络指挥。此后宋教仁等则往来于沪鄂各地,负责指导革命的组织发动工作。

宋教仁的长江革命思想的产生,固然是与同盟会先前发动的起义屡屡失败有关,但其实,早在1900年他在漳江书院读书时,他与同学讨论古今用兵之道时就说过:"中国苦满政久矣,有英雄起,雄踞武昌,东扼九江,下江南,北出武胜关,断黄河铁桥,西通蜀,南则取粮于湘,系鄂省之头于肘后,然后可得志于天下。"②其长江革命思想早已形成了。

中部同盟会的成立和开展长江革命的主张,不仅得到了黄兴的赞同和支持,而且黄兴本人后来也直接参加对长江流域革命斗争的领导活动。因此,宋教仁等成立中部同盟和将革命重心转移到长江流域的战略决策,在辛亥革命史上具有里程碑的意义。在同盟会东京本部处于瘫痪、香港统筹部(南方分会)受挫、革命党内部弥漫对革命前途悲观失望情绪的时候,"在如此青黄不接的形势下,能有宋教仁等振臂一呼,的确也刚好填补了一个空隙"③。正如后来黎东方先生在《细说民国》一书中指出的那样:"在湖北的基层革命同志,得到同盟会中部总机关的鼓励,在八月十九日(10月10日)一举而占武汉三镇。接着,长江各省纷纷响应,这'中部总机关'的功绩,真值得大书特书。"④正是由于宋教仁等人的领导,长江流域的革命影响日渐走向高潮,直接导致辛亥革命的爆发和其后反清革命斗争的胜利。

由于武汉地理位置重要,中部同盟会成立后,宋教仁、谭人凤、陈其美、居正等加强了对湖北革命党人的指导。此前湖北方面已有同盟会的几个外围组织如共进会、文学社,经过居正和谭人凤的努力,两个组织在8月实行联合,并派人前往上海购买武器,计划在八月份发动起义,同时邀请黄兴、宋教仁、谭人凤三人来武汉领导起义。

中部同盟会和湖北革命党人密谋发动起义时,全国的革命形势进一步高涨。川、粤、湘、鄂等省绅民开展的保路运动正如火如荼地进行,而四川方面,保

---

① 《湖北革命知之录》,第209页。李新、孙思白主编:《民国人物传》第一卷,中华书局1978年版,第45页。

② 郭汉民编:《宋教仁集》(一)前言,第1页。

③④ 黎东方:《细说民国》,第258—259页。

路运动已激变为"流血冲突"和"武装暴动",清廷正准备调遣湖北新军前往四川镇压。就在八月十九日(公历10月10日),宋教仁、陈其美等将购买好的武器正式启运,由居正、谭人凤护送武汉的这一天,武昌起义爆发,新兵工程营中革命党人首先发难,攻占军械库,占领武昌,并迅速占领汉口、汉阳。次日,宣布成立中华民国军政府鄂军都督府。为安定民心,收抚旧的军政人员和便于与外界联络,推举黎元洪为都督。

武昌起义爆发后,清政府立即调派海军和北洋军前往镇压。当时谭人凤已在武汉。九月初七日(公历10月28日)黄兴、宋教仁、刘揆一等一行同时由沪到达汉口、武昌。黄兴遂于次日上午偕同吴兆麟、蔡济民等到汉口前线督战。宋教仁则偕同居正等协助鄂军都督府制定鄂州约法及官制草案。约法草案共七章,根据责任内阁制的政治理念,有总纲、人民、都督、政府委员、议会、法司、补则等章。将"人民"置于首列,规定"人民"一律平等,可以自由言论著作刊行并集会结社,人民自由通信、自由信教、自由居住迁徙、自由保护财产、自由营业、自由保护身体家宅,可以陈诸议会、法司、政府,可以任官考试,有选举权和被选举权,负有纳税、当兵的义务等。规定"都督"由人民选举,三年一任,代表政府,总揽政务,接受议会监督。政务委员依都督之命执行政务,负其责任。议会由人民选举的议员组成,议决法律、预决算,监督政府等。该草案具有鲜明的进步色彩,对于推动辛亥革命,尤其动员广大绅民投入反清革命起了极大的推动作用。①

汉阳失守后,宋教仁、黄兴东下赴沪,谋求攻克南京以"援鄂",11月4日、5日,上海和江苏、浙江先后独立。随后苏、浙、沪、镇(江)共组联军一举攻克南京。南京攻克后,宋教仁、黄兴、陈其美、章太炎等根据当时形势,决定:(1)有见于北洋军南下江北,电请徐绍桢移军驻守临淮,"为鄂策援",并挥师开封、洛阳,实行北伐;(2)为镇守南京,"以便外交",请程德全从苏州移驻南京,任江苏都督;②(3)有见于各省都督林立,事权不一,急需组建临时中央政府,统一协调;(4)为办理外交,以上海"为中外耳目所寄","交通便利,不受兵祸",致电在武昌各省都督府代表迅速东下来沪会议筹商三事,"一公认外交代表;一对于军事进行之联络方法;一对于清皇室之处置"③。鉴于武昌军事形势严峻,宋教仁后又与黄兴、陈其美等电邀在鄂各省代表迅速改往南京,会议筹建临时中央政府。

① 宋教仁:《中华民国鄂州约法及官制草案》(一),《宋教仁集》(一),第411—426页。
② 宋教仁:《致林述庆电》《致徐绍桢林述庆等电》,《宋教仁集》(一),第434—435页。
③ 宋教仁:《组织全国会议团通告书》,《宋教仁集》(一),第427—428页。

可以说，从武昌起义爆发后到孙中山回国前，宋教仁与黄兴等是长江沿岸各省独立运动的实际领导者和组织指挥者，不仅为底定东南，而且为以后南京临时政府的建立、辛亥革命的胜利作出了重大的贡献。

同年12月底，孙中山从海外回国，到达上海，宋教仁支持孙中山北伐革命的主张，反对和议。在孙中山主持下，他与黄兴等其他同盟会领导人一起，参加了南京临时政府的筹建工作，成为新生的民主共和国中华民国的缔造者之一。

1912年1月1日，中华民国临时政府在南京宣告成立，孙中山当选为临时大总统，这是中国历史上第一个资产阶级民主共和国。在新政权中，宋教仁出任法制局局长，继任唐绍仪内阁农林部总长。唐绍仪内阁解散后，他负责党务，为了实现自己的民权的宪政政治主张，力主政党政治，建立完全的政党责任内阁，改组同盟会，联络其他政党，组建国民党，"使国会得确定不拔之宪法"①，为实现民主政治而奋斗。

---

① 宋教仁：《致袁世凯电》，《宋教仁集》(一)，第588页。

张 謇

从呼吁立宪到拥护共和

一

张謇与辛亥革命的关系大致包括:武昌起义前领导宪政运动,武昌起义后弃清转附共和、促成江苏独立、参加中华民国临时政府、大力劝导袁世凯归顺共和等方面。

1905年立宪运动兴起,张謇加入了运动行列。他赞同君主立宪,是因为君主立宪在西方是资产阶级政体之一,与他1903年对日本的考察有关。他到虞山看望重病的翁同龢时,彼此就讨论了立宪问题,认为"非立宪无以救国"(《翁同龢日记》)。辛丑之后,清朝统治垂危。张謇的主张,就是想用君主立宪政体取代君主专制,从根本上说是指向封建的。同年,江浙预备立宪公会成立,张謇当选为立宪公会副会长。次年任正会长。江苏谘议局成立,被选为谘议局议长。他从事的活动也由实业、教育进而转向国内政治,其活动范围也由南通移步上海、江苏乃至全国。宣统改元后,他先后发起和组织领导了三次全国赴京请愿团,要求早开国会,想借国会之力推翻亲贵政权,建立责任内阁,均遭到清廷拒绝和镇压。"其用人行政,多拂舆情;立宪徒托空言,弊窦因而丛积,以致人心瓦解,国势土崩。"然而,"直省谘议局议长等又以速开国会为请,复经电饬,剀切宣示,不准再行联名要求渎奏,并严饬开导弹压。如不服劝谕,纠众违抗,即行查拿严办",①此举令全国谘议局议员丧气而绝望,也使清廷内外人心丧尽。1911年10月武昌起义爆发后,张謇最终决定"不再扶持落日",改而"手捧朝阳"②,归附革命阵营,拥护共和。在中国历史从帝制走向共和的关键时刻,迈出了重要一步。上海独立后,他立即与江苏巡抚程德全策划宣布江苏独立。由于张謇是立宪派的领袖,他的举动,影响所及,非同一般,正如赵凤昌所说,"张

---

① 载沣:《醇亲王载沣日记》,群众出版社2014年版,第379、422页。
② 张孝若:《南通张季直先生传记》,张謇研究中心影印,第37页。

謇以人望所属,函电四出,各省多闻声响应"①。12月,孙中山回国,月底南京临时政府正式成立,张謇、程德全、汤寿潜先后参加临时政府,分别担任实业、内政、交通总长。对张謇来说,参加新生的中华民国南京临时政府是他政治生涯中最光彩的一页,也是他为追求实现中国民主宪政梦想作出的最壮丽举动。

　　中华民国南京临时政府是辛亥革命的产物,是现代民主共和政制在中国的首次出现,是革命派、立宪派和其他各种反清革命力量意愿、力量综合作用的集结,具有联合政府的性质。就辛亥革命爆发时的政治力量而言,革命之火虽由革命派点燃,但革命力量相对集中于海外、长江中下游地区和两广地区,在全国并不平衡。而立宪派则遍布全国各省,大多由士绅和退职官僚组成,他们拥有文化知识,甚而从事实业活动,通过立宪运动,他们控制各省谘议局,直接参与和领导地方公共事业,因此,在民众中具有一定的威望,他们的活动直接影响了晚清地方政治秩序,在辛亥革命过程中发挥了极其巨大的作用。总之,他们在国内的势力、声望和对舆论的控制均非长期在海外从事反清活动的革命派所能比拟。立宪派又有非常成熟的政治经验,与地方官员和各方各派人士均有密切的交往、联系。就南京临时政府成立一事,立宪派不仅在酝酿、设计方面占有优势,而且在实际操作过程中也发挥了主导作用。张謇转附共和后,在各地纷纷独立的形势下,就提议筹建统一的临时政府。1911 年 11 月中旬,张謇、赵凤昌等联合江苏都督程德全、浙江都督汤寿潜倡议组织全国会议团,"急宜仿照美国独立战争时召开第一次会议方法,于上海设立临时会议机构,磋商对内对外妥善的方法",②后又根据形势的发展,提出"政府设鄂,会议设沪的安排"③。各省都督府代表联合会是为筹建临时中央政府而设立的过渡民意机构,在临时政府成立前,实际行使立法权。后来各省代表从武昌移至上海(后又移南京),固然与武汉形势吃紧有关,但也与上海的独特地理位置(是国际大都市、国内舆论中心,信息交通发达)尤其是张謇的影响有关。

　　各方虽都有组织临时中央政府的意愿,但因领导人选不一,一时陷于难产。一方面,湖北都督黎元洪系都统出身,在张謇和各省都督府代表的眼中,其资望还不足以号令全国。另一方面,作为革命领袖的孙中山远在海外,在国内的黄兴虽有人推戴,而黄兴本人深感难以胜任。于是便有程德全等人"拟联合东南

① 《惜阴堂辛亥革命记》。

② 《民立报》1911 年 11 月 14 日电。

③ 张謇致庄蕴宽密函,上海历史研究所编:《辛亥革命在上海史料选辑》,上海人民出版社 1981 年版,第 1070 页。

各省军政府公电请孙中山先生迅速回国,组织临时政府,以一事权"的通电。黄兴等人深知革命力量一时还难于推倒清政府,于是提出只要袁世凯推翻清朝,赞成共和,未来民国大总统一席就让予他。从反清革命的立场出发,争取袁世凯反正,达到推翻清朝、实现民主共和的革命目标,无可厚非,不幸的是袁世凯当上大总统后种种倒行逆施乃至悍然帝制自为,以致引起后来历史学家对以张謇为首的立宪派当初拥袁之举大加否定。

1911 年 12 月 25 日,孙中山从海外归来。孙中山到达上海的第二天,即亲自前往南阳路赵凤昌家中拜访赵氏和张謇等人,向他们征求组织临时政府的意见。此后孙中山还与南北政界要员接洽,争取各方力量,尤其是立宪人士对他的认同。赵凤昌向孙中山、黄兴、宋教仁等革命领袖推荐张謇、庄蕴宽、汤寿潜、程德全等人。这就进一步增进了彼此了解,直接促成了革命党人与赞同民主共和的立宪人士和官僚的合作,为稍后成立的南京临时政府铺平了道路。

孙中山和张謇虽是首次见面,但西方的自由平等、民主民权的理念,儒家治国平天下的政治观,早已驱使他们去自觉地担负起拯救社会、改造社会的历史重任。虽然他们各自从自身吸取的政治文化中选择了自己的救世道路,但是激荡的时代风云、遽变的社会现实,都直接把他们推到历史的前沿。他们都是受甲午战败的刺激而走上中国历史舞台、投身政治的。甲午战前,孙中山曾上书李鸿章,主张通过和平改良道路,推动社会进步,用当时较为先进的西方民主政治,振兴中国。但甲午惨败,击碎了他的这一梦想。战后他秘密组织革命团体,开始走上反清革命道路,希望通过推翻清政府,用西方的民主制度取代封建君主专制制度,将中国建成一个民主共和国。张謇早在随吴长庆赴朝之后,就逐渐明了世界大势。甲午战后,目睹清朝的腐朽无能,他开始了实业救国的活动,强烈要求厘革政治,主张通过君主立宪、兴办教育、发展实业,振兴国家。经赵凤昌的介绍,孙中山、黄兴、宋教仁等对张謇有了进一步了解。

孙中山、黄兴等之所以征询张謇、赵凤昌等立宪派和旧官僚的意见,首先与他们"立贤无方、并非偏重民党"①的思想有关。其次,与张、赵、汤、程等人的名望分不开。张謇是立宪派领袖,汤寿潜是浙江都督,程德全是江苏都督,有他们支持,南京临时政府不仅能顺利诞生,而且有利于东南社会的稳定。此外,以孙中山为首的革命党人邀请张、汤、程等参加临时中央政府还有财政上的考虑。孙、黄等清醒地认识到,如果没有立宪派领袖和实业界领袖的参加,临时中央政

---

① 李钟珏:《且顽老人李平书七十》自序。

府即使成立,也不稳固。南京临时政府成立后,在财政上遇到极大困难。作为实业总长,张謇曾以大生资产为担保,向日本借贷三十万元,又通过其他渠道筹借了五十万元,为新生的民主共和国尽了自己的努力。由于张謇等同袁世凯保有联系,还可以通过他们争取袁世凯早日归附共和,结束清朝统治,实现全国统一。赵凤昌指出:张、程、汤参加临时政府,对结束清朝统治,"其效力并不亚于革命党人"。"幸亏当时孙中山、黄兴等民党领袖,能识大体,与地方人士(指张、程、汤等——引者)推诚相见,协力相济,众之翕然,无丝毫成见,因以致果。"①这一说法十分中肯,也非常客观。张、程、汤参加临时政府之举,加速了全国各地立宪派的转向,直接导致清政府的垮台。

二

辛亥革命时期,在中国政治舞台上进行博弈的有三股力量:革命派、立宪派和以袁世凯为代表的官僚势力。其中,立宪派直接左右革命的成败和清朝的存亡。由于清政府冥顽不灵,拒绝实行宪政,最终导致立宪派背它而去,转附共和。张謇说:"前此主张君主立宪,乃以救国为前提而非仅以保存君位为目的,乃以促政治之进步,而绝不愿以杀人流血勉图君位之保存……故而赞同共和。"②立宪派的这一转向,不仅使清政府陷于孤立,而且使革命势力大增。而革命派联合立宪派、旧官僚组织中华民国南京临时政府,表明在中国建立民主共和政制成为现实。

南京临时政府毕竟是辛亥革命时期的过渡政府,只是建立全国统一中央政府迈出的第一步。南京临时政府成立后,以袁世凯为内阁总理大臣的清政府依然存在,中国出现了南北两政权对峙的局面。由于列强的干涉,国家正面临分裂瓦解的危险。如何结束南北分裂对立的局面,实现国家统一,是摆在革命派和立宪派等面前的一个严肃而迫切的问题。在结束南北分裂局面、结束清朝统治和建立全国统一民主共和中央政府的过程中,张謇起了至关重要的作用。张謇利用了他早年同袁世凯的师生关系和革命党人的有关承诺,劝导袁世凯顺应潮流、赞同共和,他的劝导顺应了当时社会民众的企望,受到各方人士的赞许与肯定。此外,张謇还亲自参与起草了清帝退位诏书,利用临时政府的有关清朝皇室退位、皇族及有关旗人的优待条件,保证了新旧政权的和平交接,最终实现

---

① 《惜阴堂辛亥革命记》。
② 见张宪文、张玉法主编:《北京政府时期的外交》,第54页。

了国家的统一。

张謇对袁世凯劝导的成功,与袁世凯当时的处境分不开。纵观近代历史,辛亥革命爆发后,袁世凯和北洋军政集团之所以能迅速东山再起,从革命党人手中获得政权并当上民国临时大总统,固然是北洋军政集团的实力和袁世凯的个人政治手段所致,但是在相当程度上却也和袁世凯在晚清政治改革中所取得的成就以及由此而获得的广泛认同和支持有关。在清末新政中,袁世凯是赞同君主立宪的。他的积极态度以及所管辖下的直隶地区自新政以来所取得的建设成就,为他在政治上树立了良好的形象。他大办警政、编练新军、举办实业、开设各类新式学堂,成效显著,被赋予了中国政治、经济改革的希望。对于宣统改元后他的被黜,人们更是寄予深切的同情,"袁公去位已将两载,天下仰望者愈众"。而昔年他编练的新军仍然效忠于他。所以,待到武昌起义爆发,举朝上下,凡一切拥护清廷、反对革命的人和所有赞同推翻清廷的人们(包括革命党人和对清廷不满的立宪派)都把未来中国政治寄望于他身上。

袁世凯被黜后,其政治信念并未发生改变,仍支持君主立宪。武昌起义后,清廷被迫请其出山。他提出六项条件,关键是召开国会,成立责任内阁,显然他此时的政治目标仍然是保留清廷,在这点上与张謇当初的政治意向是一致的。清廷最终被迫同意袁氏这些条件,并任命他为首届责任内阁总理大臣。至此,袁氏的君主立宪主张基本实现。一切反对革命的人都把希望寄托在他身上,希望他做曾国藩,迅速击垮革命党,尽快恢复秩序。然而此后革命形势发展非袁氏所能预料。他企图用军事和政治两手解决南北对立的计划受挫。与此同时,他却得到革命党人另一种承诺:若袁氏能赞成共和,推倒清室,则未来的中华民国临时大总统一席"断推项城无疑"。张謇告诉他:"共和……此南中万派一致之公论,非下走一人之私言,下走何力? 岂能扼扬子江之水使之逆流?!"又告诫袁世凯:"与其殄生灵以锋镝交争之惨,毋宁纳民族于共和主义中。……至于华盛顿,则世多能道之,亦公所稔,不以烦听。"①并派江苏谘议局议员杨廷栋面见袁世凯,要袁接受民主共和:"其必趋于共和者,盖势使然矣,分崩离析之余,必求统一维持之法。"以民主共和已为不可抗拒的潮流,应以国家统一大业为重相劝。在张謇的一再劝导下,袁世凯的态度发生重大改变。他一面公开宣称"共和为最良国体,世界之所公认",另一面则上奏,逼清廷退位。并请段祺瑞等五十名北洋将领帮忙,与之配合,发表电奏,宣布拥护共和,并要清廷立即退位,否

---

① 《张謇全集》第一卷,江苏古籍出版社 1994 年版,第 180 页。

则将率兵前来北京。隆裕太后慌了手脚,立即召开御前会议,决定接受优待条件。1912 年 2 月 12 日溥仪正式宣布退位,"即由袁世凯以全权组织临时共和政府"①。至此,袁世凯如愿以偿。同一天,孙中山如约向临时参议院辞职,并荐袁自代。15 日,袁世凯获临时参议院全票通过。临时参议院在致袁氏电文中说:"查世界历史,选举大总统满场一致者,只华盛顿一人,公为再见。同人深幸公为世界之第二华盛顿,我中华民国之第一华盛顿。"②就这样,袁世凯当上了临时大总统。

袁世凯是一个与革命毫无关系的人。他的政治态度的转变和当上临时大总统并不表明他对民主共和政治的认同,在很大程度上是出于权力欲望的驱动,他后来的所作所为印证了这一点。这一点非张謇等人乃至革命党人所能预料的。

三

近代中国是一个积贫积弱、任人宰割的国度,到处是伤痕。为了拯救民族的危亡,为了国家独立,民族解放,为了国家的繁荣富强,从洪秀全到康有为、张謇,从孙中山到中国共产党人,多少代人进行了探索,前仆后继,奋斗不止,最终在中国共产党的领导下,赢得了胜利。三十多年来,张謇研究在学者的努力下,取得了长足的发展。但对他在近代中国政治,尤其是在辛亥革命时期转向的研究,和整个近代史研究一样,明显存在不足。人们在充分肯定他在实业、教育、垦牧等方面成就的同时,却对他在近代中国政治上的杰出作为视而不见,或避而不谈。至于张謇在历史上扮演何种角色,历史学家之间也存在着分歧。有的说他是旧官僚,也有的说他是资本家、教育家,乃至于儒商、爱国政治家,等等。张謇是光绪状元,授职修撰,但还不是正式官职,他在晚清未做过实官,称其为旧官僚还比较勉强。称他是资本家、教育家,因为他办了许多实业和学校。但就是这位资本家、教育家,在晚清却积极投身立宪救国运动,并成为全国立宪派领袖,他希望中国能实行君主立宪,并为之作了巨大的努力。爱国主义是一个历史范畴,在不同历史时期被赋予不同的内容,在晚清较多地呈现为"叛君"。张謇在最初的政治理想破灭后,竟然也"叛君",转而拥护民主共和,并参加新生的中华民国南京临时政府,进而又为了结束国家南北分裂,大力劝导袁世凯背

① 载沣:《醇亲王载沣日记》,第 429 页。
② 张曜编:《中华民国史料》,文明书局 1929 年版,第 53 页。

弃清廷、赞同共和。如果说孙、黄发动革命是爱国、救国,那么张謇呼吁立宪、叛君拥护共和,同样是爱国、救国,这就是当时中国最大的政治。所以我们说,张謇不是一位普通的资本家、教育家,而是一位名副其实的爱国政治家。

历史是多元的,历史事件的发生和结果,都是由各种观念和各种力量合力的结果。如果我们放开视野,即使在革命成为"主流",或进入轰轰烈烈之"高潮"的时候,社会上仍存在各种无声无息的进步力量影响历史进程的发展。在近代中国,改良和革命作为推动社会变迁的动力就是如此。如果我们只以革命为主轴去书写辛亥革命,只歌颂革命派而无视或否定立宪派,只会将多样的历史图卷漫画式地曲解,这样做的结果,既有悖历史真实,也不利于人们正确认识和把握历史。

历史是复杂的。事随境迁,人们的思想意识也不是一成不变的。近代中国,由于内忧外患在不同历史阶段所呈现的表象不同,因而人们为解决这些问题而求诸西学和传统文化,拿来各种主义和主张。故在不同时期,"思想""主义""主张"众声喧哗,共竞共争。这种现象实际上是一种自我探索。在这种复杂变动的社会中,人们的思想、主张、所奉主义不断进行修正。当初孙中山主张通过改良道路来改造中国,待到甲午清朝战败,经过反思,力主通过革命,推翻清朝,实现中国现代化。张謇开始主张实业救国,后看到仅有实业还不够,还须国家政治改良,进而主张君宪救国。待到这一政治目的无法实现,于是不再扶持清廷,而转附共和,他的每一步政治转向都带有强烈的反思和自我修正的意味。可以说,近代中国所有的思想家、政治家,几乎都毫无例外具有这一特点,不独张謇为然。他们的思想乃至行为的修正,目的只是一个:为了救国,为了中国现代化。陈独秀曾形象地论述自己一生"三变":先为会党,再为革党,最后为共党。岁月掷人急,风云入世多。这是近代社会变迁在他身上的留痕,也是他自我反思和修正的反映。所以说,任何政治主张的提出和实践决不是政治家个人主观意志的产物,都是受当时中国国情所制约的结果。只有将他们置于当时历史的整体中进行考察,才能看清原来历史的脉络,看清历史的真实,对他们作出恰如其分的评价。

1926年张謇去世,他的同乡好友、中华民国国歌词作者沈恩孚敬送了一首挽诗:

名满乾坤事满肩,半生粗粝傲时贤;江淮忧乐关天下,朝市沧桑感暮年;

一代人才青史冠,五山风景白云眠;文章经济均千古,更有南通两字传。

诗见《沈氏文集》卷四。评价人物,要看他与前辈比,他提供了什么新东西;与他同时代比,有哪些超越。如果一个人一生做一件或两件别人想做而未做或做而未成、但对国家民族有益的事,那就将永垂不朽了。张謇"名满乾坤事满肩","江淮忧乐关天下",真实表达了张謇为推动近代中国社会变迁作出了巨大贡献。"一代人才青史冠",这是对张謇一生事功的最好概括和肯定。

程德全

顺应革命潮流,促成江苏独立

程德全(1860—1930),字纯如,号雪楼,法名寂照,四川云阳(今属重庆市)人。出身书香世家,父亲曾是一名副贡生,以教书为生。到程德全时,已是家道败落。程德全自幼师从父亲,饱读诗书。云阳县学结业后,一度随父亲外出教书。1884年(光绪十年)考取廪生。此后前往京师国子监学习。其间因生活所迫,曾到一家俄国人开的作坊干活,并借此了解俄国的历史和风土人情,留意搜集有关东北的资料,关心东北边疆的形势。一次偶然的机会,结识了爱国将领、齐齐哈尔都统寿山将军。1891年(光绪十七年)后,经寿山推荐,程德全先后在黑龙江副都统文全、黑龙江将军依克唐阿幕中任职。1899年(光绪二十五年)寿山任副都统,将程德全从安徽候补知县调至自己幕下,任为银元局董事,总办将军文案。

一、忧国家危亡,主张君主立宪

1900年(光绪二十六年),沙俄借口镇压东北义和团,大举入侵中国。程德全奉命担任寿山的行营营务总理。俄军逼近齐齐哈尔时,他奉命代寿山前往俄营交涉。他只身前往敌营,指责敌军背约、不义,力劝不要过河,面对俄军的强横无理,他毫不畏惧,并以死抗争[1]。寿山壮烈殉国后,受寿山生前重托,为了保护齐齐哈尔全城生命财产,他"以身挡住(敌军)炮口"[2],"悬命毡车,不屈不挠,卒寒敌胆"[3],使全城幸免俄军炮火涂炭。事后,黑龙江将军萨保如实奏报朝廷,折中说:"程公既无官守,又无言责,唯因受寿帅一言之托,即奋不顾身,以定和议,使江省免屠戮之惨于前;又复投河觅死,以抗俄霸,使江省免剥削之虐

---

[1] 崔杰:《程德全传》,黑龙江教育出版社2013年版,第99页。

[2] 萨保:《奏为补用知县程德全愍恩留江治理一切并请圣意破格谕允片》,《光绪朝黑龙江将军奏稿》,全国图书馆文献缩微复制中心1993年版,第651—652页。转引自前揭崔书,第25页。

[3] 张謇:《云阳程公纪念之碑》,《张謇全集》第6册,上海辞书出版社2013年版,第616页。

于后。在江省之人,得以复生。"①折上,程德全晋升为道员,发往吉林。慈禧太后当时正需要这样"忠勇任事"的官员,破格赏加副都统衔,命其署理齐齐哈尔副都统。汉员任副都统,这在当时是极为少见的。程德全后来还一度署理黑龙江将军。

1905 年,清廷为了缓和空前尖锐的社会矛盾,宣布预备立宪。江苏的张謇表示赞同,认为当今国势阽危,唯有行宪才能救国。和张謇一样,程德全也认为"今日为政之要,莫先于力图富强,而富强之基必本于改良教育,以开通民智,造就人才"②。在各府、厅、州、县创办小学,聘请内地师范毕业生担任教员。为了宣传宪政,专门设立宣讲兼阅报处。此外,他还认为"教育贵乎普及,师范急宜养成",师范教育是培养人才的基础。因此又大力发展师范学校,先后创办两级师范学堂、满蒙师范学堂以及呼兰、肇州等多所师范学堂。另外创办齐齐哈尔、呼兰、巴彦州立女子学堂,农商实业学校,齐齐哈尔民族学校等。在君主立宪的问题上,他多次上奏朝廷,要求召开国会。"自日俄协约、日法协约屡见报章,彼皆弃仇寻好,协以相谋,侵逼之来,岂必在远。我若不于此时大辟新规,实行宪政,开国会以大伸民气,先躬行以激励人心,不唯有他族吞噬之忧,抑将有自相鱼肉之祸。此则臣眷恋家国而不能不急切上陈者也。"③

1910 年 4 月,程德全调任江苏巡抚。他素以革新自命,所以,一到江苏,就很快同张謇、沈恩孚、赵凤昌等著名立宪人物交往。江苏立宪派人士大多数是从地主官僚、工商业者等转化而来的,资产阶级倾向比较明显,他们不满列强对中国无休止的侵略,要求争回利权;他们希望政府进行政治改革,制定有利于资本主义发展的政策,让他们参与对国家的管理,因此,强烈要求早开国会,早日行宪。江苏立宪派人士的这些政治主张对程德全无疑产生了巨大的影响,他的政治态度也由此趋向积极。程德全到任不久,就与张謇等人协商,参与十八省督抚、将军、都统的上书活动,要求清廷迅即召开国会,设立责任内阁。书中还对清政府以所谓的民众和议员水平不高为由,拖延立宪的步伐表示不满,并予以驳斥,"以程度论,上下同一不足,必须互相淬励,程度自有足之一日"。④也在此前后,张謇与各省谘议局代表再次赴京请愿,要求提前召开国会,实行责任内

① 萨保:《奏为补用知县程德全悬恩留江治理一切并请圣意破格谕允片》,《光绪朝黑龙江将军奏稿》,全国图书馆文献缩微复制中心 1993 年版,第 651—652 页。转引自前揭崔书,第 25 页。
② 李兴盛编:《程德全守江奏稿》,黑龙江人民出版社 1999 年版,第 384 页。
③ 引自张孝若:《南通张季直先生传记》,第 141—142 页。
④ 故宫博物院明清档案部编:《清末筹备立宪档案史料》(上),中华书局 1979 年版,第 276 页。

阁。"国势之危,过于汉季且将十倍,出万死而求一生,唯恃国会与责任内阁之成立。"①

1911年6月(宣统三年五月),张謇前往汉口,议"租纱、布、丝、麻四厂",在参加大维纱厂开机活动返回南通途中,在安庆得知武昌起义爆发的消息。在南京,他曾劝告两江总督张人骏和江宁将军铁良"合力救鄂",遭到拒绝。②张謇到达苏州后,应程德全之约,寓于钱万桥埭的唯盈旅馆,商量对策。程德全认为这是敦促朝廷迅速接受立宪派要求召开国会的最佳时机,遂请张謇"代拟"。张謇又邀资政院议员雷奋(继兴)、江苏省谘议局议员杨廷栋(翼之)同作,这就是有名的"秋夜草疏"③。草疏由张謇代拟,直至深夜方才完稿。程德全看过后,表示满意。接着由他通电各省将军、督抚,征求是否列名,山东巡抚孙宝琦等复电赞成列名,于是遂以孙宝琦领衔致电北京内阁。疏中要求"解除亲贵内阁,提前宣布立宪",指出"窃自川乱未平,鄂难继作,将士携贰,官吏逃亡,鹤唳风声,警闻四播……加之本年水灾,横连数省,失所之民,穷而思乱,止无可止,防不胜防。沸羹之势将成,曲突之谋已晚,论者佥谓缓急之图,必须标本兼治。治标之法,曰剿曰抚;治本之法,不外同民好恶,实行新政。……拟请宸衷独断……先将现任亲贵内阁解职,特简贤能,另行组织,代君上确负责任。其酿乱首祸之人,并请明降谕旨,予以处分,以谢天下。然后定期告庙誓民,提前宣布宪法,与天下更始"④。疏上,清廷留中不发,并以程德全保奏幕友应德闳署理藩司违例,给予他降二级留用处分。程德全见清政府如此冥顽不灵,大失所望。随后他的政治态度转向革命方面,直至宣布江苏省独立。

二、顺应革命潮流,大力促成江苏独立

1911年11月3日(宣统三年九月三日),上海宣布独立。在此前后,上海革命党人黄炎培和张謇、沈恩孚等立宪派人士曾多次派人前往苏州面见程德全,程表示他"倾向光复"。张謇和当地官绅许鼎霖、雷奋、刘聚卿、杨廷栋等人甚至密商推举程德全为江苏都督。为了保证江苏独立稳步进行,张謇还以江苏谘议局议长的名义发布致全省父老书,"望各州县同志君子,各以地方治安秩序

---

①　李兴盛编:《程德全守江奏稿》,黑龙江人民出版社1999年版,第384页。

②③　张謇:《柳西草堂日记》,《张謇全集》第8册,第728页。

④　张謇:《代鲁抚孙宝琦苏抚程德全奏请改组内阁宣布立宪疏》,《张謇全集》第1册,第227—231页。

为重,联合约束,保卫维持"①,以示对程德全的支持与配合。当时两江总督张人骏以南京形势危急,库中缺饷,请苏省予以援助,程德全因为听了张謇有关他曾劝张氏出师援鄂、遭张人骏拒绝及张人骏反对君宪之类的话②,对张人骏大起恶感,对其请求不予答应。提督张勋曾密电程德全死守苏州,程德全也未理睬。上海独立后,陈其美率领五十多名荷枪实弹的民军前往苏州,和苏州新军代表一同前往江苏巡抚衙门面见程德全。程当即表示,他赞成独立,并接受"中华民国军政府江苏都督府"的印信和旗帜,派人鸣炮九响,以示祝贺。为了表示与清廷的决裂,程德全提议挑去巡抚衙门屋顶上几片瓦、换上几片新瓦。他说:"既是革命,自应除旧布新,江苏光复一应如此。"③稍后,他以都督的名义,通令全省各属一律"反正",并制定江苏临时议会章程,设立带有资产阶级政权性质的江苏省临时议会。在他的支持下,张謇当选为省临时议会议长。下令禁止滥杀旗人,强调满汉一家,共享太平;严格军纪,维护境内社会秩序,保护人民生命财产安全。由于他和张謇等立宪派人士的密切配合,江苏独立少有杀戮行为,当时"义军初起,客军纷集,饷溃而索器,或议援他省之例,由江苏银行发行纸币以济难,公执弗可而寝"④,保持了江苏社会的和平稳定。江苏独立的同一天,浙江亦宣布独立。苏浙沪的独立进一步推动了全国革命形势的发展,并对武昌革命党人形成了有力的支援。

武昌起义后,清廷被迫起用袁世凯。袁世凯采取又打又拉的反革命两手,一面派清军炮轰武汉,给革命党人施加压力;一面派人与革命党人接洽,要革命党人答应日后向他交出政权。清军的军事进攻,给人民生命财产造成巨大损失。有鉴于此,张謇与程德全特联名致电袁世凯,要袁氏认清大局,顺应形势,赞同共和,做中国的华盛顿。"至于华盛顿,则世多能道之,公亦所稔,不以烦听。"电中说:"德全牺牲一身以保地方,謇欲调停而无可容喙,此岂一月以前所及料者。事既至此,唯有持人道主义,得不致引起异外分裂之祸,而可以纳两族

① 张謇:《代鲁抚孙宝琦苏抚程德全奏请改组内阁宣布立宪疏》,《张謇全集》第1册,第227—231页。

② 据张謇《啬翁自订年谱》宣统三年八月二十四日记载,他在南京曾拜会张人骏和铁良,劝"军、督合力援鄂",张"大否之"。"张大诋立宪,不援鄂,谓瑞能首祸自能了,不须入援。"张謇"谓武昌地据上游,若敌顺流而下,安庆又有应之者,江宁危矣。""张曰:我自有兵能守,无恐。"张謇指责其为"无心肝人"。《张謇全集》第8册,第1029、728页。

③ 转引自崔杰:《程德全传》,第83页。

④ 张謇:《云阳程公纪念之碑》,《张謇全集》第6册《艺文杂著》,第616页。

于共同之中。……世界学说所趋,殆如往坡之马,谁无子弟,不乐平世? 愿公轸念之。"①并派杨廷栋等携带他们的亲笔信专程前往北京进行劝说。信中则道:"謇持立宪之说十年,上疑而下阻;德全上改政之疏不一,一笑而百非。驯至今日,武汉一方,惨无人道。外人有虎狼之目,各省兴狐兔之悲。德全固无所施,即謇夙昔所主张,亦无容喙之地。其必趋于共和者,盖势使然矣。"②要求袁世凯停止进攻,认清形势,顺应共和。

江苏独立后,盘踞在南京的两江总督张人骏和提督张勋仍然负隅顽抗、敌视革命,对革命党人构成了严重威胁。苏浙沪三地革命党人决定共同组建联军,会攻南京。会战中,程德全派出刘之杰率领两千名新军参加联军,而他本人则亲临前线督战。张謇对程氏此举致电祝贺,"闻前锋已逼孝陵,日内当可即下。不即电请大旆旋苏者,冀日晚听相公之破蔡州也"。同时,又请求程德全注意严肃军纪,"入城之日,严戒兵士杀害旗人,亦必应收之义声也。幸公加意,先为军中宣布命令"。③

考虑到南京独立后百废待兴,尤其是社会秩序亟待恢复,张謇、程德全先后会见黄兴、宋教仁、章太炎等人,商量善后事宜。由张謇等人提议,江苏省临时议会决定都督府由苏州移驻南京,全力支持程德全恢复重建南京的各项事务。此后,张謇、程德全又先后往来于南京、苏州、上海等地,"调和诸军",与汤寿潜、陈其美及徐绍桢等筹商"组织政府"事宜④。其间,程德全还于 11 月 14 日(农历九月二十四日),致电独立各省,以"大局粗定,军政民政,亟须统一,拟联东南各军政府公电恳请孙中山先生迅速回国,组织临时政府,以一事权"⑤。12 月 2日,南京独立。独立各省代表由沪、鄂移至南京,决定以南京为未来中央政府所在地。程德全与章太炎、陈其美、汤寿潜频繁接触,筹划北伐事宜。程甚至主张"应当尽快把北京攻下来,拖延时间是不利的"⑥。他的这些激烈言论大触袁世凯之忌,也是其后来不为袁世凯所容的原因之一。张謇当时正与赵凤昌等忙于筹商清室退位的事,深知袁世凯不赞成南方组织中央政府的心迹,所以对于程德全的组建中央政府和北伐等上述主张没有公开表示意见。张謇当时的政治

---

① 张謇、程德全致袁世凯电,《张謇全集》第 2 册(上),第 290 页。
② 张謇:《拟会程德全嘱杨廷栋进说袁世凯书》,《张謇全集》第 1 册,第 231 页。
③ 张謇:《致程德全电》,《张謇全集》第 2 册(上),第 293 页。
④ 张謇:《柳西草堂日记》,《张謇全集》第 8 册,第 731 页。
⑤ 胡长青:《论辛亥革命前后的程德全》,转引自崔杰:《程德全传》,第 85 页。
⑥ 见崔杰:《程德全传》,第 86 页。

态度游离于革命党人与袁世凯之间。他的实业主要集中于革命党人控制的长江下游的江苏地区,他既不敢开罪革命党人,也不愿得罪父母官——江苏都督程德全,所以一直谨慎地与他们保持着联系。但作为封建士绅,张謇把未来的目光更多地寄托在袁世凯身上,这也是张謇后来远离革命党人、逐渐同程德全疏远的原因。

12月25日(十一月初六日),孙中山从海外回国,到达上海。接着着手组织临时中央政府,各省代表选举孙中山为临时大总统。孙中山和同盟会领导决定以江浙两地的政治力量为基础,以同盟会为权力核心,联合拥护革命的江浙立宪派和旧官僚(包括起义的清朝海军将领)共同组织政府。在这一原则下,推举张謇为实业总长、汤寿潜为交通总长、程德全为内务总长。程德全当上内务总长之后,张謇随即通过江苏省临时议会,推荐与他政治态度接近的庄蕴宽代理程的江苏都督职务,此举颇带有架空程氏的意思。南京独立后,"客军之扰,居民大恐",程德全认为要恢复社会秩序,保持首都安静,必须设官办理民事;欲撤走大量军队,必须筹饷,力荐张謇担任两淮盐政,筹款解决。根据众人建议,张謇实行军政府卖盐和就场征税标本兼治的办法来解决筹饷。新的临时政府是一个革命政府,旧官僚出身的程德全还无法胜任内务总长一职,因此行政中多有与孙中山等革命党人"不协","龃龉之事"时有发生。连张謇也都听到"程有悲愤之言"之类的话①。程在南京无法履职,遂托病前往上海。在革命派和立宪派的挤压下,他的行动逐渐陷于孤立。

三、参与政党政治,"二次革命"失败后被免职

程德全卸去江苏都督后,虽然一时失去对江苏的控制权,但并没有停止政治活动,他和张謇仍保持交往。就在南京临时政府成立的第三天,1月3日,他与张謇、章太炎、赵凤昌等一批对同盟会不满的人共同发起成立了中华民国联合会,章太炎任会长,程德全任副会长。当时南北和议正紧张地进行,清帝尚未退位。张謇与程德全等正全力忙于作袁世凯接受政权的各项准备。待到2月12日,溥仪退位,孙中山辞去临时大总统,他们则公开表示支持袁世凯。张、程的所作所为赢得袁世凯的认可。3月,袁世凯在北京宣誓就职。鉴于张謇、程德全的活动表现,4月,北京临时政府任命张謇为盐政院盐政,正式任命程德全为江苏都督。都督府仍设在苏州,南京则专设由黄兴负责的留守府。驻宁士兵

---

① 张謇:《柳西草堂日记》,《张謇全集》第8册,第731页。

索饷哗变屡有发生，黄兴请辞，袁世凯要程去处理。陈其美既不愿程德全控制南京，也不愿程氏继任江苏都督，曾秘密组织"洗程会"，企图武力驱逐程德全，但事为程氏察觉，未成。①6月，南京留守府裁撤。革命党人在同程德全争夺江苏地盘的斗争中，遭到失败。

在这场争夺江苏地盘的权力斗争中，张謇起了关键作用。就张謇来说，他不喜革命党人控制江苏，也不喜革命党人控制国家政权，所以支持程德全继任江苏都督。北京临时政府对程的任命多少反映了他与袁世凯的这一意图。在这一时期，张謇与程德全多有会面。他在《柳西草堂日记》和《啬翁自订年谱》中多有记载。如民国元年二月二十日日记写道："孙中山解职，设继清帝逊位后数日行之，大善。"四月二十三日日记写道："诣苏（州），苏以昨夜复有谋乱事，无知少年为之，破露幸早。"专程前往苏州慰问程德全。六月初八日"诣苏，晤程都督"。南京留守府裁撤后，张謇从上海专程赴宁"晤雪老（程德全号雪楼）"②。当然除在政治上交换看法外，两人还十分关注民生。民国元年，就导淮问题，张謇曾专"为程德全、柏文蔚草拟《请导淮开垦呈》"③。

中华民国联合会成立后不久，就与统一党、民社、国民协进会、国民公党、国民公会、共进会合并为共和党。其间，张謇、程德全等因与章太炎政见不合，另行组织"政见商榷会"。次年4月，程德全宣布退出共和党，专事"政见商榷会"，以沟通南北、调和党争为目的。

1913年3月20日（民国二年二月十三日），国民党代理事长宋教仁在上海火车站被刺身亡。袁世凯闻讯，装腔作势下令悬赏缉凶，电令程德全限期破案。因宋教仁曾在江苏都督府担任过政务厅长、中华民国南京临时政府法制局长，与程德全共过事，所以应革命党人的请求和袁世凯的指示，程德全立即下令上海县政府、沪宁铁路局和闸北警察局迅速破案，程氏本人还亲自到沪与黄兴、陈其美、于右任等一起会商"宋案"缉凶问题。两天后凶手武士英和指使者应桂馨均被上海租界当局抓获，经审讯供出幕后策划、指使刺杀宋教仁的不是别人，正是袁世凯。袁世凯见内幕被揭露，要求将人犯押解北京，遭到程德全的拒绝。程氏要求袁世凯组织特别法庭审理此案，未获批准。随后，在革命党人强烈要求和黄兴等人敦促下，程德全、应德闳通电全国，将全部案件证据予以公布，"宋

① 苏辽：《民国首任江苏都督程德全》，《民国春秋》1998年第1期。
② 张謇：《柳西草堂日记》，《张謇全集》第8册，第736—742页。
③ 张謇：《啬翁自订年谱》，《张謇全集》第8册，第1032页。

案"真相至此大白于天下①。程氏此举引起袁世凯的无比愤怒。程氏虽与革命党人政见不合,但对袁世凯用这种暗杀手段对付政敌也不以为然,却因此开罪袁世凯及其北洋集团。

张謇获悉宋教仁被刺身亡,深"惜之"②。案件真相大白后,舆论一片哗然。袁世凯见此,要求张謇出面进行调解,"旋北方有电向民党解释,即与赵凤昌、汪精卫、黄克强调解"。③张謇的角色颇为难堪,因为案件真相清楚,他既不能责怪程德全办理不善,又不好偏袒革命党人,更不愿开罪袁世凯,只好应付,调解的结果自然是"迄无效"。④

宋教仁被刺后,孙中山急忙从日本回国,决定武力讨袁,这就是"二次革命"。7月15日(六月十二日),黄兴率一批高级军官来到南京城北的江苏都督府,要求程德全宣布江苏独立。程德全起先表示拒绝,他虽对袁氏的倒行逆施,尤其是实行军民分治、中央集权的做法表示不满,但又不愿与中央政府公开对抗,认为就凭江苏这点兵力,也难有作为,况且内战只能造成社会动乱,百姓遭殃,于是誓不相从。但在黄兴等强力要求下,程德全见形势不可逆转,革命党人意志难违,且担心自己有性命之虞,最后只好表示同意宣布江苏独立,任命黄兴为江苏讨袁军总司令,并委托与黄兴来宁的章士钊起草讨袁独立宣言,随后以都督的身份和江苏民政长应德闳及黄兴发表联名通电,宣布江苏独立,北伐讨袁,捍卫共和。程氏此举,不啻表示他同袁氏彻底决裂,同时也宣告与张謇关系的终结。

"二次革命"很快失败,孙中山、黄兴等率部分革命党人又一次逃亡日本。袁世凯对革命党人进行清算。在"围剿"逮杀革命党人的同时,对程德全也未放过,下令将其罢免,并追究他的责任。幸有张謇等人的斡旋,程氏才幸免牢狱之灾。此后他遁迹上海多年,从此淡出政坛。

程德全因受知于清朝将军寿山,在庚子沙俄入侵我国东北事变中,不顾个人安危,誓死抗俄,捍卫了国家和民族的尊严,由此赢得了国人的尊敬,同时也博得以慈禧为代表的清朝贵族集团的赏识,由候补知县而超擢为地方大员。他追求社会革新,希望通过君主立宪来挽救垂危的封建清王朝,又使他受知于立宪派领袖人物张謇,在辛亥革命的风云变幻中,彼此呼应,携手联合,最终顺应共和,促成江苏独立,并为推动民主共和的实现,作出了努力。但他在晚清政坛

---

①②③　张謇:《啬翁自订年谱》,《张謇全集》第8册,第1032页。
④　详见崔杰:《程德全传》,第94—96页。

中毕竟属于崛起的"新贵",根基不深,随着清王朝的灭亡,他失去了靠山。辛亥革命中,因与张謇在政见方面趋同,以及立宪派为了自身的利益诉求,他能同张謇一度保持合作,但张謇的地位声望远不在江苏,他是朝野瞩目有影响的人物,连袁世凯都需要借助他的声望行事。程德全与他是一个不等量的人物。他在江苏巡抚任上时间甚短,尚未形成自己的政治力量。他既与革命党人不协,又被迫宣布"江苏独立",附和革命党人武力讨袁,终为袁世凯所不容。若不是张謇等人的一手庇护,可能他的下场会更惨。

"苍松历久等烟消,古寺还凭江岸描;居士雪楼曾小隐,扁舟一叶应嘉招。"①程德全被免职后,先是寓居上海,日读经卷,消磨岁月。袁世凯败亡后,他渴望东山再起,"苍松历久等烟消",但是当年与他共患难的革命党人并没有起用他。在"久等"无望之后,遂借口不耐沪上车马喧腾的环境,于1920年(民国九年)在常州天宁寺出家,受戒于冶开法师门下。1926年(民国十五年),革命党人北伐,进军江浙,他仍未受到党人关注,彻底绝望,决定遁迹空门。冶开法师给他取法名寂照,又名先慧。此后他曾一度用寂照法名剃度,在木渎镇的法云庵隐居,并担任该庵主持。他的礼佛实属不得已之举。1929年(民国十八年),因病不得不再回上海求医,寓居爱文义路(今北京路)迁善里。次年5月29日(五月初二日)去世,终年七十岁。风云一时的程德全就此了结一生。

在程氏追思会上,革命党人袁希洛感慨地说:程氏对民国有功无过,且有功不居,是仅次于孙中山的民国第二个"完人"②,此言虽过其实,但多少表达了国民党元老派中一部分人对当局待程氏不公的看法。程氏系前清官僚,既不是革命党人,与革命党人的关系又不深,其结局在预料之中。程氏死后,灵柩初葬于苏州半亩桥西南的周巷,1965年被移放到灵岩山寺的塔院内。

---

① 程德全诗,潘泽苍:《程德全终老法云庵》,《苏州杂志》1993年第3期,转引自崔杰:《程德全传》,第102页。

② 王贵宝:《民国第二完人程德全》,《苏州日报》2009年10月25日。

蔡元培

救中国必以学

蔡元培先生是辛亥革命的元勋,近代中国著名的教育家、思想家。这里,就蔡元培先生在辛亥革命前后所作的贡献作一简述。

一

第一次鸦片战争后,中国逐步沦为半封建半殖民地社会,外国侵略的深入,民族战争的屡屡挫败,导致民族危机空前严重。屈辱的历史,严酷的现实,激励着许多仁人志士去为改变现实而奋斗。他们或抛头颅,洒血疆场;或步出国门,学习西方,探求救国救民的真理。蔡元培就是其中最为杰出的一个。

蔡元培先生无疑是近代中国伟大的爱国者。他不仅仅是一位教育家,而且也是一位集革命家、思想家、教育家、学者于一身的人物,这样的人物在近代中国并不多见。毛泽东尊他为人世楷模、学界泰斗,这是对他一生最为全面的总结和肯定。

反帝反封建是近代中国的历史命题,也是那个时代的要求。蔡元培出生于绍兴,自幼深受黄宗羲、刘宗周、吕留良的思想影响,为他日后投身民族民主革命奠定了基础。清末秀才"造反"、举人"从戎"的并不多见,而翰林进士投身革命更是凤毛麟角。蔡元培先生是光绪十六年(1890)的贡士,光绪十八年(1892)的进士,庶常馆结束后入为翰林院编修。光绪帝师翁同龢是他殿试的读卷官,对他的才品极为赏识,说他"年少通经,文极古藻,不仅通经学,而且通小学,是一隽才也"。就是这位翰林,名满大江南北的隽才,原本可以当侍郎,做尚书,入参军机,当大学士,位极人臣,最终却选择了改革社会、反清革命的道路。在翰林院供职期间,他抱着"都无作官意,唯有读书声"宗旨,广泛涉猎西学书籍,从李圭的《环游地球新录》、郑观应的《盛世危言》、马建忠的《适可斋记言》到李提摩太的《普法战纪》,乃至《日本新政考》《日本史略》等,无一不读。他善于思考,对于戊戌变法,尤其是对戊戌志士的流血深表同情,对慈禧太后发动的政变表示不满,但他对于变法只注重政府的做法不表赞同。当时各国对戊戌变法的失败多有评论,《东亚时报》的一篇评论批评康有为"只重视政府,不重视人民觉悟,不知政府是枝叶也,人民是根干也。急于求声势,忽视以教育徐养其根本元气"。蔡元培先生对此观点完全赞同,坚信"民众是国家的根本",爱国、救国,必先唤醒民众。认为要救国,必先育才;要育才,必先开民智;而开民智则必先兴新学,兴教育。戊戌变法的失败直接影响他日后"教育救国"和走上"体制革命"的道路。此后他与人创建爱国女学、发起成立中国教育会,宣传和鼓吹通过教育唤起民众的革命精神。

义和团运动的失败和《辛丑条约》的签订是近代中国社会历史变迁的一个界碑,也是蔡元培人生道路发生根本性转折的起点。他说"我三十六岁(1902)以后,已决意参加革命"。"中国前途至危……诸强邻虎视于外,清廷鱼烂于内,欲救亡,舍革命无他途。"(与黄炎培语)义和团运动后,清政府成了"洋人的朝廷",不推翻清朝,中国无出路。他主张以革命手段推翻清朝,这点和孙中山的革命主张一致。1904 年他为了策应黄兴的华兴会反清起义,联络陶成章等江浙一带会党势力,成立光复会(复古会),以"光复汉室,还我河山,以身许国,功成身退"为宗旨,并担任该会会长。光复会与兴中会、华兴会三足鼎立,同为同盟会成立前中国反清革命三大团体之一。1905 年中国同盟会成立,同年 11月,由黄兴主盟,蔡元培在上海加入同盟会,并正式被命为同盟会上海支部长。从此他和孙中山、黄兴等一起,成为他们的战友和同志。

1911 年武昌起义爆发后,蔡元培从欧洲回国,参加了中华民国南京临时政府的组建工作,并担任民国首任教育总长,为民主共和政治在中国的确立作出了重大的贡献。这里要顺便说一下,蔡元培当时具有特有的敏锐政治目光和洞察时局的能力。这可以从他对袁世凯出山的看法中加以证明。"弟之以为袁世凯者,必不至复为曾国藩,然未必肯为华盛顿,故彼之出山,意在破坏革命军,而即借此以为帝。"(致吴稚晖函)后来的历史完全印证了蔡元培的预言。

与孙中山稍有不同的是,蔡元培主张寓革命于教育之中、"救中国必以学",认为西方各国以及日本强盛均"根于学",中国要立足于世界,必须"教育立国"。这是他投身中国民族民主革命的一大特点,而且也是他作为近代中国伟大思想家最具特色的地方。这个思想继后还贯穿到民国的文化教育、学术建设之中,因而更具影响力。

二

在近代中国众多的杰出人物中,被称为学界泰斗的并不多见。蔡元培被毛泽东尊为"学界泰斗",是当之无愧的。作为一名学者、思想家和教育家,蔡元培留给我们许多宝贵的精神财富,直到今天仍熠熠生辉、光彩夺目。

资本主义曾创造了比封建社会更多的财富,在中国建立资本主义曾是孙中山、蔡元培等许多革命家追求的理想,然而当他们看到西方国家资本家与劳动者之间"血战的惨剧",看到西方社会贫富悬殊、严重对立时,他们深感中国既要学习西方,但又要避免资本主义带来的祸害,为此,他们苦思冥想、殚精竭虑,探索解决的办法。在这个问题探索中,孙中山提出了"平均地权""节制资本"的主张,蔡元培则提出了"教之以公民道德",诉之于"自由、平等、博爱"的思想。他列举中国先秦时期的伦理思想,结合资产阶级革命时期的公民道德观,把"自由"与古代的"义"结合起来;把"平等"和古代的"恕"结合起来;把"博爱"同古代的"仁"结合起来。认为有了以自由、平等、博爱为内涵的公民道德教育,就能约束人的越轨行为,实现社会和谐,求得现世的幸福,进而达到《礼运篇》中所说的"天下为公",理想的"未来黄金时代"。

蔡元培通晓日文、德文、法文等多国文字,对于德国的古典哲学有很深的研究。民国初年主持全国教育时,他曾提出要开展军国民教育、实利教育、公民道德教育、世界观教育、美育教育。但他认为只有世界教育才是国民教育的终极目标,他从康德的二元论观点出发,认为世界包括现象与实体两个方面,现象世界之事为政治,以造成现世幸福为目的;实体世界之事为宗教,以摆脱现世幸福为作用。如果人类仅仅以现象世界为幸福目的,那么"杀身成仁""舍生取义",甚至争取民族自由等都将失去价值和意义;如果没有那种超越现实、凌驾于尘世之上的思想家,世界上的事情就无法得到妥善的处理。他用哲学的最高境界来阐述他的世界教育思想,虽不乏理想主义的色彩,但对处理现实世界错综复杂的矛盾和问题不无启示。

在担任教育总长和后来执掌北京大学期间,蔡元培还进一步阐发了他的教育立国思想。蔡元培指出教育家不同于政治家,"教育是求远效的,政党的政策是求近功的"。政治家着眼于现实,注重于权势;而教育家注重于明天,关注的是世界的未来,"一年之计树谷,十年之计树木,百年之计树人"。"教育者,非为已往,非为现在,而专在将来",办教育,育人才,要有"百世不迁之主义"。民国初年,他制定民国的学制,包括学校系统、各级学校的规程、教育行政的关系,以及社会教育等方面。在军阀混战和政党林立、政局动荡的当时,他为实现教育救国、教育立国的理想进行了不懈的努力。要求大学生"砥励德行,束身自爱,以身作则,力矫颓俗"。要求"学者当有研究学问之兴趣,尤当养成学问家之人格"。

三

民国著名记者黄远镛这样评价蔡元培:"其人理想之超卓,道德之高尚,自是同盟会第一流人物。"(《远生遗著》)将蔡元培的道德操守,奉为楷模,垂范后世,当之无愧。

蔡元培先生无论是在担任教育总长,受聘为北京大学校长期间,还是后来担任中央研究院院长的时候,始终抱定"升官不发财"的宗旨,以教育学术事业为重。民国初建,一切草创,教育部更是简陋,办公机构只有房屋数间,部员只有三十多人,他"为事择人,不设冗员",自奉俭约,埋头苦干,分工任事,很少衙门气,始终以"公仆"的身份,保持清廉俭朴的生活作风。

任北大校长期间,蔡元培本着男女平等的精神,率先实行男女同校,推行教授治校;本着学术自由,"兼容并包"的信条,延聘名师,不计年龄,不论中外,严格取舍;整顿校规,祛除陋习,使数年来毫无生机的北大一下子变成崛然独立、声誉日隆的高等学府,并使北大日后成为五四新文化运动的中心。

中国有独立的国家科学研究机构,始于蔡元培创办的中央研究院。在担任中央研究院院长期间,他知人善任,雍容大度,以学术自由、民主管理和人才主义来治院,大胆引进各类人才,创建各类学科,去官僚化为学术化,挑选纯正有为的学者任各研究所长,聘用有科学知识并有领导能力的人做总干事,推进我国科学事业的发展。对于学术研究,仍一如既往,恪守"学术自由""兼容并包"的精神,充分尊重学者的研究自由,因而取得了不少在当时处于世界领先地位的研究成果。他平易近人,言行一致,心口如一,赢得了全院上下的敬重。

蔡元培先生在执掌中央研究院期间,对蒋介石专制独裁政治深怀不满,1932年他与宋庆龄、杨杏佛等在上海组织了中国民权保障同盟,为营救和争取释放被捕的进步人士、政治犯而努力奔走,为争取民众的集会结社、言论、出版自由等民权而奋斗。他说:"我等所愿意保障的是人权。我等保障的对象就是人。既同是人,就有一种共同应受保障的普遍人权。"当时最受迫害的是共产党人和革命者,因此,他的保障民权主要是援救和援助共产党人。这既是人权,更是政治。为此,他曾遭到国民党的暗杀恐吓和各种威胁,但并未因此而放弃斗争。他甚至与陶行知、李公朴、陈望道等于1933年发起纪念马克思逝世五十周年大会,高度评价马克思是近世科学社会主义的始祖。他还公开演讲和介绍科学社会主义,这在当时国民党专制独裁统治下,是很不容易也很了不起的。

"遇事虚怀观一是,与人和气察群言。"这是蔡元培自写的座右铭。他一生虚怀若谷,尊重别人,尊重科学,追求"一是",以探究真理为追求目标。他是民族的楷模,我们永远学习的榜样。

萨镇冰

从镇压起义到投奔革命

　　萨镇冰是清末海军统领（司令），1911 年 10 月 10 日武昌起义爆发后，清政府曾命令他率领海军前去武汉镇压革命，但在日益迅猛发展的革命形势影响下，海军很快瓦解了。11 月 11 日（旧历九月二十一日），萨镇冰自动离开舰队，他所统率的海军全部起义，归附革命。

　　对于萨镇冰离舰出走一事，长期以来说法歧异。邹鲁在《国民党史稿》的《光复之役》一章中说："萨镇冰匿于渔船，过浔先遁。"①包遵彭在《中国海军史》一书中，对萨镇冰在武昌起义时期的活动，干脆避开，只字不提。这些都是有违于当时的历史事实的。

一

　　在近代中国史上，向西方寻找真理的一派人物中，有不少是接受西方资本主义教育的留学生。严复是其中最著名的代表。西方资本主义教育客观上造成了他们对资本主义社会制度的向往，反转过来又加深了他们对封建专制主义制度的不满。萨镇冰虽然不是像严复那样的主张社会改革的思想家，但西方资本主义文化教育的熏陶无疑对他的思想有重大影响。

　　萨镇冰，字鼎铭，号镇冰。1859 年 3 月 30 日（清咸丰九年二月二十六日）出生在福建侯官（今属福州市）的一个封建知识分子家庭。原籍雁门（今山西代县）。萨的先世为西域回回族（答失蛮氏），蒙古帝国征服西域和中亚后，把治下的西域等地人称为色目人，所以萨的祖先是色目人。元泰定年间，萨的十六世祖萨天与（元代著名诗人萨都剌的弟弟）任福建行中书省检校，自此定居福建，遂列闽籍。萨镇冰家学渊源，仅清代，"从康熙迄光绪，登第者五十多人"②。萨

---

　　① 中国史学会主编：《辛亥革命》（七）（中国近代史资料丛刊），上海人民出版社 1957 年版，第470 页。

　　② 陈贞寿：《萨镇冰生平及其轶事》，《福建文史资料》第五辑。

镇冰的父亲也是清代秀才。因此他幼承家学,研读经史,七岁受业于名师王崧辰,九岁就中了秀才。后因家计窘困,无资供读,被迫放弃科举入仕的道路。1868年(清同治七年)他考进了洋务派创办的福州船政学堂。1872年(清同治十一年)以优良成绩毕业。次年秋,又和严复等人一起被清政府派赴欧洲学习海军。

在留学英国的两年中,萨镇冰受到比在福州船政学堂更加广泛深刻的教育。他留学的时候,正是英国资本主义发展到全盛的时期。英国的议会制度、强大的海上力量、发达的机器工业,使一个来自半殖民地半封建的中国的少年产生无限仰慕之情。"我从未见到这样一个'新奇'的社会","它实在是好",萨镇冰对友人讲的这些话,大抵代表了他当时对英国资本主义社会的看法;在以后相当长的时间里,他的这种看法始终没有改变过。萨氏到达英国后,先进格林威治英国皇家海军学校,学习物理、化学、航海、天文、气象、海军作战阵法、造船和枪炮制造的理论,同时还学习了西方资本主义国家的文学、历史以及国际法,这些自然科学和社会科学知识,极大地丰富了他的头脑,也使他对资本主义有了初步的了解。其后,他被派到英国海军实习,并跟随英国海军舰队巡游地中海、大西洋、南北美洲、印度洋,最后以"得有实学",[1]"于行军布阵一切战守之法无不精习"[2],顺利地完成了航海要求和学校课程。

英国留学归来后,萨镇冰先后在福建水师和北洋水师任职。他努力使自己成为一名海军"良将",盼望国家的富强。甲午战前,他先后任"威远""康济"军舰管带和天津水师学堂监督[3]。当舰长时,常驻节舰上,亲自指导官兵练习航海技术以及施放鱼雷、打炮靶等战斗动作。在天津水师学堂,他睡的是一张和舰上的床铺差不多的又窄又小的木板床,他说:"军人是不能贪图安逸的,在岸上也应当和海上一样。"每逢带领学生到舰上实习,总是和学生一起荡舢舨、泅水、打靶。他惜才若渴,对于品学兼优的学生常常以私物相赠。他认为文字贵在自修,学问之道务求实际,劝导学生不要去"学作八股式的无性灵的文章"[4]。可是,他的这些努力并不能改变清朝海军的腐朽局面。

中日甲午战争中,北洋舰队几乎全部被消灭。战后,北洋海军官兵全部遭罢遣,萨镇冰也回到了福州。不久,张之洞创办江南自强军,萨氏被聘任为吴淞

① 李鸿章:《出洋肄业在学各员请奖折》。
② 包遵彭:《中国海军史》(下册),第755页。
③ 陈锡璋:《细说北洋》,第154页。
④ 冰心:《记萨镇冰先生》,《青年界》十卷一期。

炮台总台官。清政府整顿船政后,萨氏重回海军界。他在 1905 年担任海军统领(司令)期间,订购了大量外文军事书籍,每天坚持阅读中外文报纸,密切注意形势的变化。作为统领,他对于自己的行为操守也很注意。平日不骄不躁,待部下谦和礼貌,因公外出,不带仆役,不讲排场,不摆架子。从不任用私人,亲戚远道来投,总是酌给川资(路费)或"生本"(生产资金),劝其回去。个人生活尤其清简,一生没做过寿,也不受别人的礼。平日住房总是租那破敝的,常常自己动手帮房东修理。像他这样廉洁的官吏在清末官场可谓凤毛麟角,有人称他是"中国海军的模范军人"①,并非过誉。

1909 年溥仪继位,改元宣统,由其父载沣摄政。载沣深感皇室和满人地位危险,力谋皇族集权,第一步就是握揽兵权。1909 年载沣从袁世凯手中夺回了北洋军,接着又设立了筹办海军事务处,任命载洵为筹办海军大臣,萨镇冰为筹办海军副大臣。萨镇冰对于清廷重建海军和任命他为筹办海军副大臣的看法很矛盾。一方面感到"非有强盛之海军,则不足以固吾圉而扬国威"②,迫切希望重建中国海军;另一方面对清政府能否实现重建海军的计划又感到怀疑,因而缺乏信心。载沣摄政后,"亲贵秉政""专揽大权"的局面更加深了他的疑虑。

载沣重建海军旨在加强皇室对军队的控制,对萨镇冰并不信任。清朝海军自创建以来,就分南洋、北洋、粤洋三系,海军学校也各立门户,学制极不统一。派遣的留学生也有东洋(日本)西洋(欧美诸国)之分,各宗所学,各行其是。此外还有专收满人的昆明湖(颐和园昆明湖)水师学堂,以致海军内部山头林立,派系倾轧③。大体上说,海军官佐以八闽子弟为多,其次为广东人。海军内部闽粤两派权力之争一直很激烈④。萨镇冰是海军耆宿,海军官佐大多出其门下,且平素礼贤下士,深得军心,因此威望甚高。清政府唯恐海军大权落入萨氏的手中,于是除让满人担任各主要战舰舰长,对汉人进行直接控制外,又利用闽粤两派矛盾,暗中加以牵制。1910 年海军部成立,"清廷为暗削闽人之权,乃增粤人势力,以便左右操纵之。于是把海军副大臣闽人萨镇冰出调为舰队统制,而以粤人谭学衡由该部参赞升为海军副大臣,又派粤人程璧光为第一舰队司令"⑤。清廷这种扶粤压闽的做法,引起了闽系海军军人的强烈不满,加剧了海

---

① 陈锡璋:《细说北洋》,第 154 页。
② 《国风报》第一年第二期,第 5—6 页。
③ 包遵彭:《中国海军史》(下册),第 520 页。
④ 《辛亥革命回忆录》(二),第 123 页。
⑤ 《辛亥革命回忆录》(二)。第一舰队,又名巡洋舰队,是清末海军主力。

军内部的矛盾。

1910 年 8 月后,萨镇冰曾随同载洵先后赴欧美日本考察海军。目睹西方资本主义的发展,他深深感到封建的中国太腐朽落后了。回国后,他本想有所作为,但正如他给李国圭的信中讲的,无奈"旧染已深,时多牵肘,仍属徒有其义"①。西方之行引起的思想认识上的变化以及对清朝政治的失望灰心,直接影响了他后来在武昌起义发生后所采取的立场。

二

武昌起义爆发后的第二天,革命党人一举攻下了汉口和汉阳。革命党人的节节胜利,引起了清廷的极大震恐和帝国主义的严重不安。10 月 12 日,萨镇冰奉海军部命令,率舰队前往武汉前线作战。北京外交使团也连日召开紧急会议,会议一致以"吾等在汉口之利益,自应竭力保护"为由,要清政府饬令萨镇冰"于炮击时,竭力设法,以免毁及租界""设法免致租界一切危险",并表示,"如萨提督不允,各领事拟有最后之办法"②。其措辞之强硬,犹如最后通牒。清政府正在寻求各国对其镇压革命党人的"谅解"和"支持",遂于 10 月 17 日将外交使团的照会转发给萨镇冰,要他无条件地接受各国公使的"劝告"。

长江流域是英国在华殖民侵略的势力范围。英国担心中国内战的扩大和绵延,将会使它在这一地区的权益受到重大损失。为了使萨镇冰能切实地执行外交使团的"劝告",英国政府又对萨本人直接施加影响。萨在中国海军界素有"亲英派"之称,与英国长江水师司令官温斯罗过从甚密。1910 年萨在英国考察海军时,英王曾授予他勋爵称号。10 月 18 日,英国驻华公使朱尔典电函温斯罗:"本大臣深信,除贵提督外,无人能使萨提督易于悦服。一因萨提督早年与英国水师有密切关系;一因萨为贵提督素深敬爱,因此之故,拟请贵提督移住适宜之处,以期于租界危急之时,得以进言于萨提督。"③同一天,温斯罗移师汉口江面。萨向温斯罗表示:"愿照各领事之意核办","不波及租界"。④

萨镇冰本来就对清政府派他镇压起义表示"淡漠",关于这一点,当时有不少记载。各国在报道武昌起义消息时说"水师提督萨所统之舰队,自始至今,对于清军行为殊为淡漠"。⑤许多参加海军起义的革命党人也说:"各舰驻于刘家

---

① 《传记文学》第十卷第五期。又《中国海军史》下册,第 520 页。
②③④ 《辛亥革命》(八)(中国近代史资料丛刊),第 265 页。
⑤ 同上书,第 362 页。

135

庙,与民军少有冲突"①,"清军猛攻汉口,(海军)绝少开炮助战"②,"海军除满籍官兵外,自萨镇冰以下,都对革命表示同情"③。甚至说萨"暗助民军"④。因此,外交使团的"劝告"正好为他的消极军事行动提供了"借口"。他利用外交使团的"劝告",在军事上处处敷衍清政府。他宣布,没有他的命令,任何舰艇不得擅自采取军事行动。当时逃督瑞澂在"楚豫"兵舰上,多次要求炮击在长江上往来的革命军船只,企图截断革命军的水上交通,但始终未得到萨氏的同意。瑞澂多次要求海军用远射程大炮轰击武昌,也遭到萨氏拒绝。10月27日,冯国璋准备夺取汉阳,要求海军发炮配合,萨以外交使团"劝告"难违为由,没有派遣舰队进行炮击,只是令各舰抽调小舢舨一只,由"海容"舰的小火轮拖带,在汉阳江面兜了一圈,施放了数十发炮弹即告完事。10月28日,陆军再度要求海军配合炮击武昌青山,由于"海"字三大舰⑤上同情革命官兵的努力,这次炮击并没有对革命党人造成多大的损失。此后,陆军虽还多次要求海军配合作战,但均被萨镇冰用各种借口敷衍过去。海军从10月17日奉命到达武汉前线,到11月11日举行起义,总计历时二十多天,中间大小军事行动总共约有四次,而且每次一般均不超过一小时,所谓海军"帮助陆军作战,其情形不过如此"。⑥

萨镇冰军事上的消极敷衍态度,客观上削弱了清政府对革命党人的镇压力量,有利革命党人反清起义斗争。

三

10月17日,萨镇冰统率海军舰队到达汉口刘家庙江面。18日,革命军同清军在汉口铁路附近激战。萨氏站在"楚有号"瞭望台上,用望远镜观看战斗。革命军前赴后继的牺牲精神,附近铁路工人和农民冒着枪林弹雨,手持劳动工具,帮助革命军追杀逃敌的战斗情景,使他惊讶不已⑦。他对身旁的"楚有号"舰长深有感触地说:"吾辈自服务军界以来,从未见过如此壮烈场面,足见清廷失去民心久矣!"

为了弄清武昌革命的真相,萨镇冰在10月20日亲自派遣"楚有"兵舰轮机

---

① 池仲祜:《海军大事记》,第21页。
② 《辛亥革命》(七)(中国近代史资料丛刊),第469页。
③ 《辛亥首义回忆录》(二),第205、206页。
④⑥ 《辛亥革命回忆录》(六),第101页。
⑤ 即"海筹""海琛""海容"三舰。"海圻"访欧未归。
⑦ 参见《北洋军阀统治时期史话》(一),第78—79页。

兵刘某前往武昌实地调查了解。刘某回来向他报告说:武昌革命军秩序良好,人民亦同心协力,矢志要推翻清朝,建立共和。青年学生纷纷投入革命军,准备作战,革命政府成员都能吃苦耐劳,每月只支薪二十元。萨听后沉默不语,只是连连点头。革命党人的廉洁作风、严明纪律和英勇气概,显然给了他极深的印象。

武昌起义在各地引起了巨大反响,反清起义的烈火燃烧在长江两岸。10月 22 日,湖南独立,巩固了湖北的后方。23 日,九江独立,革命党人收复了湖口和马当要塞,解除了长江下游清军对武汉的威胁。11 月 3 日,上海独立,驻沪海军起义响应。11 月 4 日到 8 日,浙、苏、皖三省相继独立。至此,长江中下游沿岸各省全都成了革命党人的天下,"扬子江流域各要冲,已尽为革命军所掌握"。①萨镇冰统率的海军舰队腹背受敌,被围困在长江中下游这一狭长的地带里,陷入四面楚歌的境地。各省的独立使海军的给养难以为继,舰只不能靠岸,得不到煤炭、油米莱蔬供应。"萨镇冰所统各舰雷艇子药无多,米煤垂尽……武汉皆无可购买,前派委员四处采办米粮,或因路途阻隔,或竟消息毫无,如此情形,将至坐以待毙。"②且时值深秋,江水日涸,"海"字三大舰因吃水较深,时有搁浅之虞,必须迅速驶离武汉江面。

同时,武昌都督府对海军进行了策反工作。黎元洪(曾在天津水师学堂求学)在武昌起义后的第八天以师生之谊,致函萨镇冰,要求萨共举义旗,推倒君主,建立共和。同时分别致函"楚有""楚同"等舰长,劝他们为创建共和国给以"一臂之助"。据有关史料记载,萨接到黎的信,"阅后沉默不语",但在复信中以"国体政体为言"(因原件未见,具体内容不得而知)。黎接着又给萨写了第二封信,信中说:"钧示所虑各节,同人等已早筹计,兹事之解决,在各省成功之后,联合会议,视程度之所至,政体以己意揆之,大约不出吾师之所主张,清廷不能占此位置耳。吾师抢救国之卓见,熟察现势,必知专制政体之必亡,荷以仁义之师,举应民国,凡在各省,靡不欢迎。"③从黎元洪的这封信里,我们可以推知,萨氏对黎劝他率海军反正虽还存在各种顾虑,无明确表示,但至少对革命党人和民主共和并无恶意。11 月 5 日江苏独立后,程德全再次发布致萨镇冰及全体海军将士檄文,要求萨"以种国为重",合同"组织海陆军,协助进取,光复汉业,以达共和目的"④。对于这个檄文,萨镇冰究竟有何反应,因史料缺乏不得而

---

① 《日本外交文书选译——关于辛亥革命》,第 19 页。
② 张国淦:《辛亥革命史料》,第 130 页。
③ 同上书,第 188 页。
④ 张曜:《中华民国史料》,第 130 页。

知,但它对海军起义以及萨在海军起义时所采取的态度肯定有所影响。

有些论著认为萨镇冰支持海军起义是受了黎元洪"劝导"的结果。如慎予的《中国之海军》就说:"光复之际……萨经友人再三动以大义,乃离职赴沪,海军无人统驭,内部遂益复杂……遂不问情由,遽降。"①这是不符合史实的。但海军起义领导人之一张怿伯在《海军辛亥革命纪实》一文中则谈道:"当时黎元洪有无致函劝萨反正,各舰未知其事,如果有此,固未发生效力。"②事实是,海军官佐多数接受过西方资本主义教育和影响,对民主共和具有一定程度的认识,这是海军起义的思想基础。全国日益高涨的革命形势的影响,使海军官兵日益倾向革命。海军内部早有同盟会分子的活动。海军中下层官兵"咸同情于孙中山先生之民族革命"③。武昌起义一爆发,就有海军军官投奔革命。海军舰队集结武汉江面后,"海琛"舰的张怿伯、杨庆贞,"海容"舰的金琢章,"海筹"舰的何渭生等人,便开始密谋发动起义,临时编订英文密电码,作为各舰秘密通讯联络的信号。张怿伯在舰上发动了拥护革命的签名运动,何渭生说服舰长黄钟瑛支持革命,黄表示默许。黄又和"江贞"舰舰长杜锡珪劝萨乘机率海军起义,顺应革命潮流,为革命建立功劳。对于部下的劝告,当时萨的态度,据汤芗铭回忆说:"经我们多次劝告,最后萨先生允许把全部舰队调赴九江",但"自以年老不能担任非常举动",拒绝参与和领导起义④。所谓"年老不能担任非常举动"显然是托辞。这时,清朝大势已去,人心向往共和,海军起义势不可挡。萨镇冰的表现说明:他既无意反对共和,对抗革命,又一时下不了决心同清政府彻底决裂,投向革命。就在革命党人对萨镇冰进行劝说工作的时候,发生了北洋军焚烧汉口的惨剧。11月1日,冯国璋率北洋军攻下汉口,"恣意残杀,惨及妇孺,焚烧街市,绵亘十余里,奸淫掳掠,无所不至"。⑤与此同时,又对武昌、汉阳进行了连续不停的轰击。陆军的暴行引起了萨镇冰和海军广大官兵的无比愤慨,"军心愤其肆暴,从此海军趋向民军矣"。⑥11日下午三点,萨镇冰邀集"海"字三大舰舰长至"江贞"兵舰谈话,宣布自己辞职,同时任命"海筹"舰舰长、汉人黄钟瑛代理他的职务。四时,"海"字三大舰及"飞鹰"等舰奉萨命令驶离武汉江面,开赴九江。在途中,举行起义。黎元洪得知海军起义消息后,对萨镇冰表示

---

① 《国闻周报》二卷,第14—16期。
② 《辛亥革命回忆录》(二),第108页。
③ 《辛亥革命回忆录》(六),第95页。
④ 同上书,第93—94页。
⑤ 张国淦:《辛亥革命史料》,第46页。
⑥ 池仲祜:《海军大事记》,第21页。

钦佩,随即电令九江军政府都督马毓宝"派员优待萨镇冰"①。萨镇冰在"海"字等舰开赴九江后,也离开了"江贞"舰。离舰前夕,他令"江贞"舰用灯语通知其余在汉各舰:"我即离舰,以后一切军事,尔等好自为之。"于是从黄石搭乘民船前往九江,改乘英国太古轮船公司轮船前往上海。"楚豫""江贞"等舰在萨离舰后也遂即起锚,全部驶往九江,参加起义。

萨镇冰终于在起义的关键时刻离开了海军。但是,对他在海军起义中的态度和行动,当时革命政府和参加辛亥革命的有关人士后来的回忆,却都给予实事求是的积极的评价。

湖北军政府指出:"萨镇冰对革命暗中是有帮助的,民军应该予以优待,以酬其劳。"②民国初年,海军协会在呈请大总统起用萨镇冰的报告中也说"萨有功于民国"。③这首先是因为当时萨镇冰身为清政府海军提督,受命镇压武昌起义,但他却在布置军事行动上采取消极态度,当时海军"将士对萨颇有敬重之心","萨无举动,士卒亦随之"。④其次,在海军起义过程中,萨镇冰既未加镇压也未予阻止,实际上等于"默允"⑤。海军在起义后答九江军政府的问话时声称是"奉萨谕东下","萨统制与黎都督已有接洽",⑥也并非毫无根据地假借萨氏的名义。所以,萨镇冰在海军起义中的态度和行动,不仅在客观上有利于起义,也反映了他对革命的同情。我们对此应给予适当肯定,而不应因萨镇冰没有直接参加海军起义和投向革命,就认为他在海军起义中完全没有任何积极作用。萨在起义前夕离舰出走,当然说明了萨的局限性,但也不应简单地说成是"潜逃",许多参加辛亥起义的官兵都说:"国民党书上谓萨乘渔船潜逃,实为妄说。"⑦这是公允的。

---

① ⑤ 《辛亥首义回忆录》(二),第 205、206 页。

② ⑥ ⑦ 同上书,第 206 页。

③ 陈锡璋:《细说北洋》,第 313 页。

④ 《辛亥革命》(七)(中国近代史资料丛刊),第 470 页。

袁世凯

乘革命党人妥协退让之机

1911 年的辛亥革命中,有一个耐人寻味的现象,那就是一些原本与革命毫无关系的人,或与革命相对立的人,却成了革命中的风云人物,并成为革命的最大受益者和赢家。袁世凯就是其中最为突出的一个。

一、袁世凯是清廷抛出来的一根"救命稻草"

在清末,袁世凯被认为是"治世之能臣"。他思想不旧,曾赞成和拥护维新变法,被维新志士视为变法成败的关键人物。光绪帝特任命他为兵部候补侍郎,这一任命曾给他政治生命带来极大的风险。义和团运动发生后,他在山东巡抚任上,实行"保境安民",保护传教士,处理民教冲突"妥帖",从而赢得列强的信任。慈禧对外"宣战",他抗旨不遵,参加了刘坤一、张之洞发起的"东南互保"活动。"互保"保存了清朝的东南半壁江山,保证了日后两宫回銮和清朝的苟延残存,因而博得了慈禧等人的好感。

辛丑议和后,诸多牵连获咎大臣被杀或被革逐,朝廷中枢一时乏人。李鸿章在与列强艰难议和中,猝然去世。临终前遗折保荐袁世凯继任直隶总督兼北洋大臣,这一举荐遂奠定了袁世凯在晚清政坛上的显赫地位,成为继李氏之后,左右晚清政局的权臣。1901 年新政开展后,他大办巡警,编练新军,举办实业,开设各类新式学堂,成效显著。此外,从他的为人处世来看,他勇于担负责任,他识才,能笼络人,所以部属咸予用命、效忠于他。正如王锡彤所说:"其大过人处在肩头有力,绝不诿过于人。凡一才一艺,一经甄录,即各从其才之所堪而委。以力之所能胜,不求备于一人,亦不望人以份外。一事之成,而奖借不遑;不成则自任其咎,不使人分谤。此其所以群流归仰,天下英雄咸乐为之尽死也。"①其言虽不免有所溢美,但所说袁氏善于笼络人为其所用大体符合事实。

---

① 王锡彤:《抑斋自述》,河南大学出版社 2001 年版。

也许是犯了"功高震主"的忌讳，1908 年慈禧去世，载沣监国后深感袁氏权重望深，是对朝廷的威胁，于是"袭用国初歧克汉人之习，首与为仇"，决定杀掉他，以加强皇权。"北洋陆军皆袁旧部，闻之大哗，各各摩拳擦掌，慷慨急难，几将肇绝大风潮。"①亏得张之洞、鹿传霖等人从中周旋，"百方调解"，袁氏才得"放归"田里。此后他隐居洹上，表面上装着一副"心似南湖常淡泊，身依北斗最高寒"，淡泊官场权势的样子，其实是韬光养晦，等待时机，徐图再起。

武昌起义爆发后，湖广总督瑞澂逃跑，瑞澂为琦善的孙子、载泽的妹夫，而载泽为隆裕太后的妹夫，由于这些复杂的关系，载沣只将其革职，责令其"戴罪立功"。奕劻对此处理不以为然，隆裕太后拒而弗听。在武昌起义后的第一时间内，载沣和隆裕太后绝对没有想到要派袁世凯率兵前去镇压。不久驻守滦州的第二十镇统制张绍曾接受革命党人陈之骥的意见，与兰天蔚、卢永祥等几名协统联名电奏，要求速开国会、改定宪法、赦免党人，解除现任亲贵内阁。这份电奏，实际等同"兵谏"。滦州俯背京师，只有咫尺之遥，因而清廷大起恐慌。不久，山西宣告独立，清廷"尤感威胁"。不得不下"罪己诏"。在清廷手忙脚乱、惶恐不安时，朝内朝外、上上下下均不约而同地想到了一个人，那就是袁世凯。朝野希望朝廷能降旨立即起用袁世凯，派袁世凯统兵去削平"鄂乱"，在内阁总理大臣奕劻的奏请下，载沣虽不情愿，但也无计可施，只得颁谕，授袁世凯为湖广总督，率北洋军前去镇压起义。奕劻先后派阮忠枢、杨度等人前往彰德"劝驾"，但袁世凯不为所动，条陈"谢折而已"。载沣无奈，只得任命其组织内阁，将统治大权交给他。当时举朝上下，莫不把袁氏视为一根救命稻草，"倚恃为唯一之长城，冀其力挽沉疴"，殊不知袁氏"乃一催命郎中耳"。②

二、袁世凯既不愿做曾国藩，也不愿做华盛顿，他看中的是国家权力

清廷起用袁世凯后，一切害怕和反对革命的人，都寄望袁世凯能像咸同年间的曾国藩那样，迅速统兵，"剿平"武昌起义。但此时的袁世凯并不这样想。他对载沣怨恨未消，决定首先从载沣手中夺取政权，架空清廷。他奉谕组阁后，首先将入对奏事之权集中于内阁，使清廷任意听其摆布。其次胁迫载沣辞退。当时京师禁卫军名义上是由载涛管理，实则由载沣代行大元帅。袁世凯命令载涛"出征"以难之，载涛"怔忡"，乃自请添派禁卫军训练大臣，袁氏趁机派亲信徐世昌专司训练，于是将禁卫军大权掌控在自己手中。至此，载沣顿失凭借，深知

---

①② 　王锡彤：《抑斋自述》，河南大学出版社 2001 年版。

不容于袁氏,遂向隆裕太后面奏,请准归政,退居藩邸,隆裕"允之"。此后,袁氏便直接同隆裕太后进行"交锋"。隆裕太后是光绪帝的皇后,从未过问过政事,让她出山,说明朝廷已经无人,她根本不是袁氏的对手。

袁世凯自从载沣手中夺得政权那一刻起,便从未想过要去做曾国藩。咸同年间,曾国藩奉旨编练湘军,去镇压同为汉族的洪秀全发动的太平天国起义,是打着捍卫儒家文化、封建道统的旗号。半个世纪过去了,如今的清王朝已是今非昔比,革命党人"排满"复汉的斗争声势浩大。清王朝统治已岌岌可危。袁氏深知"专制之国无大臣","位逼则疑,权重则忌",①再去为这个曾经一度要杀死自己的清廷卖命实在没有必要。所以早在出山不久,南下督师时,他就明确地向来送行的人表示:"余甚稳健,对于革命党人决不虐视。"②他一面令冯国璋率北洋军第二、四镇炮轰汉口、汉阳,派王士珍屯兵彰德,"主办袁军后路",从军事上给革命党人形成巨大的压力,"压党人方张之气,使其易于就范"③,但一切均做得"留有余地"④。当时北洋军中主战派锐欲渡江,袁氏"亲以长途电话勒止之"。另一面,他利用杨度与汪精卫"通款",与武昌革命党人联络,摸清革命党人的意图。双管齐下,"以遂其推倒清室而自代之野心"。⑤

清末,袁世凯是君主立宪的拥护者。及知"民军虚实,旨在推翻专制,建立共和,且以未来元首属望于彼,岂能失此大好时机",汪精卫、魏宸组言"中国非共和不可,共和非君促成不可,(大总统)非公担任不可"⑥旋经汪精卫从中说合,袁氏与武汉方面达成三条:双方即日停战、清廷宣布退位、举袁世凯为大总统。各省都督府到达汉口后,英国公使朱尔典电致汉口英领事,将此三条转告各代表:"如果照办,共和即告成立。"代表会议后表示认可。汪精卫在给袁氏的复电中称赞袁氏"雄才英略,素负全国重望,能顾全大局",表示只要袁氏"与民军一致行动,迅速推倒满清政府,令全国大势早成,外人承认,则中华民国大总统一位,断推举项城无疑"⑦。于是袁世凯决定利用革命党人来压迫清廷退位,"以达到个人政治上之大欲"⑧。派遣唐绍仪为代表,正式前往武昌与革命党人谈判议和。此时的袁世凯绝不想做什么华盛顿,他只想做皇帝。

---

①③④⑤⑧　沈云龙:《徐世昌评传》,传记文学出版社 1979 年版。

②　王锡彤:《抑斋自述》,河南大学出版社 2001 年版。

⑥　张国淦:《辛亥革命史料》,第 153、167 页。

⑦　《开国规模》,台北"中央文物供应社"1962 年版,第 166 页。

三、纵横捭阖、施以种种诡计,最终夺得政权

对于武昌方面与袁世凯达成的三条,留在上海的各省都督府代表并不知情。

1912年年初,孙中山就任临时大总统后,深恐此举对正在举行的南北和议产生重大影响,特致函袁世凯解释原委,以安其心。函中说:

> 诸同志皆以组织临时政府之责相属,问其理由,盖以东南诸省,久缺统一之机关,行动非常困难,故以组织临时政府为生存之必要条件。文既审艰虞,义不容辞,只得暂时担任。公方以旋乾转坤自任,即知亿兆属望,而日前之地位,尚不能引嫌自逊,故文虽暂时承乏,而虚位以待之心,终可大白于将来,望早定计,以慰四万万人之渴望。①

然而,南京临时政府的成立和孙中山的当选,终究打乱了袁世凯原先的夺权计划,因而他对此"极为冲动"。"及见南方选举总统后,恍然南北终是两家",他不愿看到南方革命势力的增长,更担心如果国民大会在上海召开,他"终将为其挟持",不能摆脱,乃决计从"推倒清室"上着手,最终逼迫革命党人取消南京政府,向他交出政权。

袁世凯首先胁迫亲贵。借口南方革命党人正组军北伐,"海军尽叛,饷无可筹,兵不敷遣",要他们"输财赡军"。继而胁迫溥仪退位,由邮传部大臣梁士诒授意,驻俄公使陆徵祥联合驻外各公使电奏清帝退位。②进而恐吓隆裕太后,在袁世凯的授意下,以段祺瑞为首的近五十名将帅统领致电内阁,要求"顺应民意,实行共和",否则将带兵前来京师。隆裕太后见此大为"惊恐",吓得"号啕大哭",袁世凯遂据此威逼隆裕太后宣布退位:"环球各国,不外君主、民主两端,民主以尧舜禅让,乃察民心之所归,迥非历代亡国之可比。……民军所争者政体,而非君位;所欲者共和,而非宗社。我皇太后皇上何忍九庙之震惊,何忍乘舆之出狩,必能俯鉴大势,以顺民心。"③并以退位优待条件"诱饵之"。在袁世凯的威逼恐吓下,1912年2月12日,隆裕太后接受退位优待条件,宣布退位,同时"遗命"委托袁世凯组织完全民主共和政府。至此,袁世凯如愿以偿,给人以他的政权"系由清室递嬗而来"的印象。正如一位官僚指出的那样,袁氏不过是借革命党人来压迫清廷,"其结果仍是接续南京也"。④

清帝宣布退位的同一天,袁世凯致电南京临时政府,表示他赞成共和:

① 《开国规模》,第166页。
② 《三水梁燕孙先生年谱》,1946年版。
③④ 张国淦:《辛亥革命史料》,第153、167页。

共和为最良国体,世界所公认,今由帝政一跃而跻及之,实诸公屡年之心血,亦国民无穷之幸福。大清皇帝既明诏辞位,业经世凯署名,则宣布之日为帝政之终局,即民国之始基。从此努力进行,务令达到圆满之地位,永不使君主政体再行于中国。①

在这里,袁世凯表达的是他现在手中的权力取自清廷,而非革命党人,自认为他既已迫清帝退位,并以"赞成"共和为条件,那么革命党人就必须乖乖交出政权。

对于袁世凯这一电文,孙中山"初颇责其不当",但袁世凯和唐绍仪则"诿之清廷,且以其为遗言性质,无再起死回生、使之更正之理",以文字技巧玩弄南京临时政府。

南京临时政府接到袁氏电文后,临时参议院选举袁世凯为大总统,袁氏获得十七票。孙中山有见于此,遂于2月13日宣布辞去临时大总统。4月,南京临时政府迁往北京,革命党人最终无奈地向袁世凯交出了政权。孙中山和革命党人流血奋斗了十数年,缔造了民国,而袁世凯却通过各种诡计,当上了民国大总统,获得了政权,这是对历史的嘲讽。

在辛亥革命风云中,袁世凯最终能夺得全国政权,除袁氏本人的诸多原因外,还与下列因素有关:

利用了革命党人的声势:"清廷退位,虽仰赖当局阴阳捭阖之妙,而实借民党发扬蹈厉之势,乃可以恫喝而成功。"②

得到列强的支持。摄政王载沣"革去摄政名义,政权一归内阁,英使朱尔典实助袁公以成之"。③

得力于段祺瑞等北洋将领的支持:"北洋将领多袁氏旧人,甚为团结,只知听袁氏号令。不知满洲,更不知革命,袁足以自固。"袁氏得大位,"其所以如此之速者,得力于段芝泉(祺瑞)前敌将士一电,请愿共和之最有力者也"。④

袁氏周围有一批人为他出点子,支持他。沈云龙评论说:"袁以逊清内阁总理大臣,摇身一变而为民国大总统,固由于彼个人之机智独运,复济之以诈术权谋,遂得逞其大欲,而左右为之运筹帷幄者,若唐绍仪、梁士诒、赵秉钧、叶恭绰辈有以助成之,亦一重要因素。"⑤

得力于东南立宪派官绅张謇、汤寿潜等的支持。"皇族内阁"成立后,张謇

———————————

① 《民立报》1912年2月14日。
②④ 王锡彤:《抑斋自述》,河南大学出版社2001年版,第142—143、173页。
③⑤ 沈云龙:《徐世昌评传》,传记文学出版社1979年版。

等对清廷彻底失望,有见革命形势日渐高涨,决定不再去"捧持落日,要来扶起朝阳"①。他们参加了以孙中山为首的南京临时政府。待到袁世凯出山,他们又立刻投向袁氏怀抱,全力支持袁世凯。张謇致电袁氏,要他接受共和,甚至提议请段祺瑞等北洋军人出面进行干预,实行逼宫。袁氏最终采纳了他的这个建议。张謇还参与了商讨清帝退位和优待清室条件的活动,亲自草拟了清帝退位诏书,为袁世凯最终夺取政权铺平了道路。

除孙中山等少数反对派之外,革命党人中的大多数从民族革命的观点出发,主张通过和议,争取袁世凯"反正",推倒清室,实现民主共和。革命党人的妥协退让给袁世凯以可乘之机。袁世凯曾说:"南军日言北伐,惜其不来,若即来,以南人脆弱之躯,当苦寒之地,稍与懦缓,必不能支,则和议更为易成。"②革命党人的软弱主和,遂造成了袁氏夺得政权的结局。

袁世凯接受中华民国临时大总统一职,看中的当然不是大总统这一名器,他想要的是大总统背后统治国家的权力,而他从内心深处对民主共和国的体制并不赞同。他长期生活于君主专制制度之下,并不具备民主共和的政治意识。所以,当上大总统后,他执定民主共和制度万不可行于中国,倒行逆施,镇压革命党人,下令解散国会,一手铲除和消灭由革命党人流血牺牲奋斗十数年换来的民主共和国,悍然帝制自为。无如辛亥后民主共和早已深入人心,袁氏的帝制活动从宣布到结束,前后不及八十三天,就彻底失败了。

四、僭号称帝,自取败亡

王锡彤在论及袁世凯败亡时说:"洪宪之举,迹近儿戏,背叛民国,夫复何辞?""洪宪乃自己造机。"③也就是说袁世凯称帝完全是自己一手制造的,因此,他的败亡不应归罪于别人,是他咎由自取、自己造孽的结果。

武昌起义后,清政府迫于形势,交出政权,他成为继皇族内阁之后的执政内阁总理大臣。袁世凯取代载沣,成为事实上的"君主"。清帝退位后,在袁世凯和旁人看来,他已是中国真正的统治者。但发动起义的革命党人对于让出大总统一职,并不甘心。他们利用民主共和政治的法则,制定和通过了《临时约法》,要求未来政府实行责任内阁制,并开展政党政治,在议会内获取多数席位,企图

① 张孝若:《南通张季直先生传记》。《辛亥革命》(八),第41页。
② 丁文江等编:《梁任公先生年谱长编初稿》,第158页。
③ 王锡彤:《抑斋自述》,河南大学出版社2001年版。

重新夺回失去的政权。袁世凯"深感国会、责任内阁制和政党政治都是束缚自己手脚的桎梏"①。他由讨厌民主共和政治而憎恶革命党人,乃至决心铲除和消灭这个无数革命党人流血牺牲换来的民主共和国。1913年3月,他派人暗杀了国民党代理事长宋教仁。7月,发动"赣宁之役",撤销鄂、皖、苏、赣、粤等省督军,一手镇压了孙中山发动的"二次革命"。此后派出大批军警,胁迫国会,选举他为大总统。接着下令解散国民党,停开国会,大肆捕杀革命党人。"凡从前起义有功之人多以嫌疑被逮","进步党固予政府接近者,亦一例待之,人心不寒乎?"所以有人说"此为政府失人心之始"②。袁世凯所做的这一切都是为其日后帝制自为扫清障碍。待这些一一"战胜之后,奢望顿生,一班宵小益得以种种媚术蛊之,而洪宪之祸作矣"。③

清末新政和预备立宪运动,使立宪思想在知识群体及诸多领域内很流行。而绝大多数官僚士大夫因直接参与宪政活动,都具有了一定的君主立宪政治意识,对君宪政治表示认可。清朝被推翻后,相对于民国而言,他们从感情上更留恋君主立宪政治而不喜民主共和。就人事而言,他们本是袁世凯的旧同僚、旧部下,在清末预备立宪政治的环境下一起共事,这种久惯于君主专制下的政治情结,使他们往往自然而然地聚集在一起。而"洪宪新国究不是前清王朝的复制,有三点不同于清朝:一立宪,一永废跪拜礼,一永不用阉宦"。所以,有人指出民元以后,"政府所用之大老,皆一班预备立宪之旧人,故所行仍是(前清)预备立宪之故伎","旧梦重温,覆车相蹈也"④。这一部分人客观上成为袁氏帝制自为的精神支柱和帝制活动的支持者、拥护者。

袁世凯不敢用"崭新人物",即在辛亥革命中显露头角、具有民主共和政治倾向的年轻一代。他所用之人以及聚集在他周围的都是"一班亡国之清流","又甄录一班嗜进无耻、热衷利禄之流以充塞庶位"。⑤筹安会"六君子"则是复辟帝制的鼓吹者。"宵小窥伺,而有筹安会之设也。"杨度素主君主立宪,因而为袁氏称帝不遗余力。他发表《君宪救国论》,袁看后大为激赏,称其为"旷代逸才"。杨氏又将袁克定比作唐代的李世民,大加吹捧,从而博得袁氏父子的信任。继后他又组织筹安会,宣言"筹一国之安","拨乱之法,莫如废民主而立君主;求治之法,莫如废民主专制而行君主立宪",公开为袁氏称帝摇旗呐喊。

袁氏僭号称帝,背叛民国,引起全国上下一片反对。当初他是利用了一切

① 侯宜杰:《袁世凯家族》,河北教育出版社2000年版。
②③④⑤ 王锡彤:《抑斋自述》,河南大学出版社2001年版。

拥清反对革命的人们和一切反清革命的人们的支持而夺得政权的,结果则是在一切曾经拥护他、支持他的人们的反对声和讨伐声中走向败亡。

为了称帝,他大肆搜刮,以致民怨沸腾。"今民国纪元而后,验契有费,公债派钱,一切新税正在议行者,尤不知凡几,民间纷然以为加赋,且与日本交涉失败,薄海志士罔不短气。当此时而铺张功德,谋称尊号,得毋非为其时乎?"①他的帝制活动很不得民心。

袁世凯历来迷信武力,认为只要有武力,没有什么事情办不成。殊不料他的帝制一出笼,就引起北洋内部的分裂。1915 年 12 月,参政院开会时,各省纷纷设立筹安分会,请愿行帝制者率上书于参政院。"虽明知其非义,亦无词不予收受。其实云南、四川已在兴师,中央亦派兵讨伐,而兵不用命,将帅观望成败,不肯用力。内则段芝泉(指段祺瑞)别有怀抱,外则阎百川(指阎锡山)、冯华甫(指冯国璋)均另作主张。"②北洋军事集团主要人物段祺瑞、冯国璋的不支持,是直接导致洪宪帝制失败的一个重要原因。

自袁世凯宣布实行帝制后,一切对帝制持反对意见者均被扣上"图谋不轨"的罪名,"皆以乱党相待"。周馥、周学熙父子反对帝制,周馥愤慨地说:"既行之于今,何必当初?""帝制之行,缉之(指周学熙)不愿签字。有人谗之当局,诬缉之勾引国民党,潜谋不轨。"③周、袁是儿女亲家,周氏听到这个说法后气得吐血。张謇劝告袁世凯做中国的华盛顿,不要效法上断头台的法国路易十六。总统府机要局局长张一麐也进行规谏,严修亦曾从天津赶往北京劝阻,并指出其子袁克定蒙骗袁氏,但袁氏就是不听。梁启超知国体有变,发表《异哉,所谓国体问题者》,见劝说无效,知大祸临头,急忙携家人前往天津躲避。据说,他是经冯国璋授意,才秘密潜赴云南讨袁的④。自筹安会发起,"将军府签名赞成(帝制)时,蔡锷实首先签名者",但袁氏仍怀疑蔡有异志,竟派军执法处发兵围住蔡宅,进行搜查,虽一无所得,但蔡氏不能无所惧,乃日日在球房拍球,某一天,穿上球役衣服坐三轮车出京以去⑤。云南、四川、湖南、广西护国讨袁战争爆发后,袁世凯"知用兵无益,遂于三月后复改洪宪元年为民国五年",声言取消帝制。结果这一改、一取消,又造成了两个"离心":袁氏称帝时,"使一班新人离心",使当初拥护他当民国大总统的官僚士大夫离他而去;而宣布取消帝制后,"又使一班旧人离心",使支持他帝制活动的一班官僚政客寒心而去。所以有人

①②③⑤　王锡彤:《抑斋自述》,河南大学出版社 2001 年版。
④　刘成禺、张伯驹:《洪宪纪事诗》,上海古籍出版社 1982 年版。

指责袁氏"始也不量时势,背宣誓之言,失大信于天下。继也反声四起,兵不用命,复取消前言,自失权威,宜乎坦坦康衢,顿生荆棘也"①。终致众叛亲离,自取败亡。

袁氏帝制失败还与列强态度变卦有关。袁氏称帝当初,曾得到英、德等国的认可。英、德都是君主立宪国家,认为民主共和不宜于中国。德国在远东没有友邦,因而瞩意于袁世凯,"然而绝不愿中国成为共和国"。德皇威廉二世与中国驻德公使梁敦彦谈及国体问题,谓共和不适合中国国情,应当建立强有力的君主制度。他还通过袁克定转告袁世凯:"力陈中国非帝制不能图强,并说中国东邻日本奉天皇为神权,西接英、俄,亦以帝国为宰割。中国地广民众,位于日、英、俄之间,不能师法遥远的美国。美国也不能远渡重洋,给中华民国以强有力的援助。"他表示"德国誓以全力赞助经营,财政、器械,无条件地供给,中国当信我能履行诺言"②。英国也认为"民国初立,执政者皆帝制时代之旧人,革命分子势力甚弱,如果挟大总统之威权,一变中华民国而为帝国,也是英、日、俄等帝国所愿",③表示"若国中无内乱,则随时可以实行"。④袁世凯"以有两大国之奥援,国内为其所掌握,用远交近攻之策,日本器小易盈,容易对付,百无一失",⑤于是决定实行。岂知 1914 年第一次世界大战爆发,英、德成为交战国,忙于厮杀,自顾不暇,使袁氏帝制活动遂蹈于孤立。日本首相山县有朋曾直言不讳地说:"日本不希望中国有一个强有力的皇帝,日本更不希望那里有一个成功的共和国,日本所希望的是一个软弱无能的中国。一个受日本影响的弱皇帝统治下的弱中国,才是理想的国家。"⑥日本利用第一次世界大战爆发,趁机向袁氏提出灭亡中国的"二十一条"。袁氏为了换取日本对其帝制的承认,竟于 1915 年 5 月 25 日表示接受。消息传来,举国震惊,民众怒不可遏,誓死反对,要求严惩卖国贼。段祺瑞本来平时就对袁世凯"不事趋承",袁氏称帝严重损害了他(也包括冯国璋等人)的利益。论资望、地位,在共和制下,他们都有继袁氏而任总统的可能。既改帝制,皇帝世袭,还要向袁氏子孙称臣,这是他们不愿意的。日本趁机收买段祺瑞,拆散了袁氏的班底。至此袁氏内部四分五裂,内外交困,空前孤立,帝制活动遂告失败。1916 年 3 月袁世凯被迫宣布取消帝制。

<hr>

①② 王锡彤:《抑斋自述》,河南大学出版社 2001 年版。

③ 侯宜杰:《袁世凯家族》,河北教育出版社 2000 年版。

④ 《袁世凯与朱尔典密谈之记录》,又《三水梁燕孙先生年谱》,1946 年版。

⑤ 刘成禺、张伯驹:《洪宪纪事诗》,上海古籍出版社 1982 年版。

⑥ 《国外中国近代史研究》第二辑。

此时有人劝其放弃政治,回河南老家息影待时再起,"今取消帝制,即彻底垮台,退为总统亦未能久,仍是大错,宜回河南"①。但他没有接受,仍厚颜无耻地以大总统名义发号施令,因而为天下所不齿。孙中山在《讨袁檄文》中说:"天下有死灰复燃之皇帝,断无失节再醮之总统。"指责袁氏总统资格业已丧尽,根本无权再发号施令。②6月6日,袁氏在举国唾骂声和讨伐声中,带着万分羞愧死去,了结了他的一生。

袁世凯帝制活动的出现有着极其深刻的社会原因。对于久惯于封建君主专制下的绝大多数中国人而言,"共和"、"民主"、议会、总统之类的东西,还很陌生。当时他们并非出于对"民主""共和"的自觉而热情拥护革命,在民国和国民之间还存在着客观的距离,即未产生同构效应。民国初年国民党同袁氏之间的政治、军事斗争,也使人感到厌倦。晚清几十年的内忧外患使民众饱受痛苦,企盼能早日恢复秩序,过上和平宁静的生活。人们拥戴袁氏,基本上是出于这样的目的。这种人心意念,为袁世凯复辟帝制提供了可乘之机和文化心理基础。一部分官僚士大夫拥戴袁氏称帝除对君主立宪政治的认同外,还与下列心理因素分不开。在他们眼里,孙中山、黄兴等革命党人以及各地参与反清起义的人都是"乱党""乱民",让他们掌权、治国是绝对不可行的。他们由对"乱党的不信任而在无意识中倾向于袁世凯。各地土匪蜂起,假借革命者,不能认为同志,此后民居必扰,秩序难保,非桑梓福也"。③

再从袁氏的个人政治素质来看,他的败亡也并不奇怪。"履霜坚冰,业不终其有由矣。"他是地地道道的武夫,王闿运曾说:"嬉笑怒骂,曾、左、李、彭、丁、张为净友,袁以下自郐无讥",④"总而言之,统而言之,不是东西"。⑤郐为西周诸侯,后被郑武公所灭;无讥,指无足称述。意思是说袁氏根本无法与曾、左、李等一班人相比,他不过是一个寡廉鲜耻、十足无赖的小人。梁启超干脆将其行政比为"流氓政治"。袁氏逆潮流而动,只能是自取灭亡了。

①⑤　刘成禺、张伯驹:《洪宪纪事诗》,上海古籍出版社1982年版。

②　孙中山:《讨袁檄文》,《孙中山选集》(上),中华书局1962年版。

③　王锡彤:《抑斋自述》,河南大学出版社2001年版。

④　王仁清:《民国人物联话》,南京大学出版社1993年版。

陈其美

为民主共和牺牲

陈其美,字英士,浙江湖州人。1916 年 5 月 18 日,陈其美在今上海市淡水路日侨山田家门口的路上被袁世凯、冯国璋派来的杀手击杀殒命。他是孙中山护国讨袁斗争中牺牲的一位重要革命领袖。对于他的牺牲,革命党人无不悲痛,仅送的挽联就多达一千多副。孙中山在祭文中写道:

> ……君总群豪,与贼奋搏;百怪张牙,图君益渴,七十万金,头颅如许,自有史来,莫之或匹。君死之夕,屋欷巷哭。我时抚尸,犹弗瞑目。曾不逾月,贼忽暴殂,君倘无知,天胡此怒?含笑九泉,当自兹始。文老幸生,必成君志。……①

连平日与陈其美关系不睦的章太炎也送去了一副挽联:

> 愿君化彗尾,为我扫幽燕。②

这里的"为我扫幽燕",就是指推倒袁世凯封建官僚买办独裁统治。辛亥革命中,袁世凯通过玩弄反革命的两手,当上民国总统,夺得了政权。他上台后,企图通过拉拢和收买革命党人,来消灭革命力量。鉴于陈其美在辛亥革命中,尤其是在东南革命党人中的威望,袁世凯有心拉拢陈其美为其所用,他曾私下派人携带五十万元收买陈其美,结果遭到陈的严辞拒绝。从此袁氏对其怀恨在心,直至萌生除掉他的念头。

1913 年,宋教仁被刺身亡。陈其美响应孙中山号召,投入讨袁的"二次革命",宣布上海独立。袁世凯立即下令查抄陈其美在湖州的家产。"二次革命"失败后,袁世凯反动气焰更加嚣张,他通缉陈其美和其他革命党人,下令解散国民党和国会,废止《中华民国临时约法》,接着凭着手中掌握的北洋军和背后列强的支持,于 1915 年悍然倒行逆施,帝制自为。

---

① 引自叶观澜:《民国人物连连看》,第 163 页。
② 《联对大全》卷八,哀唁类。

"二次革命"失败后,陈其美随孙中山又一次流亡日本。在革命最艰难的时候,他紧紧团结在孙中山的周围,坚持民主共和,坚持革命,加入孙中山的中华革命党,并出任中华革命党总务部长,积极组建中华革命军。随时开展反袁斗争。

　　袁世凯帝制活动公开后,陈其美奉孙中山之命,秘密回国,组织反袁。他主持中华革命党上海总部工作,兼任中华革命军东南军司令长官。当时随他回国反袁的还有后来惨烈牺牲的范鸿仙烈士。上海是国际大都市,东南重镇。袁世凯当然不会轻易让革命党人卷土重来。于是,派其死党、海军司令郑汝成为上海镇守使,率带海军前来上海。谁知郑汝成到上海不久,陈其美就派人在上海外滩外白渡桥上击毙之,接着又策动"肇和"舰起义讨袁。陈其美的这两次革命行动对袁世凯反动复辟势力打击不小,一度引起恐慌。梁士诒在哀郑汝成的挽联中写道:

　　　　心伤浑浚平吴后,肠断岑来入蜀年。①

　　张謇感到袁氏称帝将会给东南社会带来不稳定,很是担心。他也送了一副挽联:

　　　　祸乱有何可言,坚壁难忘前战史;是非久之自定,良金应铸故将军。②

　　张謇曾调停"宋案"引起的南北之争,不幸无果而终。对于"二次革命",他殊不为然,故对郑汝成之死别抱看法。

　　郑汝成的死,激怒了袁世凯。袁世凯立即实施报复。袁世凯开价七十万银元,令江苏督军冯国璋派张宗昌雇用凶手许国霖,收买李海秋,策划了这场暗杀。当时讨袁经费严重困难,陈其美正为筹款发愁,两个歹徒于是设下圈套,假说旅居上海的日人山田愿意出钱资助,陈其美轻信上当,结果在山田家门外的马路上被击中身死。

　　从陈其美派人刺杀郑汝成到陈其美被袁世凯派人刺杀,从表面上看,这都是暗杀,但情形却大不相同。前者是为了捍卫民主共和,反对帝制复辟;后者却是为了铲除革命力量,维护其封建独裁统治。实际上是民主共和与封建帝制复辟的一次较量。尽管当时革命阵营处于弱势,袁世凯代表的旧的封建残余复辟势力显得"强大",但却是逆潮流而动,不得人心。时代潮流浩浩荡荡,顺之者昌,逆之者亡。袁世凯违背民意,最后必然败亡。历史证实了这一点。陈其美是为民主共和而牺牲,他的名字将永远铭刻在中国民主革命史册上,为人们所纪念。

---

①② 《联对大全》卷八,哀唁类。

第二部分

光复会

底定东南

　　光复会是清末著名的革命团体,在 1911 年的辛亥革命中,尤其是为江、浙、沪的独立,曾建立了卓越的功绩。百年后的今天,当人们重新审视光复会在清末的斗争史,不免又有着诸多的感触。这里就光复会的宗旨、组织领导、与其他团体的关系、它在辛亥革命中的活动及其终结发表一点看法。

一、民族革命的宗旨限制了其与同盟会的合作,侠义型的暗杀活动使其组织处于涣散状态

　　1644 年清朝入关取代朱明政权。在长达二百六十多年的统治中,中国社会上"反清复明""驱满复汉"的秘密反清斗争一直绵延不绝。在近代民族主义出现前,这种单纯的民族革命仍具有反封建专制统治的进步一面,不能轻易加以否定。正如章太炎在《光复军志》一书的序文中说:"余年十三四,始读蒋氏(良骐)《东华录》,见吕留良、曾静事,怅然不怡。……弱冠,睹全祖望文,所述南田、台湾诸事甚详,益奋然欲为浙父老雪耻。"清兵入关后,曾对江南地区反抗的官僚地主和具有"反满"意识的文人士子进行残酷打击,一手制造了骇人听闻的吕留良、曾静等事件,企图以此压制汉族反抗。稍后,章太炎又阅读了王夫之的《黄书》,"志行益坚",誓死要为浙江父老报仇雪耻。章氏这段话很有代表性,与他同属浙江的徐锡麟、秋瑾、陶成章等人也大都具有类似的思想。徐锡麟说:"与我同胞共复旧业,誓扫妖氛,重新建国……报往日之深仇。"[1]陶成章"少时主张救世之学,痛异族之专制,悯社会之暗塞,思欲改革而除之",[2]誓志反清报仇。

　　1904 年秋,光复会在上海成立,推蔡元培为会长。宗旨为"光复汉族,还我

---

　　① 尹郎编:《皖变始末记》。见林增平等编:《辛亥革命》,巴蜀书社 1989 年版,第 297 页。

　　② 傅以潜:《陶成章》,《辛亥革命浙江史料选辑》,浙江人民出版社 1981 年版,第 348 页。

河山,以身许国,功成身退"①。这一宗旨与次年成立的中国同盟会的"驱除鞑虏,恢复中华"的纲领十分相近,说明两者在"反满"的立场上是一致的。"光复、同盟,前后离合不一,宗旨固无大异,皆以种族革命为务",因而在同盟会成立时,在日本东京的部分光复会员加入了同盟会。但同盟会的政纲中还有"创立民国,平均地权"的内容,这是同盟会不同于旧式会党,成为具有近代政团性质组织的关键。以孙中山为首,主张推翻清朝统治后,在中国建立资产阶级民主共和国。在这一点上,光复会不表赞同。光复会主张恢复汉室,建立汉人统治的政权。徐锡麟、陶成章,乃至章太炎均存在不同程度的帝王思想。陶成章就说过:"革命就是造反……汤武革命,改朝换代。"②章太炎力主"反满"的革命道路,提倡革命就是"光复汉民族"③。他在《代议然否论》文中认为"帝王一人秉政,优于立宪,没有什么不好"。在革命宗旨的问题上,光复会同同盟会存在着严重分歧和对立。此外,在革命运作的方式上,光复会也与同盟会存在歧异。光复会主张"在宣传革命之外,主要在于革命之力行及实施",认为"用暴力取得政权后,才能实施民主政治……而同盟会虽也重视武装革命,但其领导居国外为多,宣传因之多于力行。光复会对此意见较深"。④

由于与同盟会宗旨异趣,"弥隙难缝",不久光复会就退出了同盟会,仍以光复会的名义独自进行活动。在民族革命的宗旨下,光复会在国内的活动主要放在与秘密会党和新军的联络上。徐锡麟联络闽浙会党,自称"五省大都督",分浙东、浙西、江南、江北、江左、江右、皖南、皖北、上闽、下闽为十军。⑤陶成章则"时而内地,与三合会、哥老会、大刀会诸头目相结纳,一见倾心;扬子江流域,无不在其势力范围内"⑥。秋瑾自日本回国后,在绍兴设立光复会秘密机关,以大通学堂为掩护,设体育专修科,召集金、衢、严、处、绍各府及嵊县会党骨干为学堂学生,朝夕训练,内分八军,"以光复汉室,大振国权字别之","并与赵声、陈其美、黄郛等人遥通消息"⑦。在国外,尤其是在东南亚一带,陶成章在爪哇、新加坡等地设报馆,办杂志,广泛"联络同志",发展会员,在一些城市和地区设立分

---

① 龚翼星:《光复军志》,《辛亥革命浙江史料选辑》,浙江人民出版社1981年版,第308页。

② 尹郎编:《皖变始末记》。见林增平等编:《辛亥革命》,巴蜀书社1989年版,第299页。

③ [日]中村哲夫:《移情阁遗闻——孙中山与吴锦堂》,阿牛社1994年版,第125页。

④ 绍兴逸翁:《再续六六私乘》,《辛亥革命浙江史料选辑》,浙江人民出版社1981年版,第411页。

⑤ 魏兰:《陶焕卿先生行述》,《辛亥革命浙江史料选辑》,浙江人民出版社1981年版,第342页。

⑥ 章乃毅、鞠僧甫:《民国浙军参谋陶公焕卿传》,《辛亥革命浙江史料选辑》,浙江人民出版社1981年版,第352页。

⑦ 秋宗章:《六六私乘》,《辛亥革命浙江史料选辑》,浙江人民出版社1981年版,第402页。

会,开展活动,与同盟会争抢地盘、争夺侨民,甚至发展到相互攻击。光复会这种分裂行为,严重削弱了革命内部的团结,不利于革命的发展。

清末以暗杀满族统治权贵和地方大员来推动革命的方式,曾风行一时。光复会也未能例外。陶成章在1900年前曾效法唐代骆宾王讨伐武则天的故事,北上京城,"以手刃那拉氏自誓,又亲赴奉天,并游历蒙古东西盟,察看地形,以为进行之计"①。秋瑾以鉴湖女侠自比,也力主暗杀满族权贵。尹锐志、尹维俊姊妹亦曾于1909年携带炸弹,潜伏北京一年,企图炸死清廷要员,终因清军防守严密,才未能得手。②

光复会的暗杀活动见诸实施是在1907年徐锡麟在安庆刺杀恩铭,发动起义。1904年光复会获得绍兴党上村富豪许仲卿的巨额捐赠,领导人先后捐纳官职,打入统治集团内部。徐锡麟捐纳道员,陶成章捐纳知府,龚宝铨等捐纳同知。徐分发安徽,任安徽巡警学堂总办。徐锡麟与秋瑾的反清革命计划是:先夺取江苏、浙江、安徽三省,建府南京,而后再向四周各省发展。"皖军则上扼武汉,下趋江宁,东南半壁即可据为根据地,再简派精锐,北窥幽燕,天下事可传檄定。"具体做法是以安徽为重点,以绍兴为中枢,金华、处州等各地同时发动,分路攻取南京,占领江、浙、皖各要地。安庆方面由徐锡麟主持,绍兴方面由秋瑾主持。约定以徐锡麟为首领,秋瑾为协领,一俟皖事得手,浙省即发动响应。1907年,徐锡麟依计而行,趁安徽抚、藩、臬等参加学堂学生毕业典礼之际,刺死巡抚恩铭,发动起义。但徐氏本人在起义中被捕牺牲。安庆起义失败后,连及绍兴大通学堂,结果秋瑾被捕遇害。

丁未起义在社会上引起了强烈震动。当时《杭州白话报》上刊登了一幅画:在波涛滚滚的江面上,一只挂帆的航船正鼓风前进,画上题诗"秋风秋雨天欲黑,张帆暗送浙江潮"。秋瑾的被杀对革命起了很大的推动作用:"杭州方面,人心很是愤激;不知道秋瑾的人都因此知道了秋瑾;不懂得革命的人也因此受到了革命的教育。"③此后,"革命风潮日形高涨",革命形势有了很大发展。然而徐锡麟、秋瑾等领导人的牺牲,也给光复会造成了巨大的损失,光复会后期领导乏人,与此不无关系。

光复会的早期领导是蔡元培、章太炎,后期主要是徐锡麟、秋瑾、陶成章等

---

① 魏兰:《陶焕卿先生行述》,《辛亥革命浙江史料选辑》,浙江人民出版社1981年版,第339页。

② 周亚卫:《辛亥革命亲历记》,中国文史出版社2001年版,第195页。

③ 同上书,第188页。

人。章太炎嗜于国学研究,蔡元培长于教育,他们与会党新军没有直接联系①。自光复会退出同盟会后,蔡元培与光复会的关系日渐疏远,最终脱离了光复会,并成为同盟会的重要成员。1907年徐锡麟、秋瑾牺牲后,光复会的活动几乎陷于停顿。为了逃避官府追捕,会员四处躲藏;秘密会党头目匿而不出。其时人员涣散,组织瘫痪。陶成章虽为领导,但一直在海外活动,直到1908年春他回到上海,光复会的斗争活动才重新恢复。恢复后的活动仍以暗杀统治权要为主要内容。这种以暗杀为手段的侠义型的革命斗争方式使光复会始终不能形成一个强有力的领导核心,去动员和组织民众投入革命;而组织的软弱涣散则使其无法去深入开展反清革命斗争。

二、光复会在辛亥革命中的作用不可低估,贬低和无视它的做法都是毫无意义的

在现存的辛亥革命史著作和研究中,人们往往较多地强调湖北日知会、共进社、科学补习所,以及中部同盟会在辛亥革命中的作用,而忽视光复会的重要作用。上述革命团体在推动武昌起义及各省区的独立中确实功不可没。但光复会在底定东南也是"厥功甚伟"。武昌首义后,第一个响应起义的是上海。上海的独立又连带推动了江苏和浙江的独立,而江浙联军会攻南京的胜利则为日后民主共和政治的实现、中华民国临时政府建都南京奠定了基础,而这一切均与光复会分不开。正如日本历史学家中村哲夫教授指出:光复会在上海率先响应鄂省独立,连带推动江苏、浙江的独立,"直接影响和决定了清朝日后的倾覆"。②辛亥革命前,孙中山的革命方略是先在南方一省或数省取得胜利,然后再向长江流域、黄河流域发展,最后夺取全国胜利。广州起义失败后,宋教仁等同盟会干部发起成立了中部同盟会,决定以长江中下游为突破口,争取革命的胜利。从中部同盟会成立到武昌起义爆发,时间只有短短的半年,虽然也开展了争取新军、发动会党、准备举事的不少工作,但当时在长江中下游地区,尤其是江、浙、皖一带,革命势力最大的还是光复会。由于光复会的不懈努力,这一带革命声势最为高涨,"徐锡麟死后,熊成基继之,起义安庆。败走,复谋刺清贝勒载洵于哈尔滨。广州之役,号称总司令者,实曰赵声……其人皆故光复会员

---

① 周亚卫:《辛亥革命亲历记》,中国文史出版社2001年版,第190页。

② [日]中村哲夫:《移情阁遗闻——孙中山与吴锦堂》,阿牛社1994年版,第108页。

也"①。光复会的这些斗争活动使反清革命力量在长江中下游地区有了一定的群众基础,这就为江、浙、沪、皖日后独立创造了有利条件。

辛亥革命前,光复会在浙江的绍兴、杭州和上海均设有秘密指挥机关。秋瑾牺牲后,绍兴的机关被破坏。杭州的机关设在西湖边上的白云庵内。因浙江新军第二标标统蒋尊簋是同盟会员,其部下多为光复会员,所以,杭州的光复会员与同盟会合作得较好。浙江的光复会员除来自会党外,相当数量是新军中的官兵。他们是后来浙江独立的主要力量。光复会在上海的秘密机关设在法租界平济利路良善里的锐俊学社内。锐俊学社是用光复会员尹锐志和尹维俊姊妹二人的名字命名的。它表面上是一个售卖书报的民间文化机构,实际上是丁未起义失败后负责光复会对外通讯联络和侦察工作的总机关,辛亥革命爆发后成为光复军的指挥部。

1911 年 6 月,陶成章去南洋募款,光复会的日常工作实际由尹氏姊妹主持。10 月武昌起义爆发。尹氏姊妹在锐俊学社商议响应,以陶成章名义运动沪上各界人士,联络沪军管带陈某、吴淞海军朱庭燎、陆军黄汉湘参加光复会,共同策划革命。不久,李燮和从南洋回到上海,任光复军总司令。上海制造局的沪军反正后,同盟会员陈其美入局,为守军扣留,李燮和下令杀之。守军请示尹锐志,尹言陈虽非同会,亦系同志,力持不可杀。陈被释放后,提出拥有制造局所存枪械的大部分、平分制造局存银、在制造局设立沪军都督府、由他任沪军都督、光复军总司令部移驻吴淞等要求,尹锐志都一一答应了。②

上海、吴淞独立后,尹锐志等又派人前往苏州游说江苏都督程德全,程权衡形势后,表示同意,江苏遂宣告独立。上海、江苏独立后,浙江巡抚增韫仍负隅顽抗,尹锐志偕屈映光、张伯岐等亲往杭州,会同朱瑞、吕公望等商谋浙省独立事宜,决定于 11 月 4 日(旧历九月十四日)夜发动起义。起义中,年仅十七岁的尹维俊手持炸弹、带领敢死队率先冲进巡抚衙门。起义军拘捕了增韫,浙江宣告独立。至此,江、浙、沪连为一片,"东南底定,江、浙既下,则上游有恃无恐矣"。③不仅巩固了上游湖北的独立,而且推动了长江沿岸的安徽、江西及其他省区的独立,从而将反清革命推向高潮。

南京旧称金陵,自古为江南形胜,清代是两江总督驻节之地。东南有事,南

---

① 龚翼星:《光复军志》,《辛亥革命浙江史料选辑》,浙江人民出版社 1981 年版,第 310 页。

② 周亚卫:《辛亥革命亲历记》,中国文史出版社 2001 年版,第 195 页。

③ 龚翼星:《光复军志》,《辛亥革命浙江史料选辑》,浙江人民出版社 1981 年版,第 320 页。

京"必为首先攻占之区,地利之势使然也"。上海、江苏独立后,南京仍在清军手里,两江总督张人骏命令提督张勋在城内大肆搜捕革命党人,对抗革命。革命党人潜入南京,联络第九镇统制徐绍桢和巡防营、督署卫队起义失利。徐氏前往上海乞师求援。光复军派出黎天才所部,会同浙军、沪军、苏军,组成江浙联军,以徐绍桢为总司令,从东、南、北三面向南京清军守军发起进攻,于12月10日攻下南京。在攻夺南京的战斗中,尹维俊率领敢死队冲锋在前。光复军"在诸军中最号称能战者矣"①。南京独立后,革命势力完全控制了长江下游地区。其时,适逢汉阳失守,联军攻克南京使革命党人士气为之振奋。筹议在汉口召开的各省都督府代表会议也因此移至南京召开。汉阳失守后,武昌形势孤危,黄兴急至上海,要求江浙派兵增援武昌。经江浙沪三都督协商,光复军总司令李燮和受命为援鄂军总司令,统兵四标,炮队二营,前往武昌,为保卫武昌首义之区,推动革命形势的发展,光复军作出了重大贡献。

南京独立后,南北和议在上海进行。因袁世凯坚持帝制,清帝迟迟不肯退位,和议久久不决。革命党人认为自古未有不能战而后能和的,决定挥师北伐,武力推翻清朝统治。1912年1月12日,南京临时政府任命李燮和为光复军北伐总司令,设司令部于南京城内韬园。3月初,李燮和设兵站于青岛,令刘基炎、朱瑞所部先行。正当光复军挥师北伐,这时传来南北和议告成的消息,北伐行动遂即中止。

综观光复会在辛亥革命中的活动,不难看出它为推翻清朝封建统治,底定东南、巩固武汉和推进北伐,夺取革命在全国的胜利建立了不朽的功绩。

三、陶成章的被刺身亡宣告光复会的终结

1912年1月25日,即中华民国南京临时政府成立后的第一个月,光复会主要领导人陶成章在上海被刺身亡,这是民国建立后发生的第一起谋杀事件。

陶成章的被暗杀与革命团体之间的矛盾冲突有关。1910年光复会脱离同盟会,在东京重组前,陶成章与同盟会的关系,尤其与孙中山的关系就已非常紧张。1908年陶成章前往南洋向华侨募集活动经费,行前请孙中山"作函介绍",遭到孙中山拒绝。在爪哇,《中兴报》编辑陈威涛因平时对孙中山不满,遂从中挑拨,更增加了陶成章对孙中山的恶感。"知孙文难与共事,遂决计独自经营。"其后他任仰光《光华日报》主笔,将光复会的活动以《浙案纪略》刊之该报,在英、

---

① 龚翼星:《光复军志》,《辛亥革命浙江史料选辑》,浙江人民出版社1981年版,第313页。

荷各属宣传光复会主张。他与同盟会争夺地盘,争抢群众,孙中山、胡汉民得知后,作函制止,陶成章不予理会。双方关系日趋紧张。李燮和对孙中山也多有不满,认为孙中山以"诈术待人",于是联络在南洋各埠的江、浙、湘、楚、闽、广、蜀七省的华侨华人,"罗列孙文罪状十二条,善后办法七条",并将孙中山"往来信札"一并交陶成章带至东京同盟会总部面交黄兴,要求撤销孙中山的同盟会总理职务。黄兴力持不可,并从革命大局出发,坚决维护孙中山革命领袖的形象,亲自复函李燮和等人,澄清有关事实真相,希望陶、李消除误会。就在此前后,陈威涛在爪哇,也将所谓孙中山的"罪状"刷印数百张,邮寄中外各报刊登。这种使亲者痛、仇者快的做法,对革命非常不利。孙中山对此非常愤怒,他致函中外各机关报对陶成章、李燮和、陈威涛的分裂行为进行批驳。1909年陶成章等人反孙失败后,便另起炉灶,重组光复会,以章太炎为会长,陶为副会长,李燮和、沈钧益、魏兰为执行总部成员。此后全力经营南洋各埠,与同盟会抗衡,争抢地盘和华侨,对同盟会在南洋的革命活动造成了严重干扰,因而引起了同盟会对光复会,尤其是对陶成章的不满,由此也种下日后陶被杀的祸根。

陶成章与沪军都督陈其美的关系也很紧张。陈其美是"同盟会在上海的主干",但"他很不喜欢光复会"。①陈曾几次劝尹锐志到南洋去,目的是要尹离开上海,使光复会在上海无人办事,尹未中其计。1911年6月26日,陶成章与光复会员在上海嵩山路沈钧益家开会,陈其美闻讯,"欲击毙陶成章"。陶知不为陈所容,被迫离沪,再赴南洋活动。

1911年11月,上海独立,陈其美任沪军都督。虽然光复会曾在起义过程中一度与陈其美合作,甚至支持过陈其美,但李燮和坐镇吴淞,任吴淞军政分府都督、光复军总司令,上海与吴淞近在咫尺,一山容不得二虎,这是陈其美不愿看到的。不过李燮和是湖南人,在上海无根基,好对付,所以陈一直利用攻宁、援鄂、北伐等机会,想方设法将他挤走。陶成章则不同,江、浙、沪地区光复会势力最大,他是光复会的实际领导人,浙江独立后又当上了浙江都督府参谋。江、浙、沪虽都建立了都督府,但光复会员仍听命于陶氏。"吾浙倚先生如长城,经理浙事,非先生其谁任?"②尽管他曾致电部下,劝他们"日后一切事宜商之各军政分府及杭州军政府,以便事权统一,切勿以仆一人名义号召四方",③但他的部下并没有照做。上海的光复会总部实际上成为上海另一个权力机构。陶成

① 周亚卫:《辛亥革命亲历记》,中国文史出版社2001年版,第195页。
② 《陶成章被刺及社会反响》,《辛亥革命浙江史料选辑》,浙江人民出版社1981年版,第356页。
③ 同上书,第355页。

章的实力地位和威望对陈其美直接构成了威胁,这对将江浙沪视为禁脔的陈其美来说是绝对不能容忍的。"其所以必欲置陶于死地而后快,乃因此时光复会系统军事力量过盛。"于是派人将他刺死。

据说,陶成章刚从南洋回到上海时,就有"谣传陈其美将派人刺杀他之说",当时陶对此并未放在心上。待到光复会员王文庆从南京来信告诉他陈确有此计划,并劝他最好躲避,他这才相信。于是"先避之客利旅馆",但因到这里找他的人很多,又移住民国联合会,但这里来往人员也很杂,行踪极易暴露,不得已又移至位于江西路上的光复会机关,继又住进汇中饭店。事有凑巧,就在他住进该饭店的当天,恰好碰上同盟会员在店内宴请孙中山,结果行踪暴露。第二天陶成章急忙移住法租界金神父路(今瑞金二路)上的广慈医院(今瑞金医院),但最终还是未能逃过一劫,1月25日被枪杀身亡,年仅三十五岁。

陶成章被刺身亡,除上述原因外,还有一种情况也往往为人们所忽略,那就是他当时也不为地方实力派官绅所容。据尹锐志回忆,当年秋瑾遇害前,"知府满员贵福在接省命时,以为一弱女子何能为? 似不必严办,商于绅士汤寿潜,汤氏不但不赦,且反促之。故在事后本会(指光复会)拟杀汤,乃因其素尚公正,克勤耐劳,为社会服务颇有足取,致久不定,卒决免之"①。结果没有杀汤。秋瑾与陶成章都是光复会的领导人,他对秋瑾被杀内幕当然清楚。1912年1月南京临时政府成立,汤出任交通总长,例不得兼都督。光复会员力荐陶成章继任,汤氏对此不能不有所顾忌,担心陶成章出任都督后秋后算账,对他进行报复。幸好陶氏继任都督未成事实,尽管如此,但从感情上讲,汤氏等一批浙江士绅是不愿看到陶成章和他领导的光复会主宰浙江的。所以说,陶的被刺虽与浙、沪士绅无直接关系,但他们不喜欢他的存在也是事实。

此外,在浙江独立后不久,一些对陶成章不满的人就散布陶的谣言,说他私吞了前浙江巡抚增韫存在杭州的银行存款。急得他不得不在《民立报》上辟谣:"谓仆得增韫二十万及谋绍兴独立,其视仆不亦左乎? ……第谣言不行,行事多误,故特声明。"②这些谣言虽不属实,但在当时对陶成章来说是很不利的。

陶成章的死标志了光复会革命斗争时代的终结。他死后,会员星散,光复会活动停止。由于此后执政的国民党是从同盟会演化而来,昔日同盟会与光复会恩怨难消,光复会员备受排斥挤压,所以,在此后的漫长岁月里,光复会连同

---

① 尹锐志:《尹锐志回忆录》,《辛亥革命浙江史料选辑》,浙江人民出版社1981年版,第487页。

② 《沪浙光复后陶成章的文告、书信》,《辛亥革命浙江史料选辑》,浙江人民出版社1981年版,第355页。

它的革命斗争活动渐渐被淡化,乃至被湮没。

历史是人类社会活动的记录,不论人们对它作如何解释,但历史事实本身是永远无法改变的。历史研究也不是苛求前人,用今天的价值标准去衡准历史上发生的事情,而是据史而论,得出接近历史真实的结论。就光复会而言,它在清末存在了八年,从它八年的斗争历史来看,它无愧为清末著名的革命团体。其宗旨虽有缺陷,但始终以推翻满族贵族建立的封建统治为己任;其领导人如徐锡麟、秋瑾、陶成章等的斗争活动虽存在不足,但大节无亏,为了推翻封建统治,他们都献出自己的生命,他们是爱国者。和所有为中国旧民主主义革命作出牺牲和贡献的团体一样,光复会亦将永载中华民族的史册,为后人所肯定。

通讯业

用电报传递革命信息

从 1911 年 10 月 10 日武昌起义爆发，到次年 2 月清帝宣布退位，辛亥革命前后不到四个月就取得了推翻封建王朝、建立民主共和的伟大胜利，其时间之速，可以说是史无前例的。辛亥革命迅速取得胜利的原因很多，但有一点往往为研究者所忽略，那就是当时的信息传递手段。电报电话的使用，以及报纸杂志等新闻媒体对信息的迅速快捷的传播扩散，为革命成功提供了极大的便利。革命者正是充分利用了这些手段，传递信息，宣传和发动革命，最终取得反封建斗争的胜利。因此，从这一视角来研究辛亥革命，别具新的特殊意义。

一、近代中国电讯业创设的简要回顾

19 世纪中叶，以电报为形式的通讯业在西方欧美各国逐步建立起来。电报的使用，缩短了世界各地区之间信息传递的时间，以前需要一年甚至数年或更长时间才能获得的信息可以在几天、几小时或更短的时间内传递。电报作为军事通讯技术，还被广泛运用于航海船队和军舰上，为西方向东方进行殖民扩张提供了便利。"泰西各国越重洋数万里来到中土……至于调遣兵将，处分军事，虽悬隔山海，而了如指掌，则尤以电报为之枢也。"[①]

1872 年（清同治十一年），丹麦大北电报公司率先开设了由香港经厦门至上海的海线电报。一通南洋诸国，以达欧洲，名曰南线；一通海参崴，经俄国以达欧洲，名曰北线[②]。稍后英国大东公司也开设了由福州至上海的海线电报。这些电报线的架设，便利了西方各国在华的商业、军事、外交活动。

在西方各国普遍使用电报（电话），并将电报线架设到中国来之前，中国社会传递信息的方法，民间为民信局，官方则为驿递。民信局在清代通常是由一

---

① 《洋务运动》（六）（中国近代史资料丛刊），上海人民出版社 2000 年重印本，第 353 页。
② 同上书，第 446 页。

家汇划庄(钱庄)或商号设立。民信局的业务,在河流多的南方主要靠定期的航船,每十日、半月、二十日、一月不等为一班,所以往往又称班船、航班。在北方和西南山区,则主要通过定期的马帮、驼队进行,时间根据路途的远近而定。一般来说,这种传递信物的方法对于民间,尤其是商家,多有不便。驿站在中国历史悠久,远在三千年前的周代,其文书中就曾提到过。清代驿政由兵部负责,除皇帝的谕旨和疆臣的奏件往往以(日行)八百里、六百里"飞递"外,一般以四百里"驰递"。为了保证驿政正常进行,当时京师与各省之间修有官道,根据路途远近,分别设立若干个驿站。另在各省城驻有一名军官(提塘),负责管理境内驿政事宜。纵观鸦片战争前后中国的信息传递,无论是民间的民信局,还是官办的驿政,同当时西方欧美各国相比,都十分落后。它严重制约了中国的社会政治、军事和经济活动。这里不妨举鸦片战争和太平天国期间清朝驿政例子作一说明。

1838 年(道光十八年),林则徐奉道光帝之命前往广东查禁鸦片。次年 4 月 12 日(道光十九年二月二十九日),他与邓廷桢联衔会奏《夷人趸船尽数呈缴烟土》一折。该折由驿站以四百里驰递,直到是年 5 月 24 日(四月十二日)军机大臣才奉到谕批,中间相隔整整四十三天。扣除奏折到京进呈道光帝批示这段时间,该折从广州传到北京,路上所花时间至少有近一个月①。将道光帝对这道奏折的谕批从北京再"驿驰"到广州,送到林、邓之手,再快至少也得二十多天。这样一道奏折前后就花费六七十天时间。在君主专制时代,臣僚遵旨行事。大臣们在接到寄谕之前是绝对不能擅自行动的,唯一的办法就是耐心等待。在等待期间,事件无时无刻不在发生变化,于是大臣们只好再行缮呈新折,呈递皇帝"指示机宜",结果是一折批复尚未到手,又呈新的奏折。如此辗转往复,结果造成政情、军情一误再误。若遇到皇帝的寄谕不是专寄某一大臣,而是多个大臣的话,收到寄谕的大臣还得"恭录"数份,派人送到其他有关大臣手里,这样时间还要耽搁。文报信息传递方法的落后,是造成鸦片战争失败的诸多原因之一。

再以咸丰年间太平天国起义为例,清政府文稿的呈送、信息的传递也同样严重滞后。1853 年 1 月 28 日(咸丰二年十二月二十日),太平军攻占武昌,广西提督向荣由驿站六百里驰奏,飞报咸丰帝。这道奏折在路上足足走了八天,直到 2 月 5 日才送到咸丰帝手里。咸丰帝谕批后,再由兵部以六百里加急,"火

---

① 《鸦片战争》(一)(中国近代史资料丛刊),上海人民出版社 2000 年重印本,第 100 页。

票"驿递,但向荣接到这个寄谕时,人已在南京郊外,此时已是次年 2 月 13 日(正月初六日),时间已过去半个多月①。军情瞬息万变,咸丰帝和他的军机大臣们纵有再大的本领也难以作出准确的决策。就在向荣收到咸丰帝寄谕前后,太平军又浩浩荡荡,蔽江而下,向长江下游进发了。这时的所谓寄谕事实上成了例行公文,对战事根本起不到指导作用。太平天国起义时间之所以绵延十多年之久,起义地区之所以波及十余省区,清军之所以在战场上屡遭失败,从清政府方面检讨,与军报信息传递的迟缓,导致最高层决策与实际军情严重脱节的情况是分不开的。

直接促成中国当局认识到创设电报重要性的是 1874 年日本出兵侵略台湾事件。事件发生当时,中国船械未备,与台湾信息不通,最后被迫与日本立约,以赔款了结。这种由立约所带来的民族耻辱直接导致了光绪初年统治集团内部有关海防的大讨论。讨论中,上自王公大臣,下至疆臣大吏都一致认定创设电报对国防的重要。福建巡抚丁日昌指出:"台湾南北路途相隔遥远,文报艰难,设立电线,尤为相宜。……电线一件,所以达要报而速军情,为用至明。"②

李鸿章从世界变局的视角和国家防务及外交需要出发,指出:"用兵之道,必以神速为贵,是以泰西各国于讲求枪炮之外,水路则有快轮船,陆路则有火轮车,以此用兵,飞行绝迹。而数万里海洋,欲通军信,则又有电报之法。"③他还以俄国架设电报线,海线可达上海,陆线可达恰克图,"消息灵捷极矣"为例,指出中国信息传递比起外国严重落后:"即如曾纪泽由俄国电报到上海只需一日,由上海至京师现系轮船附寄尚须六七日到京,如遇海道不通,由驿必以十日为期。是上海至京仅二千数百里,较之俄国至上海数万里,消息反迟十倍。倘遇用兵之际,彼等外国军信速于中国,利害已判若径庭,且其铁甲等项兵船在海洋日行千余里,势必声东击西,莫可测度,全赖军报神速,相机调度,是电报实为防务必需之物。"④

两广总督张树声也指出:"中国驿递文报,羽檄交驰,人马俱敝(与外洋电报相较),迟速之数,霄壤悬殊。"⑤

由于开设电报利于防务、外交和商务,清政府遂下令沿海疆吏设法筹办。1881 年(光绪七年),李鸿章率先架设了北塘直达天津的电报线。在电报开通

① 《太平天国》(七)(中国近代史资料丛刊),上海人民出版社 2000 年重印本,第 20 页。
② 《洋务运动》(六)(中国近代史资料丛刊),上海人民出版社 2000 年重印本,第 334 页。
③④ 同上书,第 335 页。
⑤ 同上书,第 353 页。

后的奏报中,他说:"消息往来瞬息互答,实于军务大有裨益。"①同年10月,在天津设立电报总局,任命盛宣怀督理。此后电报在各地迅速创办起来。到1892年,经过十多年的努力,全国主要地区都开设了电报业务:"东北则达吉林、黑龙江俄界,西北则达甘肃、新疆,东南则达闽、粤、台湾,西南则达广西、云南,遍布二十二行省,并及朝鲜外藩。"②此外,还开办了国际电报业务。东三省的电报局与俄国恰克图、海参崴,广西腾越电报局与法属越南,云南蒙自电报局与英属缅甸之间均开办了电报接通业务,直接沟通了中国与国外的电讯联系。

在陆路有线电报开设的基础上,在军事方面,有线电报也被广泛运用于北洋舰队与其他舰队以及沿海沿江的炮台要塞。电报线的架设开通给国家政治、军事以及商业,尤其是中央与地方边远省区的联系、信息沟通带来的快捷和方便是显而易见的:

"万里呼吸如在阙庭,方略机宜瞬息可达。"

"将帅入告军谋,朝廷发踪指示,皆得相机立应,无所隔阂。"

"其京外一切要政及与出使大臣往来问答,莫不朝发夕至,海外直若户庭。……各地遇有紧要事件,筹划布置,消息灵通,瞬息千里,乃极机密,勿虞泄漏。"③

有线电报推行的同时,有线电话也在中国开设起来。1882年2月,丹麦大北电报公司在上海外滩7号创设有线电话局。此后英商、美商也相继开办了电话业务。为了打破外商的垄断,清政府于1902年拨款在上海创建了中国自己的电话局。

总之,电报电话的开设直接影响到国家社会政治、经济、军事、外交乃至人们的日常生活,这在以后中国所发生的一系列重大事件,如义和团运动、辛亥革命中是看得十分清楚的。"裨益国家,控制中外全局,尤大且远。"④

二、武昌起义爆发后,革命党人充分利用电报,开展反清革命

1911年10月,辛亥革命爆发。因为电报(电话)传递信息既便捷又保密,所以辛亥革命中,无论是清政府还是革命党人,都认识到电报对自身的重要性,都努力争夺和控制各地电报局,并充分利用电报传递有关信息和部署,以实现

① 《洋务运动》(六)(中国近代史资料丛刊),上海人民出版社2000年重印本,第338页。
②④ 同上书,第466页。
③ 同上书,第369页。

自己的斗争目标。

武昌起义前后,清政府为了对付保路运动和革命,将邮政与海关脱钩,设邮政总局于上海,另在全国设立五千四百八十五个邮局和邮政代理处。1911年,邮传部正式接管全国驿站,将电报、邮政、驿站全部置于邮传部和盛宣怀的控制下。重新划分电报发报等级,将军机处,总理衙门,度支部,邮传部,出使大臣,南北洋大臣,川、广、鄂等地方督抚将军的电报列为头等,这些地区的提镇司道、防营、炮台局所以及海军舰队印委电报均列为次等,商业、民用电报列为三、四等。盛宣怀对电报局人事重新进行调整,先后委任自己的亲信僚属担任总局和重要分局的委员,任命周万鹏为上海电报总局局长、管祖章为北京电报局委员、赵锡年为四川泸州电报局委员、周祖诒为重庆电报局委员、王庭珠为汉口电报局委员。由于厦门、洛阳两电报局多次办理川粤绅商代呈公文,很不可靠,遂改任郑潮林(郑观应之子)为厦门电报局委员、徐炳章为洛阳电报局委员。徐氏接任不久,就查出该局为四川绅民办理代奏公呈文件一件,并立即将内容密报盛宣怀。①另外加强对各地电报局内部的严密监控,以防消息泄漏。盛宣怀饬令四川各电报局全天候进行收发报业务,电令各地分局委员"严嘱总管、领班,严告学生,关于川事电报尤应格外慎密。并严饬司事,一概不准泄漏,违者严惩";"严电谕令各局员、领、生,格外谨密,电报随到随发,不准片延"②。并派专人对电报局人员实行严密监视:"嘱总管领班在副领中择品行素来安分、熟悉电码者,除应值班之时不计外,落班时,派定一二人专在报房查看密察。"③武昌、汉阳、汉口、黄州、宜昌等鄂境电报分局落入革命党人之手后,清政府大为恐慌。为了封锁革命消息,清政府加紧对各处电报局和新闻传媒的控制。10月15日,京师步军统领衙门传谕京师各报馆:"凡关于鄂事,暂缓登载。"军谘府、陆军部致函邮传部和盛宣怀:"现值军务吃紧,辇毂重地,防范宜严,拟请饬知电报总分各局及铁路电局,除各衙门、军队、局、厂、公所用印官电外,其余一切商电,凡用密码传达者,概行禁止收发。译文电报,并由电报人员随时留意查阅,以防勾结泄漏。如有可疑及悖逆之电,即行扣留。"④

武昌起义后,不到半个月,先后有十多省宣布独立。电报信息的迅速传递,一方面使清政府在极短时间内得到"各地骤变"消息,另一方面也加重了清廷

---

① 《辛亥革命前后》(盛宣怀未刊资料选辑之四),上海人民出版社1981年版,第106页。
② 同上书,第147页。
③ 同上书,第150页。
④ 《辛亥革命》(八)(中国近代史资料丛刊),第207页。

"忧虑"。为了稳住尚未独立省份的督抚,清政府加紧与他们的电报联系。而刚出山的袁世凯则也借助电报频频与各种政治势力进行联络,以实现反动政治力量的新联合。他先后电告他的亲信爪牙"宜顺应形势,静候变化,不可胶执书生成见,贻误大局",①要他们随时随地进行政治投机。此后袁氏更是利用电报要弄反革命手腕,一边指使北洋将领通电反对共和;一边又指使他们通电逼宫,宣布赞同共和,通过玩弄"联名通电""联衔电奏"等手段,并凭借手中的武力和列强的支持,最终当上了民国的总统。此后,他在"围剿"革命党人、上演洪宪帝制丑剧时也无不利用电报要弄反革命的手腕,欺骗民意。

电报在辛亥革命中的特殊作用还可以从革命党人因电报传递受阻而造成起义失败,革命领导人被杀一事得到印证。据说,新军第六镇统制、革命党人吴禄贞曾与滦州第二十镇统制张绍曾密电共同举义于河南、山西,一举攻占北京。"不幸(吴氏)此密电不达于张,而入于(直隶总督)陈夔龙之手。陈氏虽不能明解此密电之意,然对于吴、张二人素抱疑心,故将此电藏起,不转送于张。"致有吴禄贞在石家庄专候回电被部下刺死的事件发生。②(注:大多数史料记载说吴氏系袁世凯派人暗杀的。)

世界上任何事情都具有两面性,在电报的使用上亦是如此。清政府可以借助电报,调兵遣将,镇压革命,同样地,革命党人也充分利用电报来开展反清革命。纵观辛亥革命期间,独立各省对于电报都非常重视,无不"先占衙门、藩库、军械局、官钱局,再占谘议局、电报局、邮政局",③将军、政、财、电讯系统控制在自己手中。

（一）充分认识"军政重要,专赖电线交通"

武昌起义爆发的第二天一早,起义领导人吴兆麟立即派人查封和接管了武昌电报局、邮政局、官钱局、枪炮局、兵工厂、铁厂,"饬其执事者速将事交出,新政府另换当手接管,均系文明,并未强逼"④。据说,党人在接管电报局时,电报局刚刚译好数份清政府给瑞澂的电报,从中得知荫昌正奉命督师五千人南下的消息。于是党人遂以瑞澂的口气电报清政府说:党人已"电信阳州同党将炸毁黄河铁桥,并电各省陆军暗码,同时约变"⑤。清廷接报,信以为真,急得盛宣怀

① 《辛亥革命》(七)(中国近代史资料丛刊),第184页。
② 《辛亥革命》(六)(中国近代史资料丛刊),第177页。
③ 《辛亥革命》(七)(中国近代史资料丛刊),第220页。
④ 《辛亥革命》(八)(中国近代史资料丛刊),第190页。
⑤ 《辛亥革命》(八)(中国近代史资料丛刊),第191页。

连忙致电直隶总督陈夔龙、河南巡抚宝棻,要他们赶紧派军队扼要驻扎,守护铁桥。此后,独立各省在独立后,基本上都派兵强行接管境内电报局、邮政局。为了保证内外电报联系畅通,还加强对电报线路的保护。有些省份还发布告,派兵保护电报线路,防止清军和土匪破坏。陕西独立"民军举事时,砍断南城上电线数根,以防清吏乞援",及省城稍定,军政府即派员修理,并通电各省,布告独立。但多数省区在事变中电线被土匪砍断,造成独立后电信久阻,内外联络十分困难。为防止土匪继续破坏,各地军政府特颁保护电报电线告示。如陕西军政府的告示为:"照得军政重要,专赖电线交通,近有无知匪徒,竟敢砍断西东,查出军法从事,本部决不宽容。"①

(二) 设立文电科,利用电报发布革命消息

独立各省军政府、都督府内大多设有文电科,专门负责电报电话收发事宜。如著名学者钱基博就曾任江苏都督府文电科人员,负责与各地来往的文件电报。各地革命党人利用电报电话,向外界发表政见、主张,并和各方面进行联系。湖北革命党人控制武昌、汉口等电报局后,先后以都督黎元洪的名义,发表了《布告全国电》《布告海内人士电》《檄鄂属各道府州县电》《檄各(省)巡抚电》《通告各省城镇乡地方巡警电》《电告汉族同胞之为满洲将士檄》《宣布满清罪状檄》《致清政府电》等十个通电。要求清政府及早审时度势,接受共和现实;要求各省督抚"勿拘君臣小节","盍乎归来,共襄民国";号召全国一切革命党人、反清志士迅速奋兴,勠力共进,建立永久共和政体。前湖北谘议局议长、军政府正参议汤化龙也通电各省谘议局:"请协力赞助共和,推翻旧政府。"②这十一道通电通过外国在华通讯机构以及报纸等新闻媒体的报道,迅速在全国各省乃至国外传开,扩大辛亥革命的影响,让人们及时了解革命的真相,加速清朝统治集团的分化瓦解。尤其是原先主张立宪的官绅得知后迅速脱离清政府,转而拥护革命,有力地推动了各省的独立。据记载,当时上海有中外大小报纸四十余家,几乎天天登载从武汉前线电传来的消息。望平街为报纸荟萃之地,自武昌起义"革命得势后,各报每得消息,必择其要者,刊发传单,或书之牌上,悬挂门外,以供留心国是者先睹之快。……自是以后,望平街之道路自晨至夕,皆为拥挤不堪,攒首万人,皆于报馆仁望消息"。③当时报纸如英文《文汇报》《泰晤士报》《字林西报》《大陆报》以及美国旧金山、纽约,英国伦敦,法国巴黎,德国柏林的各大报

---

① 《洋务运动》(六)(中国近代史资料丛刊),上海书店出版社 2000 年重印本,第 43 页。
②③ 《辛亥革命》(五)(中国近代史资料丛刊)。

170

纸也纷纷根据驻华通讯机构和访事员(记者)发回的电传报告,报道了辛亥革命的消息。远在海外的孙中山就是从外国报纸电传消息得知武昌起义爆发,从而立即回国领导辛亥革命。此外,各报还报道了海外华人华侨踊跃捐款、支持革命的消息。这些又通过电报传到国内,极大地鼓舞了革命党人和群众的反封建斗争。

(三) 用电报传递革命信息,推动革命在全国各地的开展

湖北军政府的通电首先得到了境内各道府州县的响应。许多道府州县的革命党人得报,立即行动起来,夺取电报局、邮政局,接管旧政权,宣布拥护民主共和。湖北军政府的许多通电在各省也引起了强烈的反响。与湖北邻近的湖南率先响应革命。10月11日(八月二十日),当湖北革命者"电传到湘",驻长沙新军第二十五协一、二标即谋同时响应。湖南独立后,继焦达峰任都督的谭延闿指示总务科管理文报事务的唐乾一"刊发文电,布告四方"。"即日电告各道府州县","其不通电之处,饬即钞电专差携送",清朝统治者也惊呼"是湖南全省,已为彼传电而定"。①谭氏还个人名义"分电各省""派员运动",策动各省湘籍官员谋划独立。"孙道仁在福建,力有可为,不遽发,谭延闿迭电促之。……由是福建亦独立。无何,黄钺、向燊起义于甘肃,称秦州都督;郭人漳起义于广东濂州,称钦濂都督;龚子沛谋反正于寿州,皆为谭延闿响应。他如蔡锷起滇南,李燮和、黄汉湘据长江,柳大年与张榕之谋关外,杨德邻说张绍曾之师于滦州,湘人颇居多数,而民军遂张。"②又如程德全在苏州、蔡锷在昆明先后宣布独立后,均立即"驰电各属道府州县,令其即日反正",并通电各省督抚"冀其从速独立,早定大局,其时函电交驰,极为忙碌"。③而新疆的革命党人也是在得到内地党人发来的电报后,发动起义的。新疆独立前,"武汉党人曾拍一密电,由上海陈都督其美转俄国,以达冯特民,约起为响应"。于是遂有新疆的独立。④

1911年12月,南北和议在上海举行,在谈判中,双方也主要通过电报电话进行情报传递和信息交流。当时上海电政局特委派史丹兹、潘茂昭为双方译电员,专门负责办理译递南北双方电报、文件等。⑤南北和议期间,独立各省还通过频繁的电报往返,联络筹商,召开了各省都督府代表会议,共同组建了中华民国南京临时中央政府。

---

① 《洋务运动》(六)(中国近代史资料丛刊),上海书店出版社2000年重印本,第170页。

② 同上书,第158页。

③ 同上书,第228页。

④ 《辛亥革命》(七)(中国近代史资料丛刊),第428页。

⑤ 《辛亥革命》(八)(中国近代史资料丛刊),第70页。

（四）利用电报，阻止清政府破坏革命

革命党人不仅运用电报推动各地独立，而且在独立之后，又通过电报或电话互通消息，阻止清政府破坏革命。1911 年 12 月 28 日（宣统三年十一月初九日），革命志士彭家珍得知清政府从俄国购买了一大批军火正用火车运往汉口前线，将要经过滦州的消息，立即密电滦州新军二十镇统制张绍曾，要他设法扣留。张氏遂借口南北和议停战，将军火扣下，并秘密电告黎元洪，"使之无后顾之忧"。①又如张勋败退南京后，统率所部沿津浦路北撤。革命党人立即用密码电报寿州凤阳的淮上军组织伏击。伏击中，张勋因"换坐特车奔徐州"，才幸免被俘。②在这里，电报的信息传递对革命起了至关重要的作用。

（五）用电报传递胜利信息、筹商战策，坚定革命信念

革命党人利用电报互通胜利信息的事也屡见不鲜。袁世凯指挥北洋军炮轰汉阳、火烧汉口的消息传出后，社会上出现了所谓党人武昌失守的谣传，引起了独立各省的严重不安。为了澄清事实真相，沪军都督陈其美致电独立各省："武昌确无恙，曾有电到此。"而镇江都督林述庆在江浙联军攻克南京后，也迅速以公电通告全国，给革命党人以极大的鼓舞："江宁初六、初七两日迭获胜仗，除占领地外，已曾通电。"③而在更多的时刻，革命党人则利用电报筹商战策，争取民主共和斗争的最后胜利。比如，由于汉阳失守，武昌势危，潼关失守，陕甘告急，不少都督如陈其美、林述庆、季雨霖等人均曾密电独立各省，建议从海道攻天津，直捣北京，由蓟州出襄阳武胜关，合秦晋军进窥山西，从东西两翼夹击，迫使清军回师北返，以解武汉、西安之危。④

（六）利用电报、文告形式，申明军纪，约束军队

辛亥革命中，各地多有土匪、防勇、会党趁机滋事及新军烧杀淫掠之类事情的发生，令人民深恶痛绝，也给敌人以反对革命的口实。对此，革命党人往往用电报和文书布告的形式申明军纪，约束部队。蒋尊簋接替汤寿潜任浙江都督后，"即通电全省，并布告军队，谓我军人重道德，守纪律，不可扰民"。⑤

（七）利用电报，阻止少数民族上层分子的分裂活动

辛亥革命期间，边疆地区部分少数民族上层分子借"独立"之名，趁机从事民族分裂活动。在揭露和制止这些分裂活动，捍卫国家统一的斗争中，电报起

---

① 《洋务运动》（六）（中国近代史资料丛刊），上海人民出版社 2000 年重印本，第 340 页。

② 《辛亥革命》（七）（中国近代史资料丛刊），第 169 页。

③④ 《辛亥革命》（五）（中国近代史资料丛刊）。

⑤ 《辛亥革命》（七）（中国近代史资料丛刊），第 138 页。

到了重要作用。武昌起义后,以哲布尊丹巴为首的外蒙古上层分子趁机"独立",宣布脱离中国。清朝驻库伦办事大臣三多逃走后,一时库伦秩序大乱,"白昼抢劫,华商惊惧"。中国电报局库伦分局委员顾保恒虽不是革命党人,但有见于事关国家统一,立即以"火急电报"报告清朝外务部,请求派兵入蒙,建议组织民团、商团,制止外蒙古"独立"。又见京师与外蒙古路遥险阻,建议朝廷出面,通过俄驻华公使电令库伦俄领事出面协助。由于库伦电报局及时地、不断地向北京报告外蒙古的情况,遂引起革命党人和袁世凯内阁对外蒙古问题的关注。①

总之,纵观辛亥革命期间,由于革命党人重视和借助了电报、电话等近代的信息传递手段,缩短了革命时间,使革命在不到半年的时间即告完成,这在近代中国是史无前例的。当然,清朝的灭亡,辛亥革命的成功,归根结底是清朝封建君主专制制度的腐朽没落,革命党人长期奋斗和全国民众拥护民主共和、反对封建专制的结果。但是,电报电话这些近代信息传递手段,便捷了革命的开展,推动革命走向成功,这也是不争的事实。

---

① 《辛亥革命》(七)(中国近代史资料丛刊),第 295 页。

中国通商银行

从官助民办到民营商办

1911年的辛亥革命作为一场社会政治革命,深刻影响了当时中国社会的方方面面,它不仅有因政权更迭带来的人事代谢,而且也有社会企事业的经营管理的推陈出新。这里,就辛亥革命对中国通商银行(以下简称通商银行)的影响略作论述。

一

中国通商银行开办于1897年(光绪二十三年)。银行开办后的头几年,因得到清朝户部百万两定期存款和发行货币、揽存汇解官款等特权,加上盛宣怀控制的企业如轮船招商局、仁济和保险公司、中国电报局等企业营业情况较好,在通商银行存款较多(仁济和保险公司在银行开办的当年,一次存款即达四十万两,后又陆续增至七十万两;轮船招商局在银行开办不久,也暂存了三十二万两),银行经营状况大致不错。"银行开办两年有余,据商呈报,每六个月结账一次,除开销外,收银发给商利四十万两,缴呈户部利银十万两,尚属平稳。"①到1899年(光绪二十五年),三年盈余所得即达四十多万两②。但好景不长,此后因义和团运动爆发、八国联军发动侵华战争、日人山下忠太郎等一伙伪造行钞引发挤兑风潮③等一系列事件,银行损失惨重。义和团运动期间,北京分行先

---

① 盛宣怀:《推广通商银行以流通自铸银元折底稿》(光绪二十五年九月),见《中国通商银行》,谢俊美辑:"盛宣怀档案资料选辑"(以下简称"盛档")之五,上海人民出版社2005年版。

② 中国通商银行总董会议记录,中国人民银行上海分行档案部藏。

③ 日本大阪的山下忠太郎、菅野原之助、上田元七及中义之助等四人经常往来于日本与上海,与华商交往多,颇熟悉中国商情。1902年12月(光绪二十八年十一月)四人决定合谋伪造通商银行钞票十元、五元两种,由上田将大批十元伪钞携至上海。1903年2月4日(光绪二十九年正月初七日),通商银行总行在营业时便发现了这些伪钞。消息传出后,市场人心大乱,第三天全市钱庄一致拒用通商银行钞票,而持有通商银行钞票者更为恐慌,于是持钞蜂拥至银行总行营业部要求兑换。由于银行当时库存现金准备不足,通商银行只好以金条、银条作抵,向汇丰银行借款七十万元,方才保证了兑换。2月6日,上田又派一名日本人手持伪造的通商银行钞票到汇丰银行兑换,被当场扭获。在日本,菅野等则(转下页)

被"拳匪"、清兵抢劫,继遭"洋兵蹂躏",所存银行钞票被一抢而光,所有账册荡然无存,直接损失高达四十一万多两。后虽经交涉收回武卫中军抢去的部分存款及追回部分放款,但亏欠仍有二十多万两。义和团运动发生后,天津分行即关门歇业。八国联军入侵天津,大班梁景和逃至上海,不久病死。总行在清点天津分行账目时,发现梁景和私自挪用行款高达三十一万两,因梁氏已死,后虽向梁的保人、远在香港的梁志刚索赔,但官司一直打到英国联邦法院,旋因辛亥革命爆发,最后不了了之[①]。这次上诉非但未能追回亏款,而且新增诉讼费七万多两。此后又发生镇江分行大班尹稚山亏挪行款高达六十四万两的事,盛宣怀在两江总督端方、周馥等人支持下,通过镇江府、扬州府查抄尹氏家产,以将其变卖、发行彩票等手段,方才收回大部行款,但亏空仍高达二十一万两之多。到 1905 年(光绪三十一年),银行收支两抵,亏短仍多达七十余万两。盛宣怀承认"本督办奉旨招股选董承办此举,原欲为中国开利源,不料迭遭患难,致亏巨本,始愿难偿"[②]。由于银行经营不善,盛宣怀曾一度打算将银行资本移作萍乡煤矿商股,将银行关闭,但最终未获清政府同意。

通商银行在创办之初,即遭外国的重重阻挠。英国曾鼓动海关总税务司赫德创办一家由英国资本操纵控制、由赫德督理的"中华汇理银行",劝告中国不必另开银行。华俄道胜银行则要求盛宣怀将银行股本移入该行,由中俄合办,不必另行开设通商银行。在这些阴谋活动遭到失败后,列强侵害通商银行的事始终不曾停止。通商银行开办的第二年,英商福公司就向清政府提出由它代中国筹办官银行,由于通商银行刚刚开办,清政府没有同意这一要求。义和团运动后,有见通商银行经营严重亏损,法国、奥地利等国认为有"机"可趁,再次提出吞并通商银行的无理要求。1904 年 1 月,法国驻沪领事向盛宣怀提出"请将

(接上页)将五元伪钞在神户秘密转售,不久也被人发觉举报,由日本当局探知,并抄出全部未脱手的大批伪钞及制作伪钞用的机器、用纸等。山下一伙伪造通商钞票事件发生后,清政府曾应盛宣怀奏请,同日本驻沪领事小田切万寿之助提出交涉,要求引渡山下等罪犯,赔偿通商银行损失。日本政府以"伪造他国钞票,日本法律无专条"为借口,加以拒绝。由于清政府软弱无能,对日交涉无果,此事最终不了了之。

对于此事件,杨端六《清代货币金融史稿》及陈度《中国近代币制问题汇编》之《纸币篇》均语焉不详,可详见中国人民银行上海分行档案部藏通商银行总董会议记录。

[①] 梁氏保人系梁的伯兄梁志刚,居住香港。通商银行向香港当局提出交涉,向香港地方法院提出诉讼,但香港地方法院以梁志刚已加入加拿大国籍,不予受理,后又向英国联邦法院提起诉讼,驻英公使李经方曾与英国外交部就此事提出交涉,旋因辛亥革命爆发,清朝被推翻,通商银行的这次伦敦上诉,最终也不了了之。详见中国通商银行总董会议记录。

[②] 盛档:盛宣怀致顾咏铨、王存善函(宣统元年闰二月十二日)。

通商银行归并法国银行合办"①;同年2月,奥地利政府派商人卞宜德大携带拟好的合并通商银行章程草稿找到盛宣怀,说:"目下通商银行如一人患痼疾,奥商现有四百万资财,不啻精壮之人……华奥合办,有此成规,便觉易于措手。"②盛宣怀和银行总董们以"中国商务大,近来各国到此(指上海)添设银行不少,中国是一主人,仅一通商银行,论面子亦不能少"为由,加以拒绝。③

为了维持银行业务,弥补行亏,盛宣怀和银行总董们被迫采取以下措施:

(1)裁撤洋账房。银行开办之初,盛宣怀雄心勃勃,计划将通商银行打造成中国的汇丰,成为一家在英国伦敦、美国纽约、法国巴黎、日本东京、南洋新加坡等地均开设分行的国际银行。为了扩展与外国的业务,取得外国银行对通商银行的承认,特聘英人美德伦为银行洋大班,组成洋账房,此外,北京分行、香港分行也先后聘请了洋大班。然而,银行开办后,外资银行大多拒绝与通商银行往来,当时(即使在辛亥革命后),钱庄、票号是外资银行认可的唯一的金融机构,势力很大。钱庄的"庄票"和钱业公会的"公单"在金融市场上信用很高,通商银行的钞票必得钱庄和钱业公会的担保,外资银行方肯收受。所以洋账房设立后,对外业务并不多。洋大班日常事务"仅止钞票签字、遇有交涉控案为本行出面,及所作押款核对洋栈单,三事之外,余皆无关轻重"④。业务虽不多,但开销却很大,年约银三万六千两。这对资本只有二百五十万两的通商银行来说,无疑是一笔不小的开支。为节省经费,从1905年起先后裁撤总行洋账房(保留洋大班),以及裁撤北京、香港两分行的洋大班。

(2)减息。通商银行开设后,每股年息八厘,为了早日弥补银行亏空,总行决定从1905年起将年息由八厘减至六厘。减息之举每年可为银行节省开支五万两,到1914年,十年减息,共为银行节省五十万两。

(3)增发钞票。从1905年起到辛亥革命爆发,通商银行发行钞票约八百七十万元。其中没有准备的部分,每年约有一百四十万元,按当时贷放利息百分之八计算,通商银行所获利润至少在八十万元以上。这种虚本实利、将自己的亏损转嫁到社会头上的做法对弥补行亏起了不小的作用。

(4)裁撤大部分分行。通商银行成立之初,盛宣怀为了垄断国内的金融业

---

① 盛宣怀:《愚斋存稿》卷61,第20页;卷62,第23页。

② 盛档:《信义洋行洋东德满致盛宣怀函》(光绪二十九年十二月七日)。

③ 盛档:《银行总董致盛宣怀电函》(光绪三十一年七月六日)。《通商银行总董公信录》,中国人民银行上海分行档案部藏。

④ 盛档:李钟珏、顾咏铨、王存善致盛宣怀函(光绪三十一年九月十二日)。

176

务,先后开设北京、天津、烟台、汉口、镇江、福州、广州、汕头、宜昌分行和无锡支行,聘用各地钱庄、票号老板为分行大班,开展业务,企图将这些地方金融活动纳入通商银行经营活动范围之内。然而与盛宣怀的想法正好相反,这些分行大班大多借通商银行拨存分行的行款去从事自己的私人业务,以致分行徒有其名,平日银行门可罗雀,或干脆被人称为"大钱庄"。结果造成一系列严重亏空事件,如前面提到的天津、镇江两分行的严重亏空。此外,还有上海总行韩祝三亏空事件、广州分行周石逋欠款事件、香港分行石何三欠款潜逃事件等。有见各分行盈利有限而事故频频发生,为了弥补巨额亏空,从 1905 年起先后裁撤大部分分行,只留下烟台、汉口两分行。经过这一番裁并,银行业务活动大为收缩,此后业务活动主要集中于上海、江、浙地区。

在通商银行采取各种措施努力设法弥补巨额行亏期间,国内的金融形势也发生了很大的变化。1905 年,清政府先后成立户部银行(即后来的中国银行)、交通银行。1907 年后地方上也先后成立了股份制银行。中国金融不再是通商银行"天下独霸,只此一家"的局面。新银行的开设对通商银行的业务经营活动造成了巨大的冲击。户部银行被"赋以代国家发行纸币并代理国库的权限",总揽金融,推行货币,俨然如国家银行,且具中央银行性质。交通银行则以"管握轮、路、邮、电四政,收回利权为主旨",除经营普通银行业务外,还经营各种官款的收付兑放存储和发行钞票。两行均"挟国库、藩库(地方)之力",因而资财雄厚。两行的开设,使通商银行所拥有的诸如发行货币、经办官款汇解存储等特权等被分割,通商银行根本无法与之抗衡,因而生意大为减少。从 1907 年到辛亥革命前夕,地方股份制银行已达十多家。通商银行在有关省区的金融活动无一例外地受到这些银行的挤压和排斥,业务活动范围日益缩小。从 1907 年起到辛亥革命前止,通商银行每届收支都是入不敷出。1911 年上半年收付两抵,尚亏短七万多两。

面对外国资本窥伺、图谋吞并,内资银行挤压,银行营业日益萎缩、入不敷出的景况,通商银行总董们忧心如焚。当时盛宣怀正督办全国铁路总公司,经手外债借款修路活动。总董王子展(存善)等建议盛宣怀将铁路外债借款的一部分拨存通商银行,以之把助。通商银行是盛宣怀一手奏请开办,虽不是他的私人银行,但银行的成败与他的事业息息相关,且个人所认股份也较多,当然不会见危不救。他答应了总董们的请求,从 1905 年起,利用自己手中的权力,将修路外债的大部分款项交由通商银行存储。不过,存款数目虽大,但因随到随拨,存款余额并不多,银行获利有限。此后这一情况有所改变。据通商银行账

177

册记载，卢汉、粤汉、卞洛、正太、沪杭甬、沪宁等铁路的兴筑费用收支拨解都有一部分由通商银行办理，其中以沪宁铁路款项进出最大。1905年6月，沪宁铁路管理处交存通商银行二十五万英镑。此款按工程进展提存，双方协定每期五万镑，每次交解规元，收银不收镑，周息三厘半。同年7月，沪宁铁路在通商银行存款高达二百六十万两，占银行全行存款的百分之七十六。同月14日，沪宁铁路管理处另将购地款九万镑也一并交通商银行存储。此后通商银行与沪宁铁路管理处进一步达成协议：每次提款不超过十万两，且须提前一个月通知。1909年（宣统元年）盛宣怀当上邮传部尚书后，权力更大，又为通商银行争得大批存款。1911年3月，清政府向日本正金银行借得整顿铁路款项一千万日元，盛宣怀将其中一部分拨存通商银行。辛亥革命爆发前夕，邮传部在通商银行的存款高达二百四十八万两，由于存款数目大，利息轻，又有一定的周转期，因此通商银行获得余利不少。银行总董李钟珏等说："盈余铁路存款，以两年计之，格外少算，约十五万两。""银行近年进出不过三五十万，自宫保（指盛宣怀）照约存路款两宗后，骤添两百余万，其救银行者不浅。"①盛宣怀也承认："银行得此巨款，出入汇划灵通，生意亦大有起色。"②到1910年2月，通商银行旧有亏空已减至十五万两，到1911年10月，再减至七万两。可以说，该行是盛宣怀和清政府推行铁路国有政策、借债筑路的实际获益者之一。

正当通商银行快要弥完亏空，踌躇满志大展经营时，又一场风暴——辛亥革命再一次打断了它的计划。1911年10月10日，武昌起义爆发，各省纷起响应，宣布独立。通商银行因受邮传部尚书、银行"督办"盛宣怀的牵连，遇到了自银行开办以来最为严重的危机。

二

1911年5月（宣统三年四月），清政府内阁改组，盛宣怀被授为邮传部大臣。盛氏"向以勇猛精进任事"著称，就任数月，收回邮政，接管驿站，规划官建铁路，展拓川藏电线，厘定全国轨制。给事中石长信疏请将全国铁路干路收归国有，支路听商民量力自办。旨交邮传部复议。盛宣怀复奏称"所筹办法，尚属妥协"，表示赞同。于是清政府未经交付资政院讨论，径直以奕劻、那桐、徐世昌

---

① 盛档：《盛宣怀致温颐电函》（光绪三十一年七月二十七日）；盛宣怀：《愚斋存稿》卷61，第20页；卷62，第23页。

② 盛档：《盛宣怀致孙宝琦函》；陈旭麓等主编：《辛亥革命前后》（盛宣怀未刊资料选辑），上海人民出版社1981年版，第261—298页。

署名正式公布。铁路国有,本身无可訾议。但这一政策一经宣布,立即遭到内阁和各省商民反对,但盛宣怀对之悍然不顾。旋与英、德、法、美四国银行团订立粤汉、川汉铁路借款合同,数额高达六百万镑,规定若不敷用,还可续借四百万镑,将湖广铁路和川汉铁路湖北段的修筑权出售给列强。各省反对铁路国有政策,初旨在争商办,抵制借款。现在看到清政府与盛宣怀借款列强,强行推行铁路国有政策,于是湘、粤、川、鄂各省绅商士民纷纷表示抵制,相约开会,开展罢工罢市,以示抗争,结果酿成四川保路运动发生。为了平息风潮,清廷一面派端方为督办大臣,率军入川镇压保路运动,一面以盛宣怀"不能仰承朕意,办理诸多不善、违法行私,贻误大局"为由,将其革职,永不叙用。10月10日(八月十九日)武昌起义爆发后,资政院议员和御史们再次奏请将其"明正典刑",处死以谢天下。盛宣怀见此惊恐万状,求助于列强,在英、法、德、美使馆的协助下,坐火车逃往天津,接着由德国派兵轮送到青岛,继而又被日本接到大连,再用轮船送至日本神户盐屋山,为防被人刺杀,盛氏改着和服,化名须磨布衲。

还在四川保路运动发生不久,盛宣怀预感时局将有大变,担心他经营的"公私产业"有损,急令所属企业负责人谋求对策。以目下时局将有重大变化,致函通商银行总董王存善、顾咏铨等"稍作准备,务使通商设法保全"。辛亥革命爆发后,特别是盛宣怀被革职和逃走后,通商银行的未来前途存亡未卜,难以预料。为了设法保全银行,总董们采取了以下几个救急措施。

(1)加紧行内人员的联络,规定无论有事无事,总董们必须每日到行视事;事无巨细,必须共同商讨决定。

(2)本着稳妥谨慎的方针,采取一切手段,设法同盛宣怀取得联系,以便获取其"指示"和决定银行日后的行动方针。

(3)鉴于目前市面不稳,人心慌乱,百货拥塞,规定银行银钱出入、行款押放,须加倍谨慎小心,以防坏账、呆账。

(4)抓紧催收放款。自武昌起义爆发,银行就开始向有关厂矿店铺催收放款。11月,总行与盛宣怀取得联系后,根据盛氏指使,银行"立将裕太、集成、刘长荫、萧公峰、王眉伯、黄绩记、信大庄、协和公司各欠款设法紧催,以金蝉脱壳之计而保我通商头等名誉"。

(5)与外商联络,将行产暂行抵押。盛宣怀逃到日本后,江苏都督府和沪军都督府分别没收了盛氏在苏、在沪资产。总董担心革命党人下一步将会没收银行,于是决定由洋大班马沙尔出面,暂将银行外滩总行大楼抵押给外人。为此,总董顾咏铨和钦玉如就此先后与美商接洽数次,说明先行抵押,待事平后再设法收回。此举遭到美国驻沪领事反对，抵押一事最终未能成为事实。

(6) 积极拨款援救汉冶萍公司。武昌起义爆发不久，10 月 23 日，江西独立。萍乡工人响应辛亥革命，举行罢工，致使煤矿生产停顿。通商银行得息后，根据盛宣怀的指示，总行先后三次从银行存现中拨款八万多元，并调拨江宁造币厂新币三十万元，雇用日清公司轮船装运至长沙，进行挽救。由于"措施及时"，萍乡煤矿生产得以恢复。

(7) 刊登广告，更改英文行名。11 月 4 日，上海独立。次日，上海都督府成立，由革命党人、同盟会员陈其美任都督。沪军都督府成立后，立即查封了上海的大清银行（即原先的户部银行）和交通银行。沪军都督府这一着着实让通商银行吃惊不小。因为通商银行的"督办"盛宣怀是"革命罪人"，且银行系奉旨开办，并领存过部款，享有承汇揽解官款和开铸发行货币等种种特权，因此，总董们担心沪军都督府下一个查封的对象很可能就是通商银行。为防止万一，总董们决定先发制人，在报上大登广告，声明通商银行早已还清官款，并非官办银行，他们以为这样一来，就可以堵住沪军都督府之口，不来查封。广告固然阻止了都督府接管该行，谁知银行此举却引来一件意外的事情，即更换银行英文名称。通商银行的行名取自"通商惠工"之意，但在创办之初，为了扩大影响，推广行钞，求得外国承认，将其英文行名写成"中华帝国银行"，意思就是"中国银行"。香港分行、天津分行英文行名干脆就写成中国银行。而且通商银行钞票上也印有英文行名，这点是公开的事，人人知道。所以，通商银行的广告一经刊出，即被人指出既为商办，为何英文行名取"中华帝国银行"？总董闻言，大起恐慌，在股东的纷纷要求下，于是银行再次刊登广告，将英文行名"中华帝国银行"更改为"中华商业银行"，并用双条墨线将行票上的"帝国"二字删去，另外加盖"商业"二字。

(8) 被迫接受沪军都督府的调查监督。沪军都督府原本并无接管通商银行的意思，但通商银行一而再、再而三地刊登广告反倒引起沪军都督府的注意，直接招来都督府对银行业务的干涉。11 月 7 日，陈其美照会通商银行：将派代表会同华大班共同管理银行账目，其调查结果直接向都督具报，规定此后凡银行改易名称、用人行政等均归都督府财政总长节制。银行总董接到都督府的照会后，连夜召开紧急会议，磋商对策，一致决议呈文都督府：第一，通商银行系属完全商业性质，请都督府不必干预；第二，召开股东大会，公举董事，以合完全商股商办性质。在股东大会正式召开之前，银行的用人行政一任本行董事公议，不必听诸都督府的命令。

通商银行总董的一纸呈文,并未能阻止都督府代表的"驾临"。11月13日,沪军都督府正式派遣代表来行调查账目,并很快查出度支部币制局存在该行的购买铜价银六十万两。

这笔银款存储通商银行的经过是这样的。早在1909年(宣统元年),清政府实行币制改革,试图统一全国的币制。当时担任邮传部大臣的盛宣怀兼任"帮办度支部币制事宜"的差事。在盛宣怀的主持下,1911年1月,清政府从美、英、法、德贷到币制实业借款一千万镑。同年4月,盛宣怀指示通商银行总董、副大班顾咏铨同日本商人高木六郎洽商,购买日本生铜。同时拨出一百二十万两借款(江宁造币厂所铸新币)存储通商银行作为购铜费用。武昌起义爆发后,盛宣怀将一百二十万两中的三十万两拨存上海道,以供上海道作"急时之需",对付革命。另外顾咏铨又开出三十万两支票给日本正金银行上海分行,作为第一批购铜价。支票虽已开出,但并未付现。所以,度支部币制局存在通商银行的购铜款实为九十万两。而沪军都督府代表从账册上只查出六十万两。

盛宣怀在革职逃往日本前,因南北大乱,日铜不能成交,曾电令顾咏铨与日商高木协商,建议暂缓六个月,在此期间,不妨先将江宁所造新币暂时"接济汉冶萍之急",但当时汉冶萍不需要这么多款项,最后盛宣怀要高木"仍以铜价名义拨存正金,以后再行动用"。盛宣怀得知此款被沪军都督府查封后,急得直跺脚,电令顾咏铨与日本驻沪领事商洽处理,但日本领事以六十万两系"官款",不便插手为由加以拒绝,结果日商高木未能照盛宣怀的意图行事。购铜款六十万两(实为九十万两)仍存在通商银行。

沪军都督府查出六十万官款后,因当时都督府财政紧迫,急需经费,要求通商银行立即付现,交给都督府使用。"银归革(都督府)而铜可勿交。"盛宣怀得知后,急电洋大班英人马沙尔"坚守",拒绝交出。但在都督府的强大压力下,通商银行最终还是交出三十万两,其余三十万两因早被银行当着行钞使用,无法交出。直到此时,银行同都督府的这一交涉才基本告一段落。对银行来说,此举都是自己"自扰"酿成的,不过沪军都督府虽查出并没收度支部所存币制"官款"三十万两,但对通商银行自身的其他经营活动并未加以限制和干扰。加上都督府的李钟珏、王一亭等均为银行总董,所以,对通商银行而言,可说是有惊而无险,不幸中的万幸了。

总体来看,由于总董们的努力,通商银行在辛亥革命这场大风暴中,不但平安地保存下来,而且营业也未受到什么损失,相反,由于辛亥革命是一场带资产阶级性质的民族民主革命,不同于以往的太平天国农民起义和暴力排外的义和团运动,随着清朝灭亡和民主共和国的建立,中国民族资本工商业有了进一步发展。通商银行的经营非但没有萎缩,反而有了较快的发展。

三

辛亥革命后,通商银行一步步地向普通商业银行方向发展,不过道路并不平坦。作为通商银行的创始人、"督办",盛宣怀始终不愿退出历史舞台和放弃对自己原先开办经营企业的控制。1912 年 4 月,南京临时政府北迁后,袁世凯以临时大总统掌握了国家政权。同年 10 月,盛宣怀从日本回到上海,"杜门而不见客",首以赈灾为名,独自捐款一百万元。继以报效二十万元"水利费"给江苏都督程德全,以博取民国政府的"好感"。程德全遂下令发还盛氏在辛亥革命中被没收的全部资产。1913 年,他通过自己党羽的活动,再次当上汉冶萍公司董事长,继而又谋取轮船招商局董事会的副会长位置。"二次革命"发生后,他诬蔑革命党人是"革命流毒忽又剧作",利用招商局轮船积极地为袁世凯运送军队和武器,肉麻地吹捧袁世凯"超轶乎汉高、宋祖而上之,方之华盛顿、拿破仑亦有过之而无不及"①。袁世凯与盛宣怀积怨甚深,对于盛宣怀的吹捧献媚根本不予理睬。盛宣怀因无政治靠山,他的许多企业常常遭到地方政府的侵蚀、刁难,经营极为困难。

对于通商银行,盛宣怀当然不会放手,银行系他奏请开办,虽经营不善,但自己倾注了大量心血才使之得以保存下来。所以回国后,他便通过自己的外甥、总董兼副大班顾詠铨仍牢牢地将通商银行控制在自己手中。不过由于他原先控制的企业在辛亥革命前后经营不善,通商银行的股票早已作为这些企业的股息发放给股东,遂造成通商银行股东成分发生重大改变。

辛亥革命前,通商银行的资本主要来自半官半商的洋务企业,如轮船招商局、中国电报局的投资和部分官僚买办私人认购,一般中小企业认购的并不多。辛亥革命期间,这种情况有了很大的改变,洋务企业拥有的股份大幅度下降,中小工商业者的股份有了显著的增加。辛亥革命期间,因为长江航运中断,江轮停驶,轮船招商局营业锐减,亏损严重,股东股息无法发放,不得不将所购通商银行股票八十万两于 1911 年、1912 年作为商局股息搭发给商局股东。而中国电报局所认购的二十万两通商银行股票早在 1898 年就作为电报局股票股息搭

---

① 盛档:《盛宣怀致孙宝琦函》;陈旭麓等主编:《辛亥革命前后》,上海人民出版社 1981 年版,第261—298 页。

发给了股东。这样做使通商银行的股票被分散到更多人手中。商股股东的增加,遂引发要求换名过户之事的发生。手持通商银行股票的股东们纷纷来通商总行要求更名过户。仅1911年6月,换给新股(票)者四十多万两。1912年年初又换给新股(票)三十多万两。两年换户达七十多万两,"为数甚巨"。据不完全统计,到1912年4月为止,总计更换股票一万张,换名过户的股东约有一千二百四十六户,加上原有的商股股东,总计约有一千五百九十一户,拥有通商银行股票九千七百多股,约占通商银行全部股本的百分之四十。由于商股比重成分的增加,通商银行资本构成发生了根本性变化,正式具备了普通商业银行的性质。

通商银行的章程规定,该行的形式为股份有限公司,商股商办,定期召开股东大会,选举产生总董,负责管理日常行务。但在辛亥革命前,银行实际由盛宣怀一人"督理"、把持,从未召开过股东会议。辛亥革命期间,银行总董为了拒绝沪军都督府接管银行、插手银行用人行政,曾一再声明并刊登广告说明银行纯系商办,表示要定期召开股东大会确定银行人事。辛亥革命后,银行商股股东比例增多,要求有权过问银行事务,特别是有关人事安排的呼声越来越高。1913年2月10日,香港地区的股东就写信给盛宣怀,以"今时移事异,自应按照商律,完全商办"。[①]

除广大股东要求外,原先的银行领导层经过辛亥革命,清朝灭亡,政权更迭,也发生了重大变化。进入民国后,盛宣怀的银行"督办"一职无形中被取消,他虽然千方百计想重新控制该行,但因无政治靠山,再也无法且不可能像辛亥革命前那样影响和左右通商银行了。此外,原先银行十位总董中,首席总董张振勋(弼士)远在南洋经商,从未到行视事,并早在1904年就宣布辞职。而其余总董如叶澄衷、严信厚、刘学询、严潆等也相继去世。银行领导的实际状况也迫切需要重新调整和补充。

在广大股东的强烈要求下,通商银行于1913年年初正式召开首届股东大会。参加会议的多为上海地区的股东,其他地区与会的股东很少。由与会股东"投票"选举董事,组成新的董事会,除现任董事外,又增补了严义彬、周晋镰、朱宝奎、傅筱庵(代表轮船招商局)等人为新的总董。不久又增补了盛艾臣为副董。在盛宣怀任"督办"时代,担任银行总董的"大都是道台班子,红顶花翎,箭

① 盛档:《温佐才致盛宣怀电函》(民国元年十月)。

衣外套,亦官亦商"①。至此,无论从银行所持股票的股东成分、还是从银行领导成员的更动来看,都表明通商银行已成为一家纯粹的"商股商办"的商业银行。

民国以后,中国的民族工商业有了一定的发展。通商银行新的董事会及时抓住机遇,除继续保持同钱庄、票号的业务往来外,加大了对新兴中小企业的放款。为此,加大和扩充了华账房的力量,华账房由原先的六人增至十四人。新增陈福保、田洪泉、朱襄程、顾松亭、赵震为华账房管理人员,新增与中小企业、商家、店铺进行业务联系的"出店人员"十人。为了确保华账房的领导,董事会又增补原华大班谢纶辉之子谢光甫为总行华大班的副大班,借以"商议改良一切"。据不完全统计,从1895年到1913年年底,全国民族工商业较集中的上海、武汉、广州、杭州、无锡、天津等城市历年设立的民族工商企业有五百四十九个②,其中与通商银行有业务往来的中小厂矿企业商家约有一百一十家之多③。当然其中不乏银行股东们所开办的企业。

与经营管理变化的同时,银行营业状况也有了很大改变,到1912年上半年,银行收支两抵,已出现盈余。到次年年底,不仅弥补了全部亏空,而且出现了近二十万元盈余。④股票每股年息也于1914年由六厘恢复到原先的八厘。⑤

1916年4月,盛宣怀因病在沪去世。他死后,通商银行的实际领导权落到了傅筱庵手中。自此,通商银行可谓进入了"民营"的"商办"时代,成为当时中国众多的商业银行中的一员。

---

① 毛啸岑:《通商银行五十四周年行庆感言》,中国人民银行上海分行档案部藏。
② 汪敬虞:《近代中国工业史资料》第二辑,上册,第12—13页附表。
③④ 盛档:据中国通商银行1897年(光绪二十三年)至民国二年(1913)洋账房、华账房账册往来客户名录统计,原件藏中国人民银行上海分行档案部。
⑤ 见盛档:中国通商银行总董会议记录、公信录,中国人民银行上海分行档案部藏。

中华书局

提振国家，兴我中华

本文就中华书局创办的背景，她的名字由来，陆费逵的爱国情怀、经营理念等略作小议。

一

1912年1月1日，以孙中山为领袖的中国同盟会联合部分立宪人士在南京成立中华民国南京临时政府。中华民国南京临时政府的成立标志着中国一个新的历史纪元的开始。就在临时政府宣布成立的当天，中华书局股份有限公司也在上海福州路惠福里宣布成立。

中华书局的创办人陆费逵原是商务印书馆出版部的负责人，他痛恨清廷的专制腐败，与革命人士早有往来，并秘密加入中国同盟会的外围组织日知会，据说日知会的章程就出自他之手。1911年10月武昌起义爆发后，在不到半个月的时间内，全国先后有十多个省区宣布脱离清廷，拥护共和。陆费逵认定清朝必灭，民主共和必胜。伴随着政权更迭、新旧制度的嬗递，原有的各类教科书势将加以改革，但当时印刷和出版教科书的商务印书馆对此的态度一直游移不定。于是陆费逵不顾商务印书馆以月薪四百元挽留，毅然辞去出版部主任，与在商务印书馆的同人戴克敦、沈知方、陈协恭等集资两万五千元秘密请人编纂新的教科书。1912年1月1日宣布成立中华书局，自任书局局长。他在书局成立的宣言中说：

> 国之根本，在乎教育；教育根本，实在教科书。教育不革命，国基终无由巩固；教科书不革命，教育目的终不能达到也。①

有人说，中华书局的创办缘于教科书革命，这一说法，没有错。中华书局新

---

① 陆费逵：《中华书局宣言书》，《20世纪中国著名编辑出版家研究资料汇辑》(二)，河南大学出版社2005年版，第242页。

出版的十多种教科书不仅装帧精美,图文并茂,而且增添了许多有关革命的内容。如在《新式教科书》中就增加了有关民主共和政体、培养民众爱国思想的课文,收录了宪法、国会、文天祥、史可法、鸦片战争、中日甲午战争等内容。南京临时政府成立后,清帝尚未退位,南北和议正在上海进行,政局时有变动。中华书局新的教科书的发行,实际上配合了新生的南京临时政府的建立,为民主共和政治在中国的最终确立大造舆论。她的创办顺应了革命的需要,有力地配合了孙中山等革命党人的反清斗争。

二

在中华书局创办之前,在中国曾存在过一个出版机构"中华印务总局"。该局创办于1871年,创办人为王韬和黄胜。该局前身是伦敦教会创办于香港的英华书院印字局,1870年停办后,由原在英华书院协助理雅各翻译儒学经典著作的王韬和黄胜合资将其买下,改名中华印务总局,并于次年正式成立。该局用活字铅印,曾出版过王韬的《普法战纪》,黄遵宪的《日本杂事诗》,郑观应的《易言》以及王韬主办的《循环日报》等,在19世纪七八十年代,该书局颇有一定的社会影响。陆费逵创办的中华书局与王韬等创办的中华印务总局虽无直接联系,但两书局都以"中华"两字打头,表明它们区别于外国外资书局,是国人自办,带有一定的民族性。

在中华书局成立前的几十年内,中国出版印刷的机构名称林林总总,除私家坊刻、官书局外,尚有称公会的;有称印书馆的,如1897年夏瑞芳等创办的商务印书馆;有称书店的,如1902年成立的开明书店;有称书庄的,如1910年前成立的上海章福记书庄;有称社的,如1900年成立的国学扶轮社,1901年成立的神州国光社;有称会的,如1907年创办的国学保存会、国学商总会,也负责出版书籍;有称公司的,如1907年成立的图书集成公司;有称山房的,如扫叶山房,既卖书,又印书;有称阁的,如晨风阁;有称堂的,如一经堂、致永堂;有称楼的,如文富楼;有称书院的,如南洋公学译书院;等等。①出版印刷机构名称虽异,但大多以"文宜""广益""广智""文益""富文""文富""焕文""启智"等为名称,以开启民智、新民、新国为目的。在这些名目繁多的出版印刷机构中,以"书局"命名的最多,据不完全统计,在1912年中华书局成立前,上海九十八家出版印刷机构中,用"书局"命名的多达四十一家,著名的有文海书局(1896)、大同书

---

① 参见《上海华商行名簿录》《上海出版志》《近现代上海出版印象记》《上海商业名录》等。

局(1897)、广益书局(1898)、广智书局(1898)、南洋书局(1902)、文明书局(1902)、萃文书局(1906)、东大陆译书局(1903)、有正书局(1904)等①。由于用"书局"命名的出版机构多而且时间较早,带有一定的普遍性,这是陆费逵在创办中华书局,不用其他名称而采用"书局"的原因之一。其次,陆氏本人原先在商务印书馆任职,当然不会也不可能用"印书馆"来为自己新的出版机构起名。再次,"印书馆"和"书局"本身还存在中西不同的文化影响。"印书馆"受西方传教士创办的印刷机构的影响显而易见。传教士创办的印刷机构著名的有墨海书馆(1843)、美华书馆(1859)、益智书会(1877)等。它们的创设无疑为近代中国人自办出版机构提供了借鉴与经营模式和商业理念。商务印书馆的创办显然受其影响。清末,各省督抚在"振兴文教"、弘扬儒家文化的名义下,创办了不少官书局。著名的有杭州官书局(1865)、湖南尊经书局(1865)、福州正谊书局(1866)、金陵聚珍书局(1867)、江苏书局(1868—1914)、天津官书局(1881)、广州广雅书局(1886)、南菁书局(1886)、江楚书局、京师官书局(1896)等。这类书局主要刊刻经史、印刷官书,兼及子集等。中华书局和其他众多书局受到中国传统出版印刷业的影响是显而易见的。此外,在经营业务活动方面,印书馆与书局也有所不同。陆费逵曾就中华书局用"书局"而不名"印书馆"的原因讲过以下一段话:"对于出版业和印刷业,向来界限不分,古昔不必说了,就现在两个大的出版业说:商务印书馆它最初是专办印刷的,所以它的牌号到现在还有'印书馆'三个字。中华书局在印刷业也占着全国第二的位置,彩印且占第一的位置。但是它最初只营出版业,不从事印刷业,所以现在仍以书局为名。英文译名更是表明它以图书出版为专业了。"但他又说:"还有许多招牌用某某书局,实际上或专营出版,或专营印刷,或两者兼之,所以很不易分清它到底是出版业或印刷业。习惯上统称书业。"②

三

陆费逵创办中华书局,牟利不是他的主要目的,在很大程度上是为了新生的民主共和国的需要,为了"提振国家""兴我中华"。他说:"我们希望国家社会进步,不能不希望教育进步;我们希望教育进步,不能不希望书业进步。我们的书业虽然是较小的行业,但是与国家、社会的关系,却比任何行业伟大。……此项工业

---

① 参见《上海华商行名簿录》《上海出版志》《近现代上海出版印象记》《上海商业名录》等。
② 引见宋原放:《中国出版史料》(现代部分)第一卷,下册,山东教育出版社2001年版,第415—416页。

为以知识供给人民,是为近世社会一种需要,人类非由此无由进步。一切人类大事皆以印刷纪述之,一切人类知识皆以蓄积之,故此为文明一大因子。"①

中华书局全名中华书局股份有限公司,内部组织系统由股东大会选举的董事和监察组成。不少革命派人物和进步人士曾担任中华书局的董事,如于右任、宋耀如(宋庆龄之父)、沈恩孚、孔祥熙、史量才等,在编辑人员中也先后容纳了不少革命人物和进步之士,如马君武、蒋维乔、舒新城、陈伯吹、钱歌川、李平心等,因而使该书局具有鲜明的进步色彩②。书局成立后,本着"国立根本,在乎教育;教育根本,实在教科书;教育不革命,教育目的终不能达到也"③和"教科书革命""服务中华"的方针④,首先出版了一系列新式教科书。新教科书乃至以后其他出版物,均冠以"中华"二字。新教科书浸透了民主共和思想,如中华初小国文第一册,首页印有南京临时政府五色旗,课文有"我国旗分五色,红黄蓝白黑,我等爱中华","民国成立,选举临时大总统,孙文以大多数当选,元年元旦,即任于南京,组织临时政府"。完全顺应新生的民主共和政权的需要。新教科书体例新颖,文字表述用浅显的文言文,因而大受欢迎。时人称誉"为空前良著"。新教科书多达七十余种。此后随着社会的变迁,教科书内容也不断更新,又先后出版了《共和国教科书》《新制教科书》《实用教科书》《新式教科书》。在《新式教科书》加强了有关共和政体和培养民众爱国思想的课文,如宪法、国会以及历史上爱国人物和有关西方、日本殖民侵略等方面的内容。20世纪初年,新文化运动兴起,提倡白话文,中华书局出版物也改用白话文,以致当时全国所用教科书的百分之三十来自中华书局。⑤

本着"一业为主,多种经营"的方针,中华书局在出版教科书的同时,还出版杂志、编纂辞典、整理出版古籍等。陆费逵在1908年服务于商务印书馆时,曾任《教育杂志》主编和师范函授学社讲义部主任,著有《教育文存》《实业家之修养》《国民之修养》《青年修养之杂志》等书。陆费逵认为杂志是"文明必需品","一国学术之盛衰,国民程度之高下,论者恒于其国杂志发达与否视之,杂志多则学术进步,国民程度亦高,而学术愈进步,国民程度愈高,则杂志之出版亦愈

---

① 陆费逵:《书业商会二十周年纪念册》序。俞筱尧、刘彦捷:《陆费逵与中华书局》,中华书局2002年版,第466页。

② 吴铁声:《我所知道的中华人》,载《回忆中华书局》。

③ 陆费逵:《中华书局宣言书》,《20世纪中国著名编辑出版家研究资料汇辑》(二),第242页。

④ 陆费逵:《中华书局二十年回顾》。

⑤ 蒋维乔:《创办初期之商务印书馆与中华书局》,《中国现代出版史料》丁编,中华书局1959年版。

进也"。中华书局成立后,他一手大力创办了《中华教育界》(月刊),此后又聘人创办了《大中华》《中华实业界》《中华妇女界》《中华小说界》《中华学生界》《中华童子界》《中华儿童画报》,号称八大杂志。此后又创办了《留学生季报》《中华英文周报》《小朋友》《小朋友画报》《中华图书月刊》等。其中《大中华》多论述各国大势,介绍最新学术成果,研究国策与社会事业方针,以养成世界知识、增进国民人格,研究事理之真相,指导社会为宗旨。《小朋友》杂志以培养青少年、陶冶心情、增进儿童智慧为目标,对青少年进行爱国主义教育。关于《中华妇女界》的创办,陆费逵认为女子教育不仅重要,而且迫切,创办该杂志的目的,在于养育妇女的健全人格,从事无害生理、无妨家庭的事,女子教育以德智体三者并重,培养女子在必要时可以从事有关只有男子做的职业。九一八事变后,国难当头,对日作战在即,又创办了《新中华》《少年中国》《学衡》《解放与改造》(后变更为《改造》《诗》两杂志),对宣传抗日、激发民众爱国思想、鼓舞民众抗日斗志发挥了重要作用。

在古籍整理出版方面,陆费逵和中华书局的同人整理出版了《四部备要》。是书从《四库全书》中选出、按经史子集四部分类,共收录古籍三百五十一种,用聚珍仿宋版进行排印。1937年后又以万元购得广东籍商人陈炳谦收藏的《古今图书集成》铜活字底本,进行影印出版。在辞书方面,编纂出版了《中华大字典》,由徐元诰主持编辑《辞海》,是书取商务印书馆出版的《辞源》之长,补其所短,深受学人和民众欢迎,该书一直出版至中华人民共和国成立后。

回顾中华书局的历史,人们不难发现,她始终与时俱进,始终与中华民族同命运,共呼吸。无论是在新旧制度嬗递的鼎革年代,还是在外敌入侵、国难当头的艰难岁月,总以捍卫中华、振兴中华、建设中华为己任,为提升国民人格、养成高尚道德呼唤呐喊,为弘扬中华传统文化而不遗余力。尤其难能可贵的是,中华书局百年来始终坚守"国有国格,局有局格"的原则,不改陆费逵当年创办中华书局的初衷,始终以服务中华为其根本目的。吾敬中华,吾更爱中华。我想这是所有受惠于中华书局的人的共同感受。

成立初的中华书局入门对联是:

中原新气象;

华国大文章。

不知出自何人之手。但它如实反映和记录了辛亥革命给中国出版界带来的巨大变化。

各省军政府

民国建立与帝制推翻的前提和基础

辛亥革命大致包括各省独立、民国建立、帝制推翻三大阶段。在这三个阶段中，各省独立及其所建立的军政府又最为关键，因为它是民国建立与帝制推翻的前提和基础。各省军政府均为此作出了重要贡献。

各省军政府是新旧制度交替时期的特殊政权，是中国资产阶级学习西方、反封建斗争的产物，在近代中国政治制度新陈代谢的过程中具有重要地位。

一、军政府和"都督"的由来

从1911年10月武昌起义爆发，到1912年2月清帝宣布退位，人们通常把这四个月称为"光复汉业，实行共和革命"即辛亥革命各省独立时期。这一时期内，全国先后有十四个省宣布脱离清朝，拥护共和，并相继建立了省一级（个别省份尚有多个军政分府）的军政府。

军政府的名称来源于孙中山制定的《中国同盟会革命方略》（简称《革命方略》），1906年由孙中山、黄兴、章太炎等在日本制定。在《革命方略》中，明确将实现民主共和政治的大目标分为军法之治、约法之治、宪法之治三个时期。"此三期，第一期为军政府督率国民扫除旧污之时代；第二期为军政府授地方自治权于人民，而自总揽国事之时代；第三期为军政府解除权柄、宪法上国家机关分掌国事之时代。"由此可见，军政府是以孙中山为首的资产阶级革命党人主观上早就确定的革命政权，而且是作为真正实现民主共和政治的手段，因而也是一个过渡性质的政权。一旦军法、约法时期结束，军政府就告结束。

军政府有时也被称为都督府，这是因为：（1）各省独立时，往往都以都督的名义发通电和安民告示；（2）都督是军政府的首脑（实际上不尽如此，各省都督的权力、地位相差悬殊）；（3）都督一词在《革命方略》中也有规定。规定每军立一都督，由起义首领担任，并说明都督主管军事，是军事主脑，但不是军政府的最高首脑。

查阅古代史料,不难发现"都督"一词并非革命党人的杜撰,在中国古代官制中早已有之。其远在东汉末年就已出现,此后历代王朝均存有此官名,只是性质、权力各有参差,有时为军事统帅,有时为地方军政负责人。明代加强中央集权,置五军都督府为最高军事机构,此后都督遂成为虚衔。到了清代,正式将这一官名废除,而代之以"总督""提督"之类的官名。

明末农民起义,仍使用"都督"作为农民起义领袖的官衔。如张献忠部下就有这种情况①。清代乾隆年间,台湾林爽文起义,军中将领也有称"都督"的。至于革命党人袭用这一官名,一是与恢复汉室正统有关。中国同盟会誓词中有"驱除鞑虏,恢复中华"。沿用"都督"这一官名,与久远的汉族正统,尤其是与会党群众崇拜的"朱明"典制相联系,而有"反清"之意,这样易于号召民众,为民众所接受。二是与争取联络会党力量参加反清革命有关。当时众多的秘密会党沿用"都督"衔名以示"反清复明"之意,如光复会、洪江会,乃至共进会均有这种情况。1906年光复会首领陶成章就自称"五省大都督",在其制定的《龙华会章程》中亦设有都督府。又分中、左、右、前、后五个都督府,每府设大都督,左、右都督各一名,并明白宣称这些官职是取法大明大唐,并不是杜撰而来。对照明代都督府制,完全属实。黄冈起义前,广东会党就公开标出"大明军政都督府"的旗号。1906年2月萍浏醴大起义,洪江会的大龙头龚春台就以"都督"的名义号召会党群众参加反清斗争。湖北共进会根据《革命方略》中制定的军制,推定了广东、广西、江西、四川、安徽、江苏、湖南、湖北、河南等省大都督②。该会还拟定都督府制的政府成员构成,推举同盟会员刘公为大都督,刘英为副都督③。当然革命党人为了号召指挥会党群众,也曾以"都督"加封会党领袖。共进会联络会党时,曾将会党秘密编成五镇军队,每镇以一副都督统率之。孙中山在潮州黄冈起义、钦廉防城起义、镇南关起义等三次起义中,先后委任会党领袖许雪秋、王和顺、黄明堂分别为中华民国东军、中军、南军都督。孙中山等革命党人联络会党,目的是要争取其"反清",把会党活动纳入资产阶级民主革命的轨道。这样做,也易为会党所接受。辛亥革命时期资产阶级革命党人与会党结盟的事实也证明了这点。

---

① 南京博物院藏《大西校骑营都督府禁约碑》拓片。

② 他们分别是聂荆、刘玉山、邓文翚、何其义、孙竹丹、傅梦豪、焦达峰、黎元洪、刘公。

③ 一说孙中山也曾任命过刘公为湖北都督、刘英为副都督,见《近代史资料》1982年第一期,第60页。

二、军政府内部机构设置及其职掌

从法理上说,军政府是一省的最高行政机构,但由于处于革命的特殊时期,它的实际权力很大。各省军政府内部的机构设置虽有差异,但大体来说,凡与军、政、民、财有关的,均设有专门负责机构。下面就十四省的军政府内部机构设置及其职掌作一介绍。

1. 各省政府内部机构设置概况

湖北军政府设于 1911 年 10 月,内设参谋、军务、军令、政事、内务、外交、财政、交通、司法、教育、实业等十一部和一个总监察处。

湖南军政府设于 1911 年 10 月,内设军务、民政、财政、司法、外交、实业、教育、交通八司,高级审判、警察二厅,矿政、筹饷二局,盐政处和会计检查院。

陕西军政府设于 1911 年 10 月,内设秦陇复汉军统领,兵马、粮饷、军令、东路征讨、西路征讨五大都督(正、副各一人),总务府(内设参政、参议二处,秘书厅,铨叙局),军政、民政、财政、教育、外交、交通、实业等八部。

山西军政府成立于 1911 年 10 月,内设军政、参谋、政事、财政、外交、司法、军需七部,东路、北路、南路三军总司令和一名总参议。

云南军政府成立于 1911 年 10 月,内设参议院,参谋、军务、军政三部,另设秘书长一名。

江西军政府因都督前后变易,其内部所设机构也随之变化。初期设司令、参谋、军务、政事四部和财政、文事、交通、矿务四局及秘书长一名。后期则设有政事、财政二部,警察、参谋、军务三厅和内务、文事、外务、交通、司法五局,另设高等顾问多名。

贵州军政府设于 1911 年 11 月,内设枢密院,执法、军政、民政、财政、实业、教育、交通七部,另设总参谋长、参谋长、副官、秘书、行政总理等职务。

江苏军政府设于 1911 年 11 月,初设军政、民政、财政、外交、提法五司和总务、参谋二厅,另设总司令、巡警道各一名。继后增设参事会、高级审判厅、通阜司,参谋总长、参谋长各一名。

浙江军政府设立于 1911 年 11 月,内设总司令,政事、财政、军事三部以及警察厅和盐政局。

广西军政府设立于 1911 年 11 月,内初设提学、提法二使,及一个巡警道,基本延续了前清巡抚衙门体制。后改设军政、民政、财政、教育、司法五司和铨叙、法制二局。

福建军政府设立于 1911 年 11 月,初设司令、参谋、民政、财政、交通、外交、司法七部和一名参事会长,继增设政务院和教育、警务二部以及公债局、盐政处。

安徽军政府设于1911年11月,初设中央司令官,军司令、司令、参谋、军务四部,民政、财政、司法三股,另设顾问官一名。后统一改为军务、民政、财政、教育、参谋、司令六部。

广东军政府设于1911年11月,内设军政、财政、民政、司法、外交、交通、实业、教育、警察、参谋十部和军务处及总参议多名。

四川军政府设于1911年11月,初设安抚局,盐务、学务、陆军三部和提法司,后统一改为军务、参谋、民政、财政、学务、司法、实业、交通、盐政、外交十部及总政处,另设巡警总监。

2. 军政府的特点

从十四省军政府内部机构设置来看,军政府大致有以下特点:

一是各省军政府内部机构设置大体上都遵循《革命方略》中革命派设计的政府方案。而湖北、广东两省军政府最具有代表性,两省军政府基本按照美国独立战争时期各州组织独立政府的做法,有凡政府内部机构设置犹如未来的中央政府机构设置,十分完备而规范,可以说是把资产阶级革命派所设想的民主共和蓝图具体化,也可以说是稍后建立的南京临时中央政府的缩影。事实上,它们,尤其是湖北军政府客观上成了日后独立各省设立的军政府的参照,具有积极的示范作用。

二是军事机构的设置十分突出。在十四个军政府中,湖北、陕西、山西、云南、江西、贵州、江苏、浙江、安徽、广东等十省均设有军事指挥系统,包括司令、参谋、军务、军令部和副官处。有些省,如湖北因与清军作战,江浙两省组织联军会攻南京,陕、晋两省面临清军进攻,除设立一般性的军事机构外,还设有多路都督司令。陕西省特设秦陇复汉军,兵马、粮饷、军令、东路和西路征讨大都督,山西设立东、北、南三路司令。1912年,因南北和议一时破裂,各省军政府决定组织北伐,武力推翻清朝,因此这一时期各省军政府均又增设新的军事机构。这些军事机构的设置,凸显了军事的重要性,从另一个角度证明辛亥革命是经过激烈的军事武装斗争才取得推翻帝制、建立民主共和的伟大胜利,而不是像某些史书上所讲的,是由于袁世凯及其所控制的北洋军倒清、赞成共和。

三是因人设事、因事设置机构或同一机构一官多人的现象比较严重。据作者的不完全分析,这种现象约在五省出现,而情况又不尽相同。在四川,因罗纶是保路运动的领导人,军政府成立后,为了利用罗氏的名声和影响,特设安抚局,由罗纶主持。这对争取立宪派人物参加革命,推动革命运动发展不无意义。同样的情况在江苏也存在。江苏是立宪派力量较集中的地区之一,为了争取和利用立宪派力量参加革命,军政府在人事安排上可谓煞费苦心,作了周密的安排。如民政司负责人有张謇、李钟珏、沈恩孚三人,外交司有伍廷芳、温宗尧、杨廷栋三人。这些人事安排从一个侧面反映:立宪派对辛亥革命的参与加速了清王朝的崩溃。

但广东军政府与上述省份情况有所不同。广东是革命力量较为集中的地区,且多革命党人的领导骨干,因此人事安排比较困难,为了保持革命力量内部的团结,军政府往往采取一部多官的做法,以保证主要革命骨干担任一定的职务。如军政部有蒋尊簋、魏邦平;财政部有李煜堂、廖仲恺;司法部有王宠惠、汪祖泽、罗文干;外交部有陈少白、罗泮辉;交通部有梁如浩、李杞堂。福建军政府的人事安排也有这种现象。

云南的立宪派势力与革命派力量可谓旗鼓相当,且积极投入了革命。所以,军政府在人事安排上也各方兼顾。特设参议院,由李根源主持;参谋部有唐继尧、刘存厚、殷承瓛;军务部则有曲同丰等三人;军政部则有李根源、罗佩金、唐继尧、李曰垓等四人。从军政府的人事总体安排看,李根源、唐继尧掌握着军政府的实权。

四是革命党人、同盟会员在各省军政府中担任要职的情况比较突出。以都督为例,十四省三十二名正副都督(军政分府都督尚不在内)中有十五名是同盟会员,他们分别是:湖南的焦达峰、陈作新,陕西的张凤翙,山西的阎锡山、温寿泉,江西的彭程万,贵州的杨荩诚,浙江的蒋尊簋,安徽的王天培、李烈钧、孙毓筠,广东的胡汉民、陈炯明、黄士龙,四川的尹昌衡。其中山西、安徽的正副都督全部由同盟会员担任,广东三名都督中,二名是同盟会员,一名是接受革命思想的留日学生。

凡是革命力量控制的军政府,其下属各部、院、司、局的主要正职负责人亦多由革命党人担任。以湖北军政府为例,在军政府的十二个机构二十二名负责官员中,同盟会员五人,共进会员八人,文学社社员二人,前清谘议局议员二人,其他阶层五人。共进会、文学社是同盟会的外围组织,三者加起来,约占全部官员人数的百分之六十八,而且十五人全部掌握参谋、军务、军令、外交、司法、实业等部。

云南军政府以革命军队为依托,大权牢牢掌握在革命派手中。同时革命派还注意任用青年知识分子和青年军官,为革命派在军政府中的主导地位的相对稳定提供了较为可靠的基础。广东军政府的情况也很突出,七个部二十四名负责人中,同盟会员有十四人,胡汉民、朱执信、李煜堂、陈少白等革命骨干在军政府中位处枢要,拥有决策权。安徽军政府二十二个机构三十一名负责人中,同盟会员十五人,几乎占总人数的一半。另十六人中,岳王会员一人,路矿会员三人,原谘议局议员一人。浙江军政府六个机构六名负责人中,同盟会员四人,约占总人数的百分之七十。另有一人是光复会员。革命党人、同盟会力量在上述省份较为集中,一方面反映了革命党人在这些省份长期努力工作的结果;另一方面则成为以孙中山为首的资产阶级革命党人建立的南京中央政权的支柱。同时也为日后这些省份为何成为革命党人讨袁的主要阵地作了最好的注脚。

五是各省军政府各部、司、局负责人的学历普遍较高。以都督为例,十四省三十二名正副都督中,留学日本的有十六人,毕业于本国新式高等学堂的有四人,前清进士四人,举人二人,监生五人,绿林出身的一人。在留学日本的人中,学习军事的有十四人,占都督总数的近百分之四十三。

各省军政府各部司、局负责人亦是如此。以湖北为例,十二个部门二十二名负责人中,留学日本的有十一人,留学美国的有一人,毕业于两湖总师范的六人,其余四人分别毕业于中国公学、湖北军校、长沙正经学堂、武昌文普通学堂。其中留学生占总人数的百分之五十五,且这些留学生非军事速成学校出身,大多为日本法政大学、明治大学、大阪工业学校和美国耶鲁大学毕业,因此水平较高。

再以湖南为例,军政府内十四个机构二十名负责人中,留学日本的七人,毕业于本国新式高等学堂的二人,前清进士一人、举人二人、生员三人,其他学历不详的为五人,拥有旧式功名者占总人数的百分之二十八,留学生占总人数的百分之三十三。

陕西军政府十六个机构三十名负责人中,留学日本的有十一人,本国保定军校毕业的五人,前清进士一人。

云南军政府五个机构十二名负责人中,日本陆军士官学校毕业的十人,日本其他军校毕业的一人,本国京师大学堂毕业的一人。

江西军政府的二十一个机构二十五名负责人中,留学日本的有六人,且大多毕业于日本早稻田、法政、中央等著名大学。前清进士三人,举人一人,优贡生一人。拥有高等学历的占百分之四十六。

大批留学生和本国新式学堂毕业生及少数前清进士、举人担任军政府的军政要职,表明近代中国知识分子、青年学子参与了辛亥革命的领导。自 1905 年科举废除,大批青年出国留学或进入本国新式学堂,通过学习和比较,进一步加深了对资本主义的认识和了解,以及对封建专制制度的憎恶。留学期间,一些青年因同学、校友等关系,间接或直接地受了革命影响。他们或因此同情革命,如陕西张凤翙之子张益谦,或加入革命组织,投身反封建斗争。这是各省军政府领导成员中有大批留学生的原因。据不完全统计,在日本留学学习军事的中国学生中,秘密加入黄兴组织的丈夫团的有一百多人。在各省独立时,举兵响应,担任都督及军事领导人的多是丈夫团成员。高学历的知识分子将他们学到的外国知识直接投入了各省施政活动,为结束封建专制制度、在各省乃至全国建立资产阶级民主政治制度发挥了重要作用。

六是立宪派在不少军政府中占据重要地位。以江苏军政府为例,军政府领导成员构成多元化,立宪派、工商界人士占有相当大的比重,在二十三个机构四十名负责人中,原谘议局议员、立宪公会成员竟有八人,甚至包括谘议局议长张謇在内。原上海商团公会的有一人,原上海自治公所的有三人,属于同盟会的只有七人,光复会一人。四川军政府是立宪派同旧封建势力斗争的产物,除陆军部长系同盟会员外,其余领导成员全是立宪党人,革命党人在军政府中不占领导地位。直到成都新军兵变后,新的四川军政府由革命党人、同盟会员尹昌衡掌握,这种情况才有所改变。贵州军政府也类似,十三个机构十九名领导成员中,原宪政会的有四人(包括宪政会会长在内),属自治社的有十一人,属同盟会的只有一人,另有三人为新军军官。立宪派占了总人数的近百分之八十。广西军政府都督因系前清巡抚,故军政府也基本由立宪派掌握,立宪派参加军政府领导工作。投身辛亥革命,表明了立宪派与革命派在反清革命这点上具有同一性(他们分道扬镳是袁世凯夺取政权之后的事)。商团公会、自治公所等成员的参加,表明辛亥革命得到广大商人乃至一般士绅的支持,具有一定的社会基础。

立宪派参加辛亥革命是在朝局发生变化下的"转向"。眼看清朝大势已去,他们的立宪主张难以实现,担心革命派夺得政权后于己不利,所以,迅速调头响应"革命"。他们参加军政府,有利于减少独立阻力,推动革命的发展,但同时也给革命带来了潜在的危机。如贵州军政府,控制军政的宪政预备会和贵州自治学社与旧官僚有很深的联系,没有同盟会那样的革命斗争性。所以,在旧势力的进逼下很快失去了政权。

七是新军、会党的领导人在不少省军政府中担任要职。以孙中山为代表的资产阶级革命力量在领导和发动反清革命的斗争中,曾一度大力争取秘密会党参加,后又加强对新军的争取和说服工作。因此,在辛亥革命中,均有会党成员和新军的参加。武昌起义首先是由新军发难的;在北方,党人发动新军举行了滦州起义。会党则在一些省的独立中,表现不俗。它们均作出了不小的贡献。陕西军政府十六个政府部门的三十名负责人中,哥老会出身的竟多达十二名,都为新军军官,且有十一名担任军事都督。山西军政府十一个部门的十四名负责人中,新军军官有七名之多,占了总数一半。云南军政府的十二名负责人中十一名为新军军官,占了百分之九十一,且十一名几乎全是新军协统、标统、管带以上的军官和讲武堂总办。新军和会党参加独立之役,表明了他们在推翻清朝统治的革命斗争中仍然是一支十分重要的力量,他们同样为新生的资产阶级民主共和国的创建作出了贡献。但是,他们的参加也给军政府内部造成了争权夺利的斗争。后来山西、陕西军政府内部的分化均与此有关。

八是在各省独立时期,几乎所有省军政府内部均存在激烈的权力斗争。湖南独立不久,都督焦达峰即被暗杀,革命政权旋即被立宪派夺去。浙江独立是立宪派谋划于先,革命派策动于后,而且取得了成功,因此,浙江省军政府内部两派权力斗争非常激烈。江苏省军政府成立后两个月内经历三变,军政府领导成员中,军事方面多为革命党人,其余各部门多为立宪党人。南京独立后,程德全担任南京临时政府内务总长,其余军事领导人忙于对外事务,军政府各部门实权渐渐落入立宪派手中。继任都督庄蕴宽回驻苏州后,军政府几成立宪派的天下。在广西,绿林出身的前清军官陆荣廷经过多种手段,最终控制了军政府。

军政府内部的这些权力斗争很复杂。有革命派同立宪派之间的权力争斗,如湖南、江苏、浙江等,这种斗争从独立之日起一直持续到南北和议,始终未停止过。也有革命派内部的权力斗争,福建都督与彭寿松之间的斗争(彭是同盟会外围组织军警同盟会的负责人)就是如此。江西军政府前后换了四个都督,出现这种情况与革命中心"位移"有关。南昌是省会,军政府都督所在地,但江西独立,主要是九江新军发动的,因此,九江革命势力的一举一动直接影响和支配南昌省军政府。

军政府内部的权力斗争削弱了因各省独立而形成的反清革命整体力量,给以袁世凯为代表的封建官僚政治势力夺取政权以可乘之机。

从上述十四省军政府领导成员的特点分析,不难看出,辛亥革命虽是由资产阶级革命派领导发动,但当时中国社会的所有其他阶层,如资产阶级立宪派、会党、新军、新型知识分子(留学生和新式学堂毕业生),乃至少数前清地方大吏反正倒戈,几乎都参与起事,因此,它是带有全民参加的一场反封建革命。革命派以推倒封建政权、建立民主共和政治为奋斗目标,并为之奋斗了十多年;立宪党人因清政府拒绝召开国会、镇压立宪请愿运动,感到立宪无望而转向"革命";广大工商业者出于自身利益而对反清革命倾注了热情,他们有着比革命派更好的群众基础,在领导保路、保矿、收回利权的反帝爱国运动中同广大人民发生了联系;会党以反清复汉为宗旨,革命党人利用其反清而争取之;大批留学生、新式学堂毕业生掌握新知,了解世界大势,痛恶封建制度腐朽无能,以拯救国家、挽救民族危亡为己任。于是各种反清力量汇聚到一起,共同绘就了20世纪初年中国社会政治制度新陈代谢的图卷。同时也预示日后他们将成为活跃在20世纪中国社会历史舞台上的主要力量。他们的活动或缓或快地推动着中国社会前进。

三、军政府在各省独立时期的主要活动

十四省军政府成立后,一方面加紧本省境内的施政活动,另一方面又积极投入与己息息相关的两件大事:反清、共和。反清是前提,共和是结果。清朝不推翻,不但不可能创建民主共和国,甚至连各省军政府的存在也是问题。

在反清的问题上,各省军政府开展了以下几方面的活动。

一是旗帜鲜明地发表通电,宣布本省脱离清朝,立志民主共和、建立资产阶级民主共和国。湖北军政府发表了《布告全国同胞书》,揭露清朝封建专制统治的民族压迫和丧权卖国的罪行,声明要"颠覆恶劣政府,建立共和国家"。有的省份独立后还发表檄文,宣布清朝罪状,如广东、陕西、山西、云南等。各省檄文多号召尚未独立的省份认清形势,赶快独立,脱离清朝统治。这些电文多数体现了中国资产阶级反封建,在中国建立资本主义制度的革命主张。这些电文、政纲一定程度上说都是同盟会政纲的衍化。个别省份,如江苏,由于立宪派控制军政府,都督程德全曾为清朝巡抚,因此,通电态度暧昧,只讲以"维持秩序,保卫治安"为宗旨。

二是支持援鄂斗争。武昌起义爆发后,清政府任命陆军大臣荫昌率军前往镇压。袁世凯担任内阁总理大臣后,对湖北军政府发动强大军事进攻,攻汉口、汉阳,轰武昌。湖北为首义之区,清军进攻之胜败直接关系到湖北军政府的存亡,并牵涉到独立各省的存亡和全国革命的大局,因此,独立各省军政府都积极参加了援鄂斗争。湖南军政府成立后不久,先后派出万人军队前赴武汉,参加汉阳、汉口保卫战,同时还资助军费,筹集军需,电催其他独立各省赴援。江西军政府先后两次从南昌调派援兵四千五百人援鄂,广西在军政府成立的当天即

宣布援鄂,此后先后派出耿毅、赵恒惕等率四千人前往武汉支援①。其他独立省份如贵州、浙江、福建也都作出了援鄂的相关决定,一些独立省份也公开表示支持。援鄂斗争保卫了革命中心,同时也造成了反清革命的巨大声势,扩大了民主共和的政治影响。

三是会攻南京。南京地处长江下游,虎踞龙盘,形势险要,历来为兵家必争之地。江苏宣布独立后,但南京仍被清江苏提督张勋所盘踞,张勋公开表示效忠清朝,仇恨革命。这对下游独立各省构成了严重威胁。为了解除对东南独立省份的威胁,"间接援鄂",独立各省决定会攻南京,拔除这个妨碍革命的钉子。

攻宁之事"责在苏浙"②,首先是江、浙两省军政府的头等大事。早在1911年11月13日,浙江就率先派出三千人的队伍,由徐绍桢指挥。与此同时,江苏军政府亦派三千人与浙江组成联军,都督程德全亲赴敌前誓师,强调攻宁事关共和大业。据徐绍桢日记记载,他还以联军司令的名义发布告示,悬赏杀掉张勋③。此外还奖励商界捐饷助军④。年底,联军攻克南京,张勋率辫子军三千余人过江,退驻徐州一线。

攻宁之役摧毁了清朝在长江下游的军事堡垒,巩固和发展了长江地区的革命形势,为筹建新的中央临时革命政府奠定了基础。

四是筹组临时中央政府。为了最终实现反清、建立民国的大业,使独立各省在推翻清朝的斗争中,在政治、军事等行动方面有所统率,建立统一的临时中央革命政府成为独立各省的共识。最先提出筹建中央临时政府的是湖北军政府。湖北军政府主张仿照美国,建立联邦政府,并要求独立各省选派代表来鄂会商共组中央政府一事。但因代表到鄂不久汉阳即失守而未能成为事实。于是决定改赴上海。11月11日,江浙两省都督致电沪军都督陈其美,主张未来的中央临时政府仿照美国独立第一次会议办法,建立美国式的政治制度。

独立各省基本一致同意,未来中央临时政府实行民主共和制度。对于临时大总统的人选,湖北军政府首先举荐孙中山,它甚至以孙中山的名义发布文告,黄兴在湖北指挥作战时,也曾打出孙中山的旗号。革命党人办的《民立报》上公开发表大总统"非孙莫属"的舆论。孙中山是中国资产阶级民主革命的元勋,推选他担任首届临时大总统是众望所归。当时孙中山尚在海外,不少省军政府,

---

① 赵恒惕一协后编入湘桂联军。

② 《光复军志》攻宁篇第五,第18页。

③ 《徐绍桢日记》,1926年影印本。

④ 《革命文牍》第三集,第28页。

如江苏、广东,曾通电请孙中山回国担任大总统,得到广西、贵州等军政府的赞同。南北和议后,虽然出现向袁世凯妥协的倾向,但大多数省军政府仍主张由孙中山担任大总统。1911 年 12 月孙中山回国后,湖南、广西、安徽、江西等省军政府及浙江临时省议会、福建都督府司令部迅即通电拥戴孙中山①。各省军政府的支持,为各省代表联合会在南京选举孙中山为临时大总统作了有力的铺垫。

各省军政府在推戴孙中山为未来临时大总统的同时,还对临时中央政府各部人选荐贤。有的建议中央设立七部,如湖北。有的建言推戴中外声望素著、且能尽职的具体人选。据中国史学会主编的中国近代史资料丛刊《辛亥革命》和《辛亥革命回忆录》等资料记载,汇总当时各省军政府举荐的各部人选,以湖北、浙江、广西、广东、贵州等省意见为例:

外交总长为伍廷芳、温宗尧。

内务总长公推汤寿潜、程德全。

教育总长公推章太炎、马相伯、汪精卫、严修、梁启超等人。

财政总长公推张謇、梁启超两人。

军政总长一致公推黄兴。

司法总长公推王宠惠、汪精卫两人。

从上述五省推举的各部人选来看,(1)大多为同盟会员,反映了以革命派为代表的阶级意志和实现民主共和的愿望;(2)都是声望素著、学有专长的政治家、实业家和社会活动家;(3)部分反映了立宪派参与中央政权的愿望。这些举荐的人选为孙中山后来组阁作了重要的参考。孙中山在坚持以赞成拥护共和为取人标准的同时,又不得不考虑到各省军政府的态度,在临时中央政府内吸纳一些“海内名宿”。

五是坚持北伐,立誓推倒清王朝。汉阳失守后,南北双方开始和议。袁世凯坚持君主立宪立场,要挟独立各省,并一再拖延停战时间,要革命方面向他让出政权。独立各省,尤其是湖北及湖南、广西等参加援鄂战争的省份深感“进兵之迟速,兵力之强弱为议和优劣之前提”,主张将备战放在首位。江浙联军攻下南京后,独立各省对军事胜利充满信心,东南的江苏、浙江、江西、福建等省军政府主张宜乘胜挥师北伐,“以绝祸根”,一举推翻清王朝,并公举原江浙联军总司令徐绍桢为北伐军总司令,程德全为北伐联合会长。浙江军政府宣布再扩编一

① 《各省光复》(中),正中书局 1975 年版,第 4—6 页;《时报》1911 年 12 月 28 日。

标,作为北伐预备队。沪督陈其美照会绅商助饷支持北伐。东南各省的北伐倡议获得各省军政府的响应。1911 年 12 月,广东北伐先遣队第一军八千人抵沪,是对北伐最大的支持。江苏还组织了女子北伐队,以致北伐一时声势大振。安徽相继组织了青年军,为北伐的基本部队,计编练有五师,1912 年 1 月由军政部长胡万泰为北伐总司令,率师北伐。广东续发北伐军一万人。福建北伐军由许崇智任司令,首批学生军四千人于 1 月 20 日抵沪,续发两千人。江西也组织了以学生为骨干的北伐部队。这些北伐军大多由革命党人担任指挥,民主共和观念强烈,具有较好的素质和较强的战斗力。在东南各省誓师北伐的影响下,湖北前敌也响应北伐,转守为攻。湖北都督黎元洪亲率军队北进,孙武所统北伐部队多达两万多人。一时集结于汉口的北伐军多达十镇以上。广东、湖南、广西、江西等省都督反对袁世凯一再玩弄停战伎俩,表示愿意服从中央临时政府统一的军事指挥,同袁世凯"决胜疆场"。

独立各省强大的北伐声势,加强了南北和议中南方代表的谈判地位,给袁世凯造成了巨大的精神压力。袁世凯及北方代表同意采用共和政体,独立各省因以北伐为后盾,最终取得了反清斗争的胜利。2 月 12 日宣统帝退位,统治中国二百六十多年的清朝至此结束,在中国绵延了两千多年的封建帝制也同时至此结束。这是辛亥革命的伟大胜利之一。

随着清帝的退位、资产阶级民主共和政治制度的确立和全国的统一,独立各省的军政府至此完成了它们的历史使命。此后,各省军政府政要们又投入了民国初年新一轮的斗争。

在结束本文时,有一点要说明:辛亥革命时期,不少独立省份还设立了临时省议会。由于篇幅关系,这里就不再论述。

中华民国临时参议院

近代中国法制从传统到现代

　　1912年1月1日，中华民国南京临时政府成立，孙中山经各省代表选举，当选为中华民国临时大总统。同月28日，临时参议院在南京召开成立大会，来自全国各省的参议员代表出席了会议。临时参议院的成立是中国近现代政治制度史上的重大事件，是资产阶级三权分立政治原则中立法权在中国的首次实现，具有划时代的意义。2月，南北和议告成，清帝退位，袁世凯继任临时大总统。4月，临时政府迁都北京。随后临时参议院也一并迁往北京。5月1日，北京临时参议院正式开会。4日，全会开始审议国会组织法及国会议员法。此后北京临时参议院步入正常运作轨道，全力从事民国立法工作，直到1913年4月第一届国会建立，临时参议院解散、活动停止为止。

　　临时参议院从组建到结束，前后存在了一年多。以下就临时参议院成立后的立法活动、与政府之间的关系以及它在运作中的有关问题作一简述和评价。

一、临时参议院与欧美国家议会机构权能的比较

　　以孙中山为首的资产阶级革命派建立的中华民国是中国第一个资产阶级民主共和国。它的建立开辟了中国历史的新纪元。从社会变迁的角度来说，随之建立的临时参议院同样具有划时代的意义，有力地推动了中国社会的进步。

　　由于处于革命时期，加上中国资产阶级革命派缺乏建立政权的经验，新建立的临时参议院，无论是其机构设置，还是职掌权限的规定，同当时欧美国家的立法机构相比，均存在着诸多不同之处。这些不同之处既显示了它的中国化特点，又反映了它的不成熟，在学习西方和社会制度变迁中留下了特有的印痕。

　　一是在参议员的权利和义务方面，临时参议院规定议员除享有公费及旅费外，不予年薪。这一规定虽属"创举"，出自中国传统的"天下为公""为公为民"的思想，但在事实上却给参议员生活、从政带来诸多困难，也与各国的惯例相

悖。任何政治活动还离不开物质条件作基础。在西方,议员均有固定的年薪,以保证议员正常参与政治活动。而当时参议员中广有产业、腰缠万贯的毕竟是少数。这种在法律制度上不予参议员以生活保障的做法,迫使大部分议员生活陷于困苦或接受某种政治势力的馈赠,给政治带来极其恶劣的后果。袁世凯用金钱收买议员,乃至以后在总统选举中出现贿赂议员拉选票的现象,固然与议员的政治素质有关,无须为之辩护,但也与议员生活无保障分不开。此外,议员自律罚则中也无议员不得利用职权图利的条款,这不能不说是一大失误。

二是临时参议院虽在南京时期,设有财政、法律、外交、请愿委员会,迁至北京后,设有全院、常任、特别三个委员会,但同当时欧美各国,尤其是美国国会内所设的委员会相比,不仅数目少,而且种类极不齐全。当时美国国会设有四十多个委员会。委员会过少,使参议员难以承担繁杂的立法事宜,影响工作效率,降低了参议院的立法功能。此外,无论是《参议院法》,还是《参议院办事细则》均未对委员会的职能,如立法监督权等作明确规定,也没有对委员会委员长的权力作相应规定,委员长的权限不明确,易使委员长凌驾于议长之上,造成全院权力分散和立法机构内部权力的失衡。再者,委员会也没有建立听证会制度,这也是一个严重的缺陷。欧美各国国会都设有听证会。听证会的设立非常重要,它不仅为公众提供影响政府决策的正规渠道和场合,同时也有利于参议院乃至政府了解院外对有关事件的意见和看法,为参议院和政府在作出有关决定时起到很好的补充作用;有利于增强委员会和参议院的权威性,树立政府在公众面前的良好形象。

三是在欧美各国,议院政治往往同政党政治紧扣在一起,议会党团组织可根据政团利益、要求、意愿、国家法律,在议会内协调行动,达到把政党政策变为法律或使政党影响、左右乃至领导议会的目的。往往是由一两个政党占据了参议院的大部分席位。若某一政党议员在议会内拥有多数席位,该党往往就成为执政党。民国初年,政党政治活跃,但参议院未能顺应这一形势创建议会党团组织,这不能不说又是一大缺陷和遗憾。

四是在西方各国,议会对各类提案均有时限规定,但临时参议院对此却未作规定。以财政法案为例,财政法案关系到国家财政年度的预决算,所以欧美各国议会对财政法案的提议及审议在时间上均有明确的规定。但临时参议院对此未有规定,以致严重影响了它对财政监督权的行使。

临时参议院虽对财政法案方面未作时限规定,但它却拥有检查政府的出纳和议决临时政府的决算之权。《临时政府组织大纲》规定,参议院有权"议决临时政府预决算"。这一点在欧美各国议会中是没有的。这种规定错误地将行政权纳入了立法系统,制约了政府施政,从法理上说,不符合三权分立的政治原则。

民国初年政局动荡不安,参议院组织涣散、立法效能低下,声名不佳,备受物议,原因固然很多,若从制度建设来检讨,除议员本身素质外,恐怕还与参议院组织结构、制度不健全有关。良好的行政效能离不开完善的制度作保证。临时参议院的上述缺陷,从一个侧面反映了中国资本主义发展不充分,中国资产阶级在政治上还远未成熟。

二、关于总统制与责任内阁制的问题

在论述民国临时参议院时,有一个问题是不能回避的,那就是有关总统制和责任内阁制的问题,它既与行政有关,更与立法分不开。这两个问题曾影响和困扰民国初年政坛。总统制与责任内阁制到底有什么不同? 民国初年施政实际情况又是如何? 对此作一番分析很有必要。

早在南京临时政府成立之前,当时同盟会内部对未来政府究竟采行总统制还是责任内阁制,就存在分歧。以孙中山为代表的一方,坚决主张实行总统制,理由是民国初建,国家尚未统一,实行总统制有利于新政权的巩固。但以宋教仁为代表的一方,则主张实行责任内阁制,赋予内阁更多的权力,竭力反对行总统制。当时黄兴表示,究竟实行何种制度,待到南京,交付各省都督府代表会表决。结果,代表会议选择了总统制。

1912年2月,南北和议告成。孙中山辞去临时大总统,并荐袁自代,获得参议院投票通过。由于形势变化,2月6日,由景耀月、张一鹗、吕志伊、王有兰和马君武等五人起草和制定了《中华民国临时约法》草案,提交临时参议院讨论。经过一个月(若扣除星期天,实际只有二十多天)的讨论,3月8日,参议院全体议员以起立表决的方式正式通过了《中华民国临时约法》。在《临时约法》中又明确规定,中华民国临时政府以后改总统制为责任内阁制。

《临时约法》是中国资产阶级执政后颁布的第一部宪法,它肯定主权在民,中华民国为全体国民所有;中华民国是一个统一的多民族的国家,中华民国实行"三权分立"的政治原则;规定了人民的权利和义务,确保私有财产不受侵犯,等等。它的颁布具有划时代的意义。政治上,它以根本法的形式废除了在中国延存了两千多年的封建君主专制制度,确立了资产阶级民主共和政治制度和政治原则;在思想上,使民主共和观念深入人心;经济上,确认了资本主义生产关系合法,促进了中国资本主义的发展;文化上,民主政治思想文化得到了宣扬,同时也为各种文化思潮的产生提供了可能,为日后资产阶级新文化运动的出现创造了条件;外交上,强调中国领土完整,主权独立,神圣不可侵犯。它的颁布对当时亚洲各国的民主宪政运动起了极大的鼓舞作用。从中国近代社会新陈代谢的观点出发,这样评价《临时约法》不为过分。

然而若从宪政法理和制度建设的角度来看,《临时约法》作为一部国家大法还有不尽如人意之处,或者说,还存在不少严重的缺陷。如在立法、司法、行政三者之间权限划分不清,尤其是司法方面,《临时约法》基本上未划出一个独立完备的司法权力系统,仅仅授予司法机关民事诉讼和刑事诉讼的审理权,而对有关民事、刑事诉讼的司法审判权则根本未作规定。这样的缺陷使立法与行政机关之间发生矛盾冲突或看法分歧、需要司法机关裁决时,司法机关因无司法审查权力而无法介入。司法体系的不完备,意味着它对立法、行政权力的制衡作用失效。民初政局的纷乱局面,与此不无关系。

《临时约法》对于中央与省之间的权限也未作出规定,以致当中央与各省都督、省议会之间发生矛盾冲突或意见纷歧时,参议院无章可循、无法可依。同样,对于中央的总统府和国务院之间的权限划分,它也无明确规定。《临时约法》均赋予总统府和国务院相当的行政权:总统代表临时政府,总揽政务,公布法律,统率全国陆海军、任免文武官员,等等;国务员(包括国务总理及各部总长)辅佐临时大总统负其责任,并拥有副署权,等等。但并未说明内阁是对总统还是对议会承担责任,结果造成在中央同时存在两个行政中枢的二元制政体格局,后来的“府院之争”就是因此而出现。

《临时约法》的制定非常仓促,又发生在孙中山让位袁世凯、临时政府决定北迁之后。匆忙改设国务总理一职,骤然改总统制为责任内阁制,明显带有“因人立法”“因人易法”的因素,企图通过立法,制度变更,将大总统袁世凯置于有名无实的地位,以达到分散、削弱、架空袁世凯权力的目的。这种“因人立法”“因人易法”,由革命党人控制的临时参议院单方面制法、改法的做法,从根本上违背了宪政法制的公正原则,不利于民国初年政权的巩固,是不能多加肯定的。而事实上,《临时约法》有关责任内阁制的规定,在客观上并不能够约束大总统。

《临时约法》关于责任内阁制的内容有以下两点:一是国务员辅佐大总统,对其负责;二是国务员在临时大总统提出法律案、公布法律及发布命令时,须副署之。而关于大总统的权限则有四点:(1)总统为国家元首,代表全国,拥有接受外国大使、公使,宣告大赦、特赦、减刑、复权以及宣战、立约、媾和、缔约等权限;(2)总统是国家的行政主脑,代表临时政府,总揽政务,公布法律,可以任免文武职员,但任免国务员及驻外大使、公使须经参议院同意,拥有监督执行法律权和宣告戒严权;(3)总统是国家武装力量的主脑,统率全国军队,若经参议院同意,可以对外宣战;(4)总统拥有立法权,如立法提议权、立法否决权、委托立法权,可以制定官制官规等。将总统这些权力规定同国务员权力相比,不难看出总统的权力要远远超过内阁。从法理上讲,《临时约法》规定的政治制度,并非责任内阁制,而是美国总统制的变种,本质上仍是总统制。民国临时大总统在实际生活中所扮演的角色和总统制国家元首相同,是一个拥有实际行政大权的国家元首。

诚然,在《临时约法》中,参议院对总统的权力作了一些限制,但是非常有限。如总统在行使任命国务员、外交公使、大使,对外宣战,媾和、缔约,宣布大赦、特赦等权力时,须先经参议院同意;又如总统只能依据参议院议决公布法律,不能直接公布法律;制定官制官规,须经参议院议决;等等。但若以此下结论,说它体现了责任内阁制的精神,即以国务总理为首的国务员负有实际政治责任,这是不能成立的。这是因为:

首先,临时大总统享有对国务员的直接免职权。根据《临时约法》规定,国务员免职有两种方式:一是国务员在受到参议院弹劾后,大总统应免其职(但须交参议院复议);二是在国务员未受参议院弹劾,或主动辞职时,大总统可以直接行使对国务员的免职权。如国务总理唐绍仪因对大总统袁世凯施政不满,主动辞职后,袁世凯就堂而皇之地发布对唐绍仪的免职令和对赵秉钧的委任令。由于总统可以行使任免权,因此,从根本上说,国务员还是受制于总统,必须对总统负责。

其次,国务员的副署权并不能起到限制总统权力的作用。在总统与国务员的关系上,总统始终处于主导和支配的地位,国务员实际上受制于总统。当总统和国务员对政策意见无分歧时,国务员的副署只不过是履行法律上的程序;可是当总统与国务员意见不合时,国务员可以拒绝行使副署权,但是,由于总统可以任免文武百官、罢免国务员,所以,他可以重新任命与自己意见一致的人为新的国务员,这样,总统的意见仍可被通过。可见,所谓的副署权在实际运作中只是一种形式罢了。

《临时约法》制定者的本意是想采用责任内阁制,但由于在对总统任免权的规定上,严重偏离了责任内阁制的原则①,因此,在实践中,国务院(内阁)只能执行政务,而无法实现责任内阁制下内阁决定大政方针、制约总统权力的强有力作用。

三、临时参议院与国务院的关系

《临时约法》规定,临时参议院拥有对国务员的弹劾、任命和质询权(见《参议院法》第三十八条)。但是,《参议院法》中同时又规定国务员也享有出席临时参议院会议和在会上发言的权利。临时参议院的弹劾权、任命权也曾被认为是责任内阁制中临时参议院对国务员发挥控制作用、国务员对参议院负责的体现。其实这个看法并不符合民国初年政治的实际情况。

首先,《临时约法》规定的弹劾权,针对的仅仅是国务员的个人行为,如国务员失职或违法犯罪等。它与议会的"倒阁权"是两回事。后者是针对内阁集体的行为,如政府提出的法案、政纲等。但临时参议院没有倒阁权。

其次,任免权、质询权在西方总统制国家议会中同样存在。这些权力的规定,实质上是立法权力制约行政权力普遍原则的贯彻,并非责任内阁制所独有。因此,《临时约法》中有关这些内容的规定,并不能说明民国初年议会实行了责任内阁制。

《临时约法》虽然规定改总统制为责任内阁制,但是由于约法制定者缺乏对西方国家政治学原理及政治制度的深刻理解,对于总统制与责任内阁制的特点、区别未能真正搞清楚,实际上并未建立起真正意义上的责任内阁制度,北京时期的临时政府事实上实行的仍然是总统制。还须进一步指出的是,革命党人单方面制定约法、变更制度,在客观上还留下了一个严重的政治后果:与袁世凯尚未合作,就种下了矛盾和对抗。这在政治上是欠明智的。袁世凯为了最终夺得政权,暂时接受了这一约法,同革命党人达成策略性的妥协。但他在内心深处始终认为这是革命党人有意同他过不去,是对他的不信任(革命党确实对他不信任),使他感到总统行政每多掣肘,民国大总统的权力地位还不如前清内阁总理大臣,因此,自然不对这一新的政治制度抱有好感,更不用说去忠实地执行和维护。他后来刺杀宋教仁,实际上是一种保位、保权的心理反映,担心一旦国民党所期望的完全意义上的责任内阁制真正建立起来,自己真的成为傀儡总统,这是他极不愿看到的。革命党人原意是想通过变更制度制约袁世凯,保住

---

① 临时参议院第 67 次会议速记录。

207

革命成果,使民主共和政治能在中国彻底建立起来,结果事与愿违,无端酿成了民国初年的种种悲剧。当然,民国初年政坛上诸多黑幕、丑恶现象主要源于以袁世凯为首的地主官僚买办势力,我们在这里只是从民国初年制度建设的不足出发,作一点检讨。

总统制、责任内阁制都是资产阶级政治制度,在本质上没有区别。只是前者的最大长处在于能提供一个稳定而强有力的政府。考虑到中国民国初年政治和民众思想基础,行总统制较为实际。孙中山当初坚持总统制是一种符合国情的选择(他后来同意改责任内阁制是为了同袁世凯进行斗争,出于保卫民主共和的需要)。而后者则要求较高,责任内阁制要求选民和政党具有较高的政治经验和民主意识,这在当时"人民之不识字实居大多数、更不知民主为何物"的情况下,是很难做到的。且责任内阁制下,由于议会内党派斗争激烈,内阁更迭频繁,造成政局动荡不定局面,与民国初年民众普遍厌乱、要求一个安定的政局的愿望也不相符合。

尽管《临时约法》实际上无意之中形成了一种变相的总统制(而以袁世凯为首的官僚买办集团对此并不满意),但遗憾的是,当时各个政治利益集团,特别是约法的制定者(革命党人)、临时参议院和首届内阁,或是不愿,或是未能觉察到这种变化,仍然执着地遵循责任内阁制原则行事,这又是民国初年政争在制度层面上的一个原因。

四、临时参议院的立法活动

临时参议院从 1912 年 1 月创设,到 1913 年 4 月 8 日闭会,前后存在了一年三个月。在一年多的时间里,它作为资产阶级革命党人建立的民主共和国的重要组成部分,为新生的中华民国的立法做了大量的工作。具体地说:

(1) 推动中国民主法制化进程。诸如前面所述,它制定了具有中华民国宪法性质的《临时约法》,继承和参照了前清仿效德、日大陆法系的做法,编制和通过了一系列行政法,如中华民国国会组织法、参议院办事细则、参议院法、参议院议员选举法、众议院议员选举法、省议会暂行法、省议会议员选举法。制定了中央各部官制官规,如国务院官制,法制局、司法部、内务部、交通部、工商部、蒙藏事务局乃至国史馆、气象局等官制,总数不下二十多个,加速了中国法制的近代化。

(2) 作为中华民国的立法机关,临时参议院还先后制定和通过了一系列有关财政、金融、工商实业方面的法案。

然而临时参议院虽制定了许多行政法令、法规,却未制定关系到立国安邦的刑法、民法、各类诉讼法等法案,这不能不说是严重失误。有些法案制定了,却未及时议决通过,如中华民国组织法。至于监狱、国税厅、税关等中央部厅局官制,地方行政编制法、道自治、县官制、盐官制以及文官制度方面的重要法律虽也制定了,但也未议决或根本未议,这种漠视国家基本法律的错误做法,后来竟也被第一届国会继承下来,其恶劣影响可想而知。参议院和国会"始终未将国家重要法律分别制定,议员之为后世所诟病,亦重要原因之一"。①

再有参议院行使议决临时政府预算、决算的提案期限以月份为单位,这种做法也是各国议会史上绝无仅有的。西方欧美各国一般都以年度为预算单位。此外,要求政府各部分别提交预算案,更是滥用了财政监督权,违背了临时约法中以临时政府为议决对象的规定。

(3)临时参议院在一年多的立法活动中,坚持维护了立法的自主权,对政府及有关部局违背约法及有关法案的行为进行抵制,作出了贡献。

1912年2月,孙中山在辞职咨文中附加三个条件,其中之一是临时政府地点设在南京,而临时政府也有相同主张。2月14日,临时参议院开会讨论定都地点,会上大多数议员反对定都南京,理由是当初因长江以北尚在清朝手里,定都南京只是权宜之计,今时移境迁,自应因时制宜,定政府地点于北京。最后议决"定政府地点于北京",否定了孙中山和临时政府的主张。临时政府得知临时参议院的决定后,大为不满。陆军总长黄兴声称,如果参议院不加更正,他将率军强入议会,逮捕所有同盟会员②。临时参议院内少数赞成定都南京的议员也表示"将以身殉会场"③,以死要挟临时参议院改变决议。临时参议院在内外交攻下,被迫作出让步,同意以南京为都城。但是到了3月初,当临时政府在定都问题上态度有所松动,提出由参议院议定时,参议院立即改变前议,仍作出北京为政府所在地的决定。议员们对于革命党人在定都问题上干预立法的做法极为不满,甚至一些都督对此也不以为然,指出"立法为行政所侵,不能保持其独立,民国开此恶例,最可寒心"。④

立法为临时参议院的职责权限,但由于中国长期立法与司法行政不分,当时临时政府常常干预临时参议院。临时参议院修订《临时约法》之前,南京临时

---

① 临时参议院第67次会议速记录。

② 邓家彦:《由同盟会说到南京政府》,《中国一周》1954年10月11日。

③ 《南京》,《大公报》1912年3月7日。

④ 《要闻》,《大公报》1912年2月23日江苏都督庄蕴宽语。

政府就根据孙中山五权宪法思想,指定宋教仁主持制定《中华民国临时组织法草案》,并于1912年1月27日在《民立报》上公布。三天后,孙中山将此草案咨送临时参议院审议,"以资参考编订"。2月1日,临时参议院讨论时,一致决定"将原案退回"。在给临时政府的咨文中,郑重其事地指出:制定约法是立法机关的专属事权,宪法发案权为国会所应有,在国会正式召集之前,本院为唯一立法机构,所以临时组织法应由本院制定,断然拒绝参考临时政府提供的草案文本。此举维护了自己立法的权力。

袁世凯继任临时大总统后,越权干预立法的事屡有发生。4月10日,袁世凯上任不久,就在政府内安插亲信,任命张元奇、荣勋为内务部次长,并咨请临时参议院通过,并在官制通则内务部长名额内增加次长一名。临时参议院"以咨文而忽然变更参议院决议案已属违法",遂以与约法相违背为由,断然拒绝了袁氏的咨请,最后袁氏不得不下令取消对张、荣的任命。袁氏因刚刚走马上任,还不想立即"开罪"临时参议院,然而与临时参议院的权力较量由此而开始。

对于重大的外交活动,临时参议院也大力干预。民国初年,蒙藏问题一直是困扰临时政府的外交难题。本来外蒙古问题,对俄交涉,纯属政府外务部门的事务,但交涉发生后,临时参议院就政府解决蒙藏的外交、军事政策,多次召开秘密会议,并要求国务总理和国务员到会答辩。批评政府外交无能,交涉软弱,指责政府和平解决蒙古问题为非。此后,甚至要求政府将中俄会谈的内情向临时参议院及时通报等。

临时参议院维护立法自主权的斗争反映了参议员重视立法机关的权威性,强调立法机关对行政的约束作用。这是无可非议的。但是应当指出,它在许多问题上已经超越了《临时约法》所规定的权限范围,同样存在越权干预政府之嫌。如1912年8月,武昌首义将领张振武、方维被杀,参议员张伯烈、刘成禺等十九人以政府行为违背《临时约法》第六条人民之身体非依法律不得逮捕、拘禁、审问、处罚,而张、方二人均系国民,理应受保护,不应秘密杀害为由,联名向参议院提交有关质问政府案,临时参议院就此弹劾政府。政府答以张氏为大总统处军事顾问,系军人,非普通民众,可以按军法从事。结果临时参议院因法理依据不足,参与此事不具合理性,弹劾失败。

同样,老同盟会员、滦州起义领导者之一,河南省外债与国民捐代表凌钺于1912年6月来京,被内务部以涉嫌侵吞滦州起义敢死队遣散费和枪毙云南某军官为由逮捕。事情发生后,临时参议院以内务部"妄逮于前,误禁于后"为由,向政府提出质问书。这件事实际上不属于立法机构管辖范围,和张、方事件一样,最佳的做法是提交司法诉讼,而不应动用立法机关的权力,给人以违法、干涉其他部门事务、滥用权力之嫌,引起舆论的不满。

诸如此类的滥用立法机关权力的事件并不鲜见。如前面提到的催交预、决算案,实际上只要制定有关会计法律就可以对政府财政收支进行监督,而要政府提交每月的预、决算更是不合情理。又如1912年5月,北京临时政府面临严峻的财政困难,决定向英、法、德、美四国银行团举借外债,银行团所提借款条件苛刻,要求监督中国财政及检查会计权等,借款谈判非常棘手。临时参议院接二连三地召开秘密会议,要求唐绍仪、熊希龄报告借款谈判实情,对政府借款一事动辄加以指责。实际上,约法虽赋予临时参议院议决国库有负担之契约的权力,但未规定参议院可以无限制地介入政府的外交活动。临时参议院在借款问题上的种种表现,只能说明它的实际立法能力有限,水平不高。

对于政府的人事安排,临时参议院也颇多干预。如1912年5月,袁世凯任命陕西经略使胡瑛改任新疆青海屯垦使,临时参议院对此大加质问。其实,《临时约法》只规定临时参议院对总统任免国务员及外交大使、公使的同意权,并未涉及地方官吏,临时参议院的做法殊无必要,不过是为了党争而已。胡瑛是老同盟会员,共和党人当然不愿看到对他的任命。党争一旦演变为临时参议院的越权行为,就非常令人忧虑了。

临时参议院对行政部门实施的权力渗透,究其原因不外有以下几点:

一是《临时约法》在制度上存在严重缺陷,《临时约法》赋予临时参议院对政府过大的制约权,同时忽视了政府对议会的反作用,从而使得立法、司法、行政三者之间没有形成一种权力互相制约平衡的良性运作状态,反而造成临时参议院凌驾于政府之上、指挥操纵政府的状况。这样的结果,不可避免地加剧了两个机构之间的紧张关系。

二是《临时约法》没有构建一种完全意义上的司法独立体制。所以,当立法与行政两个权力机构之间发生分歧、矛盾、冲突时,缺乏司法机关的协调和仲裁。如果司法体制独立完善,这种情况就可避免,或至少可以减少到很小的程度。民国初年建立的中华民国说是三权分立,实际是二权分立,在这种失衡的权力框架中,权力渗透现象的发生是毫不奇怪的。

三是传统政治运作的习惯延伸。对于临时参议院的政治家们来说,在处理现实的权力关系时,仍不免习惯于传统的服从和被服从的纵向权力观念。绝大多数议员还是持有传统的崇尚政治权威的思维模式,而《临时约法》赋予参议院超平衡的权力,无形中也使这种意识更加强烈。在参议院进行权力渗透的过程中,处处给人以一种"参议院至上"的感觉。

四是临时参议院议员政治上不成熟,缺乏近代政治妥协的观念。在近代民主进程中,政治妥协被视为一种极其重要的政治艺术。因为只有实行必要的妥协,才能够促使对抗的政治利益集团采用更理性更务实的态度;若一味地采用激烈的斗争手段,不通过谈判,很难解决政治争端。所以,在西方欧美各国,由于议员来自各个利益不同的集团,议会与政府之间往往在一些重大问题上"求同存异",在不损害整体利益的前提下,彼此常常妥协。这种政治妥协是近代西方广泛存在和使用的政治策略。从临时参议院和临时政府之间的一些争端来看,除制度层面的原因外,显然同参议员缺乏近代民主政治妥协观念有关。说得深一点,就是参议员还不具备与欧美民主政治制度相适应的政治家所必备的文化素养、政治气质和从政的经验。但是,我们又不得不承认,20世纪初期的中国,由于资本主义发展不成熟,由此而生的政治意识、观念薄弱,加上民国初年新旧势力相争相角和军警势力对议会政治的干扰,在当时复杂的政治权力斗争情况下,要实现这种政治妥协也是很困难的。

五、临时参议院在近代民主进程中的历史地位

比照西方欧美各国议会的历史,用历史发展的眼光来考察临时参议院一年多的立法活动,我们不得不承认,中国的议会民主政治还处于幼稚时期,远未达到成熟的阶段。民国初年,政党政治虽很活跃,但参议院未能适时地建立相应的推动议会内政党政治的组织制度,与后来的第一届国会相比,临时参议院内党争并不十分激烈,由于议会内各政党都还处于草创阶段,而党的领袖又多不是参议员,所以议会内的党见之争并不很多。往往是某几个人或出于某个共同政治见解,或为利益所驱使,或因出身籍贯相同等缘故,而结成同盟以对付反对者,因此议会内的斗争每每染有浓重的传统的朋党政治色彩和地方帮派色彩。如在临时参议院中十分活跃的国民党籍议员彭允彝、刘星楠,共和党籍议员刘成禺、张伯烈,国民党籍议员文崇高、平刚等小团体,彼此常常为一些具体问题发生冲突,甚至大打出手。在临时参议院内,不同党派的议员就某一问题共同提案的事很少,这就严重制约和削弱了临时参议院作用的发挥,有损立法机关的严正形象。

又如对于否决权和参劾权的轻率使用。一般说来,议会使用弹劾权应非常慎重,在掌握充分证据之前,议会不可轻易动用这项权利。但是临时参议院却动辄以弹劾权对政府施加威胁,有时理由十分勉强,如临时参议院曾以甘肃省

省长李镜清被刺、河南省议会某议员遭枪击为由,准备弹劾这两省都督①。又有一次,只因北京临时政府总理陆徵祥在参议院发表一次非正式演说为议员所反对,临时参议院竟对陆氏内阁六总长提名加以否决,把对政府投不信任票权与弹劾权混为一谈。据说临时参议院一度还曾准备弹劾全体阁员。

议员政治文化素养不高,违规现象严重。据不完全统计,在参议院召开的九十一次会议中,因议员迟到而被迫推迟开会的,竟高达六十九次,约占会议次数的百分之七十八;议事时,屡屡发生议员违反发言次数,出现彼此斗殴、谩骂、中途退场等严重违规现象。这些不良行为严重损害了议员在公众中的形象。第一届国会议员选举活动开始后,大批议员不辞而别,纷纷出京回原籍参加竞选,参议院因法定人数不到规定数目,数月无法召开会议,以致引起舆论的愤懑,被舆论指斥为"晨星寥落之参议院",是"溺职"②。所登录的议事日程安排,纯属自欺欺人。时人在失望之余,无不期盼正式国会的召开,能给议会政治带来新的气息。

临时参议院严重忽视资产阶级对政治的参与。参议院制定的选举法,采用限制选举法,因而剥夺了相当数量的工商业资本家的选举权。同样,对省议员的入选资格也作了诸多限制,这样做使许多资本家不能进入议会。这种做法引起了广大工商业者的不满,他们不再支持。"二次革命"失败后,袁世凯悍然下令解散国会,广大工商业者对此无动于衷,极少有人支持国会,追溯起来,与此不无关系。这种轻视工商资产阶级的现象与参议院议员大多为共和知识分子有关。所谓共和知识分子指的是具有近代科学知识、民主主义思想,以脑力劳动为职业谋生的新型知识分子。他们不是产业资产阶级分子,多数是学堂毕业的学生,留日、留美生,是知识精英,还不存在对资产阶级的依附关系,因此较漠视产业资产阶级的政治要求。

临时参议院上述立法活动中的不足,从参议院本身来说,议院自身制度化水平不高,议员代议士观念淡薄,议会主要政治活动家知识素养欠佳,政治经验不足,朋党意识浓厚,地域观念强烈等,都是不可忽视的因素。从外部来说,军人集团势力的膨胀,对政治的干预,也是不能忽视的。

临时参议院的不尽如人意之处和严重不足,从根本上说,是由中国当时国情所决定的。辛亥革命虽然推翻了清朝统治,建立了中华民国,但是资产阶级

---

① 林冈:《激进主义在中国》,《二十一世纪》1990年第3期。
② 引见曾小化:《中国政治制度史论简编》,中国电视广播出版社1991年版,第1页。

还没有成熟到足以独立缔造政治制度并把政权掌握在自己手中。中国资产阶级在中国人口中的比例,在 1908 年前后,还不到万分之一;而资产阶级参与政治生活的人数比例更少,还不到千分之五;中国资产阶级不仅人数少,而且因其多数由官僚、地主、商人转化而来,在经济上既没有割断同封建经济的联系,在政治上也不同程度地依附于原来所属的阶级和阶层。

中国资本主义发展的先天不足,资产阶级的软弱性和妥协性,决定了在近代中国,传统的封建专制政治和宗族制度长期形成的等级隶属和个人依附关系支配着整个社会,权利自主和个人自由的市民社会始终发育不起来,这是议会民主政治在中国始终无法确立的最根本原因。

议会民主政治的实现还离不开政治文化。所谓政治文化就是国民必须严格遵守宪法,养成符合政治信条的习惯。可是,民国初年的中国社会并不具备这些条件。在临时参议员中,有三分之二以上的人留学日本,少数留学美国,他们虽拥有不少新知,但通晓西方自由、法治、人权、制衡、分权和妥协等政治理念的人并不太多。多数政治家并不知晓民主共和政治需要的政治文化,即使少数人知道一二,也还是书本上的知识。这种缺陷在民国初年的政治运作中暴露得非常清楚。与此相反,传统政治文化的影响力却非常顽固,一方面朋党政治和崇尚权威的思维一直支配着多数议员的政治行为,不断地干扰和冲击脆弱的共和制度;另一方面,占人口百分之九十以上的农民,乃至一部分工商业者因为一直被排除在国家政治生活之外,不知民主为何物,当然不可能产生民主政治意识,在他们的思想里,传统的家族观念和寄希望于清官保护的依附意识仍占支配地位,在政治观念和心理上还停在臣民文化阶段,有待于政治家的启蒙。总之,正如笔者在所著《政治制度与近代中国》一书前言中指出的:政治制度的更替,归根结底,主要受社会经济、文化程度和社会意识这三个因素所制约,临时参议院在近代制度变迁中的得失经验,都证明了这一点。

临时参议院虽然在立法活动中,存在诸多缺陷和不足之处,然而它毕竟属于首创,对它还不能作过多的苛求。即使在当今议会政治成熟的国家,立法机构也一直是人们指手画脚,评头论足的机构。作为中国历史上第一个资产阶级民主共和国的立法机构,临时参议院在近代中国民主政治发展过程中仍具有重大的历史进步意义。[1]

---

① 本文其他引文均引自拙著《政治制度与近代中国》,上海人民出版社 2000 年增补版。

政治团体

立宪党人和革命党人的矛盾斗争

一

辛亥革命结束了清朝的封建君主专制统治,建立了资产阶级民主共和国,开启了政党治国的新时代。

民国初年,中国社会曾出现过有史以来未曾见过的政党政治蓬勃兴起的景象,一时成立的政党和类似政党的政治团体有三百多个。对于这种政党林立现象,一般史书都认为它是封建君主专制被推倒、民主共和思想深入人心的结果。的确,由于封建君主专制制度被推翻,人民获得了言论、集会、结社的自由,因而民主空气十分活跃;而党禁的开放,则直接为政党政治的开展提供了可能。然而,这一现象的出现还与作为执政党的同盟会政治思想领导软弱、组织涣散有关。民国初年建立的不少较有影响的政党几乎都是从同盟会和其他革命团体中衍生出来的。

要论述民国初年同盟会的裂变分化和成员另组新党,有必要追溯同盟会成立时的情况。在民主革命进行的过程中,共同具有的民主性、革命性和团结对敌斗争的需要,使得许多不同出身、经历的革命志士汇聚到民主革命的旗帜下,而不尽相同的阶级、阶层要求又使他们具有不尽相同的政治倾向,加上经济发展不平衡而产生的地域观念、宗派观念等不利于团结的因素,使得革命派内部一直潜伏着分裂的危险。辛亥革命前,孙中山坚持反清革命,争取实现民主共和。对于孙中山的这个革命主张,同盟会内并非所有的人都表示赞同。章太炎写过许多文章,宣传用革命手段打倒清政府,负有重名。但他的宣传集中到一点就是为复汉而"反满"。至于"逐满"后,实行何种政制,他表示不妨"随俗为宜","共和之名不足多,专制之名不足讳","余固非执守共和政体者"。章太炎如此,其他主张"反满"而抱有帝王思想的人就更多了。

同盟会领导层在政治宗旨上如是分歧,其组织本身也存在严重缺陷。同盟会主要是由兴中会、华兴会、光复会三个革命团体联合而成的。虽然它有统一的政纲和参照三权分立政治原理组织起来的领导机构,但它并未能从根本上使所有的会员都紧紧地凝聚在一起。因此,它在成立时,组织上就很涣散。以湖南人为主体的华兴会员,在加入同盟会时,就表示要在"精神上仍存吾团体"①。以江浙人为主体的光复会员在同盟会成立后,则始终保持他们的门户。同时,同盟会的组织领导也十分薄弱。加入同盟会的人在填写盟书后,很少再受组织的约束。既没有固定的组织生活,也没有严格的组织纪律的约束,甚至连同盟会本部的一些重要人物的政治活动和进退,也往往由本人随意决定。而且参加同盟会的人可以随意加入其他政党、团体,甚至可以同时使用两个组织的名义,而不认为有什么不好。如秋瑾"凡革命党秘密会之有可入者,亦无不入"②;柳亚子既是同盟会员,复经蔡元培介绍,又加入光复会③。这些同盟会员在参加其他组织时不但不需要经过同盟会的批准,而且他们在这些组织中的活动也不代表同盟会,甚至和同盟会根本就没有什么联系。蒋翊武、刘复基和孙武、刘公、张振武等人,虽都是同盟会员,但在各自领导的文学社和共进会中,他们都不是以同盟会员的身份从事活动的,而且两个组织之间存在相当深的隔阂。不过,同盟会内部虽存在上述严重缺陷,但在民族民主革命的使命有待完成的形势下,绝大多数革命党人尚能求同存异、并肩战斗。

到了武昌起义爆发,各省相继宣布独立,全国胜利在望之时,在如何接受这一胜利成果和如何把革命引向深入的问题上,革命派内部不仅在思想上、政治上和组织上缺乏应有的准备,而且因其和封建势力关系的深浅及民主性、革命性程度的不同,而显出更大的政治分歧。这一分歧的日益公开化,终于导致了组织的分裂。武昌起义不久,以章太炎、汪精卫为代表的和封建势力有较多联系的革命派右翼力量,公开宣布脱离同盟会,声明自己参加革命"始志专欲驱除满洲",以前之所以赞同共和政体是因为"念时无雄略之士,则未有能削平宇内者,如是犹不亟废帝制,则争扯不已,祸流生民……故逆定共和政体以调剂之,使有功者得更迭处位,非曰共和为政治极轨也"④。在章氏看来,革命后不必一定仿效美、法的共和制度。随后因与孙中山意见不合,竟又与张謇、赵凤昌、黎元洪、程德全等旧立宪派、旧官僚在上海成立中华民国联合会。南京临时政府组建时,武昌首义的要角大多被搁置一边,引起了这部分人对孙中山和同盟会

---

① 《宋教仁集》日记,第91页。
② 陶成章:《浙案纪略》。
③ 柳亚子:《虎丘雅集前后的南社》,载《越风》第8期,第8页。
④ 《太炎先生自订年谱》。

的不满。于是,由孙武领头,与刘成禺、汪彭年、吴敬恒等在沪鄂籍同盟会员联络了一批失意的同盟会员和部分官僚政客,打着建设统一共和新国家的名义,也别树一帜,于 1912 年 1 月在上海成立民社,拥护黎元洪,反对孙中山和南京临时政府,与同盟会相"对立"。据不完全统计,在民国初年新建立的由旧立宪派、旧官僚领头的三十八个主要政党政团中,有同盟会员追随参加的几乎占了一半①。此外,南京临时政府成立后,不少同盟会员本着"功成身退"思想,不愿再从事艰苦的革命工作,忘记了执政党党员所肩负的历史使命和应尽的义务。

同盟会的裂变分化,当然不能单纯归咎于某一个人或某一个集团,而是因为民族资产阶级和封建势力有联系这一先天不足的恶性发作。同盟会成员主要是一批资产阶级、小资产阶级知识分子。据统计,在 1907 年前后,东京两万多的中国留学生中有两千多人加入了同盟会。同盟会的不少领导成员和重要活动分子也来自他们中间。他们作为一支生气勃勃的新的社会力量而成为当时革命队伍中的一支重要冲击力量。但是,他们强调自我,轻视别人;只重视个人的力量,轻视集体行动,更不愿受组织的约束和监督;受资产阶级自由平等观点的影响,许多人自命不凡,谁也不肯服从谁;少数内地出身的、带有较浓重的农民小生产者意识的知识分子心胸狭隘,容易不顾大局而流于意气之争。这些明显的缺点,自然会导致革命组织走向分裂。显而易见,民国初年同盟会的裂变分化,许多成员与旧官僚、旧立宪派另组新党,不是民主共和思想深入人心的产物,而是民国初年尖锐复杂的阶级斗争的反映。它不是推进民主政治,而是一种政治倒退。这种政党政团的联翩出现,只能使革命派无法形成一个将革命引向深入的强有力的领导中心,"致党魁则等于傀儡,党员则有类散沙……患难之际,疏如路人"②。其结果只能是削弱自己,助长了敌人的气势,便利了地主买办阶级的篡权活动,导致革命失败。孙中山事后在总结这一时期政党政治与辛亥革命失败的关系时指出:"夫当时代表反革命的专制阶级者,实为袁世凯其所挟持之势力,初非甚强,而革命党人乃不能胜之者……未能获一有组织、有纪律、能了解本身之责任与目的之政党也。"③历史证明,"一个政党要引导革命到胜利,必须依靠自己政治路线的正确和组织上的巩固"④,如果没有一个政治思想坚强、组织严密、纪律严明的革命政党,如果其党员不能自觉服从党纲、党章,

---

① 《辛亥革命在上海史料选辑》,第 733—791 页。
② 《国父全集》第 3 集,第 28 页。
③ 《孙中山选集》下,人民出版社 1956 年版,第 521 页。
④ 《毛泽东选集》第 1 卷,人民出版社 1991 年版,第 303 页。

遵守党纪,没有对革命事业的无限忠诚,任何革命都是不能成功的。辛亥革命因为缺少这样一个真正的资产阶级革命政党,所以失败了,这是一个重要的历史教训。

二

目前,一般史书对立宪派在辛亥革命前后的政党政治活动大多持否定态度,把他们争取立宪的活动说成是帮助清政府;把他们支持革命、发动各省独立说成是投机,是同革命派争抢政权、保存封建旧秩序;把他们在民国初年的组党活动说成是帮助袁世凯推行反动统治;等等。这些批评指责都有欠公正。

立宪派是19世纪末资产阶级维新派的继续和发展,分为国内和国外两部分。戊戌变法失败后,康、梁等维新派流亡国外,继续鼓吹立宪,成为国外部分。国内部分形成于1905年前后。清廷正式宣布预备立宪后,宪政运动在全国迅速开展。立宪派认为,“政党之与立宪政治,犹如鸟有双翼。非有立宪之政,则政党不能兴;若立宪之政,无政党之兴,亦犹鸟之无翼耳!”①于是,江、浙、闽、粤、湘、鄂等地区的民族资产阶级上层人物和一部分具有资本主义倾向的官绅以张謇、郑孝胥、汤寿潜、汤化龙、谭延闿、任可澄等为代表,相率联络同志,组织立宪政党和团体。这是一个历史性的进步。由于清廷实行“党禁”、人们对“党祸”仍心有余悸,所以,这一时期的立宪派组建的政党都还没有将自己的组织标明为某某党,而是称某某会、某某社。据不完全统计,到辛亥革命前夕,全国立宪派组织的大小政党团体有三十多个。

许多立宪政党成立后,立即投入了争取宪政的斗争。他们通过自己的政纲、章程,表达本党要求保护资本家、给予绅商更大的自主权及尽早召开国会等意愿,并利用他们担任商会、自治会领导人和在谘议局内任职的有利条件,多次发起、组织和领导了声势浩大的抵制外货、收回利权的运动。立宪政党的这些活动反映了民族资产阶级要求参政、推行民主政治、反对外来侵略、争取民族独立和国家富强的爱国立场,因此受到了广大工商业者和知识分子的支持与拥护。如汤化龙等组织的宪政筹备会仅在汉口一地就拥有三十三个商团、保安会和八十八个商业行帮组织,共万余人,有着举足轻重的地位。

立宪政党还先后通过创办报刊、集会演说,鼓吹“民权”,抨击封建君主专制的腐朽黑暗,并在1908—1910年间,发起、组织和领导了五次全国规模的要求

---

① 《时务报》第17册,《政党论》。

尽速召开国会和实行责任内阁的请愿活动。这些请愿活动,从立宪党人的立场来说,固然有帮助清廷谋求抵制革命的消极一面,但从根本上说,还是为了改革封建政治,早日实现他们在中国建立资产阶级立宪政治的夙愿。请愿活动壮大了立宪声势,抬高了立宪党人在社会上的威望,孤立了清政府,给封建专制政治形成了巨大的冲击。

立宪政党谋求政权的斗争,一般史书都讲它始于辛亥革命,其实早在武昌起义爆发前,即已开始了。1910年,立宪政党要求召开国会的请愿活动相继失败后,清政府假立宪真专制的反动面目彻底暴露,立宪党人决定加强政党政治,开展同清政府的夺权斗争。第五次请愿失败后,请愿代表在团行将解散时,发布《通知书》,要求各省酝酿组织政党,为日后夺取国会的议席未雨绸缪。他们还召开"秘密会议,将以各省独立要求宪政"①,"公决密谋革命"②。为了实现这个政治计划,1911年五六月间,参加直省谘议局联合会的全国各省谘议局正、副议长及与会代表一致要求取消皇族内阁,并决定组织全国性的立宪政党——宪友会。7月10日,宪友会在京成立。总部设在北京,各地设支部、分会,为当时宪政党派中最大的一个。其党纲名为尊重君主立宪政体,实际上以发展民权、完成宪政为目的。它不再以谋求保护绅商利益等为满足,而以督促政府、厘定行省政务、讲究外交、开发社会经济、提倡尚武教育相号召,公开"以天下为己任",俨然以资产阶级政党的口吻来监督和改造封建政府了。

宪友会的成立和它在资政院内开展的政治斗争,加速了资政院成员的分化。继宪友会之后,资政院内又出现了帝国宪政实进会、辛亥俱乐部、政学公会等几个立宪政党。帝国宪政实进会以陈宝琛为会长,该会成员多为钦选议员,政治倾向保守,迹近反动,在资政院和谘议局内专与宪友会作对。宪友会同它们的斗争实际上是资产阶级立宪派同封建地主官僚之间的斗争,具有反封建的性质。

1911年9月皇族内阁成立后,立宪党人对清廷彻底绝望,纷纷另作他图。武昌起义爆发后,除少数立宪政党,如任可澄的贵州宪政筹备会、以袁金铠为首的奉天立宪党人公开反对革命、拥护清廷外,大部分立宪党人都宣布赞成革命,拥护共和。许多立宪政党的领导人还不惜四处奔走努力,通过各种方式劝说和鼓动所在省份的督抚和官员脱离清政府,归附革命,组织拥护共和的军政

---

① 伍宪子:《参加第三次国会请愿之回忆》。
② 《梁任公先生年谱长编初编》卷19,第314—315页。

府。立宪政党这样做,无疑表明了他们同清王朝的决裂和彻底放弃了他们原先的君主立宪政治主张,这在政治上显然是一个重大的进步。他们有效的劝说工作,使许多省区的督抚和官员放弃对民军的镇压,迅速站到革命一边,大大减少了革命的阻力。武昌起义后,在不到半个月的时间里,相继有十多个省份宣布独立。革命形势发展如此迅速,其首要原因固然是革命党人发动武装斗争和人民群众反封建斗争的空前高涨给清王朝以沉重打击,使其在各地的代理人感到清王朝大势已去,不得不改弦更张。但它也同立宪党人的努力分不开。少数立宪党人,如上海地区的沈懋昭、李钟珏、顾馨一等控制的上海商团还同革命党人一起参加反清武装起义,为上海的独立作出了重要贡献。

立宪党人从拥清立宪到归附革命、赞成共和,这是一个历史性的转变。促成他们转变的动机,当然不是出于一时的权宜之计和随机应变,而是基于民族资产阶级上层在政治上的失意和他们为减少经济上的损害以及出于对未来前途的考虑而采取的对策。他们中的大部分人虽说来自封建营垒,同外国资本和封建主义有着广泛联系,有较大的妥协性;但他们又一直遭受外国资本和封建主义的压迫欺凌,同帝国主义和封建主义存在着尖锐的矛盾。他们对清政府的冥顽不灵、守旧不变表示不满,他们不愿封建君主专制制度万世长存,要求有利于资本主义发展的政治改革,并为之作了自己最大的努力,但是他们的斗争和努力最终还是失败了。革命爆发后,立宪党人担心战争引起的社会震荡将危及他们的财产,影响他们的资本主义经营活动,认为如果他们归附革命,也许就会避免经济上的损失,在未来的各级政府和议会中也仍然可以保持自己的社会地位。立宪党人的转变,对当时革命与反革命的阶级较量的胜负具有决定性的作用。武昌起义后,革命声势虽大,但由于革命党人没有发动和组织工农群众参加革命,加上自身领导软弱涣散,一时还无力量摧垮清政权。如果这时立宪党人仍旧站在清王朝一边,反对革命、敌视共和,那革命力量必会遭到更大的挫折。相反,正是由于立宪党人迅速归附革命并劝导清朝在各地的代理人归附革命,使革命与反革命之间的力量对比出现了有利于革命而不利于清政府的变化,使清王朝在政治经济力量集中的城市里失去了赖以支撑的社会经济基础,而革命党人则得到了足资号召的力量,并借此将革命形势迅速向全国各地扩展。立宪党人为辛亥革命所作的重大贡献不应被否定。

至于立宪党人同革命派争抢政权的问题,本文不能论及,只能提出这样一个看法:就阶级而言,立宪党人与革命党人毕竟同属资产阶级,它也是反帝反封建斗争阵营中的一员,不是革命对象。他们在辛亥革命中的政党政治活动的最终目的也不是维持旧的封建秩序,而是谋求资产阶级的统治。因此不能把立宪党人在革命期间向清王朝在各地的代理人的夺权斗争说成是同革命派争抢政权。立宪党人在清末经历过多次国会请愿斗争,在全国范围内有着广泛联系和政治资历;他们大多为资本家、社会名流,拥有一定的经济实力,而且控制各省的谘议局、商会、自治会、教育会,在清末社会享有一定的威信。从某种意义上讲,它比起长期流亡和处于秘密状态下的革命党人更富有处理地方政治的经验,更懂得政权的重要性。相反,作为革命政党的同盟会和其他革命组织似乎还不太懂得这个道理,在各省独立后,对建设政权往往重视不够,有的甚至把政权拱手交给旧官僚。相比之下,在立宪党人组织的新政府中,虽然容留了不少旧官僚,但毕竟已不是原先的封建政府。事实上,在不少独立的省区,立宪党人大体上还是能注意处理好立宪派、革命派以及反正归附革命的旧官僚三者之间的关系。革命派与旧官僚势如水火,不共戴天,由立宪党人出面主持就好些。不少省区,如江、浙两省,由立宪派与革命派建立联合专政;有些省区,如湖南、四川、广西、安徽等,虽由立宪派与旧官僚一起掌权,但领导权基本控制在立宪党人手中,在立宪党人控制的这些地方政权中,立宪党人制定和通过了带资产阶级宪法性质的临时约法,建立了有一定民主性的临时省议会,革除了前清遗留下来的诸如厘金、税卡等秕政,减轻了人民的负担,同前清封建政权有着本质的区别。

武昌起义后,立宪党人通过参加革命,政治力量有了长足的发展,不少立宪党的领袖成了地方上的都督或民政长,或省议会的正、副议长。辛亥革命后,民族资本主义经济的发展,议会民主政治制度的建立,为立宪派重组政党,开展政党政治创造了条件。为了谋求在新国家中拥有自己的地位和参与政府权力的分配,立宪派开始了新的建党活动。1912 年,由张謇、郑孝胥、汤寿潜等人发起,原预备立宪公会与中华民国联合会合组为统一党;接着,原宪友会重要成员林长民和孙洪伊等也发起成立了共和建设讨论会,唐文治则组织了国民协进会,该会过半为宪友会和辛亥俱乐部的成员。4 月,前资政院议员陈敬弟组建了民国公会,孙洪伊组建了共和统一党。据不完全统计,民国初年,由原立宪派组建和加入的政党团体不下五十个。这些政党主要是依据南京临时政府颁布的有关法律条文中赋予人民的言论、出版、结社等自由民主权利建立起来的。他们的党章和政纲,主要还是反映了巩固和保持全国统一,建设完全的中央政府,完成责任内阁制度,促进民主政治,发展国民经济,普及义务教育,促进社会进步等民主主义内容。

有政党，就有党争，党争是资产阶级议会政治制度下的一种正常现象。辛亥革命后，资产阶级上升为统治阶级，资产阶级革命党人掌握着国家政权。按照西方资本主义国家的政府组织原则，只要是这个国家的资产阶级政党，都可以参加竞选，当选议员，参与对政府的管理。从这个意义上说，民国初年旧立宪派组建的政党同革命派组建的政党竞选议员展开党争，是符合资产阶级的政治原则的，无可非议。耐人寻味的是，民国初年党争有一个奇特的现象，那就是当时的党争基本上是在资产阶级革命政党、旧立宪派组建的政党和旧官僚军阀扶持的代表地主买办利益的政党这三者之间展开的。在三者之间，旧立宪派组建的政党常常成为革命政党和地主买办势力组建的政党争取和拉拢的对象。民国初年各种政治冲突都同旧立宪派组建的政党与他党的离合有关。资产阶级革命党人"起自草莽"，属于民族资产阶级中下层，其中还夹杂着不少会党分子和游民，他们虽然掌握着南京临时政府的大权，但因缺乏工农群众的支持，地位还不巩固，需要其他力量的支持。革命党人环顾左右，发现只有旧立宪党人可以争取。而立宪党人为了壮大自己的势力也乐于同一部分革命党人联合。张謇、赵凤昌等与章太炎共组中华民国联合会，孙武与汤化龙等共结民社，乃至国民协进社与民社的联合，无一不是在这种政治背景下出现的。但是，立宪党人同革命党人的这种联合是有限度的，开始仅建立在反清的政治基础上，而并非在民主共和国的目标上有了共同的语言，所以，联合并不意味着双方已经泯灭了彼此之间的分歧。当封建君主专制正式被推倒，南京临时政府北迁，袁世凯继任临时大总统以后，两派的对立又成为主要倾向，而分歧的焦点是当时的中国要建立什么样的政权这一敏感问题。立宪党人和革命党人后来在议会内的矛盾斗争都是围绕着这个热点进行的。

清朝被推翻后，以袁世凯为代表的地主买办势力依然存在。他们不甘心退出历史的舞台，仍旧垂死挣扎。他们利用民国初年政党兴起的历史条件，也先后组建政党，如国民公党、公民党等，成员基本上都是军阀、官僚和大小政客。但他们更多的时候则是争取和拉拢立宪党人，与他们组建政党，孤立和打击革命政党。立宪党人本来就与封建官僚有着较深的联系，日常关心最多的是自身的经济利益，他们表示"不问其为何政府，但知有抚我者而归附"①，立宪党人不但容忍了袁世凯的篡权活动，而且心甘情愿地同地主买办势力的政党联合。1912 年 5 月组建的共和党及后来成立的民主党、进步党，基本上都是由原来的

---

① 《武昌首义》，正中书局 1975 年版，第 559 页。

立宪党人和旧官僚、军阀、政客所组成。立宪党人和旧官僚、军阀、政客的合流组党,当然不是推进民主政治,而是一种政治倒退。梁启超在给袁世凯的一封信中对这点说得非常明白:"今国中出没政界之士,可略分为三派:一曰旧官僚派,二曰旧立宪派,三曰旧革命派……旧革命派自今以往当分为二,其纯属感情用事者,始终不能与我公合作……此派人之性质只宜于破坏,不宜于建设……政府待彼辈者不可威压之,又不可阿顺之,唯有利用健全之大政党,使为公正之党争,彼自归于劣败,不足为梗也。"①所谓"纯属感情用事者",当指革命党人中的坚定分子;而"唯有利用健全之大政党,使为公正之党争",就是说要立宪党人与旧军阀、官僚、政客联合组党,共同对抗革命党人。梁后来还被推为进步党党魁,该党建立的真正意图就是要建立一个凌驾于各党之上的大党,挤垮革命派建立的国民党,以便控制全国,帮助袁世凯建立一个强有力的反动政府。立宪党人走到这一步,它的政党政治已不再带有任何民主进步的色彩,而完全沦为反对革命、支持袁世凯篡夺辛亥革命果实的御用工具。然而,也就是到了这个时候,立宪党人的政党政治进入了它的末路。

三

20 世纪初年,政党政治在欧美资本主义国家十分流行。资产阶级通过政党操纵选举,参与政权,制定内外政策,推进资产阶级政治。西方国家的政党政治给新上升为统治阶级的中国资产阶级革命派以强烈的影响。孙中山认为:"一个国家的政治进步与否,主要取决于有无政党,若无政党政治,必愈形退步,将至江河日下之势,流弊所及,恐不能保守共和制度,将渐变为专制。"②他决意要通过政党政治来发展革命形势。同盟会的另一个负责人宋教仁也认为:"以前是旧的破坏时期,现在是新的建设时期;以前对于敌人是拿出铁血的精神同他们奋斗;现在对于政党是拿出政治的见解同他们奋斗。"③

为了实现他们以党治国、以党建国的政治主张,同盟会总部于 1912 年从日本东京迁回国内,同盟会的活动也由秘密变为公开。此后,同盟会虽因内部派系复杂,意见分歧,且部分成员脱离另组新党,但在当时众多林立的政党中,它的声势仍为最大。因此,这一时期的政党政治多以其为中心。在孙中山主持下,同盟会领导的南京临时政府先后通过和发布了一系列除旧布新、保护人权、

---

① 《梁任公先生年谱长编初编》卷 19,第 314—315 页。
② 《孙中山选集》上,第 84 页。
③ 蔡寄鸥:《鄂州血史》,第 225 页。

奖励工商、振兴实业、改革教育、发展资本主义的措施,制定和颁布了中国历史上第一部资产阶级法典《中华民国临时约法》,为推动中国社会政治民主化作出了重要贡献。

1912年4月是民国初年政党政治发生重大变化的转折点。是月,孙中山辞去临时大总统,让位于袁世凯;随后,临时政府北迁。作为资产阶级革命政党的同盟会不再掌握国家政权。资产阶级革命党人虽把中央政权让给了袁世凯,但是,他们并没有放弃最终重新掌握国家政权、把民主共和国的大业推向前的战略目标。他们决定凭借已经建立起来的议会民主制度,即通过和平的民主的方式,利用在议会内的有利地位,开展政党政治,实行责任内阁制,继续贯彻推行自己的政纲,使自己立于代表国民监督政府的地位,并以此来约束袁世凯。

在同盟会内部,持政党政治主张的中坚人物是宋教仁。南京临时政府结束后,由于孙中山、黄兴、汪精卫等人不管党务,宋教仁成了同盟会本部的实际主持人。此后,宋又出任同盟会总务部主任干事,直接负责指挥同盟会在中央议会内的政治斗争。

民初,同盟会在议会内"一党把持"的局面引起了它的反对党的不安。为了打破这个局面,1912年5月,统一党、民社联合徐勤的国民党、范源濂的国民协进会以及旧立宪派组建的民国公会共同组成共和党。该党以黎元洪为理事长,张謇、章太炎、程德全为理事,其成员几乎囊括了旧军阀、官僚、政客、旧立宪派和从同盟会中分离出来的分子以及袁世凯政府中的要员。该党以拥护袁世凯为己任,因而有袁的御用党之称。该党一经成立,就立即宣示了与同盟会完全对立的政见,并在议会内就总统与议会的权力等问题与同盟会展开了交锋。"双方党争对抗的真正焦点实际都集中在袁世凯一人身上"①。因为共和党背后有袁世凯的支持,故参议院的行动又常为共和党所操纵。同盟会与共和党的所谓党见之争,实际上变成了同盟会与袁世凯之间的权力之争,这种斗争对同盟会的党务活动非常不利。为了改变这种状况,同时也是为着实现政党内阁这一政治目标,宋教仁决定改组同盟会。宋的主张得到了胡瑛、魏宸祖、谭人凤、刘揆一、张耀曾等人的支持,他们认为"一国政党之兴,只宜两党对峙,不宜小党分立,政党内阁方有成功的希望"。②1912年8月,同盟会联合统一共和党、国民共进会、共和实进会、国民公党等党派,共同组建国民党。该党由孙中山任理事

---

① 李剑农:《戊戌以后三十年中国政治史》,第159页。

② 黄远镛:《远生遗著》卷二。

长,宋教仁代理,黄兴、宋教仁、王宠惠等人为理事,胡汉民、李烈钧、于右任等二十九人为参议。对于该党的成立,有人批评它是"新旧合作""朝野合作",是妥协的产物。但是从国民党的实际情况来看,它虽广事招徕,拉进了不少官僚、政客和旧立宪派人士,以致"泥沙俱下,鱼龙混杂",但领导权仍掌握在同盟会手中,就其主要政治倾向,仍不失为一个资产阶级革命政党。它的成立是中国近代政党史上的一件大事,也是民初政党政治的一件大事。它的成立,迅速改变了议会内政党斗争的形势,使革命政党在议会内一跃而为第一大党。这对继续推进民主政治,捍卫辛亥革命的成果具有决定性的意义。1912年冬,全国举行第一次国会选举,尽管由旧立宪党人、旧官僚为主组成的共和党、民主党的背后有袁世凯做后台,但终究难以同国民党比肩并驾。国民党这个由同盟会发展而来的政党,毕竟因为领导辛亥革命的功绩而得到了社会的支持。次年2月,大选揭晓,参众两院八百七十个议席中,国民党获得了三百九十二个席位,而共和、民主、统一三党总共才有二百三十三个席位。国民党以绝对的优势赢得了大选的胜利。大选是一场尖锐的斗争,它虽然是和平的,却包含着激烈的夺权性质。

国民党在大选中的胜利给孙中山、黄兴等领导人精神上带来了巨大的鼓舞。孙中山说:健全的政党是民国的基础,"必赖党争始有进步","本党今既得占优势地位,第一应研究者,即为政党内阁问题"①。黄兴"素主依政党政治之常轨,以达利国福民之目的",把国民党争取政党内阁看成是实现"救国"和民主主义的重要手段而表示全力支持②。然而国民党在这场斗争中的胜利却引起了反对国民党的其他政派和袁世凯的惊恐不安。梁启超哀叹:"吾心力俱瘁……党人多丧气,吾虽为壮语解之,亦复不能自振。"③在他的组织策划下,汤化龙、林长民等领导的共和建设讨论会与国民协进社、共和统一党、共和促进会、共和俱乐部、国民新政社等六个政党合组为民主党,使参议院中形成国民、共和、民主三党鼎足对峙的局面,党争变得更加尖锐激烈。袁世凯则说:"我现在不怕国民党以暴力夺取政权,就怕他们以合法手段取得政权,把我摆在无权无用的位置上。"④因为根据《临时约法》规定,正式国会将由在议会中占多数席位的政党组织,并实行责任内阁制。凡总统的命令,不特须阁员副署,并由

① 柏文蔚:《五十经历》,载《近代史资料》1979年第3期。
② 李守孔:《民初之国会》,第69页。
③ 《梁任公先生年谱长编初编》第7册,第676页。
④ 陶菊隐:《北洋军阀统治时期史话》第1册,第154页。

内阁起草,而且每个阁员的任命均须经议会批准通过才行,这样就使总统立于无责任的地位。国民党在大选中获胜和将由它组织责任内阁,这是对袁世凯的严重挑战,实际上也是资产阶级向封建地主买办阶级的和平夺权。袁世凯及其代表的地主买办阶级当然不愿看到这个事实,他们决不让革命党人的计划得逞。

大选的胜利使国民党人对政党内阁燃起了无限的希望,宋教仁对由于选举的胜利而可能产生由他组织的国民党内阁更是充满了信心。1913 年 1 月,袁世凯发表《国会召集令》,定于 4 月在京召开第一届国会。为了实现资产阶级民主宪政的理想,宋教仁四处游说,宣传他的政党内阁主张。3 月初,宋与黄兴、王宠惠等人在沪召开了国民党籍议员会议,再次确定国民党未来的大政方针。会上,部分议员甚至主张由国民党员竞选副总统,建议选黄兴为副总统,组织国民党内阁,以宋为内阁总理。宋教仁和国民党的上述政治活动引起了反对国民党的其他政派和袁世凯的极大仇视。还在早些时候,杨度在给黄兴的一封信里就直截了当地要求国民党放弃政党内阁主张:贵党"若不信袁,则莫若去袁而改举总统……若能信袁,则莫如助袁,而取消政党内阁之议,宣布全国,以求实际沟通……若仍相挟持者,互生疑虑,实于国家大计有损,非上策也"①。杨氏当时正奔竞于袁的门下,他的这番讲话不无取悦讨好袁氏之意。袁世凯也确实把宋教仁的政党内阁看作是对他权力的严重威胁。他先是对宋进行收买,遭到宋的拒绝,遂决计除之。3 月 20 日夜,宋由沪经沪宁铁路北上进京。他刚走进车站,即遭袁世凯指使的凶手枪杀,年仅三十二岁。宋的被刺身死,预示了国民党人的政党政治和责任内阁制理想的破产。

"宋案"真相大白后,资产阶级革命家们从血案枪声中惊醒。国民党人开始认识到利用议会和法律手段断难实现自己的政党政治理想,于是他们重新回到革命立场上来,决定举兵讨袁,发动了"二次革命"。"二次革命"期间,在京的国民党议员一部分回到南方,参加讨袁战争;一部分虽在议会内开展了一系列斗争,但无效果;大部分则在袁的武力和金钱收买下,卖身、卖党,背离了革命。"二次革命"失败后,袁借口国民党议员在战争期间与南方"通谋",以"内乱"罪名,大肆进行拘捕、监禁和枪杀。在袁的压迫摧残下,国民党在参众两院均遭惨败。

面对袁世凯的疯狂镇压和屠杀,为了保存自己和捍卫多年奋斗建立起来的

---

① 李守孔:《民初之国会》,第 133 页。

民主政治,国民党被迫改变在议会内的斗争策略,本着政党内阁总比军阀内阁好的指导思想,开始与进步党谋取合作。当时,正式总统选举在即,袁世凯担心两党的联合趋向将对总统选举不利,遂一面指使梁士诒用金钱收买议员,另行组织包括官僚、军阀政客及袁的亲信在内的公民党;一面出动军警,用武力胁迫国会选他为总统。袁当上大总统后,又以《临时约法》不利其专制独裁统治,要求国会修改,遭到了国会的拒绝。于是袁世凯唆使军人通电全国,攻击"政党无用,徒有贻误国家,于政有百弊而无一利",攻击"国民党人破坏者多,始则托名政党,为虎作伥,危害国家,颠覆政府",要求解散国民党。

袁世凯唆使军人干政,残酷迫害国民党,实际上已不仅仅是针对国民党一党,而是要摧毁整个民主势力和一切政党政治。这实际上危及了已经建立起来的资产阶级民主共和制度。进步党曾一度充当袁的御用工具,但在袁的咄咄逼人的攻势面前,这时也不无兔死狐悲之感,逐渐意识到自身地位的危险,于是也主动与国民党采取联合一致的态度。1913年10月,以张耀曾、谷钟秀、汤漪为代表的一部分国民党议员同丁世峄、李国珍、蓝公武等为代表的部分进步党议员合组民宪党,宣言不为金钱势力所屈,"贯彻民主精神,励行立宪政治,对于国家负忠诚之义务,有动摇民主国体者,则全力以维持而保护之;对于政治,先以培养国力,继之以发扬国光,政府而有逸出宪政常轨者,则吾党认为公敌,不为阿附,不事攻击,务以公平态度,为完密之监督"。民宪党的成立只是资产阶级同袁世凯专制独裁势力较量的尾声。此时,资产阶级的政党政治已陷入了日暮途穷的困境。

有人在总结民国初年中国的社会政治时说:"民国元年的民国有民国必须具备的条件吗?当然没有。在上了轨道的国家,政党的争权绝不使用武力,所以不致引起内战。军队是国家的,不是私人的。军队总服从政府,不问主政者属于哪一党派。却是民国初年,在我们这里,军权就是政权。"①袁世凯军权在握,政权在手,要的是"军令统一""政令统一",根本不需要什么议会、政党。11月4日,袁以宪法草案公布在即,下令解散国民党,撤销国民党议员的资格,追缴国民党议员四百三十八人的证书,致使国会不足法定人数无法召开而陷于停顿。1914年1月13日,又以"国会悉为挟制党见者所蹂躏,酿成暴民专制之局",下令废止国会。至此,民国初年资产阶级政党政治遭到彻底失败。

---

① 蒋廷黻:《中国近代史》,第94页。

四

　　民国初年,资产阶级政党政治失败的原因很多。首先,就当时中国社会经济发展水平来看,还缺乏开展政党政治的物质基础。资产阶级的政党统治以现代生产关系为基础。现代生产关系没有确立,资产阶级的政治就不可能稳固地存在下去。马克思说过:"如果资产阶级实行统治的经济条件没有充分成熟,君主专制的被推翻也只能是暂时的。"①辛亥革命推翻了清朝统治,建立了中华民国,可是资产阶级还远没有成熟到足以独立缔造这个制度并把政权掌握在自己手中。中国资产阶级由于遭受外国资本和封建专制的双重压迫,力量极为弱小。

　　中国资产阶级不但力量微弱,而且由于中国幅员辽阔,封建统治又比较严密,因此,资产阶级始终未曾在全国范围内形成一个统一的独立政治力量。1905年成立的同盟会虽是中国第一个资产阶级革命政党,但它的成员并不是在资产阶级本身发展中涌现出来的,而多是从国内各阶级、阶层中分离出来的一部分激烈"反满"的爱国者,其中主要是留日的知识分子,又因其总部秘密地设在国外,因此与国内资产阶级联系甚少。1910年前,立宪派虽也曾组织发动了全国性的资产阶级统一独立的政治行动——国会请愿,但各政党、政团之间的联系也很薄弱。1911年宪友会成立,资产阶级政治上独立的趋势似乎向前进了一步,但实际上也只是一个松散的政治联盟。在辛亥革命前,资产阶级始终不曾形成一个独立的统一政治力量,因而也就不可能有一个有坚强领导核心的资产阶级政党,当然更谈不上有什么成熟的政党政治。

　　其次,辛亥革命后的中国社会还缺乏开展政党政治的阶级基础。议会民主、政党政治、责任内阁,都是资产阶级奋斗的目标。这在西方资本主义国家都已成为现实,但民国初年的中国并不具备开展政党政治的阶级基础。无论是在中央政府,还是在地方政府,乃至各级议会内,封建旧势力仍很强大,资产阶级都不占优势。辛亥革命后,以袁世凯为首的官僚军阀集团操纵着中央政权,地方州县的兵政兼行政即所谓"军政分府"也多掌握在地主豪绅手中。由他们把持各级议会,当然不可能去推进资产阶级的民主政治和政党政治。事实证明,在袁世凯篡夺了革命果实以后,把持地方各级议会和盘踞在州县政权的官僚地主士绅就成为袁世凯统治的鹰犬、诛杀和摧残资产阶级民主进步势力的刽子手。

---

① 《马克思恩格斯选集》第1卷,第171页。

再次，政党政治在民国初年的中国之所以不能建立起来，还与政党缺乏民众支持有关。中国人民大众在几千年的封建专制压迫下，除非到了万不得已的情况才起来反抗，平常是谈不到对政治有什么表示的。民国初年的政党大多以争取国会议员席次为主要目标，以组织内阁为理想。至于当时人民的苦难，尤其是广大农民的土地问题，政纲宣言中固然讲得不错，但实际上没有一个去做的。同盟会当年利用民众对清王朝的不满，发动了革命。可是辛亥革命胜利不久，一部分同盟会会员就骄纵失态，享乐腐化，当官做老爷，严重脱离群众。其他党派更是乌烟瘴气。此外，加上党派之间无休止的争论，内阁的频繁更迭，使长久生活于封建君主专制制度下的民众一时很不习惯，对这种政治感到厌倦。当时民众普遍存在厌乱的心理，需要一个安定的社会环境从事生产和社会活动，他们希望尽早结束政治纷争。袁世凯就是利用了民众这种厌乱心理，放胆迫害革命党人、摧残民主势力，摧毁一切政党政治，推行专制独裁统治。

此外，民国初年政党政治不能建立还与资产阶级政党本身的错误有关。资产阶级左翼的政治代表同盟会（后来是国民党）和资产阶级右翼政治代表旧立宪党人所组织的政党，他们之间往往斗争多于联合，个人恩怨超越党见，忘记了封建地主买办势力是自己的主攻目标。有人指出："梁启超与国民党之间的隔阂与仇恨……个人的恩怨影响了政党政治，使两党明争暗斗，弄到两败俱伤。"[1]这个说法是很中肯的。革命党人同样也存在这方面的问题。国民党成立不久，一部分国民党人就狂妄不可一世，以为在议会中"民国政党唯我独大，其共和党虽横，其能与我争乎？"由于资产阶级政党斗争目标不明确，结果彼此在所谓的党争中陷于不能自拔的地步，白白地消耗了自己的力量，最终被以袁世凯为首的军阀官僚集团各个击破而同归于尽。

总之，封建传统的漫长、封建经济结构的牢固以及建立在这个基础上的封建地主势力的强大；资本主义发展的艰难、资产阶级力量的软弱以及资产阶级政党"不知道政党政治、政党内阁的背后还要有民众站在它的后面去拥护它"是民初政党政治失败的主要原因。历史雄辩地证明：在半殖民地半封建的中国，在微弱的资本主义经济基础上建立起来的中国资产阶级政党如果没有广大民众的支持和拥护，根本不可能战胜帝国主义和封建地主买办势力，根本不可能在中国建立资产阶级的政党政治。

---

[1] 张朋园：《梁启超与民国政治》，第34页。

中国同盟会、国民党

执政与改组

1905 年 8 月在日本东京成立的中国同盟会（以下简称同盟会）是近代中国第一个资产阶级革命政党，它发动和领导了 1911 年的辛亥革命，缔造了中国第一个资产阶级民主政权——中华民国南京临时政府。然而，同盟会执政仅有三个月，就向封建地主官僚买办的代表人物袁世凯交出了政权，致使革命由胜利走向失败。

同盟会在辛亥革命前后经历了由革命党转变为执政党的过程，这个转变直接决定了它的成败。它执政时间虽不长，但教训却极为惨痛。

一

俗话说，国有国法，党有党纪，家有家规，三者的统一才能构成社会和谐和有序。对一个政党而言，严格的组织纪律是其战斗力和生命力的保证。同盟会成立时曾仿效西方三权分立的做法，在总理以下设立评议、执行、司法三个部。评议部又称议事部，由全体会员中产生，以三十人为限，受总理节制，类似于议会。总理有权对评议员所提议案进行驳斥。执行部下设庶务、内务、外务、经济、调查、会计六科，主要办理日常行政事务。司法部设判事长、判事、检事长，它的主要职责是维持同盟会内部的秩序。但从后来的实际情况来看，这三个部并未发挥多大的作用。检阅同盟会成立时的文件，没有一件是专门讲组织纪律的。在同盟会入会誓词中，虽规定"有渝此盟，任从处罚"，但未明确处罚内容。在章程《军政府和国民军》"军律"条下，虽然对于反奸、降敌、通敌、泄露军情等也作了严格的纪律规定，但只是对一般会员和革命分子而言。对于同盟会领导人的行为规范，特别是在言论行动上如何保持全会的一致，根本未作任何规定。这一切表明，同盟会的组织并不健全。由于没有制定严格的组织纪律，同盟会从成立伊始，就处于软弱涣散的状态。同盟会是由兴中会、华兴会及部分光复会员联合组成的，三个革命团体各有其政纲、宗旨。按理，既然三团体已联合为一个新的革命团体,自应放弃原先的政纲、宗旨,接受同盟会的政纲、宗旨,但事实并非如此。同盟会规定革命的宗旨是实行民族、民权、民生的"三民主义",但成立后,不少会员并不完全赞同。在同盟会内部,坚持三民主义者虽为大多数,但持"一民主义(民族主义)"者有之,持"二民主义(民族主义、民生主义)"者有之。在东京总部,因政见歧异,以致风潮迭起,派别活动日渐明显。自同盟会成立后,光复会依旧坚持自己的政纲,自行活动。章太炎与孙中山、黄兴、宋教仁等无论在思想上、政见上,还是在组织上,始终对立。在民权、民生问题上,章氏自谓其思想"总之不离吕(留良)、全(祖望)、王(船山)、曾(静)之旧域也"①。

武昌起义爆发后,章氏回到国内。南北和议开始后,他为拥护袁世凯的立宪派、旧官僚所俘虏,而同孙中山领导的同盟会公开分道扬镳。他利用同盟会京津保支部长的身份,破坏北方革命运动,将在极端困难条件下从事革命斗争活动的直隶革命党人诬蔑为"匪类",要袁世凯"依法办理"。后来,他又跑到武昌,公开提出"革命军起,革命党消"的口号,反对同盟会"一党组织政府",要革命党人放弃武装斗争,要同盟会立即解散,一切服从袁世凯。章氏此论一出,迅速传播,"充塞四围,一唱百和",受到立宪派、旧官僚的欢迎。当时,另一个同盟会领导人汪精卫也在北京与杨度等人一起,接受袁世凯的巨款,拼凑所谓"国事共济会",鼓吹停战和议,要求同盟会停止武装斗争,取消北伐,通过和议,将革命成果交给袁世凯。

章、汪背叛革命的言行,遭到一些坚持革命立场的同盟会员的反对。胡汉民指出:章、汪"为他人操戈,形同叛党"②。孙中山、黄兴等虽对章、汪行为不满,但并未采取相关措施加以制止。如果同盟会制定有严格的组织纪律,完全可以按会章有关规定,在组织上处分二人,对其言行进行批驳,直至将其除名,并以此告诫、约束全体会员。惜乎,孙中山、黄兴等并未这样做,而是听之任之,任其自由泛滥,甚至有同盟会员如刘揆一也随声附和,主张"今日宜将从前党、会名目一律取消",对革命造成了极大的危害。事后孙中山在总结辛亥革命失败的原因时,曾特别指出:同盟会的"失败,都是在这句话(指章太炎"革命军起,革命党消"这句话)上面,这是我们大家不可不彻底觉悟的"③。历史证明,一个政党如果没有严格的组织纪律就不能带领人民群众将革命进行到底。一个政

---

① 章太炎:《〈光复军志〉序》,《章太炎政论选集》(上),中华书局1977年版,第681页。

② 胡汉民:《胡汉民自传》,三民书店1934年版,第41页。

③ 孙中山:《要造成真正中华民国》,《孙中山选集》,人民出版社1981年版,第430页。

党,尤其高层领导如果不受纪律约束,就无法防止内部的分裂和宗派活动,必将导致革命的失败。

二

辛亥革命的爆发,在各省引起了强烈的反响,广大农村尤其如此。会党、绿林趁机起事,一些州县农村贫苦农民起而抗租抗捐抗税,猛烈地冲击封建统治的根基,为辛亥革命的发展造成了一定的声势。如果当时同盟会及时因势利导,加以充分利用,把这些分散的自发的民众反抗斗争组织起来,完全可以壮大自身革命力量的基础,将革命引向深入,避免后来的失败。但当时同盟会的领导并未认识到这一点。与此相反,他们自诩高明,把自己看成是"救世主",下层社会是"无知愚氓""只知有破坏",指责响应起义的民众是"非守分之人",农民的反抗斗争是"骚乱""铤而走险""趁机滋事",容忍他们将"于大局有害",非但反对,而且还支持旧官僚、立宪派去进行"剿抚",甚至他们自己也打着"靖社安民"的口号,搜杀会党和反抗的民众,完全站在与民众敌对的立场。

在独立后的省份,杀戮反抗民众的事,比比皆是、随处可见。在湖南,谭延闿以"办匪"为名,大肆屠杀革命民众,致使湖南的革命力量遭到严重摧残。在广西,陆荣廷颁布六条禁令,强令民间交出武器,不准抗租抗税,违者"杀无赦"。在他指示下,各州县军政府大肆搜杀所谓"乱民""土匪",仅梧州一地,在1912年上半年就杀害"土匪"三四百人。如果说上述杀害民众的还是旧官僚、立宪派的话,那么在不少反正省份,同盟会员对民众的抗捐抗税斗争同样感到如芒在背,急欲除之而后快,镇压特别卖力。在江苏,无锡军政分府负责人、同盟会员秦毓鎏以"除暴安民"为名,编练锡军三营,不仅大肆捕杀境内的所谓"匪徒",而且还联合常熟、江阴的军警,血腥镇压了无锡、江阴、昆山、常熟四县交界地区的"千人会"抗租斗争。同盟会员、上海军政府都督陈其美也完全站在地主一边,经常派军警镇压青浦、南汇等附近厅、县民众的抗租斗争,还协同松江军政分府武装船队一手扑灭香花桥一带农民的抗暴斗争。

在农村,会党是一股客观存在的反封建政治力量。在多数场合下,农民抗捐抗税抗租斗争是由会党发动和领头的。在1908年以前,同盟会为了反清,曾大力依靠会党力量。在辛亥革命中,各地的会党也积极投入了反清革命斗争,并起了很大作用。同盟会员谭人凤曾说过:"义军之起,会党无一不予……人无论远近,事不计险夷,人人奋勇,个个当先。自武昌起义,各省响应,曾不数月,

232

而共和成立,军队之功,实洪家兄弟之功也。"①然而在辛亥革命中,不少同盟会员认为三点会、天地会、江湖会等"久为当世所病,人民所厌恶",应当"饬令取消",一改先前利用和支持的立场和做法,对会党群众采取敌视的态度。李烈钧任江西都督时,认为"欲治赣先治匪",在这一思想指导下,捕杀了许多会党领袖,甚至把镇压洪江会作为他在赣办的第一件大事。同盟会员、革命党人季雨霖和刘公在湖北也把大部分精力用来镇压鄂北的江湖会,而不是组织发动、团结争取江湖会的会党代表武装参加北伐。会党固然有其缺陷和先天不足,甚至在个别地区,如陕西的会党在辛亥革命期间与革命党人争夺地盘,抢夺革命果实,一些会党领袖甚而被旧官僚拉拢操纵利用,等等,但绝大多数会党成员还是下层贫苦民众,通过教育、引导,还是完全可以争取到革命方面来的。同盟会对会党的敌对态度,使它失去了包括会党在内的广大民众的支持,削弱了自己的执政基础,最终在旧官僚、立宪派的联合压迫下败下阵来。

三

革命胜利,对一个政党来说,意味着将由革命党转变为执政党。在革命战争年代,冲冲杀杀,流血牺牲,无所畏惧,而一旦掌权执政,就面临如何用好权,如何保持先进性的问题。

辛亥革命从胜利到失败,其间仅有三个月,极为短暂,但革命的胜利曾一度使许多同盟会员陶醉,变得忘乎所以,只有孙中山等少数人对形势始终保持清醒的认识。蔡元培说:同盟"会旨虽有建立民国、平均地权诸义,而会员大率以驱除鞑虏为唯一目的。其抱有建设之计划者居少"②。普通的同盟会员且不说,即使像宋教仁这样的同盟会领导人也未能例外,也以建成共和政体为满足。大多数同盟会员沉浸在"清室推倒,共和建立"之中,认为这就是"新生活的开始",革命成功了,因而"奋斗精神逐渐丧失,革命事业再也不肯继续去做"。

由于是执政党,许多同盟会员追名逐利,争权夺位。"逢人称首义,无兵不元勋。"南京临时政府成立不久,一些同盟会员因受旧官场习气的影响,就开始蜕变,逐渐丧失革命意志,一味追求个人的职位和利益。孙武是湖北共进会的领导人之一,为了巩固个人权位,他不仅拥黎(元洪)自重,而且与人组织"民社",打击蒋翊武、张振武等其他革命党人;又因争夺南京临时政府某部次长未

①　谭人凤:《请发起"社团改进会"呈文》,《辛亥革命史》(下册),人民出版社1981年版,第351页。
②　宋教仁:《我之历史》,蔡元培序,华东师范大学图书馆藏本,第2页。

成,竟投靠袁世凯,反对孙中山。上海军政府都督陈其美为了巩固自己在江、浙的势力,竭力排斥光复会,先派人刺杀吴淞军政分府都督李燮和,未成;继又派人刺死光复会领导人陶成章。陈炯明接替胡汉民任广东军政府都督后,为了巩固自己的地位,竟然枪杀了黄冈起义领导人之一、光复会员许雪秋。惠州民军首领王和顺因对陈炯明消灭民军的做法不满,竟遭陈的围攻,被逐出广东。一些同盟会员因反对和不满陈的倒行逆施而遭到杀害,上演了一幕所谓"革命成功,革命党人死"的惨剧。在浙江、山西、贵州、四川、福建、江西、安徽等省军政府内,同盟会员、革命党人追名逐利的现象同样存在。一些人为了做官,互相倾轧,甚至为了迎合立宪派而去杀害自己的同志。

辛亥革命胜利后,一些同盟会员标榜"功成身退",而孙中山也认为"破坏时代"已告结束,今后是"建设时代",应转而以实现民权、民生两大主义为目标。在这种思想影响下,不少同盟会员、革命党人脱离革命队伍,热衷经营实业,谋求个人发财致富。广东军政府财政司司长李煜堂是名老同盟会员,任职未及两月,就自动"洁身自退","专心从事开发实业"。另一名老同盟会员陈少白也辞退政治任务,与人合资开办实业。这种革命胜利后弃政从商的现象并不限于广东一地,在各省均有。弃政经商,发展实业,个人发财致富的做法虽无可厚非,但严重影响和削弱了同盟会的革命斗志和为革命继续献身的斗争精神,这在同盟会与旧官僚、立宪派的权力斗争中表现得非常明显。

革命的胜利使许多同盟会员由"亡命"之徒而成为当权者,随着个人身份地位的变化,不少人无法抵制封建官场恶习的侵蚀,逐渐蜕变为新的官僚政客。他们讲排场,生活糜烂,腐化堕落。武昌起义后,同盟会员胡瑛出狱娶了两个老婆,还学会吸食鸦片,以效法旧官僚的样子自吟,凡熟识他的人无不对他的堕落感到痛心。上海的陈其美几乎三天两头出入花柳街,逛妓院,玩妓女,人称"杨梅(指梅毒)都督"。鲁迅笔下的绍兴军政分府都督王金发更是一个典型的腐化变质的革命党人,广为人知。同盟会员、革命党人的蜕变和腐化堕落严重损害了同盟会作为革命政党的形象,在民众中产生了极坏的影响。

随着革命的胜利,社会上一大批形形色色的投机政客也蜂拥进入同盟会和各级政府机构。他们"平生抱负初未尝输诚于革命党",不过是"预为他日蹲踞显要,揽权植势之地。彼等侈谈改革,初非由衷之言,何能责其并力经营,精进而勿懈"①。这些人进入同盟会不是为着实现"创立民国""建立共和"这个同盟

---

① 宋教仁:《我之历史》,蔡元培序,华东师范大学图书馆藏本,第363页。

会的宗旨,而是冲着同盟会是执政党,想借此图谋私利。同盟会"蓄众容我,并无畛域"的政策也为投机政客大开方便之门。1912年2月同盟会改组,宋教仁建议扩大招纳会员,更加剧了这种趋势。据不完全统计,同盟会总部成立时入会会员为七十九人。经过改组后扩充发展,不下数百人之多。结果造成"昔日反对革命之人,均变为赞成革命之人,此辈数目,多于革命党何啻数十倍"①。大批官僚、政客、投机分子进入同盟会和政府机构后,同盟会迅速退化,不再具有原先的革命性和先进性。这些人腐蚀同盟会,逢迎权贵,在同盟会员之间制造矛盾,挑动是非争端,相互攻击;这些人与立宪派、旧官僚沆瀣一气,组织各种对抗同盟会的政团组织,多方瓦解同盟会。而"同盟会旧人为其愚弄、凌轹而不察",章太炎后来干脆宣布脱离同盟会,和立宪派张謇、赵凤昌一伙混在一起,专门与孙中山作对,拥袁,拥黎,要同盟会"销去党名",反对同盟会掌权,诬蔑南京临时政府就是"一党专制","是日暮途穷的政府"。他甚至疯狂到要一切反动势力联合起来使"党人灭迹",消灭同盟会,给同盟会造成极大的危害。在这些诋毁同盟会的喧嚣声中,一些立宪派要员,如张謇等人,竟然公开要孙中山解散同盟会。对于张謇的这番言论,作为同盟会的主要领导人的宋教仁不但不批驳,竟然表示迎合,倡议要挑选同盟会中所谓"稳健分子""集为政党,变名更署,与同盟会分离",麻木到竟想撇开孙中山,拥戴黄兴为总理和临时大总统。同盟会领导层如此分崩离析,内部如此危机重重,当然无法继续领导新生的革命政权南京临时政府了。

同年2月,孙中山辞去临时大总统。4月,临时政府北迁,同盟会被迫向袁世凯交出了自己流血奋斗多年得来的革命政权,从而结束了短暂的三个月执政。这是同盟会的悲剧,也是中国资产阶级革命党人的不幸。

四

1912年4月,临时政府北迁。袁世凯耍尽手腕,将临时政府逐步控制到自己手里。在军事、外交、财政、内政等重要部门,多任用北洋旧人和前清官僚。《临时约法》虽然规定了责任内阁制,想借此监督、架空袁世凯,使其不负实际责任,但实际上,袁世凯当时军政、外交大权集于一身,背后又有列强的支持,俨然是一个根本不可更换的人物。他非但不要内阁制,而且也不要总统制,满脑子想的是日后如何做皇帝。这种头脑与身体分离,政治旨趣各异,直接关系到新

---

① 孙中山:《要造成真正中华民国》,《孙中山选集》,人民出版社1981年版,第514页。

生中华民国的生死存亡。

袁世凯根本不愿也不会去遵守《临时约法》，按照革命党人的设计去推行民主政治。在他接任临时大总统后的半年里，"良政治之建设则未尝有"①。"民国成立，已届年余，而政治之纷扰，无一定策划如故也，政治之污秽，无扫荡方法如故也。以若斯之政府，而欲求良善之政治，既不可能，亦不可望。"②"现在内政、外交均无可言。以言内政，则第一财政困难。……各省则军队犹然林立，据陆军部调查，较前清时增至七、八倍。此等军队……且多有危害地方者。……以言外交，则俄蒙协约之问题不能解决，将无宁日。然其原因实因内政不能进行。"③

面对民国初年政治这种状况，怀有实现民主政治理想、心情极为急迫的革命家们心里非常着急。在袁世凯的政治野心暴露之前，一般人都只是从正面去思考和寻找改变现状的办法，当时的宋教仁就是其中最具代表性的一个。他认为民国初年政局如此混乱、良善政治未能建立，"其责不在政府而在国民"，与革命党人有很大关系，而同盟会"尤抱有极重要的责任"。欲"组织完善之政府，欲政府完善"，必须建立强有力的政党④。"天相中国，帝制殄灭，既改国体为共和，变政体为立宪，然而共和立宪之国，其政治中心之势力，则不可不汇之于政党。"⑤因此，他决定改组同盟会，将其打造成当时政坛上的第一大党。进而通过选举，争取在议会内取得多数席位，以推行革命党人的民主共和大政方针，彻底改变目前旧势力把持政府的局面，建立一个符合《临时约法》中所设计的民主共和政府。由此开始了他改组同盟会为国民党的活动。他的"改组"活动实际上是革命党人失去政权之后，为捍卫民主共和而采取的一项重大举措。

民国初年，因为封建君主专制制度被推翻，实行民主共和，人民获得了言论、集会、结社的自由，所以，民主空气十分活跃；而党禁的开放，则直接为政党政治的开展提供了方便。民国初年，大小政党纷纷成立。这些政党与同盟会有着共同的政治基础和建设民主共和的良好愿望，各党合并组成国民党便成为可能。

同盟会同样需要寻找新的政治力量来发展壮大自己。认为如果能联合其他民主政治力量，合组共建成一个新的政党，必将能继续推行同盟会的民主共和的主张，"以赴吾人大革命最终之目的，努力从事良政治之建设，而慰国民望

---

① ② 宋教仁：《代草国民党之大政见》，陈旭麓主编：《宋教仁集》下册，中华书局1980年版，第488页。

③ ④ 宋教仁：《国民党湘支部欢迎会演说辞》，《宋教仁集》下册，第446页。

⑤ 《国民党宣言》，《宋教仁集》下册，第747页。

治之热心"，①将民主共和的大业继续推进。出于上述考虑，加上"四党与本会宗旨相同"，经过多次"合议，各举代表会议，决定合并，改组为国民党"。②

1912年8月13日，同盟会本部总务部向海内外发布通告，正式宣布同盟会与统一共和党、国民公党、国民共进会、共和实进会合组为国民党。25日，国民党在北京成立。以"巩固共和、实行平民政治"为宗旨；以"保持政治统一、发展地方自治、励行种族同化、采用民生政策、维持国际和平"为政纲③。对此，有人指责"改组"是放弃了同盟会的革命宗旨，新成立的国民党已沦为一般政党，完全丧失同盟会的革命精神；指责宋教仁"不顾一些党人的反对，在'朝野合作''新旧合作'的口号下……以同盟会为基础，与几个小党派合并组而为国民党，将同盟会纲领中的革命部分抹掉，并吸收了许多封建官僚和投机政客入党。至此，同盟会原有的革命精神全失，而所谓国民党，其纲领之含混与分子之复杂，同当时其他政党几无多大差异"。④当时，加入国民党的投机分子并非没有，但将联合的几个政党负责人说成是封建官僚、投机政客则欠妥当。正如前面所说，他们中不少人参加过辛亥革命，对创建民主共和作过贡献，加入国民党后，也并未完全与袁世凯混在一起、参与其帝制活动。至于说"改组"使同盟会原有革命精神全失，此一看法也可商酌。民初，多数党人认为破坏时代已告结束，建设时代开始。建设时代的主要任务是巩固民主共和，健全民国政治，建立平民政治，实行地方自治，促进各民族的融合，发展民生，推进实业，等等。国民党的政纲和宗旨就是着眼于和平年代建设民国的目标而制定的，它反映了革命党人民主建国理念和政党政治的构想，应当说是在新形势下的重大策略调整，是与时俱进。其宗旨并无违背同盟会政纲中"创立民国"原旨和孙中山提出的"三民主义"。更重要的是，"改组"之举，使革命党人在当时政坛上能继续保持领先地位，对支持袁世凯的共和党造成巨大的压力，"自斯而后，民国政党，唯我独大，共和党虽横，其能与我争乎?"的确对捍卫民主共和政治、推进民初政党政治发挥了巨大作用。这些在国民党成立后大致得到了充分的证实，它对袁世凯的专制独裁统治也构成了巨大的挑战，以致引起了袁世凯的忌恨和报复，一年之后便下令将它解散。袁世凯急于铲除国会、解散国民党固然出于他反对民主共和、复辟帝制的反动立场，但在很大程度上与"改组"后革命党人势力大增，民主

---

① 宋教仁：《代草国民党之大政见》，《宋教仁集》下册，第488页。

②③ 邹鲁：《中国国民党史稿》第一篇，1947年上海增订第一版；《宋教仁集》下册，第418—419页。

④ 周天度：《宋教仁传》，《民国人物传》第一册，中华书局1978年版，第46页。

宪政思潮高涨有关。因此,说"改组"是革命党人为顺应民初共和建设的新形势,通过凝聚一切民主政治力量,继续推进民主共和政治建设的明智选择,并不为过。

五

改组后的国民党采用理事制,推举孙中山为理事长,表示全党对孙中山的尊重和拥戴。孙中山虽一再推辞,全党仍举他为理事长,不过孙中山对党务并未过问,理事长职务由宋教仁代理。孙中山自辞去临时大总统,认为民国建立后,三民主义中的"民族、民权两主义俱达到,唯有民生主义尚未着手,今后吾人所当致力的即在此事"①。此后他很少过问政治。自被授予筹办全国铁路全权后,便专注于筹划修建铁路事宜。他多次发表演说,提出"振兴中国唯一方法,正赖实业"。"交通为实业之母,铁路又为交通之母",甚至说,"修筑铁路,实为目前唯一之急务,民国之生死存亡,系于此举"②。黄兴抱着功成身退的心理,认为革命"目的已达",今后当"掉臂林泉"③。早在南北和议时,他就主张与袁世凯妥协。袁世凯当上临时大总统后,邀请他与孙中山北上"共商国事"。9月,他到达北京。其时国民党刚成立不久,他也抱着要把北京政府改变为国民党政府的幻想,逢人便劝加入国民党,甚至劝袁世凯也加入。袁虽未加入,但让亲信赵秉钧填了登记表。袁世凯隆重接待了孙、黄,目的之一是摸清他们以后的政治动向;一是给国内外造成一个朝野"统一、合作"的假象,以此欺骗国人。孙、黄对袁氏完全失去了警惕,深受袁氏蒙骗,上了袁世凯的当。他们是革命"主脑",同盟会的领袖,他们这样做,给革命带来了极大的危险。后来的血的教训证明了这一点。

与孙中山忙于办实业、黄兴退隐家园不再过问政治不同的是,面对革命事业行将彻底瓦解的危险形势,宋教仁等自觉地担当起推进民主共和的重任。他这样做,并不是第一次。广州黄花岗起义失败后,革命遭受严重挫败,当时同盟会领导灰心丧气,意志消沉,大多数党人对革命前途失去信心,此时宋教仁裹伤来到上海,成立了同盟会中部总会,制订了"长江革命"计划,决定将革命中心转移到长江中下游,这一决策最终促成了辛亥革命的爆发。这次"改组",在很大

---

① 孙中山:《在南京同盟会会员饯别会上的演说》,《孙中山全集》第二卷,中华书局 1982 年版,第319 页。

② 孙中山:《在北京报界欢迎会上的演说》,《孙中山全集》第二卷,中华书局 1982 年版,第 433 页。

③ 黄一欧:《回忆先君克强先生》,转引《民国人物传》第一册,中华书局 1978 年版,第 39 页。

程度上源于宋对西方资产阶级民主政治制度的了解。在日本进行革命活动期间,他对英国、德国、俄国、日本等国的政党政治作过深入的研究。他对资产阶级民主政治研究在当时革命党人中可以说无可比拟。《鄂州约法》就出自他手,对于《临时约法》的制定,也颇多参与。他对议会制度的运行、政党政治的运用了然于心。他改组同盟会为国民党,就是"欲以政党政治谋求国家社会政治进步"。"方今时事艰难,非有强大真正之政党作中流砥柱,何能挽回危局?"只有强大真正之政党,国家之政治,才能"渐臻于健全之发达"①。内阁总理唐绍仪辞职后,宋教仁"自是乃确知此政府之不足为",对袁世凯操纵的北京政府不再抱有希望,随也递呈辞职。此后他便"尽心党务,苦战奋斗,伸张所信之政见,以求间接收效异日"。为了使国民党成为国会内第一大党,使政府"成一国民党政府",奔走努力。他甚至借用日人大隈重信的话"政治为吾人之生命,吾人一日未死,一日不忘政治",②来表达自己推进政党内阁、建立国民党政府的坚强决心。当时有人对其主张和活动抱有怀疑的目光,并加以曲解,认为他是在为自己谋取内阁总理一职。宋教仁当即予以驳斥,"此无稽之言,亦可发噱"。在唐绍仪辞职后,他曾先后推举黄兴、蔡元培为总理,说自己"实未有自为之心。非不为也,实因余之资望能力皆不及诸人也"。③把宋教仁挽救革命、推进民主共和之举说成是为个人谋取总理一职,显然是对他改组同盟会为国民党,争取建立政党内阁、重新夺取政权的崇高政治理念的歪曲,至少是误解。宋教仁气愤地说:"今世人往往有可怪之心理,谓人欲为总统或总理或国务员,即目为有野心,咸非笑之,岂知国家既为民国,则国民自应负责任,有人欲进而为国服务,负责任,乃反以争权利以目之,视民国之职务与君主时代官爵相等,致令人人有推让之虚文,视国事如不相关,岂非无识之甚乎?"④在这种社会环境下,可以设想宋教仁和革命党人大力推行政党政治是何等困难。

根据《临时约法》的有关规定,约法施行后十个月内召开正式国会。所以,国民党成立不久,宋教仁便率领全党全力以赴地投入第一届国会选举。他到处发表演说,阐述国民党的大政方针,决心使国民党成为国会第一大党。他在演说中毫不留情抨击袁世凯操纵的北京政府。"现在接得各地的报告,我们的选举运动,是极其顺利的。袁世凯看此情形,一定忌恨得很,一定要钩心斗角,设法来破坏我们,陷害我们。我们要警惕,但是我们也不必惧怯,他不久的将来,

①　宋教仁:《致北京各报馆书》,《宋教仁集》下册,第 420 页。
②　宋教仁:《同盟会本部一九一二年夏季大会演说辞》,《宋教仁集》下册,第 409 页。
③④　宋教仁:《驳某当局者》,《宋教仁集》下册,第 469—470 页。

容或有撕毁约法、背叛民国的时候。我们认为那个时候，正是他自掘坟墓、自取灭亡的时候。到了那个地步，我们再起来革命不迟。"①经过宋教仁与广大国民党人的努力，到 12 月底，国民党在参、众两院的选举中均获得多数席位。从政治建设的角度讲，这一结果表明宋教仁的政党政治主张取得了一定的成效，反映了对袁世凯统治的不满。这一结果给革命党人以极大鼓舞，增强了党人建设民主共和政治的信心。一些担任地方都督的国民党人，如江西的李烈钧、广东的胡汉民、上海的陈其美、安徽的柏文蔚等也趁机努力巩固自己的地位，大力整顿军政，扩充实力，同袁世凯展开控制与反控制的斗争。

国民党在国会选举的胜利以及革命党人在地方势力的扩展，是袁世凯极不愿看到的。袁世凯认为宋教仁"相逼太甚"，实在不能容忍。他未等到宋教仁到京，组织国民党内阁，就于 1913 年 3 月 19 日在上海派人暗杀了宋教仁。此后"宋案"真相大白，孙中山决定组织讨袁，发动"二次革命"，袁世凯因阴谋暴露，气急败坏，借口党人"捣乱"，举兵"征伐"革命党人。革命党人的讨袁军事行动因领导层意见不一，策动仓促，很快遭到失败，许多党人又一次流亡海外。同年 11 月，袁世凯借口国民党参加南方"军事行动"，干脆下令解散国民党。此时距同盟会改组为国民党，仅一年零三个月。

宋教仁改组同盟会为国民党，企图通过议会选举，使国民党获得多数，以组成国民党政府，继续贯彻当年革命的初衷，行为"光明磊落"，无可厚非。然而在西方可行的，到了中国未必行得通。辛亥革命虽推翻了清朝，结束了帝制，建立了民国，但两千多年的封建政治思想、观念并未因民主共和国的建立而发生多大改变。袁世凯"见得多数民意相信帝制"，社会上"倾向君主专制的旧思想依然如故"。②封建旧势力仍很强大，多数人一时对外来的"民主共和"还感到"水土不服"。宋教仁及其他革命党人企图按照他们设计的政治方案，来个"扭转乾坤"，使中国立即变成西方式的民主共和国，事实证明这只能是一种幻想。因此，宋教仁的悲剧发生、国民党的失败也就不奇怪了。

孙中山说过：世界潮流浩浩荡荡，顺之者昌，逆之者亡。民主共和国一经在中国建立，任何逆之而行者必将败亡。正如宋教仁生前所说的那样，袁世凯撕毁约法、背叛民国之时，也就是他自掘坟墓、自取灭亡之时，宋教仁的遇刺"激励

---

① 宋教仁：《国民党鄂支部欢迎会演说辞》，《宋教仁集》下册，第 456—457 页。
② 陈独秀：《旧思想与国体问题》，《独秀文存》，上海人民出版社 1987 年版，第 102—103 页。

了同志们的奋斗",也"缩短了袁氏的政治生命"①。解散国民党后的第三年1916年,袁世凯就因背叛民国、悍然帝制,遭国人唾弃而败亡。

"二次革命"失败后,孙中山流亡海外,在总结革命失败教训的基础上,重新组织政党——中华革命党,继续为实现民主革命的伟大理想而奋斗。

---

① 《宋遯初先生遇害始末记》,《国民》第一卷第二号,转引张宪文《中华民国史》第一卷,南京大学出版社 2005 年版,第 137 页。

第三部分

浙江独立(1911 年 11 月)

在有关浙江辛亥革命史料的记载中,大多将反清起义写成"光复",而不言"独立",如"杭州光复""绍兴光复"等,不一而足。之所以出现这种现象,第一,可能与章太炎、陶成章等对辛亥革命性质的理解有关。章太炎曾说过:"改制同族,谓之革命;驱除异族,谓之光复。"①章、陶等人具有浓厚的民族革命思想。第二,与光复会有关,光复会的宗旨是"光复汉室,还我河山,以身许国,功成身退"。浙江是光复会的大本营,光复会参加了浙江各地起义,他们把独立说成"光复",是很自然的事。然而辛亥革命毕竟不是一场民族革命,"推倒满洲政府,从驱除满洲人那面说是民族革命;从颠覆君主政体那方面说是政治革命。政治革命的结果就是建立民主立宪的政府"。②辛亥革命革的是封建主义的命,在中国建立的是资产阶级民主共和国。

从蔡元培、章太炎,到秋瑾、徐锡麟、陶成章等,都是辛亥革命中浙江在全国屈指可数的、具有重大影响的人物,仅从这一点即可窥见浙江对辛亥革命的贡献有多大。可以说,在这场社会制度变迁中,浙江的独立对于底定东南,推动辛亥革命在全国的胜利,乃至新生的资产阶级民主共和国政权——中华民国南京临时政府建立都是有口皆碑,功不可没的。

同其他独立省份相比较,浙江的独立有着以下几个鲜明的特点。

一、革命基础厚实

同其他独立省份相较,浙江反清革命思想基础扎实,种族革命思想尤为浓厚。明清易代,浙江人民曾开展英勇顽强的抗清斗争,清政府的海禁政策给浙江沿海人民生计造成严重困难,引起了浙江人民对清朝统治的愤懑。清朝统治者推行文化专制政策,先后制造了诸如吕留良、曾静、庄廷钺等惨案,从而激发

---

① 章太炎:《革命军》序。
② 孙中山在东京《民报》创刊周年庆祝大会上的演说,《孙中山选集》(上),第80—81页。

了浙江人民强烈的"反满"民族革命思想。以反清复明（有时亦写"反清复汉"）为宗旨的秘密会党赓续相延，在浙江存在了二百多年，金华、绍兴、嵊县、处州、温州等地会党到了近代依然很活跃。1904年，光复会虽成立于上海，但其成员大多为浙江籍人士。徐锡麟曾说他"蓄志排满已十余年"①。秋瑾在诗中写道："北上联军八国众，把我江山又赠送；白鬼西来做警钟，汉人惊破奴才梦。"②1907年7月，徐、秋策划发动皖浙起义。浙江革命党人和会党、新军的联合，对日后推动浙江独立发挥了重要作用。

二、革命舆论宣传影响大

杭州在清代是浙江省巡抚衙门所在地，不仅是全浙的政治、经济、文化中心，而且也是东南地区乃至全国重要的都会。历来人文荟萃，加上毗邻上海，在沪经商浙人居多，故信息灵通，风气开通较其他内地省份更早。士大夫和工商实业者因了解中外大势，忧危国家民族的"天下意识"也来得强烈。1900年，列强为了镇压义和团，联合发动侵华战争。其时，在江浙官绅的大力推动下，刘坤一、张之洞发起"东南互保"，浙江成为参加"互保"的八省之一。"互保"为保持东南社会的稳定，乃至辛丑以后清朝统治秩序的恢复作出了重要贡献。同时经此一事，也凸显了浙江官绅商在国家重大政治活动中的应变能力。辛丑以后，清政府"量中华之物力，结与国之欢心"，加重对人民的搜括勒索。以抗捐抗税为主要内容的反抗斗争遍及全国城乡。同其他内地省份相比，这一时期浙江地区民主革命思潮汹涌澎湃，革命舆论空前高涨。章太炎、秋瑾等依托上海租界以及杭州，通过办报著论，大胆揭露清朝腐败无能、媚外卖国罪行。1903年章太炎发表了著名的《驳康有为论革命书》以及为邹容《革命军》所作序。秋瑾在沪创办了《中国女报》，林獬（林白水）在杭州创办了《杭州白话报》，而留日浙籍学生则创办了著名的《浙江潮》，这些宣传革命的报刊影响远出浙省，不但影响沿海沿江各地，甚至还影响海外华侨。

三、起义组织准备周密

浙江革命党人确定以杭州为革命斗争活动中心，发动推翻清朝统治武装起义，并非始于武昌起义之后。早在1905年6月，陶成章、徐锡麟等就决定光复

① 陶成章：《浙案纪略》卷二，《辛亥革命》（一）（中国近代史资料丛刊），第538页。
② 秋瑾：《宝刀歌述怀》，《秋瑾史料》，绍兴政协文史资料编委会，2007年。

会所统光复军准备以杭州为中心，发动武装起义，后因事机不密而功败垂成。1906年，同盟会员刘道一密谋联络会党，准备于12月发动萍浏醴大起义。11月，光复会领导在上海集议，计划起兵响应，由秋瑾负责联络浙江会党。秋瑾随即以绍兴大通学堂为据点，往来于杭州、金华、诸暨、义乌等地。但这次起义也因消息泄漏未能成功。

萍浏醴大起义失败后，1907年秋，秋瑾把目光转向新军，决定运动杭州驻防八十一标、八十二标新军官佐和军校师生参加革命。在她的努力下，新军军官俞炜、周凤岐、夏超、周亚卫、朱瑞、叶颂青等三十多人加入了光复会。这一时期，秋瑾频频往来于杭州、上海之间。在杭州，她与新军中的革命党人在白云庵、锦绣楼、大井巷，及西湖船上开会，商议革命计划。她两次到金华、处州所属各县，把所属会党成员按军队编制起来，用"光复汉室，大振国权"八字为序，编为八军，称为光复军。推徐锡麟为首领，秋瑾自任协领。同年秋，远在安庆的徐锡麟与秋瑾密谋决定皖浙同时起义。计划先夺取浙、皖两省，再向全国各地发展，最后推翻清朝。起义的具体计划是先由金华会党起义，处州响应，将杭州驻防清军引诱出来，然后以绍兴起义军渡过钱塘江，以杭州城内军学界为内应，一举攻下杭州。如果杭州攻下，起义军再返回绍兴，由金华、处州进入江西，直取安庆与徐锡麟相呼应。这次起义因安庆起义先告失败，浙江方面起义计划同时暴露。浙江巡抚张曾敭早已作好镇压的准备，浙江起义随告失败，秋瑾本人也于7月15日惨遭杀害。皖浙起义给清政府以沉重打击，据说"皖事出后，慈圣痛哭，从此心灰意懒，得乐且乐"，"项城自闻皖抚事几为之悸，于是而病"。[①]

徐、秋的被害激起了社会舆论的一片谴责。他们牺牲后浙江地区反清革命斗争非但没有沉寂，反而进一步高涨。1909年夏，同盟会员兼浙江龙华会首领张恭等又一次准备发动江浙起义，谋划夺取杭州，建立革命政权，但因被人告密[②]，这次起义计划也未能实施。

1911年4月广州黄花岗起义失败后，宋教仁、张继、谭人凤、赵声等决定将革命斗争中心转移至长江中下游地区[③]。7月，在上海成立中部同盟会。预定在宣统五年即1913年发动起义，"注意点尤在武汉"[④]。陈其美被委为该会庶务部长。此后加强了对苏、浙、沪、皖、两湖地区的领导。

① 《辛亥革命前后》(盛宣怀档案材料选辑之一)，上海人民出版社1979年版，第57页。
② 一说告密者是刘师培。
③ 宋教仁：《烈士陈星台(天华)小传》，《民报》第二期插图背面。
④ 中国社会科学院中国近代史研究所编：《民国人物传》(二)，《宋教仁传》，第45页。

1911年10月10日武昌起义爆发后,湖南、江西、陕西、山西、云南等省相继发动起义,宣布独立。武昌起义爆发的第三天,陈其美即派姚勇忱来杭州,与顾乃斌、褚辅成、吕公望、朱瑞等在西湖白云庵、刘公祠开会,商议起义计划。10月26日,中部同盟会再次开会商讨苏、浙、沪独立问题,会议决议"专注全力于杭州"①。会后,陈其美又专程来杭州,决定由清朝统治相对薄弱、革命形势发展较快的浙江首先发动起义,待杭州独立,再图上海、苏州。随后浙江革命党人根据陈其美的建议,联络沪杭铁路工人,又派人前往绍兴、宁波等地联络会党,准备起义。就在此后不久,武昌形势发生变化。袁世凯出山后,清军大批南下,武昌战局出现对民军严重不利的形势。汉口、汉阳先后失守,武昌危急。黄兴、宋教仁等"亟待各处响应"。陈其美闻讯,先走南京,再赴杭州,谋划发动。宁、杭两地党人则希望上海先发动。于是11月3日,陈其美在上海发动起义,6日,陈其美被举为沪军都督。而浙江方面,自陈其美离杭后也在着手准备发动武装起义,吕公望、朱瑞、顾乃斌等先后在紫阳山下太庙、城隍山下的四景园多次举行秘密会议,商议决定浙江发动起义时,略仿湖北办法,拥汤寿潜为都督,借其"声望"号召民众。力促王金发速返绍兴,发动起义,引诱杭州防军外援,而分其兵力,减少杭州起义压力②。上海独立后,杭州革命党人立即派人与上海方面联系,由陈其美派人前来援助,5日,起义爆发,革命党人很快占领杭州。在攻打巡抚衙门的战斗中,从上海前来助战的光复会员、女志士尹维俊手持炸弹,冲锋在前,为起义作出了重要贡献。

四、众流所归共同铸就独立

浙江的独立是诸多政治力量"合力"来实现的。革命党人、立宪派、会党、新军都参加了浙江独立,尤其是会党,对浙江独立的贡献尤大。

浙江独立,首先是革命党人多年经营、流血牺牲、努力奋斗的结果。"在杭州以外的十个府城中,有七个府城(宁波、湖州、嘉兴、台州、绍兴、处州、严州)是革命党人以军事手段来光复的。"③参加浙江独立和独立后在浙江都督府担任军政要职的大多为同盟会员、光复会员,如褚辅成、周承菼、庄崧甫、高尔登、沈钧儒、陈仪、俞炜、蒋方震、夏超、周凤岐、蒋尊簋等,他们都是在浙江独立过程中崭露头角的人物,在民初和日后浙江的社会变迁中均具有不小的影响。

① 《辛亥革命》(七)(中国近代史资料丛刊),第150页。

② 邹鲁:《浙江光复》,同上书,第131页。

③ 汪林茂:《浙江辛亥革命史》,浙江大学出版社2001年版,第234页。

浙江独立,与立宪官绅的背清、附和革命分不开。汤寿潜是晚清浙江乃至全国具有重大社会影响的人物。早在光绪初年,他就著有《危言》一书,忧危国家,力主改革。清末,他积极投入立宪运动,被举为浙江省谘议局议长。他因清廷拒绝召开国会,迟迟不行宪政,对清廷深感失望。又因反对清廷铁路国有政策、力主沪杭甬铁路商办,而对清廷不满,转而附和革命。褚辅成说:武昌起义后,"东南及江浙各省均在观望中,吾省宜推一负有重望者担任(都督),方足以资号召,革命较易成功。汤寿潜先生为沪杭甬铁路争自办,众望所归,堪膺此选"①。他在争浙路浙人自办时,赢得了很高的声誉。革命党人举他为都督,是想借重他的声望,稳定政局。在各府、州、县的独立中,以绅商实业界人士构成的国民尚武会、商会、教育会、自治公所的主持人、首领,为了维护自身的利益、稳定地方秩序,也多顺应革命形势,大力协助革命党人,完成地方上的独立。

在杭州的独立中,驻杭新军中的革命党人起了不小作用。新军编练是清末新政的重要内容。新军不同于旧军,大多具有近代意识和一定的文化知识。革命党人在争取联络会党的同时,也加强对新军的争取工作。早在 1906 年,革命党人、光复会员吕公望就进入巡抚衙门卫队当兵,利用同乡关系,在卫队中开展革命活动。到 1911 年,驻杭八十一标、八十二标新军以及新军炮队、辎重营、督练公所、宪兵营中革命党人已形成了朱瑞、顾乃斌、俞炜等人的领导核心。武昌起义爆发后,10 月 26 日,根据中部同盟会上海会议有关浙江光复会发动起义的精神,新军中的革命党人便积极行动起来,先后在吴山、西湖、江干举行秘密会议,商讨起义计划,指定城内奉化会馆为联络机关。起义军分南北两路,时间定在 11 月 3—7 日。由于起义准备充分,待到上海起义成功,军中革命党人随即响应,按原先起义计划发动起义。4 日城内新军工程营首先发难,驻笕桥八十一标、驻凤山门外馒头山八十二标新军相率攻入城中。经过激烈的交火,起义军攻占巡抚衙门,浙江巡抚增韫在逃跑途中被俘。到 5 日晨,全城独立。

会党在浙江历史悠久。明末清初,张煌言反清失败。明末遗民张念一(一念和尚)以"反清复明"相号召,以浙东大岚山为根据地,联合本省及江苏、江西各地的反清志士进行秘密武装抗清斗争,会党斗争一直延续下来。咸同年间,在太平天国起义影响下,浙江会党重新活跃。著名的有宁波的双刀会,诸暨的莲蓬党,温州的金钱会、红布会、神拳会,衢州的终南会,黄岩一带的洋枪会(百姓会),宁海一带的伏虎会,严州一带的白布会,总数达二十多个。反清起义数

---

① 浙江政协文史资料编辑委员会编:《浙江辛亥革命回忆录》,第 135 页。

十起。清末浙江会党反清起义空前活跃，并加入反洋教斗争。如1902年嵊县竺绍康成立的平阳党，口号为"反清灭洋，振兴中华"，拥有成员数万人。金华张恭等成立的龙华会，拥众二万。绍兴、嵊县一带由王金发统领的乌带党亦有会众数千人，口号是"劫富济贫"。经过徐锡麟、魏兰、秋瑾的努力争取，浙江的诸多会党被吸收到光复会，龙华会几乎就是光复会的大本营。又通过创办大通学堂，使分散的会党接受正式的军事教育，使原来的会党斗争由"排外"转向"排满"，由"劫富"改为"覆清"，汇入革命党人领导的反清革命洪流之中，为日后浙省反清革命的胜利奠定了基础。

在浙江独立过程中，会党所作贡献自不待言。根据10月26日中部同盟会上海会议精神以及陈其美来杭的指示，浙江革命党人在发动新军的同时，又派吕公望前往处州、金华等地联络会党，攻打富阳，以牵制杭州城内清军。11月2日，上海方面又派遣王金发、张伯岐、王文庆、董梦蛟、蒋志清（即蒋介石）、蒋著卿等敢死队百余人前来杭州参加起义。此后浙江会党不仅参加了4日杭州的反清起义，而且参加了各府、州、县的独立活动。如台州的独立主要靠龙华会、伏虎会；处州的独立主要靠双龙会、龙华会，绍兴一带的独立主要靠乌带党等。

五、浙江独立的历史评价

杭州独立，是浙江独立的第一步，由于杭州是省会，所以，它的独立有力地推动了全省其他府、州、县的独立。到11月底，全省所有的府、州、县全部宣布拥护共和。

浙江全境独立，在当时具有非常重大的意义，具体地说：

（1）使浙江摆脱了清朝封建君主专制统治，人民获得了自由解放。此后，浙江和全国其他省区一样，进入了民主共和的时代。

（2）有力地支持了上海，有利于上海革命政权的巩固。上海独立后，江苏尚未独立，南京尚由清两江总督张人骏控制，形势仍很严峻。浙江与上海紧密相连，如果浙江不独立，清政府完全可以调动驻杭清军，通过沪杭铁路进攻上海。所以，杭州、海宁、海盐、嘉善、嘉兴等府县的独立，以及浙省其他府、州、县的独立，是从一个侧翼解除了清军对上海革命政权的威胁，使上海都督府得以巩固。

（3）推动了江苏独立。浙江独立后，上海与浙江连成一片，革命势力进一步壮大，因而又推动了江苏独立。11月5日，清江苏巡抚程德全宣布江苏拥护共和，脱离清政府。江苏独立，影响也很大，苏、浙、沪连成一片，为革命势力底定东南奠定了基础,此后革命斗争中心逐渐由鄂转移至东南。由于汉口、汉阳失守,武昌形势危急,原在汉口的各省都督府代表会议被迫移至上海,而南北和议也因此得以在上海举行,从而使上海成为革命的实际领导中心。程德全作为清朝地方大员,他的背清和转向革命,无疑是对清朝统治的一个沉重打击。程氏在致独立各省都督电文中"拟联东南各省都督府,公电恳请孙中山先生迅速回国,组织临时政府,以一事权"①。这一电文直接推动了日后独立各省组织临时中央革命政府的行动。

(4) 有利于会攻南京。江苏独立后,南京还在清两江总督张人骏控制之中,提督张勋仇视革命,准备扑灭革命。南京问题不解决,东南革命形势就难以巩固。11 月 7 日,由浙江临时参议会提议,并一致通过浙江联合苏、沪,共组联军,会攻南京②。12 月 2 日,联军攻克南京。在会攻的军事行动中,"浙军尤奋死力,首摧敌锋,歼渠帅,卒能以兼旬之力,下名城而立政府"③。南京的独立,直接为新生的中华民国临时中央政府定都南京奠定了基础。

岁月沧桑,辛亥革命已经过去百余年。百年来,中国发生了天翻地覆的巨变。如今中国人民正在进行现代化建设,让我们继承和发扬辛亥先烈的革命精神,为实现这一宏伟蓝图而努力奋斗。

---

① 《革命文献》第一辑,第 4 页。

② 《浙军攻取南京详情》,《辛亥革命》(七)(中国近代史资料丛刊),第 163—165 页。

③ 茅乃登:《江浙联军光复南京》,《辛亥革命江苏地区史料》,第 384 页。

南北和议(1911 年 12 月—1912 年 2 月)

　　1911 年 12 月到次年 2 月间在上海举行的南北和议是辛亥革命史上的重大事件,它不仅造成了辛亥革命"既胜利又失败"的结局,而且对此后的中国社会进程也产生了重大的影响。这里就和议与辛亥革命的关系再作论述。

一

　　历史上,在重大的政治、军事活动中,敌对双方举行和议是常有的事。但一般地说,当一方处于胜利在握、形势对自己非常有利的时候不会轻易接受另一方提出的和议。辛亥革命却是个例外。1911 年 10 月武昌起义爆发后,立即得到各地的响应。在此后一个多月的时间内,全国先后有十四省宣布脱离清朝、拥护共和,并相继建立省一级的军政府。而当时列强,如英、美等国为在华"利益"考虑,也都公开表示同情革命党人。形势对革命非常有利,革命党人完全可以集中全力,将革命推向纵深,彻底实现自己"犁扫虏廷"、"直捣黄龙府"、推翻清朝的目标。然而,就在这个时候,却接受了袁世凯的和谈要求,同袁世凯举行和议,以致把正在进行的轰轰烈烈的反清革命武装斗争引向同"魔鬼"(袁世凯)打交道的不归之路,最终断送了革命胜利的大好前程。

　　袁世凯之所以主动提出和议完全是出于篡夺全国政权的需要。早在武昌起义爆发不久,倪嗣冲等就劝袁氏趁天下大乱,民无所归,取清自代,称王称帝。只是考虑到清朝内部张人骏、赵尔巽、李经羲、端方、升允均拥有一定实力,铁良、良弼背后有日本的支持以及北洋系统的冯国璋、段祺瑞、姜桂题等态度尚不明朗,自己地位还不巩固等因素才未敢贸然行事①。11 月中旬,他受命组阁后,清政府向他交出了政权。由于"政由己出",已置隆裕太后于股掌之中,于是袁世凯回转头来,想通过"和谈",逼令革命党人放下武器,"归顺"于他,最终实现控制全国的目的。

---

　　① 张国淦:《北洋逸闻》,转引李宗一:《袁世凯传》,中华书局 1980 年版,第 174 页。

从袁世凯派出刘承恩和蔡廷干前往武昌进行和议试探的那一天起，革命党人内部对于和议就存在分歧。一部分人坚决反对接受袁氏的和议要求，认为"议和不若速战，速战而后可以成功"①。力主通过武装斗争，"推倒清朝，根治帝制"。12月，和议改至上海后，一部分人更具体提出组织北伐的建议。广东、广西、江西、福建、浙江、湖南、江苏等省还组织了北伐军和各类北伐革命团体，计划举行北伐，以与革命党人在北方发动的起义相呼应，实行南北夹击，一举推翻清朝。有识之士指出同意和接受袁世凯的"和议"对革命将后患无穷。1911年12月，《申报》在一篇社论中说：不论袁氏和议出于何心，和议后果将是严重的，甚至警告说"异日二次之革命必不可幸免矣"②。稍后，《民立报》在一篇社论中也指出："若借此议和，敷衍时日，是堕彼术中矣。虽苟安一时，而来日之大患正未艾也。"③和议将捆住革命党人的手脚，造成革命的消极被动，"最足为失机误事"。④然而，当时革命党人中的大多数则赞成同袁世凯举行和议。他们担心战争拖延下去将会引起列强的干涉，"如再把这个国家投入内战中那将是一场大灾难。……意味着这个国家的毁灭，最终会导致某个外国的干涉"⑤。除此之外，他们接受与同意袁世凯进行和议还与下列原因有关。(1)为大好的革命形势所陶醉。认为全国已有十四省宣布独立，"共和立宪，万众一心"，正如黎元洪所说："本都督……首义于鄂，皖宁湘豫，殷然从风。而长淮以北，巴蜀以西，在指顾间耳。"⑥"为清廷有者，仅齐、燕、汴、黑、吉而已。"⑦同袁氏和议，无碍大局。(2)受狭隘的民族革命思想所支配。湖南、广西、云南、贵州、山西等省的独立文告，乃至湖北军政府发布的檄文都充塞了"吊民伐暴""保种图存""匡复汉业"之类的内容。从"反满复汉"的立场出发，认为凡是汉族皆为一家，袁世凯虽是清朝大臣，但他是汉人，当然可以争取同他议和。甚至煞有介事地利用袁氏与清廷的矛盾，去感化袁氏，希望袁氏"反戈一击"，"返旗北征"，甚而以大总统一职相许。"袁世凯果尔廓然大公……若是者，民国颂之，汉族德之，革腥膻之丑虏，纳东亚于和平，他年铜像之巍峨，其功绩必

①《辛亥革命在上海史料选辑》，上海人民出版社1981年版，第230页。

②《论今日议和上第一问题》，《申报》1911年12月19日第一版社论。

③《和议尚可信耶》，《民立报》1912年1月5日社论。

④《辛亥革命》(八)(中国近代史资料丛刊)，上海人民出版社1957年版。

⑤ 莫里循：《清末民初政情内幕》(上)，知识出版社1986年版，第748页。

⑥《辛亥革命》(六)(中国近代史资料丛刊)，上海人民出版社1957年版。

⑦《辛亥革命在上海史料选辑》，上海人民出版社1981年版，第238页。

不在于华盛顿以下。"①少数人甚至把民国建立与否完全寄托于袁氏，"和议之全局，系于共和；而共和志愿之得遂与否实系乎袁世凯之一身"②。几乎到了向袁氏"求和"的地步了。(3)系"图功之心太急"③所致。自古以来，敌我交兵，胜败乃是常事，一时的失败并不能说明最终失败。但自汉口、汉阳失守后，革命军事统帅黄兴为袁世凯的反动武力所震慑，认为革命党人不是袁世凯的对手。"驱除鞑虏，恢复中华"的理念驱使他同意通过争取袁世凯早日实现"建立民国"的政治目标。北洋军攻下汉阳不久，黄兴便通过杨度和汪精卫致函袁世凯，以满汉矛盾、清廷待袁氏不公，劝袁"归顺"革命，"以拿破仑、华盛顿之资格出而建拿破仑、华盛顿之事功"④。黄兴是同盟会领导人，其言行举足轻重，关乎大局。他对袁世凯的这种政治妥协倾向直接影响了以后的南北和议乃至整个革命的进程。

二

如果说同意与袁世凯进行和议是一个错误，那么在和议中拿原则和权力作交易，以换取袁世凯对"民国"的承认，更是革命党人的错上加错。

1911 年 12 月 18 日(辛亥年十月二十八日)，和议改在上海公共租界市政厅举行。和议的内容除停战问题外，主要集中于以下三个方面：(1)未来中国采行何种国体，是民主共和，或仍旧是君主立宪？这是武汉和议的老题目，焦点归结到如何处置清政府。(2)在确定帝制终结后，国家权力交给谁，最后归到谁来当大总统的问题。(3)在袁世凯被举为大总统后，如何进行政权交接。这三个点彼此关联，但归根结底是未来国家权力由谁掌握的问题。

早在武汉和议时，革命党人就提出谁推倒清室、赞成共和就举谁当大总统。黄兴致电袁世凯"若能赞成共和，必可举为总统"⑤；黎元洪则宣称：他"已通电各都督，有七省都督已经同意成立一个共和国，推举袁世凯为第一任总统"。⑥过去人们在评论此事时，认为这是革命党人的一种斗争策略，多少带有几分肯定。但从整个辛亥革命的历史来看，这种拿权力作交易，以总统换改制的做法是不能多加肯定的。以大总统一职相许，从革命党人方面说有诱导袁氏反清革命以功相报的意思，但在袁世凯那边，就不是那么简单了。

---

①② 《共和篇》(二)，《申报》1911 年 12 月 24 日社论。

③ 《辛亥革命》(六)(中国近代史资料丛刊)，第 258、275 页。

④ 《黄兴集》，中华书局 1981 年版，第 82 页。

⑤ 《辛亥革命》(八)(中国近代史资料丛刊)。

⑥ 《中国海关与辛亥革命》，中华书局 1983 年版，第 26 页。

袁世凯是一个反革命政治经验极为丰富的老手,他对此另有一番打算。"项城之心思才力迥异常人,讵不知倒清易如反掌,统治宇内,舍我其谁。盖以民党势盛,良不欲轻言许可,故作惊人之笔,为居功也。"①凭着手中的武力,袁世凯完全可以置清室于死地,但他没有那样做,在和议讨论国体问题时,故意坚持"君主立宪","其留存本朝皇帝,非忠于清,其意盖别有所在"。②目的在博取反革命营垒的人们对他的信任并向革命方面施加压力。他虽不是一个共和主义者,但看中总统给他带来的"对国家的统治权力"③。他当时唯一担心的是"第一期之大统领为他人所得","故于各方面密遣心腹,竭力运动。己则扬言共和政体如何不宜于今日之中国,实则一俟运动成熟,遂尔实行"。④1911 年 12 月底当他得知各省都督府代表选举孙中山为临时大总统、在南京建立临对政府后大为不满,遂"以唐、伍两全权擅用共和政体,逾其职权,且议和协约未决,南人先组织政府公举大总统有悖协约本旨"为由,罢免唐绍仪的全权代表资格,唆使北洋将领通电反对共和。但私下里,却通过和议要求革命党人对此作出明确的承诺。

在革命阵营内帮助袁世凯谋取总统的大有人在,"张謇、汪精卫、程德全这些人全是拥护袁的"⑤。汪精卫自获释后,与袁的儿子袁克定结为金兰之好,"在北京时几乎天天同袁世凯进行联系"⑥。甚至南方议和全权代表"伍廷芳和其他人,他们都赞成他(袁)"⑦。南北和议表面上是在伍廷芳、温宗尧、汪精卫和唐绍仪、杨士琦、杨度等人之间进行的,实际真正的交易都在幕后。为了帮助袁世凯夺得大总统一席,在张謇撮合下,唐绍仪和黄兴等在赵凤昌家中举行多次密谈,最后双方正式约定只要袁世凯逼迫清帝退位,革命党人即推举他为共和国大总统。密谈成交后,张謇马上密电袁世凯:"甲日满退,乙日拥公,东南诸方一切通过。""愿公奋其英略,旦夕之间戡定大局。"⑧他还向袁氏献策,"窃谓非宫廷逊位出居,无以一海内之视听,而绝旧人之希望;非有可使宫廷逊位出居之声势,无以为公之助、去公之障"⑨,建议他逼宫以扫除夺权道路上的障碍。同时,张謇又向他提供了一份本人手拟的优待清室条件电文。对此,袁世凯心领神会,回电表示"事在必行,义无反顾"。于是策动驻外公使、北洋将领通电拥

---

①②③ 《辛亥革命》(八)(中国近代史资料丛刊)。

④ 《时报》1912 年 1 月 2 日(辛亥年十一月十四日)。

⑤⑥⑦ 莫里循:《清末民初政情内幕》(上),知识出版社 1986 年版。

⑧ 张孝若:《南通张季直先生传记》,中华书局 1930 年版,第 150 页。

⑨ 《张謇全集》第一卷,第 204 页。

护共和,又制造假新闻,威吓清室。在袁氏的压迫下,隆裕太后被迫接受优待条件,并于1912年2月12日下诏宣布退位。

清帝退位后,袁世凯"力促南方速践举为元首、以绍仪总率百僚之约",要求革命党人立即举他为总统。袁的亲信赵秉钧、杨以德还运动北方官绅,提出南方若不践约,北方即组织临时政府、举袁为大总统;若南京临时政府不取消,即拥袁为皇帝,①威吓要挟革命党人。正如孙中山所指出:袁氏之意"欲使北京(清政府)、南京(临时政府)并行解散,俾得一人而独揽大权"。②

对于举袁世凯为大总统一事,孙中山虽不赞成但也无法阻止。他是1911年12月下旬回国的,这时距武昌起义已有两个多月。他回国前,武汉方面已经作出只要袁世凯推倒清室、赞同共和,就举为总统的承诺。南京临时政府成立时,章太炎就反对他当大总统。章氏说,大总统一职"论功当推黄兴,论才当推宋教仁,论德当推汪精卫"。孙中山的处境很尴尬。所以,他在就任临时大总统的第三天,只好致电袁世凯,表示"如清帝实行退位,宣布共和,则临时政府绝不失言,文即可正式宣布辞职(以功以能)首推袁氏"。现在清帝既已退位,袁氏公开表示赞成共和,没有理由不践约,遂于2月13日向临时参议院提出辞呈,次日临时参议院一致选举袁氏为临时大总统,至此,袁氏如愿以偿,夺得了民国的大总统之位。

对于用临时大总统以换取袁氏赞成民主共和的做法,革命党人中有不少人自始至终表示反对。辛亥革命北方起义领导人胡鄂公曾指出:"处今日而言革命,其最可虑者则为大总统饵袁世凯而推翻清室。""于清帝退位之时而畀袁世凯以临时大总统,此非革命自杀而何。"③上海光复军总司令、吴淞军政分府都督李燮和则指出:"以神圣庄严之大总统奉之于袁氏足下,而袁氏蹴尔而不屑,宁非神州男子之奇辱耶?"④沪军都督陈其美不无忧虑地说:"项城乃乱世奸雄,殊非易与,一旦身入白宫,将集矢于吾党,一网打尽。"⑤担心革命党将遭袁氏屠戮。后来的历史证实了陈氏的看法。

南北和议的尾声是政权交接。由于袁世凯"不仅无革命思想,且反对革命",⑥为了防止袁世凯日后专制独裁、保障已有的革命成果,孙中山和黄兴等革命党人曾作了种种努力,制定了《中华民国临时约法》,规定改总统制为责任内阁制,定都南京,新总统南下就职,等等,但这些措施都无法挽回革命的失败。

---

①　《时报》1912年1月23日。

②③④⑥　《辛亥革命》(八)(中国近代史资料丛刊)。

⑤　《辛亥革命》(六)(中国近代史资料丛刊),第258、275页。

正如列宁所说:"如果没有政权,无论什么法律,无论什么选出来的机关都等于零。"①革命党人将政权都交给了袁世凯,这一纸约法对袁世凯又能起多大限制作用呢? 此时的袁世凯因总统已经谋夺到手,所以暂时接受了《临时约法》,并通过策动北洋军"兵变",顺顺当当地在北京就了职。在整个辛亥革命中,"袁世凯成为唯一的胜利者"。②

三

南北和议的后果是严重的,它直接造成了辛亥革命"既胜利又失败"这一结局。造成这一结局的原因大致有三:

(1) 列强的态度。列强"不肯牺牲自国的利益以曲徇我(革命)为事",③为了维持它们在华的殖民权益,列强并不希望中国成为一个民主共和国家。英国表示,"任命像孙中山或黎元洪这样的领袖为民国的总统决不能指望会得到列强的承认",认为袁世凯"在中国有信誉,在外国有好名声,是唯一可望从目前的动乱中恢复秩序的一个人","他在整个危机中始终表现出惊人的洞察力,在操纵本国人民方面表现出令人叹服的手段"。④英国甚至劝说四国银行团"赋予袁世凯同革命党人议和的全权"⑤,对袁世凯予全力支持。日本担心中国的辛亥革命给日本自由民权运动以鼓舞,对君主制造成冲击,始终持敌视态度。在总统的人选上,日本虽然支持孙中山,三井物产、大仓等会社还贷款给孙中山,而孙中山也"自以为他在日本有很大影响,足以取得日本对南方共和政府的承认",殊不知,日本只是利用"他的这种心理"⑥罢了。日本的做法是为了对中国进行"勒索",并不是真的支持他。

(2) 发动和领导各省独立的领导人物,多数是具有"为异族专制"而"进行革命复仇"的民族主义思想的共和知识分子,他们虽拥有近代科学知识、民主主义思想,但不是产业资产阶级分子,多数是学堂毕业的学生、留学生,对中国的复杂国情了解不够,对革命的艰巨性认识不足,他们富于理想、激情、书本知识,但严重缺乏实际政治斗争经验,经不起挫折、失败,他们向袁世凯进行政治妥协是毫不奇怪的。

(3) 缺乏一个足以同袁世凯官僚政治集团抗衡并决心将反清革命进行到

---

① 《列宁全集》第 11 卷,人民出版社 1985 年版,第 98 页。

②④⑤⑥ 莫里循:《清末民初政情内幕》(上),知识出版社 1986 年版。

③ 《辛亥革命》(八)(中国近代史资料丛刊)。

257

底的强有力的领导核心。武昌起义后,湖北军政府虽具有中央政府的地位,但"黎元洪则在外省毫无地位"①。南京临时政府成立后,虽然同盟会在政府中占据优势,但内部存在意见分歧,不能形成革命阵营的领导中坚。加上临时政府缺乏财力、兵力,根本无法与袁世凯抗衡,最后只好循着"和议"一路,屈从袁世凯的要求,结束革命。

革命党人缔造了民国的基石,而袁世凯却得到了临时大总统的"名器"。对于这种结局,革命党人心有不甘,而袁世凯对此也并不满足。于是在稍后的民初十多年里,双方围绕着民主与专制展开了新的搏斗。从这个意义上说,"二次革命"、护国战争、护法斗争都是辛亥革命的继续。

南北和议中通过的优待清室条件,使清皇室原封不动地保存下来。民国以后,末代皇帝仍住在紫禁城内,地位如同外国元首,受到各种礼遇。它的存在给一切眷恋旧朝和一切对现存制度不满的人们以精神寄托,给他们以复辟的希望,于是而有张勋复辟一幕和宗社党人的叛乱活动。

辛亥革命虽促成了旧体制的瓦解和新体制的建立,但是以上的事实表明:制度的革故鼎新、新与旧之间的冲突并没有完结。

---

① 莫里循:《清末民初政情内幕》(上),知识出版社 1986 年版。

清帝退位(1912 年 2 月 12 日)

关于清帝退位,民军方面曾开列诸多优待条件,但由于年代久远,当时报刊和时人记述内容不是有所缺漏,就是存有讹误。以致百年来,史书记载均欠完善。2014 年北京群众出版社整理出版了醇亲王载沣的日记。载沣是宣统帝的亲生父亲,宣统即位后,被命为摄政王,直到武昌起义后袁世凯出任内阁总理大臣,借口内阁"担负责任",将其赶回府邸,方才远离政坛。载沣虽回府邸,但仍极其关注清室命运。由于他的地位特殊,因此,其日记的重要性不言而喻。日记不仅记载了武昌起义后清室高层的活动和宗社党人对革命的反应以及同袁世凯"斗争"的情况,而且完整地记录了南方革命党人开列的有关清室退位的优待条件,这就为我们弄清这一问题提供了第一手资料。

所谓清室退位优待条件,正式名称为《民军所开优礼条件》。内容分甲、乙、丙三方面,全部内容有四条。

一、宗庙陵寝永远奉祀,先皇陵制如旧妥修各节,均已一律担承。皇帝但卸政权,不废名号,并议定优待皇室八条、待遇皇族四条,待遇满、蒙、回、藏七条。

二、关于大清皇帝辞位之后优待之条件:

1. 皇帝辞位之后,尊号仍存不废,中华民国以待各外国君主之礼相待;

2. 皇帝每年岁用四百万两,改铸新币后改为四百万元,此款由中华民国拨用;

3. 皇帝辞位之后,暂居宫禁,日后移居颐和园,侍卫人等照常留用;

4. 皇帝辞位之后,其宗庙陵寝永远奉祀,由中华民国酌设卫兵,妥慎保护;

5. 德宗崇陵未完工程,如制妥修,其奉安典礼,仍如旧制。所有实用经费均由中华民国支出;

6. 以前宫中所用各项执事人员,可照常留用,唯以后不得再招阉人;

7. 皇帝辞位之后,其原有之私产,由中华民国特别保护;

8. 原有之禁卫军,归中华民国陆军部编制,额数俸饷仍如其旧。

三、关于清皇族待遇之条件:

1. 清王公世爵概仍其旧;

2. 清皇族对于中华民国国家之公权及私权与国民同等;

3. 清皇族私产一体保护;

4. 清皇族免当兵之义务。

四、关于满、蒙、回、藏各族待遇之条件:

今因满、蒙、回、藏各民族赞同共和,中华民国所以待遇者如左:

1. 与汉人平等;

2. 保护其原有之私产;

3. 王公世爵概仍其旧;

4. 王公中有生计过艰者,设法代筹生计;

5. 先筹八旗生计,于未筹定之前,八旗兵弁俸饷仍旧支放;

6. 从前营业居住之限制,一律蠲除,各州县听其自由入籍;

7. 满、蒙、回、藏原有之宗教,听其自由信仰。

以上就是《民军所开优礼条件》的全部内容,见于《醇亲王载沣日记》第四百三十一—四百三十二页。值得注意的是,在四项条件的背后,均有袁世凯内阁全体成员的签署。在所有以上四大项条件的最后还有以下一段话:"以上条件列于正式公文,由两方代表照会各国驻北京公使,转达各该政府。"

对于这些文件,史传说是出自张謇手笔。其时张謇已参加中华民国南京临时政府,并成为政府的实业总长,由他执笔并不奇怪。然而到目前为止,我们还不能拿出足以证明这一事实的充足证据。从以上优礼条件来看,其显然是南北和议的产物,来自各方面的意见。如第二、第四项关于民族平等、私产保护、职业自由、入籍自由等显系依据《中华民国临时约法》,体现了孙中山的汉、满、蒙、回、藏五族共和的建国思想。又,因系"正式公文",带法律性质,必须经民国临时参议院通过。因此,可以说它是经过南北两方,特别是革命党人、立宪政要等反复磋商修改后的产物,而非一二贤达的代笔之作。

优礼清室的条件虽然"南北一致",但如何使清室接受这些条件自动退位?其实事情并非这么简单。袁世凯看中的是权力。至于民军方面开出的优礼清室条件,在他看来,均可去执行。下一步就是如何逼迫清廷去接受,实现他本人将政权夺到手的目的。

南京临时政府成立后,民众一直企盼南北统一。但清帝并没有立即退位,1912年2月3日《申报》就报道说:"退位尚无一定时日。"2月9日,又报道说"清廷会议复会议",仍迟迟未决。对于清廷为何不能迅速接受民军方面优待条件,先前史书上大多说是袁世凯正以此来同革命党人讨价还价,压迫党人早日交出政权。这点固然存在,但事实并非完全如此。

自袁世凯出山后,在清政府内部,存在以宗室良弼为首的宗社党人势力,在清朝大厦崩塌前夕,他们犹作困兽之斗,成为清朝垮台前夕满汉权力斗争中,敢向袁世凯为首的北洋派争夺军事权力的代表人物。他们除坚决反对革命外,还把斗争矛头直接指向袁世凯,"力阻起袁,谓荫昌不足恃"。南北议和后,良弼被命为大将军。为了阻止袁世凯与南方革命党人"联手",其于1月17日暗中派人刺杀袁世凯,"午间袁相被人暗刺未中"。[1]并传闻"满亲贵善耆、载涛、毓朗及良弼、荫昌等连日密谋谋害袁世凯。闻俟铁良一到,即将实行暗杀"。[2]他们中许多人视袁世凯为叛逆。同月24日,《纽约时报》在一则消息中说:"负责兵谏的满族将军良弼主张杀掉袁世凯,他认为袁的影响力太强,决不能允许他离开首都。"[3]

宗社党的活动无疑是对袁世凯的威胁。袁世凯一面加强防卫,一面决心设法除去良弼。袁世凯公开宣称:不除去良弼和铁良,清室即不能退位,共和就不能实行。袁氏这一着真的起了作用,革命党人也认定良弼不死,清朝不亡。1月26日,革命党人彭家珍在良弼回家途中向其抛掷炸弹,良弼伤重不治而死。良弼一死,给宗社党人以不小的打击。

袁世凯一面用武力对付宗社党人,一面又积极运动新编陆军,增加对隆裕太后的压力。同月月底,在袁世凯的鼓动下,第一军总统官段祺瑞等五十名将领公开致电内阁、军咨府、陆军部,并电王公大臣:以民主共和系人心所向,要求朝廷"立定共和政体"。电文最后说,如不接受他们的要求,将率兵前来京师。这无疑就是兵谏。隆裕见电,一时慌了手脚,连忙召集御前会议,最终决定接受民军优礼条件,正式宣布退位。至此,统治中国二百六十多年的清朝统治宣告结束。

---

① 《醇亲王载沣日记》,第426页。

② 《申报》1912年1月17日第二版。

③ 郑曦原编:《共和十年:〈纽约时报〉民初观察记》,当代中国出版社2011年版,第45页。

《临时约法》颁布(1912 年 3 月)

　　一百多年前,一批热血青年怀着推翻封建君主专制制度、学习西方欧美民主政治、把中国建成一个资产阶级民主共和国家的伟大理想,在孙中山先生的领导下,前仆后继,流血牺牲,最终于 1911 年推翻了统治中国二百六十多年的封建清朝,并于次年建立了中国历史上第一个资产阶级民主共和国政权——中华民国南京临时政府,孙中山当选中华民国首任临时大总统。南京临时政府颁布了一系列的法律、法规,开启了中国通向资产阶级民主的道路。

一

　　辛亥革命中,革命党人是带着他们的“理想”而开展斗争的。他们对中国几千年的封建君主专制制度深恶痛绝,在美国联邦政治的影响下,不少人希望未来中国是一个联邦制的国家,清末地方自治的推行,强化了他们这一看法。所以,武昌起义爆发后,在很短的时间内,全国二十二个省份中就有十七个省宣布独立,宣布脱离清政府。在联邦制思想的驱动下,不少独立省份都制定了省约法。如《鄂州约法》《浙江省约法》《江苏省约法》等。主张各省通过制定省宪,依省宪自行组织政府,各省实行自治;而后各省推派代表,组织联省议会,制定联省宪法,借联邦制形式,建立中央政府,实现全国统一。1912 年的中华民国南京临时政府就是在独立各省都督府代表会议运作下产生的,孙中山也是由与会十七省代表投票当选的。而后的《中华民国临时约法》基本上也是在这一背景下制定的。

　　在清末立宪运动中,立宪派热衷于地方自治,主张与中央分权。所以,立宪派对革命党人的联邦制国家构想表示支持,并积极参与。一切看来似乎很顺利地进行着。然而,当时清政府还在北京发号施令,袁世凯作为清朝内阁总理大臣正指挥着数万北洋军随时随地进攻革命党人,扑灭革命。孙中山主张北伐,“直捣黄龙”,按原先的革命方略,武力推翻清政府,将革命进行到底。但多数人不够自信,主张南北议和,认为袁世凯是汉人,更是位“强人”,从种族革命的思维出发,主张争取其"反正",并不惜以将大总统的"名器"让予袁世凯为条件,换取他逼迫清朝退位。"革命之初,国人为专制思想的蒙蔽,谬为非势力莫能统一中国,于是拥护老袁。"①孙中山后来总结辛亥革命失败的教训时,指出此举铸成大错,是导致革命失败的重要原因。

二

革命党人用流血牺牲铸造了民国,袁世凯却利用民初的风云际会,轻易地得到了临时大总统的"名器"。"惊人事业付流水",革命党人对此结局当然心有不甘。于是急谋补救。就在袁世凯在北京宣誓就职的第二天,3月11日,南京临时参议院通过了一部宪法——《中华民国临时约法》。

《临时约法》无疑是一部纲领性的文件。它用法律的形式确保了辛亥革命中建立的中华民国的合法性,彻底否决了封建君主专制制度,确立了资产阶级民主共和国的国体和政体,是中国民主宪政制度的重要组成部分。它规定"国家主权属于国民全体",孙中山指出,这一规定"一以表示我党国民革命真意之所在,一以杜防盗赠主人者,与国民共弃之";②规定"以参议院、临时大总统、国务员、法院行使其统治权",确立立法、司法、行政三权分立的政治体制;规定了人民的权力和义务,各级政府的组织和官员的职责;规定中华民国人民一律平等,享有人身、财产、营业、言论、出版、集会、结社、通信、居住、迁徙、信仰等自由,享有请愿、陈诉、考试、选举和被选举等民主权利,等等。它集中表达了革命党人的理想和追求。由于它是在特殊的背景下制定的,因此,难免存在一些缺陷。这一缺陷,当时最为明显的一点,改原先的总统制,"采内阁制"。③

按当时的实际情况来看,内阁制不可能实行。早在南京临时政府时,就存在不可更换的元首:孙中山说现在是革命时期,他不愿也不可能受此约束限制,这是实情而不仅仅是他个性的展示。所以,尽管有总统制和内阁制之争,最后还是实行了总统制。到了袁世凯任临时大总统,《临时约法》改采内阁制有"因人改制"之嫌,给人以不信任袁世凯的感觉,这就种下了日后矛盾摩擦的种子。杨度在给黄兴的一封信中直率地表达了他的不满。"若不信袁,则莫若去袁而改举总统。……若能信袁,则莫如助袁,而取消政党内阁之议,宣布全国,以求

---

① 沈钧儒:《十年病根》,周天度编:《沈钧儒文集》,人民出版社1994年版,第60页。
② 见罗福惠等编:《居正文集》,华中师范大学出版社1987年版,第548页。
③ 李守孔:《民初之国会》,正中书局1971年版,第107—113页。

实际沟通……若仍相挟制者,互生疑虑,实于国家大计有损,非上策也。"①双方还未合作共事,就对对方表示不信任,当然碍难共事。此举反而为袁世凯提供了"借口",加重了对革命党人的戒备、防范之心。南北统一后的北京政府时期,事实上,袁世凯具有不可替代的实力。他军政、外交大权集于一身,背后又有列强的支持。革命党人意图通过取得议会内的多数席位的机会而组阁,制衡袁世凯的权力,是合乎民主原则的,但令革命党人始料未及的是,"在一个没有法制观念的国家,法律对于平民也许有些约束力,但在一个强有力的国家元首面前,其约束力是有限的"②。内阁制实验的结果是失败。在袁世凯的强力打压下,内阁完全失去监督能力,最终沦为"袁世凯的僚属机构"③。袁世凯当政时期,实际推行的是总统制。

三

1913 年"二次革命"失败后,革命党人被迫再度流亡海外。继后袁世凯干脆解散政党,取消国会,悍然帝制自为。袁氏的倒行逆施,激起全国人民的反对,孙中山首先发动护国讨袁斗争。西南诸省也先后举兵讨袁,开展护国战争。洪宪帝制不得人心,加速袁氏内部分崩离析,最终袁世凯不得不下令取消帝制。1916 年 6 月 6 日,袁世凯病死。次日,副总统黎元洪继任大总统。6 月 29 日,黎元洪下令恢复《临时约法》,重新任命段祺瑞为国务总理,并下令于 8 月 1 日恢复国会。黎段不协,起于段对黎心存藐视,黎系新军协统(旅长)出身,段出身新军统制(师长),又为袁世凯的嫡系。段在黎下任国务总理,并不尊重黎,国务院秘书长徐树铮尤为专横跋扈。可见再好的政治制度设计,若无道德相伴,也只能徒具形式。府、院后因对德参战案意见对立,段祺瑞公开以武力胁迫议会通过宣战案,并强迫黎元洪下令解散国会,遭到拒绝。"府院之争"引发的政潮又为复辟势力所利用,张勋借入京调停之机,趁机拥废帝溥仪复辟,上演了一出政治闹剧。张勋复辟失败后,段祺瑞以"再造民国"名义,重新掌控北京政权。并拒绝恢复《临时约法》。

袁氏帝制失败后,孙中山和革命党人重新回到国内。同年 7 月 1 日,孙中山得知张勋复辟的消息后,号召参众两院议员南下广州,开展护法斗争,以捍卫《临时约法》、维护民初法统相号召。并联络西南六省于次年 8 月在广州召开非

---

① 转引李守孔:《民初之国会》,"中国学术著作奖励委员会"1964 年版,第 133 页。
②③ 张玉法:《民国初年的政党》,台湾"中央研究院"近代史研究所 1985 年版,第 370、397 页。

常国会,通过军政府组织大纲,规定"中华民国为戡定叛乱,恢复约法,特组织中华民国军政府"。9月,非常国会选举孙中山为大元帅,唐继尧、陆荣廷为元帅,组成军政府。军政府虽以捍卫《临时约法》为号召,但具有讽刺意味的是,"护法政府并不依《临时约法》组织政府"。①

孙中山南下开展护法斗争,主要依靠西南的军阀势力。但军政府成立后,唐、陆皆不就职,仍然与北京政府保持联系,拥护并听命于直系军阀冯国璋。在军政府内部,对于护法斗争意见也不一致。以政学派为代表的一批议员主张联合西南军人,与北方和平共处;以民友社为代表的一批议员支持孙中山,主张与北方对抗;而以益友社为代表的一批议员(人数最多)则依违于上述两种意见之间。段祺瑞仰仗英、美列强和日本的支持,力主"武力统一"。孙中山坚持北伐,排除万难,布置护法军事。1918年4月,非常国会改军政府大元帅制为总裁合议制,孙中山遭到排挤。5月,孙中山被迫离开广州赴上海,他领导和发动的护法斗争就像弄湿了的鞭炮,在毫无声响的情况下失败了。

1923年10月,直系军阀曹锟用贿选当上了大总统,这是对《临时约法》的又一次破坏,是对民国民主共和政治的嘲弄。在广东的孙中山闻讯,痛斥"国贼妄干大位",通电"号召全国爱国将士,无分南北,共同讨曹"。然而除通电声讨外,并未能阻止军阀对《临时约法》的蹂躏和破坏。

四

自1912年3月《临时约法》颁布,到1918年5月护法斗争失败,再到曹锟"贿选",其间经历了十多年。十多年中《临时约法》基本未能得到认真施行。袁世凯任总统期间,首先破坏《临时约法》。1914年召开的约法会议,对《临时约法》进行修改,制定《中华民国约法》,赋予大总统更大的权限,以便为日后实行帝制铺平道路。袁世凯死后,《临时约法》虽然恢复,但在北洋军阀的把持下,武人干政、军警胁迫议员,议会制度运行困难重重。待到张勋复辟失败,段祺瑞重新掌控北京中央政权,干脆公开抛弃《临时约法》。孙中山虽然南下护法,但因没有实力,依附于人,斗争最终还是失败了。

《临时约法》是民初民主宪政制度的一部分。由临时政府组织大纲到《临时约法》,再到参议院法、国务院官制、国会组织法、众议院选举法、参议院选举法的制定,表明了民主宪政制度在中国已经开始建立。可以说,这是除民族革命

---

① 张玉法:《中华民国史稿》,台湾联经出版股份有限公司2004年版,第91页。

外,辛亥革命取得的又一"最大成就"。①我们称辛亥革命为民族民主革命,主要是从这个意义上去阐发的。后来袁世凯及其北洋军阀的镇压、破坏,虽使国会解散、政党政治暂时中止,但民初所建立起来的民主传统、民主制度不仅左右了此后十多年的国家政治动向,而且在人们对此后多年的国民党一党独裁专制表示极大不满之后,再度引发了人们对它的怀念,并当作一种政治目标。从这个意义上讲,它又是辛亥革命留给我们最为珍贵的精神财富。

《临时约法》颁布后的艰难历程,所遇到的挫折,留给人们更多的是一种深沉的思考。民主宪政制度的建立,主要受制于社会经济、文化程度和社会意识这三个因素,并不由民族危机和政治运作所决定。它有待于民智、民力、人民的知识水平、政治觉悟和民主自治能力的提高②。中国是一个有着几千年封建君主专制历史的国家,人们的法制观念淡薄,文化程度不高,当时百分之九十以上的人口不识字。久惯于君主专制下的人们对于民主共和政治几无所知,士大夫出身的官僚对于如何运用民主共和政治施政,同样是懵然无知。他们对辛亥革命后建立的民主共和政治大多"水土不服",不知民主、议会、选举为何物。在辛亥革命四年后的直隶河间、献县等地,人们还奉行宣统年号,供奉的还是宣统皇帝的牌位。这些地区未经过辛亥革命的洗礼,存在这种现象并不奇怪。1925年冯玉祥率国民军前往西北,当时陕甘地区的一些县长问案,还是如同前清知县坐堂,人犯戴枷上堂下跪。辛亥革命时期,革命派大多数成员是充满革命理想和革命激情的青年知识分子,新式学堂的学生和留学生尤其居多,他们拥有丰富的现代政治理念和素养,迫切希望中国能尽快告别过去,很快强大起来,"追欧揖美",使中国能成为像欧美那样的资本主义国家。他们这种急切的心情使他们往往不能顾及中国的政治现实,而是主观地设计出自己的政治方案,当然历史也没有留给他们实验的机会。待到他们将这些用来绳削未来的民国政要(主要是袁世凯为首的前清大小官绅出身的民国官员),并意图以此约束和规范他们的行为,结果只能是事与愿违,适得其反。《临时约法》颁布后的遭遇就是最好的证明。

辛亥革命之时,中国资本主义经济在整个国民经济中的比重很低。辛亥革命是由一批具有资产阶级政治倾向的知识分子(革命派)和具有要求发展民族

---

① 张玉法:《辛亥革命与中国民主制度的建立》,《辛亥革命史论》,三民书局 1993 年版,第 407—408 页。

② 谢俊美:"导论",《政治制度与近代中国》,上海人民出版社 1994 年版,第 3 页。

资本愿望的官绅商（立宪派）合力的结果。由于民主革命力量过于弱小，他们无法也无力根据国情把握近代中国历史发展的方向。袁世凯悍然帝制自为和张勋拥废帝溥仪复辟就是这一背景下的产物。陈独秀曾说过："如今要巩固共和，非先将国民脑子里所有反对共和的旧思想——清洗干净不可。"①几年以后，他创办《青年杂志》，发起新文化运动。

在《临时约法》一次次遭到破坏、民主宪政推行屡屡受挫之后，孙中山再次认识到革命的重要性。他认为由于官僚、政客、武人把持政治，民国政治败坏，唯有通过重新革命，扫除这些"陈土"，才能使《临时约法》得以实施，国会这些宪政机构正常健康地运转起来，才能"建成真正的民国"，中国才能走上真正的民主宪政轨道。②此后他改组了国民党，重新解释三民主义，实行"联俄、联共、扶助农工"三大政策，为实现民主宪政开始新的奋斗。

———————————

① 陈独秀：《旧思想与国体问题——在神州学会的讲演》，《独秀文存》（合订本），上海人民出版社1987年重印版，第102—103页。

② 孙中山：《改造中国之第一步》，黄彦编《孙文选集》（中），广东人民出版社2006年版，第637—638页。

宋教仁遇刺（1913年3月20日）

1913年3月20日，宋教仁在上海北站被袁世凯派人暗杀。因为他是为着在中国实现政党政治和责任内阁制而流血，因此，他被孙中山誉为"为宪法流血，公真第一人"。①宋教仁被刺的事实经过以及后人对此事的评论，史书上已说得很多，无需赘述。这里，笔者就这一事件引起的历史思考谈一点看法。

1911年辛亥革命胜利后，孙中山为首的革命党人建立了中国史上第一个资产阶级民主共和国政权——中华民国南京临时政府。然而这个新生的共和国建立未久，革命政权就迅速落到封建旧官僚袁世凯手中。当宋教仁等想通过公开、合法的议会民主政治斗争手段重新夺回政权时，袁世凯即采用暗杀的手段，将宋教仁刺死。革命党人的夺权计划非但未能实现，而且在赓后的反袁斗争中惨败。

宋教仁被刺告诉我们：道德政治只是一种理想，铁血政治才是客观现实。它再次证明：凡是搞道德政治的，无不以失败而告终。

中国传统政治文化包含两方面内容，除以"内圣外王"为特征的道德政治外，还有醉心权势的另一种文化，即"斫"的政治文化。中国传统知识分子大致可分为三种：一种是通过科举考试，进入官场，他们中部分人精于权术，飞黄腾达，私欲膨胀，以权谋私，将道德政治早已抛弃脑后；一种是身虽为官，但耻于钻营，洁身自爱，独善其身；一种是科场失意，归隐乡里，抱器守道，遵守礼法，传道授徒，清贫一生。三种人中的后两种人是中华人文精神赖以传承绵延的社会基础。第一种人因为手中握有权力，在很大程度上影响着社会政治和人们的生活。梁启超在评述晚清三代政治领袖人物时也曾指出：曾国藩以道德经世，李鸿章以事功经世，袁世凯是流氓经世。道德经世，不难理解，身正为范，诚信待人，道德至上。事功经世，不论人品好坏，追求功利主义。流氓经世，等而下之，

---

① 转引陶菊隐：《六君子传》，中华书局1947年版，第104页。

袁世凯专用小站旧人,结果造成十多年的军阀割据。袁世凯眼中只有铁血政治,根本无政治道德可言。黄兴、宋教仁等革命党人对之未免过于轻信,以致吃亏上当。革命党人如果要想在中国实现民主政治化,仅有道德政治远远不够,后来"二次革命"的发生证明了铁血政策对党人是多么重要。

宋教仁是为了在中国实现宪政的理想而被害的。他的流血牺牲引出的另一个思考是民主政治在中国如何实现。

中华民族是一个有着五千多年悠久历史的文明古国,在她创造的灿烂文化中,既有精华,也有不足。不甘屈辱、不甘落后,曾是她繁荣昌盛、文明进步的象征。但自进入近代以后,中华民族屡遭外来入侵,民族战争一再挫败,日益呈现的中西差距,深深刺痛着中国人的神经。中国人迫切希望能尽快告别这一切,很快富强起来,拥有和列强平等的地位,凡是西方有的,中国也应尽可能有。甲午战败,洋务运动破产后,部分知识分子以为只要搬来西方的政治制度就能解决中国的一切问题,这实在是太富理想色彩了。康有为、梁启超、光绪帝等以为变法就可以救国,结果失败了。宋教仁的悲剧也在这里。宋教仁追求的民主宪政、政党政治、责任内阁制,在当时中国资本主义发展还很不充分,资产阶级力量甚为弱小,人民的政治觉悟和民主宪政意识更是不足的情况下,根本无法施行。当时绝大多数中国人只知皇帝、磕头,不肯剪辫子,而不知民主共和、总统、议会、议员为何物。因此,他的理想追求至少在民众基础这一点上很不够。理想与现实矛盾的结局,常常是现实粉碎理想。

宋教仁生活在清末民初,当时封建专制势力还很牢固,时代为革命党人提供的争取实现民主宪政的条件很有限。因此,他的被害,不仅是他个人的悲剧,而且也是时代的悲剧。宋教仁被刺前曾说过:"我若真被暗杀,或足以激励同志们的奋斗,而缩短袁氏的政治生命。"[1]后来的历史应验了宋教仁的说法,他的被刺加速了袁氏专制独裁统治的垮台,激发了人们的民主精神。

---

① 蔡寄欧:《鄂州血史》,龙门联合书局1958年版,第226页。

附录
辛亥革命时期期刊介绍

《杭州白话报》

　　《杭州白话报》1901 年 6 月创办于杭州。到 1904 年 1 月停刊,共出八十二期。该报系旬刊,木刻本,由杭州白话报馆编辑发行,经理为兼办杭州安定学堂的项兰生,主笔胡修庐,参加编撰的有陈叔通(谲者)、孙翼中(独头山人)、林獬(宣樊子)等人。

　　《杭州白话报》是我国创刊较早的有影响的白话报之一。它以鲜明的立场观点对当时的中国政治、国际国内重大事件发表过许多重要评论,提出过改造社会的主张,对封建教条进行过较系统的批判,在当时曾起过进步作用,对以后各地白话报的出现很有影响。

　　《杭州白话报》的宗旨是:开民智、作民气、改习俗。它说:"开民智和作民气两事并重。不开民智,便是民气可用,也是义和团一流的人物;不作民气,便是民智可用,也不过是作个聪明的奴隶,中国人要想享自由平等的幸福,可永远没有这一日。"①"因为是旧风俗不好,要想造成那一种新风俗;因为是旧学问不好,要想造成那一种新学问;因为是旧知识不好,要想造成那一种新知识,千句话并一句说,因为是旧中国不好,要想要造成那一种新中国。"②"杭州白话报是开风气的事体,诱人识字的一件宝贝","看白话报的人越久越多,那新风俗、新学问、新知识必将出现在所处的老大中国了"。③

　　《杭州白话报》辟有论说、短评、北京纪闻、京外消息、中外新闻、地学问答、谈天、俗语指谬、俗语存真、历史故事等十二个专栏。其内容主要有以下几个方面。

一、对义和团运动作了许多歪曲评论,主张文明排外;如实报道了全国各地反赔款反洋教斗争,指出"官逼民反"是人民"滋事"的原因

　　《杭州白话报》创办的时候,正值义和团运动被中外反动势力镇压下去不

---

① 《谨告阅报诸公》,《杭州白话报》第 1 年第 33 期,1902 年 6 月。本篇以下引文皆摘自《杭州白话报》。

② 《论本报第三年开办的意思》,第 3 年第 1 期,1903 年 7 月。

③ 宣樊子:《论看报的好处》,第 1 年第 1 期,1901 年 6 月。

久,因此,它对义和团运动发表了大量的评论。

义和团的斗争虽带有许多落后迷信色彩,但它的斗争是正义的。义和团强烈地表现了中国人民不愿做奴隶的意志,然而,对这样一个大规模的反帝爱国运动,在当时无论是资产阶级改良派,还是资产阶级革命派都表示反对,当时的刊物几乎都持否定态度。《杭州白话报》也不例外,说义和团是一场"胡闹""乱闹""瞎闹",是"仇教为名恣抢掠,假托神佛逞暴虐",是"为害地方、扰乱世界"的"祸之根""乱之源",是"妖民闯下的弥天大祸";诬蔑参加义和团的群众是"匪""乡间蛮百姓",参加斗争的妇女是"包头红布贼"①等。在评论中,它虽然也提及义和团运动的发生"一半都是要想出气",也曾揭露八国联军在天津北仓、大沽地区施放毒气炮弹残杀中国人民的罪行,但它却把八国联军发动侵略中国的战争说成是"拳匪招来的",是中国人"不懂游历""不与教民和好";把八国联军残酷镇压义和团说成是义和团"咎由自取""死得活该"②;把列强勒索中国人民的"庚子赔款"也说成是义和团所致。"中国赔外国的兵费共四百五十兆……唉,现在的中国穷极了,这许多银子从什么地方去打算呢? 这不是义和团弄出来的么?"③它还认为,"中国多一重教案,百姓多吃一重苦,即中国多受一重害处","教案一起,不是百姓杀头、知县参官",就是"地方赔钱","教案愈闹,百姓愈苦","国家越穷",最终只能是"弄成大祸没收场"④。因此,它竭力反对人民的反教斗争,认为即使外国传教士有不好之处,也不应"动蛮",要讲"礼貌",主张"文明排外"⑤。这些歪曲评论,正反映了资产阶级的软弱性,他们不但不敢同帝国主义者斗争,而且害怕人民斗争。

《杭州白话报》虽然对义和团发表了许多错误评论,但也对义和团后全国各地兴起的人民反赔款反洋教斗争作了大量的报道。

1901 年 9 月 7 日,《辛丑条约》签订。这是继甲午《马关条约》之后,列强加给中国人民的又一道严重的枷锁。除"惩凶、道歉、驻兵、削毁大沽炮台"等强横的要求外,仅赔款一项就规定为四亿五千万两,从 1902 年起分四十年还清,总计本利九亿八千二百多万两。这一笔"旷古罕闻"的巨款,就"中国目前财力而论,实属万不能堪"。清政府唯恐赔款到期不能照付,开罪帝国主义主子,便勒

① 竹实饲凤生:《唱团匪认祖家》、艮庐居士演:《救劫传》,第 1 年第 5—7、10 期,1901 年。
② 突飞子说:《论中国人对外国人的公理》,第 1 年第 9 期,1901 年 9 月。
③ 《中外新闻》,第 1 年第 5 期,1901 年 7 月。
④ 《赔款数目》,第 1 年第 1 期,1901 年 6 月。
⑤ 《大家想想歌》,录《湘报》,第 1 年第 1 期,1901 年 6 月。

令各地方从 1902 年起每年摊派赔款两千三百万两。此数下达各省,还要加码,"不肖州县,挨户摊派,甚或侵蚀入己,而劣绅胥吏,需索中饱,均所不免"。为了筹缴赔款,各地方不仅旧税重征,而且增开许多新税,什么派捐、印花税、烟酒税、肉税、土盐税、丝落地税、地丁捐、房捐,等等,其名目省省不同,府府不同,县县不同,不下数百十种。大赔款之外,还有所谓"赔偿"教堂、教民"损失"的"地方赔款"。全国各省地方赔款总计至少在两千万两。至于教堂借口"赔偿",直接向人民勒索的比比皆是。据统计,在 1901—1902 年间,大赔款、地方赔款、没有名目的赔款、教士教民的抢劫以及官绅的中饱勒索,至少有一亿两以上的巨款压在中国人民的身上。这种空前的榨取、超经济的诛求,弄得民不聊生、民怨沸腾。人民终于忍无可忍,被迫起来进行争取生存的斗争。从 1902 年起,全国各地相继掀起了反赔款反洋教的新的斗争。

《杭州白话报》记载和报道了各地"民变""闹教""闹捐"的消息。先后报道了福建同安、海澄地区人民捣毁土药局、厘捐局的斗争,直隶联庄会的反清斗争,河南泌阳、高店人民反洋教斗争,东北地区人民反沙俄侵略的斗争,浙江宁波人民反洋教的斗争,山西、直隶、山东义和团余部抗捐斗争以及活跃在江浙一带的会党一元会的斗争和广西农民起义,等等。在报道这些人民抗捐反教斗争的消息当中,对于人民斗争的起因也作了一些客观的分析。认为许多教案是"官府袒护教民","教士如蛇虎一般"压迫平民,以致"平民不服"寻仇报复造成的,认为人民"闹事""抗捐"都是统治阶级逼出来的,是"迫而至此"。有些报道则直截了当地指出封建统治者对人民的苛征暴敛是直接引起人民"滋事"的原因。在《广宗民变》《扬州加赋》①消息中说:"地方官派捐太重,激起民变。"在直隶联庄会的报道中指出:"要知道,联庄会的起祸缘由,都因朝廷硬要百姓摊还几百万的教案赔款,官府书办差役地保趁此机会,少不得假公济私,勒索分外钱财,直隶百姓自旧年遭过大难,已是十室九空,逼得无路可走,便结成一个联庄会,和政府对敌起来。"报道还赞扬"那个联庄会厉害得很,官军曾打过几次败仗"②。在这些消息和报道里,还披露了当时人民的苦难生活,真实地描绘了陕西、甘肃地区因摊还赔款,人民"十室九空""白骨成堆""卖人肉""人相食"③的悲惨景象。"做坏事的人还是美衣丰食,快活得了不得,那受着实祸的百姓,正是整千整万,不可算计,卖了儿,卖了妻,来替这十人几百人还账,我们做百姓的

---

① 《中外新闻》,第 1 年第 29 期,第 31 期,1902 年 4—5 月。

② 《中外新闻》,第 1 年第 7、30、33 期,1902 年 8 月、1903 年 5—6 月。

③ 《中外新闻》,第 1 年第 1—2 期,1901 年 6 月。

为什么要苦到这种地步呢? 为什么单是我们做百姓的受苦呢?"①它警告清政府和大小统治者对人民敲骨吸髓的榨取,结果只能导致人民更大规模的反抗,"所以,赔款这一件事,万万不可累着百姓"。②

二、以报道慈禧回銮为题,大胆揭露清政府媚外卖国的丑恶嘴脸;通过介绍波兰等国亡国历史,宣扬社会改良,主张实行君主立宪政治

《辛丑条约》签订后,以慈禧太后为首的清政府继续得到帝国主义各国的承认。为了实施条约中的各项规定,迅速恢复反动统治秩序,从1902年10月慈禧一伙从西安起程返回北京。《杭州白话报》以《回銮纪事》③为题,详细报道了两宫回銮消息。报道中揭露慈禧一伙沿途强迫人民修跸路、建行宫,铺陈摆设、奢侈浪费的丑恶行径。指出回銮一举先后开支了上千万两的银子,动用了数十万人,都是"毫无益处的花费"。为了修造跸路,从河南开封到北京的沿途路上就强征了一万多民工。文章借用正定一位老农写的揭帖,反映了修造跸路给人民带来的灾难,"敢近跸路行,罚银三千金,邻跸路左近,拆屋且毁坟"④。报道还斥责了保定、正定等地承办皇差"委员"采办物件、强赊硬欠,全不由店主说价,一味动蛮的强盗行径。文章把这些"差办""委员"比作"老虎"。

义和团运动之后,清政府彻底投靠了帝国主义,变得更加反动腐朽。对此,该报进行了大胆的揭露,指出官场黑暗、吏治败坏无甚于今日。"例"(捐例)、"利"(逐利)、"吏"(吏治)是社会的三大"公害",做官的只知"剥民""鱼肉善良",把"银子章程作为第一条",都是"虎豹豺狼"⑤。在"北京纪闻"栏中,多次揭露慈禧太后宴请外国公使和夫人向帝国主义献媚的丑态,说慈禧对洋人"巴结得不得了"。在"京外消息"栏里,揭露了各地方官聘用洋人做顾问,"遇事多由外人作主",卖国让权、甘心为奴、无耻媚外。它把那些一见帝国主义侵略者就奉承巴结的官吏比作中国社会的"无心鬼""魔鬼",说这些人平日做的紧要事情就是"卖国","将我们的土地、我们的衣食、我们的父母妻子,作为一宗极大的礼物送把了外国人"。⑥

---

① 《我们做百姓的苦》,第2年第28期,1903年。
② 《中外新闻》,第1年第7期,1901年8月。
③ 优钵罗斋主:《回銮纪事》,第1年第3—33期,1901年6月—1902年6月。
④ 《中外新闻》,第1年第18期,1901年12月。
⑤ 《论中国社会的腐败》,第3年第12期,1904年10月。
⑥ 黄海锋郎:《驱鬼》,第2年第19期,1902年12月。

该报对于清政府顽固派因循守旧、阻挠新政尤为愤慨。指出,像荣禄、奕劻之类的官僚也是庚子事变的"罪人",他们同端王、刚毅之流没有什么两样,都是"亡国蛮民","守旧鬼""顽固鬼",他们的"权位愈大,愈野蛮,顶子愈红,愈野蛮"。"一个堂堂的中国,纯是出了这一班人,才闹到这等田地,一个国度倘然没有这帮汉奸,怎会引出外患",弄得"民穷财尽"?①人民连牛马都不如!

　　该报还通过介绍欧美资产阶级民主制度,大力颂扬资产阶级民权思想,对几千年来的中国封建专制制度进行了猛烈的抨击。它说,对人民是"要钱便钱,要米便米,悄然说一个'没'字,那火签掷了下来,真是万万逃不脱的"。②在讲到西方各国的政体时说,"一个国度里,算是百姓最多,自然要算百姓最贵","国是百姓的公产,不是皇帝一人的私物,百姓是国里的主人,皇帝不过替主人办事的一位伙计,所以皇帝的权限有一定的限制"③。"然而中国向来的主人翁是皇帝,是臣子,而不是百姓,百姓如同牛马一般。"百姓的责任是"捐纳钱粮""充当徭役""分摊赔款","国家有了兵事,百姓殉难",可是"尽了责任,一点儿不见得着好处,只有苦处"。④这实际上是对清政府封建专制政体的否定。

　　不过,需要指出,该报虽然对清政府的腐败统治表示不满,进行了种种揭露,但它同时又对清政府存在幻想。它向人们一再解释说,这一切"弊政""弊病"通过"改良"的办法,还是可以"改变"的,"维新两字,是生死攸关"。⑤该报对清政府的"新政"寄予很大希望,极力称颂清政府的变法表示和新政措施,把废科举誉为"中国第一件喜事"⑥,要求全国的知识分子从今以后"发起狠来,立志向上,将来要替国家出力,不负皇上一片苦心"。⑦为了敦促清政府尽快实行新政,林獬等人专门编写了《波兰的故事》《俄土战记》《世界亡国小史》⑧,叙述了埃及、印度、波兰、土耳其被侵略、被瓜分的经过,指出"守旧"对国家的危害,着力描述了亡国的可怕。在《亡国恨》(第2年第28期)中它提醒清政府,目前的中国已到了埃及、波兰、印度的地步,若仍旧朝酣暮嬉,毫无振作,恐怕只有"待之以亡"了。在报道莫斯科工人大罢工以及俄国资产阶级党人举行反沙皇武装

---

① 《中外新闻》,第1年第22期;第2年第13、19期。

② 《论中国百姓的责任》,第2年第30期,1903年5月。

③ 《地学问答》,第1年第16期,1901年11月。

④ 《论中国人的迷信鬼神》,第3年第6期,1903年8月。

⑤ 竹实饲凤生:《觉民曲》,第1年第3期,1901年6月。

⑥ 《中国第一件喜事》,第1年第10期,1901年9月。

⑦ 黄海锋郎演:《中国人》,第2年第3期,1902年7月。

⑧ 载第1年第1、14期;第2年第15期。

起义的消息中,它又提出:"看来,只有改变政体,那革命党自然渐渐的散去了。若不将政体改变,一味恃蛮,革命风潮,恐怕越发大了。"①要求清政府赶快实行宪政,越快越好。

三、强烈谴责帝国主义侵略我国领土主权、屠杀我国人民的罪行,指出沙俄是中国的"大仇""大敌","俄国亡我之心不死";认为"自己不强"是遭受外国"侵略"的原因,主张遵守不平等条约,维持"中外和局"

1901年后的中国,在形式上还维持着独立的面目,实际上已处于被列强分割的局面。帝国主义在中国可以为所欲为,不费多大力气就能从清政府那里获得它所需要的权益。对于列强加深侵略中国的活动,《杭州白话报》在这一时期发表了不少专文报道加以揭露。

在镇压义和团运动中,沙俄不仅派兵参加了八国联军进攻天津、北京,而且乘机出兵占领了我国东北广大地区。战后,沙俄拒绝撤出东北的占领军,并强迫清政府签订新的卖国条约,企图建立所谓的"黄色俄罗斯"。在《营口强收猪捐》《俄人在哈尔滨修建衙署》《俄人在满洲里设卡收税》《中东路惨杀华工》《俄虐华民》②等消息报道中,该报愤怒谴责了沙俄侵犯我国主权、烧杀抢掠中国人民的滔天罪行。在分析1901年的《中俄新约》时指出,沙俄强迫中国签订"新约",目的就是为了"吞并东三省"③。它还把俄国侵略者比作"双头鹫""如虎如狼的俄罗斯""饿死的大虫""狐狸精",说"俄国真是我们的大仇",俄国"吞并中国心思由来已久",要中国人"时时防备""不可轻心"④。劝告清政府不要依赖俄国,并列举沙俄惯用假奉教门、互通婚嫁、贿赂收买官吏谋灭人国度的大量事实,说明"俄国人是绝对靠不住的"⑤,要清政府放弃"亲俄"的卖国政策。指出如果一味相信它"十分可靠",中国迟早总有一天要被沙俄吞并,波兰的例子就是"榜样"。"沙俄野心很大,绝不止想吞灭一个中国",沙皇"称霸世界"的野心"蓄谋已久","虎狼的志愿,是要吞并全球"⑥。

除揭露沙俄侵华罪行外,该报在《法国看想云南》《德国看想山东》《意国看

---

① 《中外新闻》,第1年第30期,1902年6月。

② 《中外新闻》,第1年第3、10、28、33期;第2年第2期。

③ 《中俄新约大略》,第1年第17期,1901年11月。

④ 黄海锋郎演:《俄力东侵小史》,第2年第28期,1903年5月。

⑤ 《中外新闻》,第2年第16期,1902年12月。

⑥ 《俄皇大彼得遗训》,第1年第10期,1901年9月。

想浙江》《葡国看想香山》《英国出兵西藏》①,及德国军舰开进鄱阳湖等专文报道中,也分别揭露了英、法、德、意、葡等列强在中国强筑铁路,霸占海湾,掠夺矿产,分割领土,夺取中国财政、练兵、教育等大权,加深侵略的阴谋活动。

《杭州白话报》的撰稿人同某些对清政府既揭露谴责,又美化赞誉的报刊作者的做法一样,它一边在揭露列强侵华阴谋活动,一边又对其侵略罪责进行开脱。它错误地把列强侵略中国的原因推到中国人民头上,"归根结底还是中国人自己不好","仔细想来,也是咎由自取"。"自己的国度自己不能强起来,单是怨着外国人也是无用,如今中国情形,闹到这个田地,究竟不是外国人的缘故。"②认为列强来到中国已是"既成事实",不与"洋人"通商往来那是"不明理""不量力",要把它们赶出中国真是"谈何容易"。它要人们安分守己,正视"现实","和洋乃是皇家令","条约是皇帝同外国人订的,皇上既准,难道做百姓的敢不准"③。因此,要"尊重"已经签订的不平等条约,维持中外和好的局面,不要"冲着外人""犯着外人",不能"得罪他",再干义和团一类的"蠢事""傻事""蛮动"。并说"洋人"是个"客人",中国是个"主人",主人应该好好接待"客人",④才算是有道理。"若是一见外国人,不管是好是歹,便撒野动蛮,便是无理",许多人打一个"人生路不熟的远客"不算"好汉"。有的文章还美化外国传教士,称其对中国人"有良心",甚至把海关总税务司赫德说成是"真正帮助中国人办事"的人⑤。这些错误观点都表明了撰稿人对于列强侵略本质缺乏应有的认识。

四、认为"改良"是挽救中国的最好"良方","民智""民德""民力"是强国保种的要素;主张开民智、作民气、去恶俗,办法是开办各类教育,办好白话报

作为一家资产阶级报纸,《杭州白话报》在当时还大力宣传过资产阶级改良派救国救民的主张。在这一方面,集中宣传了"改良"是挽救中国改造中国的最好"良方"。它说:"旧的虽然不好,但是逐渐改良,也没有什么不好。""天下哪一件事可以立刻便做到的么? 所以世上的事情,最重要的是能够改良,是能够持久,这改良和持久两件事,果然合了拢来,哪怕是高山大海,也不能阻难人的。"⑥又说:"现在的中国只是保皇党、革命党已是闹不清楚,再加上守旧党、顽

---

① 均见《中外新闻》,第 1 年第 14—30 期,1901 年 10 月—1902 年 5 月。

② 《时事新闻》,第 3 年第 8 期,1903 年 9 月。

③⑤ 突飞子:《论中国人对付外国人的公理》,第 1 年第 8 期,1901 年 8 月。

④ 《大家想想歌》,录《湘报》,第 1 年第 1 期,1901 年 6 月。

⑥ 《论本报第三年开办的意思》,第 3 年第 1 期,1903 年 7 月。

固党,夹七杂八,闹得一团糟,中国不能维新,更不必说,便算是维新,那政治上面还有一两次极大的冲突,国度里面内变如此之多,还能够御那侮吗?"①要挽救中国最好是"合拢来"从"改良"着手,一步一步慢慢地做起来。

该报认为中国之所以贫穷、落后,屡遭外国的侵略,主要是"自己不能强起来"。强不起来的原因,不外是"政治不新""法子太旧",国家没有一个"好的头目",人民"没有教化""知识不开""不能自立"②。若要不被人侮辱,只有"自强"。要自强,首先得开民智。

如何开民智呢?该报认为开民智的办法有两个:"第一就是要多读书,第二就是要多看报","报纸看得多,书看得透,自然就会聪明"。要读书看报就要识字,"连字也不认得,哪里还晓得保中国的道理呢?"③要识字,就要办教育,兴学校。陈叔通指出,欧美各国政治学术、商兵工艺种种事业日新月异,"端赖教育"④。黄海锋郎说:"现在是教育的世界","智争学战的时代","人无教育,就不能自立;国无教育,就不能自强。今日我们的祖国,内忧外患,相侵相迫,全无教育,中国倘有一线希望,全在教育"。⑤

《杭州白话报》认为要办好教育,首先,必须废除旧的封建教育制度,推行欧美资产阶级教育制度。认为八股害人,不能再用了,科举考试表面上是为国求贤,抢才大典,其实是培育"奴隶根苗",它与缠足同为中国的"千年大害",必须予以摒弃。要仿照西方各国,开办新式学堂,用新法,教新书,让学生学习新理新知,作为将来中国自强之基。其次,教育必须普及,要施及全体国民。不论男女,不论贫富,乃至盲跛聋哑在内,都要受教育。所有郡府州县,市镇村落都要办学校,不仅官办,还要民办。学校办得越多,民智越能大开;文化愈是普及,就愈能挽回国运。第三,教育种类虽多,但应先抓好下列三个方面的教育:(1)女子教育。女子教育是家庭教育的"根苗",儿童教育的基础,组织社会文明的原动力,改良种族的大机关。总而言之,它是"强国强种",关系国家兴废、民族存亡的"独一无二的大事业"⑥。为了办好女子教育,必须批判男尊女卑、女子不配有学问、男治外、女治内、女子不必有学问,女子有了学问要损害德行等轻视妇女的习俗和偏见。(2)家庭教育。家庭教育是一切教育的根本,尤其是

① 《论说》,第 3 年第 4 期,1903 年 8 月。
② 《中国历史》叙,第 3 年第 1 期,1903 年 7 月。
③ 宣樊子:《论看报的好处》,第 1 年第 1 期,1901 年 6 月。
④ 谪者:《劝人识字说》,第 1 年第 2 期,1901 年 6 月。
⑤ 黄海锋郎:《论今日最重要的两种教育》,第 2 年第 9 期,1903 年 9 月。
⑥ 黄海锋郎:《论今日最重要的两种教育》,第 2 年第 9 期,1902 年 9 月。

社会教育、学校教育的基础。没有家庭教育，国家也就衰弱了。家庭教育的重点应放在幼儿教育上面。(3)儿童教育。少年是国家未来的主人翁，"文明种，少年子"。国家要兴旺发达，应该从教育少年做起。儿童教育是成人教育的始基，始基一坏，将来的弊病日久月深，就是有医人的高手，也束手无策了。儿童教育不可"草草"①。办好儿童教育，还需要有才德兼备的教师。作为一个教师总先要正己，要具备"六心"：大公心，爱国心，培才心，不误人子弟心，博采学问心，忍耐改良心。②它号召爱国的知识分子为了培养新一代，勇敢地去担起"教育重任"。此外，一切教育，不论是儿童教育，还是女子教育，都要贯彻德育、智育、体育这个大纲。"民智、民德、民力是改造社会、强国保种的要素。"③民有智，然后才有组织文明的才具；民有德，然后才有志行芳洁的人群；民有力，然后才有自尊独立的气概。就德育教育来说，要特别重视对学生的精神教育。教师要经常给学生讲一些爱国故事，陶冶学生的思想感情，培养学生从小树立"忠公爱国"的思想。在智育教育方面，所有学校都要输入各种自然科学和社会科学知识。在体育教育方面，要加强儿童的保健工作，经常组织儿童开展各项游戏、娱乐活动，女子学校要"强女体"，教育女子放缠足、改装饰、讲卫生，改变近亲结婚的恶俗。该报还从治国必先齐家的思想出发，进一步提出男女社交公开，婚姻自由，办女报，开创女学会，让女子参加社会活动等解放妇女的主张。此外，为了培养更多的救国人才，还主张多派留学生出国学习，尤其是到日本。认为"日本是我们的先生，我们要学习它的榜样"。所有留学生都要"心中牢牢记念国家，不要时时记念个人功名"。

该报在这里所鼓吹的通过办教育、兴学校来广开民智，进而达到救国的主张，实际上也就是当时资产阶级改良派所主张的"文化教育救国"。近代中国历史证明，单靠办教育还不能救中国。但这种办教育、开民智的主张对于推动我国近代教育事业的发展，特别是动员广大爱国知识分子投身教育事业曾起过一定的作用。

《杭州白话报》认为当时的中国，民气"孱弱"，还需要作民气。作民气的办法是：要使中国人"知耻""知愤"，有了知耻的心事，便能产生"爱国的志气"，"鼓起爱国的热力"，④知道了愤恨，就能激发自强保国的决心。为此，它先后发表

---

①③　黄海锋郎：《论今日最重要的两种教育》，第2年第9期，1902年9月。

②　《论说》，第2年第13期，1902年11月。

④　《谨告阅报诸公》，第1年第33期，1902年6月。

了《檀香山华人受虐记》《华工禁约记》①等文章,介绍华侨在国外"有国不能保护,有领事不能申诉",受尽帝国主义欺侮的情形。在《中国人最羞辱最悲愤的纪念碑》(第2年第2期)的评论中,指出"国家的耻辱就是百姓的耻辱"。要人们"怀羞记愤,不忘国耻"。为了鼓起中国人的志气,它发表了曼聪女士编写的《女子爱国美谈》《少年的故事》,黄海锋郎编写的《日本侠尼传》②,介绍法国大革命、美国独立战争、南北战争以及日本明治维新运动中,这些国家妇女、少年为反对外来侵略,捍卫国家主权,争取民族独立,英勇献身的事迹。它号召中国的女子、少年"第一树立志,第二树立气"③,向法国、美国、日本的女子、少年学习,走出家庭,投身社会,振作志气,抖擞精神,担起"改造老大中国的重任",做一番"爱国救民的新事业"。为了鼓起民气,它还特意辑录了《泰西格言小训》④,如"人生于忧患,死于安乐""世界是一个大学堂,困苦是个好朋友""耐苦是做人的第一要件""天下的事不进则退""不要怕将来的烦难,不要叹已往的困苦""替国家殉身,算是最大的幸福"等,用来激励人们为国家民族献身。在一篇题为《中国人》⑤的短论中,编撰者还满怀信心地说,只要中国人真的鼓起勇气,发愤图强,不避艰险,不畏强暴,一定能够把一个昏沉沉的中国变成一个烈轰轰的中国。

《杭州白话报》认为当时的中国社会风俗太旧,这些陈旧的风俗一天支配着人们的头脑,就一天在阻碍着社会的进步。若不将它扫除,新的风俗就建立不起来,民智民气也谈不上大开,"强国保种"到头来还是一句空话。因此,"改良社会"不仅要开民智,作民气,还要改习俗。为此,它开辟了"俗语指谬""俗语存真"两个专栏,把日常生活中人们信用的俗语集中起来,用通俗浅显的文理逐条加以分析,指出哪些是对人们对社会有害的,哪些是有益的,从而使人们弃旧从新,不再去信那荒谬的话,树立新的社会风尚。

"俗语指谬"⑥一栏,辑录的俗语共有十七条。主要批驳了这些俗语中散布的信仰天命鬼神、重男轻女、以旧为尚、图私不公的落后反动思想意识。如在"是非只为多开口,烦恼都因强出头"条中,指出:"若是人人不管闲事,毕竟天下

---

① 载第1年第21—28期;第2年第6期。
② 载第2年第1期、第2年第8期,1902年7、8月。
③ 暝盦:《少年呵》,第1年第28期,1902年4月。
④ 第2年第30—33期,1903年6月。
⑤ 第2年第3期,1902年7月。
⑥ 第1年第12—33期,1901年9月—1902年6月。

事让哪一个去管呢?"批评了那种怕惹是非、不关心国家社会、自私自利的行为。在"四书熟、秀才足,五经熟、举人足""书中自有黄金屋、书中自有颜如玉"条中,指出:这是坑害中国读书人、贻害天下的"毒药"。在分析"嘴上没毛办事不牢""不听老人言,吃苦在眼前""衣裳欲新人欲旧"条中,指出:办事好坏不能以人的年龄大小为标准,主要看一个人有无见识,有无才力,有无志气,最要紧的是看他有没有"公心"。年纪大的未必都能办事,年纪轻的尽有很会办事的。守旧的未必全是老年人,老年人未必全都守旧。它还结合戊戌变法失败后的中国现状,批驳"人欲旧"。指出"现在的中国穷到这种地步,弱到这种地步,国家败坏到这样,毕竟是守旧党弄坏的呢?还是维新党弄坏的呢?必定是守旧党弄坏的了"。鼓励少年人要能在困苦中锻炼。"一块金,若不经过熔铸,便不成器物;一个人,若不经过风浪,也成不了英雄。"在"女子无才便是德""痴男胜过巧女""男女相去五百级"条中,强烈谴责了封建社会轻视妇女、迫害妇女的罪行,再一次阐发了解放妇女的思想。在"由天由命不由人""一命二运三风水四积阴功五读书""不信神明但听雷声"条中,通过摆事实,讲道理,揭露封建迷信骗人钱财、愚人头脑。指出天地万物人为贵,世界上只有人事,没有天命,也不存在"劫数"。菩萨不能把人救出苦海,神灵不能使人摆脱贫困。中国若不将这些旧观念打破,要想开发智慧,万万不可能。

"俗语存真"①一栏,辑录俗语十一条。主要是肯定了这些俗语中所含有的合理成分。并结合当时内忧外患之现实,劝诱人们去扎扎实实把救国保种的事情做起来。如在"知己知彼,百战百胜"条中,发挥了"智强愚弱""优胜劣败"的进化思想。在"将相本无种,男儿当自强"条中,把中日两国加以比较,说明一国"强不强全在乎自己"的道理。如果中国人个个都把国事看得很重,"讲究自强",就是"把中国变做世界上的第一等强国,也是不难的"。"人争气,火争烟"条,说明一个人要紧的是要有志气,没有志气,就入下流了。"男有刚肠,女有烈性"条,批判了忍辱吞气、三从四德的封建伦理道德,引导人们以"国家大事为己任",有胆识有气概地为国献身。"单丝不成线,独木不成林"说了"合群"才好强国保种的道理。"说得十句,不如做到一句"条中指出:改良国家不能光停留在纸上、嘴上,"最要紧的是把有益的事体实心实力的做起来"。

"俗语指谬""俗语存真"虽然对人们日常生活中信用的俗语中的封建毒素进行了不少批驳,对其合理的部分进行了肯定,但是撰稿人在分析批驳中又自

---

① 第 2 年第 1—12 期,1902 年 7 月—10 月。

觉和不自觉地宣扬和散布了某些错误的观点。如在批驳"不听老人言,吃苦在眼前"时,一方面鼓励少年要能耐苦,另一方面又说,"少年人能够吃得苦中苦,将来好做个人上人",引导青年去做压迫人民的统治者;它还把老年人归结为有四大特点:"喜静""好旧""自信""妒嫉",这也是缺乏实事求是的分析。在"俗语存真"的"家不和,邻舍欺;邻不和,外人欺"条中,撰稿人竟把戊戌变法中维新派同顽固派的斗争说成是"家不和",把八国联军侵略中国说成是"邻舍欺",这些类比都很不恰当。在"人争气,火争烟"中,对人民反洋教斗争再次进行诬蔑,说这样出气"错了,错了,大错了,要想这样出气,就是闹到落花流水,还是自弄自,自杀自,再再没有出气的地方"。不过,话又说回来,由于"俗语指谬""俗语存真"所列举的俗语都是人们日常所用的,与人们的生活思想关系密切,加上在"指谬""说真"时文字通俗,说理明白易懂,因而受到人们的欢迎。《本报二年期满总论》一文说,由于报纸开辟这两个专栏,该年发行量一下子增到近千份,发行处由原来的三省六处增加到七省二十二处。杭州求是书院、浙江武备学堂学生曾自费购买数百份到社会上去散发。由此可见,"俗语指谬""俗语存真"对于启发人们思想,改变社会风俗起过一定的作用。

在改造社会习俗方面,该报在 1901—1902 年间还相继发表了陈叔通写的"五禁"(禁烧香、禁扶乩、禁拜忏、禁谣言、禁赌博),"四戒"(戒吃素、戒行会、戒吃烟、戒吃酒),"一废"(废祭祀),"一去"(去忌讳)等十一篇变俗短论①。这些文章对于破除迷信,解放思想,改变人们的风俗习惯、传播科学知识,同样起了积极作用。

《杭州白话报》编撰者认为只要中国真的民智开了,民气鼓了,风俗改了,中国就一定会出现"政治良、经济富、民智开"的局面。中国就一定能"恢复那威荣赫赫的文明胄",一定会"庄严国土耀亚东",迎来一个"瑞气千层,祥光万道,一时灿烂满天红"的"新世界"②。为了"引人入胜",黄海锋郎专门发表了《华严世界》(第 2 年第 20 期),给人们描绘了一个未来美好的社会图景。在这个未来的社会里,"无尘无垢,不惊不扰",没有压迫,没有剥削,没有法律,财产公有,一切均由民主选举产生。这个"华严世界"不过是康有为"大同世界"的翻版。

除上面的主要内容外,《杭州白话报》从开民智的目的出发,在传播天文、物理、化学、医学等自然科学知识方面也做过不少工作。如在"地学问答""谈天"

---

① 第 1 年第 16—32 期,1901 年 11 月—1902 年 6 月。

② 黄海锋郎:《恭贺新年》,第 2 年第 8 期,1902 年 9 月。

栏目中,它常常刊载一些解释日常生活现象和日用品物理化学原理的文章,既有实用价值,又能提高人们的常识和对科学的兴趣。

最后,还要提一下《杭州白话报》在体裁方面的一些特点。该报文字通俗,文章简短,形式活泼多样。它所有的文章都是用白话文写的。许多论说、报道用简短的词句,冷隽明利的口吻,使读者一目了然。尤其是它的短评,明快尖刻,大胆说话,颇能引起人们的注意,可以达到宣传的效果。而许多翻译的外国传记、故事,由于文笔畅达,叙事生动,受到读者的喜爱。这些都是该报的独到之处,对后来的一些刊物有所影响。

《杭州白话报》在它存在的近三年时间里,曾做过很有益的工作,在当时起了一定的启蒙作用,对提倡白话文也很有影响,这是应该肯定的。但由于它只强调开民智、作民气、改习俗,而政治上又主张改良,也有某些消极作用。随着形势变化,资产阶级革命派的影响日益扩大,《杭州白话报》所鼓吹的改良主张渐渐失去了原有的活力。从1903年下半年起,该报的编撰人员发生变化,有的出国留学,有的改做其他工作(林獬稍后主编《中国白话报》,并参加《警钟日报》工作,积极鼓吹革命)。该报无法维持下去,到1904年1月停刊。

《著作林》

　　《著作林》，月出一期，每期一册，大三十二开本，约四十页。1906 年年底创办于杭州。由著作林月报社编辑发行。第一期至第十六期为石印本。1908 年 8 月著作林月报社迁至上海，《著作林》从第十七期起改为铅印。同年 12 月，《国闻日报》创刊，《著作林》并入该报。从创办到停刊一共出了二十一期。主编为陈蝶仙（天虚我生），义务专栏编辑有潘兰史、杨古韫、沈孝耕、徐冠群、孙芸伯等。

　　《著作林》的问世，同当时中国社会的矛盾斗争分不开。1900 年义和团运动后，中国政治形势发生了重大的变化。革命形势急转直下，革命力量飞跃发展，革命团体纷纷出现。1905 年中国同盟会的成立，标志着中国资产阶级民主革命开始走向高潮。随着革命运动的兴起，文学作为革命斗争的武器也蓬勃发展起来。以柳亚子、高旭为代表的"南社"虽正式成立于 1909 年，但其活动早在 1906 年前后就开始了。他们以诗歌为武器，揭露清王朝的腐朽黑暗，抒发革命的情怀和理想，配合了当时的革命斗争。革命派诗人作家慷慨高歌，进步的革命文学诗歌蓬勃发展的同时，在垂死的传统文坛上，各式各样的腐朽诗派文人也活跃并嚣张起来。在北方，有张之洞、郑孝胥等组织的"诗社"（时称北社），在上海地区，也日渐形成了一个名为"鸳鸯蝴蝶派"的文学流派。《著作林》的主编陈蝶仙就是这个反动腐朽文学流派的主要代表之一。他们争奇斗异，自鸣高雅，无视现实，无耻地为垂死的王朝歌功颂德，为残破的河山涂脂抹粉，以此来消弭人们的斗志，转移人们斗争的视线，企图阻挡革命的发展。《著作林》所搜集的主要就是这类性质的作品。《著作林》的宗旨是："保存国粹""搜罗古董""搜集遗编"，抵制当时兴起的进步文学革命运动。

　　《著作林》初设有写真（摄影）、文薮、谭丛、评林、诗海、词苑、曲栏、说部、乐府、杂俎等专栏，自第十七期起，又陆续增添了南北社课选瑜、四海丛谈、天涯问答、古香堂文录、蓬盦诗话、络珠仙馆诗钞、摘星楼词选、春声馆曲选、海天投赠集、楹联随录、碎锦集等专栏。

　　《著作林》的主编陈蝶仙以擅长诗词曲名噪于当时，所以《著作林》上的文章主要以旧体诗词曲为大宗,尤其是旧体诗为最多。

《著作林》中的旧体诗中,不少是"啸傲烟霞、嘲弄风月"的风土景物的小诗。如第一期至第十六期"谭丛"栏中集录的诗大多属于这类。《兰雪斋诗钞》(第十八期)以"秋"为题,一连写了"秋花""秋草""秋河""秋山"等八首秋景诗;又如《消寒集》中以"寒"字为韵,先后写了"寒雨""寒梅"等十一首消寒诗。这些诗大多枯淡迂缓,毫无生气,情调低沉,毫无价值。也有不少诗是悠然自得的封建士大夫庸俗生活的记录。如"凭栏一片风云气,来作神州袖手人""寒梅冷淡得知己,修竹清高伴可人"(第三期);又如西湖八十一咏、荷静纳凉、蝶梦蝶影、睡美图、记游诗等。在这里,诗已成了封建文人雅士消遣时日的古董玩具。但是,更多的却是吊古伤今,颓唐堕落,孤吟欲绝,感慨平生,自吟、怀旧之类的伤感诗。由于对当时激烈动荡的社会政治表示厌倦、害怕斗争,因而带有浓厚的悲观厌世的色彩。诸如"云阴黯淡雨声酸,社会前途路渣漫"①之类的诗句就是如此。

《著作林》中集录的旧体诗,有的还极力搬弄典故,因而生硬晦涩,不能卒读。少数反映现实的作品,则模糊深奥,令人莫解。有的由于一味追摹汉魏盛唐,强调神韵,追求高华典雅,专事修饰,结果反而淹没性灵,失去真实,成为空调,因此显得非常贫乏。总之,《著作林》中的旧体诗大多思想水平不高,缺乏艺术价值。不过,这种脱离现实、缺乏内容的诗作却正好迎合了当时封建统治者粉饰现实的需要,起了美化腐朽统治的作用。

至于《著作林》中集录的词,一般也只以模拟为能事,丝毫没有跳出传统的窠臼,内容绝少可取。而刊载的曲作,除第十三期《花木兰传奇》一文外,其他的大多内容平庸,陈陋不堪。

《著作林》中诗词曲作品内容之所以如此低级庸俗,原因大致有二:(1)同主编的政治倾向以及作者的成分庞杂分不开。陈蝶仙自始至终坚持诗词必须"从正宗""不用新异之语""不随时俗",而作者中,则不乏落魄文人、失意政客、退闲官僚,"淑媛循吏"有之,"良医、侠客、书画家、金石家、释道、倡伶之辈"有之,什么阶层的人都有。(2)它反映了当时封建地主阶级和买办势力对文学创作的要求,和半殖民地的上海社会风尚相适应。

不过,这里需要指出的是:尽管《著作林》中绝大部分诗词没有什么价值,但在它里面仍有少数感叹兴亡、关心时事、苍凉激越、凝练深沉的好诗。如李靖国的《和晋人少瘦生辽东感事十二首之四》(第九期),就是其中的一首。"操戈入室人争侮,逐鹊居鸠树不安,去一豺狼来一虎,后尘深恐步三韩……兵消向戍知

---

① 《著作林题辞》,《著作林》第十九期。

287

何日,数到荥阳亦大灾……山川过眼都成劫,造物兴戎太不情。"这是一首反映日俄战争的诗。诗中控诉了1904—1905年日俄帝国主义争夺我国东北,火拼厮杀的罪行,同时也表示了对国家命运前途的无限的忧虑。

同《著作林》中的诗词内容相比,倒是它在说部、杂俎方面刊载了一些颇能反映当时社会现实的作品。如《蜗触蛮三国争地记》(虫天逸史撰,第二十期),政治倾向十分鲜明,矛头直指清政府和外国侵略者。文章把清政府比作老大自居、顽固保守的"蜗牛",把那些封建大臣喻为"应声虫""可怜虫""叩头虫",斥责他们行愚政昏、醉生梦死,"无事则湖山歌舞粉饰太平","日于半间堂斗蟋蟀为戏",腐朽到了极点。文章把沙俄帝国主义比作专门蚕食邻国土地的"蛮国",把日本比作伸手抢劫中国土地的"触国",指出它们都是"侵略强盗"。又如《自由花传奇》(第一期说部栏),作者通过一个女子"懊侬"的自白,血泪控诉封建社会残害妇女的种种事实。"倒说那刺凤描鸾是尽女儿家的义务,生儿育女是妇人家的公债,唉,照此说来,天生下来我们这些女孩家是该派做奴隶的不成呀,我好恨也。""我们作女儿家的,口耳鼻舌,那般儿输与男子,为甚天生了我,父母养了我,便硬派我作个残废无用的躯壳,言语行动都有限制,动不动说失了女儿家的本分,还将我这双足儿,束成瘦竹笋,又将我这对耳轮,锁上双环,竟把我当作一个罪人般处置起来呢?"文章强调男女平等,反对缠足、穿耳等恶俗,反对包办婚姻,主张兴女学,婚姻自主,让妇女走向社会,增广见闻,有爱国思想和自主能力。女子"在深闺埋没,终归无用",鼓励女子"筑起平等阁,击响自由钟",做一个"为民造福"的"巾帼英雄"。像这类反映现实社会的好作品还可以举出一些。如第十八期"乐府新例"栏的《东家颦》(瞿园撰)一文,揭露清政府的"自强新政"是东施效颦,"丑颦眉作羞态",越效越丑。内容不谓不深刻。又如第十三期"说部"栏《赈饥食报》一文,叙述了1907年山东大旱,巨野知县姚宏毅夫妇变卖家产赈恤五千灾民的动人故事,歌颂了与民同患难的"清官""好官",表达了人民对良好吏治的渴望。这些都是《著作林》中值得肯定的地方。

总的来说,《著作林》虽然在少数作品中有一定反映社会问题的内容,但就它总的倾向看是很腐朽的。保存国粹、搜集骨董的办报方向使它严重脱离社会现实斗争,客观上为垂死的封建统治起了粉饰太平的作用。后期的《著作林》以网罗千家诗人之作为标榜,实际上已彻底堕落为封建腐朽文人反对社会进步、阻挡社会变革的反动阵地。

《普通学报》

《普通学报》1901年11月创办于上海,普通学书室编辑发行,主编杜亚泉。共出五期,木刻本。

杜亚泉(1873—1933),原名炜孙,字秋帆,号亚泉,别署伧父、高劳。浙江会稽人。是我国近代史上有名的爱国学人。早年仰慕林则徐、魏源,受经世匡时的近代今文经学进步思想影响较深。甲午战后,接受进化论观点,究心时事,关心社稷民生,注意研究资本主义国家的经济、文化、教育,主张社会改良。1899年,杜亚泉在绍兴中西学堂执教,任理科教师,教数理化等课程,同时兼习日语,购买上海江南制造局所译诸书,日加研读,虽无师指点,能自得门径。当时学校监督为蔡元培。在维新变法思潮的激荡下,学堂教员也分为新旧两派。杜为新派,他同蔡元培一起提倡民权女权,提倡物竞争存的进化论,并就尊君卑民、重男轻女等问题同守旧派展开多次辩论。1900年9月,校董徐某公开袒护旧派,蔡元培和杜亚泉等愤而辞职,并一起来到上海。

杜亚泉来沪后,便从事文化方面的宣传活动。同年10月,他集合同志数人,开设了以他名字命名的亚泉学馆,创办《亚泉杂志》。该刊是我国科学期刊的嚆矢,主要"辑录格致算化农商工艺诸科学"。但创办后,因"流行未广,数月内折耗多金",以致连亏巨本;又因"图式太多,排工甚费",不能按时出版。社会上对它的出现也不了解,不少人误认它是日本人办的,同《亚东时报》混为一谈,在来函中往往称其"大日本亚泉学馆""大日本亚泉杂志",询问"亚泉"二字取其何义等。为了消除读者的误解,1901年11月杜亚泉遂决定将亚泉学馆改名普通学书室,将《亚泉杂志》更名为《普通学报》,仍自任主撰。刊物的内容也由以自然科学为主改为社会科学和自然科学内容并重,使它成为一个综合性的杂志。

《普通学报》设有八个学科,实即八栏:经学科(心理、伦理、政法、宗教、哲学);史学科(中外历史、地理);文学科(文典、修辞、诗歌、小说);算学科(数学、几何、代数、三角);格物学科(地学、化学);博物科(矿物、动物、生理、卫生);外国语学科;学务杂志(学校教科章程、新图书评论、海外留学生通讯等)。由于出版期数甚少,大部分没有做到。

该刊看来内容很杂,但主要是知识性的介绍。在社会科学方面只有很少几篇政论文章,颇能触及时事,联系当时的社会现实。

该刊对清朝统治阶级醉生梦死、抱残守缺、不图振作,表示强烈的不满。对帝国主义列强的侵略也进行了抨击。如《宪法论》(第四期)列举大量事实,谴责列强在我国划分势力范围、强占我国主权的罪行,它指出:"瓜分之祸实由德占胶澳肇其端,俄占旅顺大连,法窥两广,英觊觎西藏……皆裂我疆土,掠我矿藏,侵我主权。"《物竞论驳义》(第三期)对日人加藤弘的所谓"强权即公理","人类天赋之权利"不过是"空谈""梦幻""泡影"等谬论进行了批驳。认为人类"有公理",强暴者虽一时"得逞"但终究不能进步,人们只要"万心同思,万口同言,万手同著,进而不喜,退而不惧,我生之后,继我如故",坚持斗争,一定会获得"最远的坦途"。文章还以法国革命为例,说法国"革命之前,国运颓靡,社会腐败",革命后"文明猛进",从而得出结论:"天者非他,公理而已矣。理也者,势之母也。"

该刊对于当时中国社会的改造问题,也发表过自己的看法。它认为当时的中国已经到了"危亡旦夕",必须设法"拯救"。拯救之法只能是"进化",不能是"强力""暴力"。它主张"君主立宪政治",认为要实现这个目标的根本措施,莫如"兴教育""办学堂""育人才"。

杜亚泉在《浔溪公学开学之演说》(第五期)中说:"所谓新者,无非为腐者之改良;所谓腐者,又未始不可为新者之材料也。"认为:"化腐朽为神奇,正今日以后可图之功业。"力主用改良的办法来改造社会。蔡元培在《说孔氏祖先教》(第三期)一文中也主张这一观点,他说:"人与人相戕,以阻社会之进化,犹之细胞与细胞相戕,以窒人体之生机,此最可痛之事也。"他们十分钦羡日本的立宪政治。《宪法论》的作者说:"欧美政法常有秋风萧杀之气,而日本政体独有春风和煦樱花薰朝晖之色……欧美诸洲,夙以自由国而夸,以独立独行民主而骄,虽然一番青史,而讨究其宪政之由来,仍皆出君民轧轹上下斗争之余,斑斑血痕,今尚非留污点于其史上,而使人思当年之悲风惨雨乎?"而日本君主立宪国"上继承皇祖皇宗遗训,而绍述统治之洪范,下嘉奖臣子之忠实,而巩固翼赞之丕基","与民之议政之实权"。其认为这种政体"最宜于中国"。作者要求中国人民"上下合同,朝野一致","以发立宪之美花,结代议之良果"。

关于办教育、育人才,该刊认为:"凡百事业,无不从学校中来。"兴教育办法有三：(1)派遣留学生，尤其是要多派人赴日本留学；(2)各省选派有学问有才干热心任事的知名人士赴日本，实地考察日本各类学校办学经验，回国后，照日本程式，仿而推之；(3)各省设立师范学堂，这样"一年内得干事者千百人，小学堂无不可立"。它认为只要中国抓住了教育，"逐事便可改良"，社会就"得步进步"（第四、五期）。

在反对迷信，改良风俗，解放妇女等问题上，该刊也有所议论。如反对封建迷信，蔡元培在《说孔氏祖先教》中指出："儒家无鬼神""孔子不信有鬼"，但重视"祭祀"。"烦缛其祭仪，岂亦有意惑人为巫觋僧徒之所为欤？曰：否。是乘人心悼往之至性，而因而用之。""设神游之术，以巩同体之纪念。"关于灵魂不灭问题，他说："然则无所谓灵魂乎？曰：有。何在？在人。人死，则何在？曰：在其子孙与其徒党。"他还用物理学上物质不灭的观点进一步指出："人死而体魄化为土壤，为植物所吸收，其植物或为人食，或为鸟兽食，而鸟兽又为人所食，此轮回之义而物质不灭也。"其说虽怪诞，但一反从前命由天定的迷信说法。作者还说：所谓"魂附体"之说，"魂是道义"，体魄固然重要，但更重要的是道义，"自古皆有死，人无信不立，言行洁白而能范一世，虽极卑贱者，亦灿有光辉，犹置电灯于低处，其光照四方"。这里实际上讲了一个道德精神至上的问题。在社会风俗方面，该报主张反糜奢，讲节用。关于解放妇女，主张"黄种诸国，与白种竞争，而归本于急进女学，男女平权"。在小说《英女士意失儿离鸾小记》中，通过一个英国女子意失儿冲破家庭阻挠自由恋爱结婚的故事，阐述了妇女婚姻自由自主的思想。

该刊有关自然科学宣传的内容相当广泛。它集中介绍了当时西方各国在自然科学方面的研究成果，较系统地介绍了数学、物理学、化学、地质学、动物学、植物学等专门学科知识。这些宣传介绍通俗易懂，既有实用价值，又能引起人们对科学的兴趣。

《神州女报》

《神州女报》分辛亥革命前后两个阶段,分别介绍如下。

一

该报于 1907 年 11 月创刊,出三期。上海神州女报社编辑,智群书社发行。主撰有陈伯平、吴芝瑛、徐寄尘等,义务赞成员有周梦秋、陈以益、徐双韵、日人长谷川宇太治和河野传子等。它以"提倡中国女学,扶植东亚女权,开通风气为宗旨"。设有论说、学问、舆论、小说、记事等二十余栏,多是有关妇女解放的问题。

该报着重谈到男女平权和女子解放问题。它认为,实现男女平权,首先遇到的障碍是封建宗法制度对妇女的束缚,因此批判封建道德应是妇女解放的起点。它历数了封建专制下妇女遭受的层层压迫,揭露封建专制家庭的黑暗和旧婚制的不合理。"中国女子自髫龄以达及笄之年,支配于父母权力之下,既嫁之后,则又支配于其夫权力之下,所谓未嫁从父,出嫁从夫者,举完全无缺之人权直等于赠送或贩卖之关系。"所以,"要提倡真正的女权,定要把四千年来三纲三从的邪说破坏得干干净净,然后女子才有见天日的希望"。"作一个新妇女,应当有独立的人格,应当和旧家庭决裂,进行女子家庭革命。"它还强调要消除包办婚姻的恶习,保证女子结婚和离婚的自由。"不用父母强逼,媒妁说谎,一任本人作主。""提倡自由结婚主义。倘有彩凤随鸦,明珠投雀,遇人不淑,则急当宣布离婚,任其再嫁,禁娶妾旁淫之俗,明夫死守节之非,务使男子不能有加于女子,女子亦不能有下于男子,如此则自由平等之风普及矣。"①

该报又认为,为进行家庭革命,实现男女平权,女子还应享有教育的权利。男女"一样是人",同其五官四肢,有血有骨有肉,为何不可享有教育!所谓"女

---

① 亚卢:《女子家庭革命论》,"演坛"二(珏),《神州女报》第 2 期。本篇以下引文皆选自《神州女报》。

子无才便是德",就是要"使女子沦为男子的奴隶和玩物"。女子要成为"新世纪的人物",必须"读书求学",方可"摆脱男子牢笼""人格健全,头脑聪明"①。女子受教育,关系到国家的富强,种族的存亡。"不知国之兴亡,匹夫匹妇各有其责,况乎今日之时世,非仅仅男耕女织所可以治也,必也,人人有普通之知识,人人有重大之责任,人人有精深之学问而后国之富强有望矣。"该报对于清政府仇视女学、摧残女学表示极大不满,指出"非女子教育发达之后,断不能有完全之教育;而中国非大革命以后,女子教育断不能发达"。②这是正确的。

该报还指出,女子不仅应摆脱旧家庭束缚,而且需要争取经济和政治上的权利。"近日之大势,计之一切生产机器,握于绅士富豪之手,夫言男女平权,夫得所谓平等哉?……唯以今日之女子当求最上之根本改革,其所谓根本改革者,即改革现今经济界及政治界。财产既平而后人人免受治之辱,人治既废,而后人人免受制之苦。"它提倡女子应当从事一切社会服务活动。在政治方面,它主张女子在法律上享有充分的权利,有参政权。但又指出,目前清政府的"立宪是场骗局,国会是愚民的工具",女子不应"委蛇于议院政治之下",去参加这种"假立宪"。女子即使取得了几个席位,至多也不过做个"圣朝的顺妾"。正确的做法应当是"以牺牲的手段,去救同胞"。③

《神州女报》是为了纪念秋瑾被害牺牲而创办的,因此有关"秋案"及秋瑾的事迹遂成为它的一个重要内容。

该报"不惧权要,不畏罗织,发言著论,秉持直笔",公开悼念这位为革命英勇牺牲的女英雄。志群《神州女界新伟人秋瑾女士传》、吴芝瑛《秋女士传》、徐寄尘《祭秋女士文并序》等文,生动地叙述了秋瑾为救祖国而革命奋斗的一生。赞颂她"辩谈锋出,英爽扑人,任侠负义,傲气凌云,悲歌好剑,使酒工文","慷慨好施,激公好义"。称她是"神州女界伟人""女豪杰""女界楷模"。秋瑾牺牲后,亲属不敢过问,遗体由同善局草草备棺收殓。1908年2月,吴芝瑛、徐寄尘、陈去病等好友,根据秋瑾生前"愿埋骨西泠"遗愿,将秋瑾安葬于杭州西湖西泠桥畔的岳坟附近。吴芝瑛亲自为秋瑾撰写了墓表。二十五日葬仪结束后,又开追悼大会,到会者两千多人。事后又组织秋社。该报对此均有报道,并刊登了各界人士悼念秋瑾的祭文。

秋瑾不仅是一位革命家,还是一位作家和诗人。她短暂的一生,给人们留

---

① "演坛"一(璜),第2期;拙存:《女男不当平权说》,第1期。

② 陈哲衡:《禁止女学堂之非》《论学部严定女学堂章程》,第2期。

③ 志剑:《题字题词》,第2期;亚卢:《湖南女子请开国会》,第3期。

下了不少作品。该报搜集刊登的有文论《敬告姊妹们》《中国女报发刊词》《演说的好处》《致湖南第一女学堂某君书》《致王时铎书》以及未完的译作《看护学教程》。诗词有《题动石夫人庙》《菩萨蛮·寄女伴》《满江红·小住京华》《和全唐诗话中鱼玄机原韵》《申江题壁》《勉女权歌》《同胞苦》以及《宝刀歌》《红毛刀歌》《宝剑歌》《剑歌》《黄海舟中日人索句并见日俄战争地图》等。

秋瑾牺牲后,舆论大哗,浙江进步人士筹议上控,留日浙江、江苏同乡会通电抗议,连外国报纸也有所指责。为了蒙骗舆论,掩盖屠杀革命者的罪行,绍兴知府贵福发布了所谓"安民告示",公布了由他炮制的审讯记录,浙江巡抚张曾扬公布了致军机处的有关电奏。该报对此痛加驳斥。梦秋在《绍兴府贵守安民告示析义》中指出:秋瑾是在"证据不足"且未通过"法律程序"、"不经公审"的情况下被杀的。"所谓证据者若何? 则不过一自卫之手枪,一抒写性情之文字也。果然则仅得一违警罪而已嫌失人矣,乌得而杀之?!"《浙抚电奏驳义》斥责张曾扬的电奏"虚无荒谬,海市蜃楼,不可究语,欺罔天下,草菅人命,肆无忌惮,闻者发指"。指责其一伙"躬负残民误国之罪","昏迷悖妄杀人",像这样"人面兽心的诬告陷人于死之官绅"应"处以反坐罪","以谢天下"。"滑稽丛录"栏还把贵福画成乌龟的样子,把张、贵比作狼、狈,是一伙"邀功取宠、图官发财、用弱女子的鲜血染红了自己顶子的奸人"。该报指出,残杀秋瑾是在"恶魔政治下"发生的,"杀秋瑾者贵福,纵贵福者政府",清政府是杀害秋瑾的刽子手。该报申言,争取男女平权无罪。"女界愈文明,则男女平权之见且愈烈,即欲以是为秋瑾罪,其罪亦不至于死,欧洲妇女且争选举权矣,岂将尽杀之耶?!"①它正告清朝统治者,"革命是一股潮流,人心所向,不是用杀人办法,能阻止得了的"。②

浙江巡抚张曾扬捕杀秋瑾,得到了浙江巨绅、立宪公会成员汤寿潜支持。汤曾向张表示:"这等人不杀何待!"该报对立宪派助纣为虐的可耻行径表示强烈愤慨。"国会者政府所以愚民之工具,而腐败之立宪党,升官发财终南之捷径也。"③该报对出卖秋瑾的劣绅胡道南、袁迪安进行了无情的痛斥,指出他们是"狗彘也不若之物",并编了一出滑稽戏《猿狐计》,把胡道南(字钟生)比作"狐众生",把袁迪安比作"天生混世鬼""癫鼍鼋"。该刊还代表广大妇女,正告一切卖国贼:"天下卖国贼听着,你们别以为我们女子柔弱,就不好奈何你们了,你们可

① 《论秋瑾之被杀》,第1期。
② 《浙抚电奏驳义》,第1期。
③ 亚卢:《湖南女子请开国会》,第3期。

晓得,历史上有的,世界上的奸臣乱贼,凡有男子杀他不了的,大半多出女子之手。"①

为配合江浙地区反对苏杭甬铁路借款斗争,该报特辟"路事""警告"专栏进行鼓动,指出"借款成则路权失,路权失则江浙亡"。此存亡关系不只是江浙,实为中国全国问题。因为铁道是国家的交通命脉,同胞存续之生命,况乎列强得陇望蜀,后患正长,西北各省路矿不久亦将陷于危机。如果不奋起挽救,势必"千年宝藏,供寇盗之赍粮,大好河山,作白人之领土,印度、波兰前车犹在,岂不大可惧耶!"②号召群众起来拒款护路。该报还用专页影印了"天下兴亡,匹妇有责"八字,又用醒目的大号字刊印"大祸临头! 我们中国女同胞都要出卖了! 都要做英国的奴隶了!"以惊醒国人和广大妇女。在"女界之对于苏杭甬借款问题"栏下,报道了上海爱国女校召开全校师生大会筹商抵制借款事宜;上海女子中学堂召开女界保路大会;上海十一所女校联名打电报给外务部,指出"借外款,失土地主权,后患无穷!"杭州某女校甚至习兵式操,主张用武力解决。

在保路拒款斗争中,资产阶级上层和某些官僚地主想把运动限制在和平请愿的范围,希望清政府收回成命。该报明确指出:清廷及其官吏"不惜民生,不顾大计",早已成为"外人之犬","国民的蟊贼,同胞之公敌",不应当对它抱有幻想。该报甚至主张推翻清政权:"方今路将垂成,复借外款,主权坐失,枝节横生,夫夺我主权,媚彼外族,律以春秋大义,罪在不赦。……孟子不云乎:君之视臣为犬马,则臣视君如寇雠。又不云乎:君有大过,则谏,反复之而不听则易位,审是则政府苟有一毫独断独行朘国媚敌之伎俩,我同胞即可急起直追,死相抵抗,义旗北指,还我冠裳,况彼已恶贯满盈乎。""保护我主权者,我即认为政府,敝屣我主权者,我即目为公敌,此实正当之行为而无丝毫野蛮存于其间者,宁可与干净土以俱尽,不当托小朝廷以苟存。"

该报的编撰者有不少人从事教育,同江浙地区的女校关系密切,因而该报发表了不少有关女子教育的消息报道,并刊登了一些女校的章程。在"神州诗选"栏辑录了女子教育歌曲和女校的校歌。诸如爱国女校《整队歌》《收队歌》《普通女学校勉学歌》《励志歌》等。如韧之的《女权歌》:"古来第一事不平,男尊女子轻,三从实可耻,从父从夫又从子,从父犹可言,家庭教育受髫年,夫妇实朋友,母从子命尤荒谬,须知男女平等,尊卑贵贱复何有,二万万同胞女子争,权利

---

① 《杂录》,第1期。
② 雁:《为路权事警告女界》,第1期。

全天授。"又如《普通女学校励志歌》:"满洲蛮族来称王,汉家命运大堪伤。良港良湾一齐亡,神州已成逐鹿场。可是我中华土壤,任人宰割任人强。""作一个巾帼英雄,光复旧物有威风。"(均载第二期)该报发表的上海女子医学校学生殷式仪的毕业论文《中西医治病异同论》,也很有意思,她说:"凡研究医学者,应取中医之所长,补西医之不足;取西医之所长,补中医之不足,此乃医者必当自知之而求之也。"

《神州女报》创办后,"大受社会之欢迎",销售量曾高达五千份。由于它革命色彩非常浓厚,矛头直指清朝统治者,"寻为亡清恶魔所压制"①。此外,创刊后,"困于财力",经费严重不足,一度曾计划召股筹措,但未能如愿。终于在1908年1月停刊。

二

民国初年,在上海神州女界协济社成员、同盟会员张昭汉、唐群英等人努力下,《神州女报》于1912年复刊。经理张昭汉,编辑唐群英(曾任女子北伐队长)、汤国梨。至次年2月共出四期。

新版"以普及教育、提倡实业、研究政法、鼓吹女子政治思想、养成完全高尚纯洁之女国民,以促进共和之进行为宗旨"。它的创办曾得到孙中山等人的支持,孙中山为复刊号写了"发达女权"题词,蒋作宾写了"女界圭臬"题词,吴稚晖、周菱生也写了题词和祝词。

新版所反映的内容主要是民国初年女子争取参政权的斗争以及参加当时其他斗争的情况。

它首先提出帝制推倒,共和告成,中国女子受压迫的状况应当迅速改变。女子应当同男子一样享有平等的权利,应当有参政权,"方今世界日进文明,男女平权,尤资实际,泰西先进诸国,国会虽无女子列席之例,而区选举有调查女子之条,是女子参政之动机,英美已开先导,吾共和国告成,即应提此事"。认为女子能当好权,"吾女子心细志坚,忍劳而勤敏,知廉耻重名誉,苟能发奋,何事不可为,何图不能就。……所谓有志者事竟成,安有于政学而独不能讲求耶?"②妇女应该起来积极争取参政权,"借文明潮流之趋势,以公理为武器而争还我第二生命之天然所有权"。为了争取女子参政权,上海及湖南等地的妇女

---

① 《神州女报》第1期,《本社公告》,1912年11月。
② 周籁:《神州女学旬报发刊祝词》,第3期;杨家荀:《男女平权之真恉》,第1期。

进行了不懈的努力,湖南女子发起成立女子参政同盟会湘省支部,上海地区的"热血女子不惜瘏口屠舌,号呼奔走,一再要求其理想中之神圣女子参政权"。①

在女子参政权的问题上,孙中山采取了积极支持的态度。1911 年年底,他在致林宗素的复函中说:"中华女子有完全参政权。"同年上海女界神州协济社社员唐群英写信给孙中山和参议院,要求"参议院存案,俾国会决议时为女界预留旁听及参政一席"。孙中山在复信中再次表示:"至女子应否有参政权,定于何年实行,国会能否准女界设旁听席,皆当决诸公论,应咨送参议院议决也。"②表示继续支持。可是除孙中山以外,同盟会的其他领导成员对女子参政问题并不热心,多数人持怀疑态度。他们口头上虽然承认女子应享有与男子同等的权利,但认为目前缺乏参政资格和条件。蒋作宾在《祝辞》中说:"天赋人权,男女所共;女子参政,人道当然。然主张参政,为学理上所期许,是否有参政能力则系事实上之判决。观今女界较其大凡审识名物者,千取一焉,备取常识者,万取一焉,若夫法理者精深,政论渊博者,虽千万一之比例,犹不逮也。"吴稚晖在神州女报社成立大会的演说,也力劝女界"从速研究政治学识、插足政界团体为预备"。③也就是说,女子参政目前只能准备,还不到实行的时候。

1911 年年底,中华民国临时政府参议院否决女子有参政权。这一决定引起革命妇女的强烈不满。该报接连发表文章,指其乖谬。"今日者,共和开幕,五族同仁,而独屏我女子于种种权利之外,此可忍孰不可忍?"有的文章指出:"仍有以女子参政权为不急务者,是真欲永久奴隶我女界耶!""彼男子反对者,谓吾女子无国家思想,无政治能力,与以政事必误国机,此固男子尊男抑女之故智。"④

女子参政权被否决后,该报认为女子不应因此而气馁,应当如"革命前志士输入文明"那样,"预备实力为要,舍此要无第二捷径也"。"若再不自谋,是自屏于共和之列,永沦苦海万劫不复矣。"⑤它主张:(1)妇女当前应积极创造参政的条件,"苟昧于法学原理,即不能妄谈政事;财政未谙,则不知经济之消长;国际公法不明,则昧于外交,即不能折冲御侮,化干戈为玉帛;军事不明,无尚武精神,终不能与男子立于平等之地位。苟能致力于此数者,则举凡政治之措施,男

① 杨家荀:《男女平权之真旨》,第 1 期;《祝词》,第 2 期。

② 《本社记事》,第 1 期;《孙中山先生复本社会书》,第 2 期。

③ 蒋作宾:《祝神州女报》;《本社成立经过》,第 1 期。

④ 杨家荀:《男女平权之真旨》,第 1 期;社英:《好礼服足称制订耶》,第 2 期。

⑤ 杨家荀:《男女平权之真旨》,第 1 期。

子所为者,吾女子且优为之。……不然者,纵掷去无数竞逐之代价,而争以相当之政权而我以寡识之故,所谓参政者,亦不过如会审公堂之陪审员,仅与闻其事而已,仍无政治上实在之表现,直接之利害也。则亦何贵有此傀儡之政权乎!"①(2)应争取女子财产承袭权。"与其争不可必得之参政权,曷以全力先争承袭遗产权之为愈。"争承袭遗产权较争参政权利益大而进行易。争取女子有承袭遗产权也是维护人道、恢复女权。"天既生我,即界我以各种权利。承袭遗产问题为女界人人所应争者,女子同为人类,何能独自放弃。论男女平等亦当争之,论人权天赋亦当争之。"②

该报还报道了江浙地区妇女参加反对沙俄侵略蒙古的斗争,并发表《救蒙不可缓矣》社论。指出:"俄蒙协约已成,乃中国瓜分之发端,关系大局,良非浅鲜,苟我国民不敌忾同仇,急起挽救则国亡无日。""今日之救蒙,亦为我女界表能力尽义务之良机也。"③

《神州女报》从创办到复刊,前后存在一年多时间,共出七期。它以鲜明的立场对当时的重大政治问题发表过自己的看法,记载了妇女运动的不少活动,是研究当时妇女运动的重要资料。

---

① 杨家荀:《男女平权之真悟》,第1期。
② 社英:《女子承袭遗产问题之商榷》(一),第4期。
③ 季威:《救蒙不可缓矣》,第2期;《国民其速起》,第3期。

后　记

　　2017 年 10 月某日,上海人民出版社张晓玲编辑来看我,并送来了由该社重印的盛档《中国通商银行》一书。聊谈中,她问我,最近做什么研究,我说我正在整理我过去三十多年近代史研究方面的文稿,这些文稿主要集中于辛亥革命,朝、韩、日本与中国关系,近代人物与事件等诸多方面。她对我的研究一直予以关注、鼓励。我向她表示可否由该社帮助出版的意愿,她欣然表示支持。其实多年来我对上海人民出版社一直怀有深厚的感情,自 1983 年随导师陈旭麓教授参加《中华民国人物大辞典》编写起,我就同上海人民出版社结下不解之缘。我的主要著作如《翁同龢》《翁同龢的人际交往与晚清政局》《政治制度与近代中国》《东亚世界与近代中国》等书都是在该社和上海书店出版社关心和帮助下出版的,叶亚廉、陈昕、朱金元、李远涛、胡小静、许仲毅、张臻等诸多先生均为我的著作出版倾注了辛劳。经与晓玲编辑商议,先将辛亥革命部分出版,书名《辛亥革命与近代中国》,其余部分稍后陆续出版。

　　我对辛亥革命的研究始于 1978 年后。是年我考取陈旭麓教授的研究生。陈师是著名的历史学家,以近代中国社会新陈代谢研究享誉国内外。一次,他告诉我们,他的第一部专著就是《辛亥革命》。中华人民共和国成立前,他在大夏大学讲授社会史,中华人民共和国成立后,社会史不讲了,改讲中国近代史,但当时全国高校历史教学就是缺少近代史教材,反映辛亥革命史的专著几乎一本也没有。华东师范大学成立后,他担任副教务长,历史教学的现实使他感到有责任、有义务去撰一本反映辛亥革命史的著作。经过两年多的努力,他最终写出了《辛亥革命》一书。全书八万多字,1955 年 6 月由上海人民出版社出版。这是新中国成立后第一本辛亥革命史专著。当时印了七万六千册,但很快售罄。于是出版社不得不于次年加印一万册。到“文革”前,是书共印刷了八次,总发行量达到二十万册。一本史学专著发行量如此之大,这在“文革”前极为少见。

　　《辛亥革命》一书之所以受到人们的欢迎,除因为当时这类著作紧缺外,还与此书的学术观点有关。陈师认为辛亥革命是近代中国演变的重心,辛亥革命研究清楚了,鸦片战争之后到辛亥前的这段历史就好解释,对辛亥以后的三十年史也能很好理解。他说:"从洋务运动到戊戌维新,是革新道路上的量变,辛亥革命是个飞跃,但飞得不高,跃得不远,没有完成飞跃任务。"(《浮想录》)辛亥革命使连绵两百多年的会党反清斗争与太平天国和捻军反清起义有了结果。使中国发生了根本制度的改变。革命党人虽缔造了民国,但封建官僚袁世凯却夺得了"名器",辛亥革命没有实现真正的民主共和。孙中山坚持奋斗救中国,最终是马克思主义中国化解决了中国问题。陈师对辛亥革命有很好的研究,他对辛亥革命的研究观点、思路直接影响我对辛亥革命的研究。1981 年,我研究生毕业留校,分配在他领导的中国近代史研究室工作,并担任他的学术秘书,从此在他指导下,一边教学,一边从事近代史研究,直到他去世,在他身边学习研究整整十年。在他指导下,我先后撰写和发表了不少有关辛亥革命的文章,其中有事件的评述、人物的评价,本书就是论文的结集出版。

1991 年,为了纪念辛亥革命八十周年,北京近代史研究所文化研究室主任丁守和先生决定编辑一套"辛亥革命时期期刊介绍"丛书。丁先生来到上海找到陈师,根据丁先生要求,征得陈师同意,我编写了《杭州白话报》《著作林》《普通学报》《神州女报》四份报刊介绍(收入本书附录)。当时陈师正给我们研究生讲授近代中国社会新陈代谢课程,根据他的吩咐,我又查阅了辛亥革命前民变、会党活动、立宪派和革命党人的资料,这些报刊、档案资料为我宏观研究辛亥革命史起了很大的帮助。

20 世纪八九十年代,近代史学界兴起了一股对近代社会思潮的研究,如洋务思潮、戊戌思潮、辛亥革命思潮、五四思潮,等等。我因研究近代中国政治制度变迁,也在这种学术氛围的感染下,对一些对近代中国史上有重大影响的人物如秋瑾、邹容、孙中山、宋教仁、黄兴、章太炎、张謇、程德全、蔡元培、李烈钧、萨镇冰等辛亥人物的政治制度思想、革命活动进行了探讨。在这些人物中,着重对孙中山的民权思想、五族共和建国思想、经济思想、他领导的同盟会与辛亥革命的关系等进行了论述。

20 世纪 30 年代,华东师范大学历史系钱实甫教授曾著文,认为辛亥革命是立宪派和革命派合力的结果,引起了我的注意①,后来看到中国台湾学者张

---

① 钱实甫,中华人民共和国成立前北京大学历史系毕业。中华人民共和国成立后,任华东师范大学历史系教授,为陈旭麓教授同事,且同在近代史教研室工作。是我国著名近代史学者、历史学家,编有《清代职官年表》。1933 年 9 月,钱先生在广州三民主义月刊社编的《三民主义月刊》上发表《四十年来我国士大夫心理之剖析——从戊戌变法到所谓中国现代化》一文。文中提出辛亥革命是革命党人、立宪派、封建官僚(指袁世凯)……"合力"的结果。陈旭麓教授曾对我说,钱先生清代官制搞得很清楚,但未从近代社会变迁来论述,让我可以在这方面作些研究。后来我遵照陈师指示,用功十年,最后写成《政治制度与近代中国》一书,并由上海人民出版社出版。

玉法教授的文章,也有类似的看法。遂经过多年的思考,最终写出了《体制内变革与体制外革命与辛亥革命》的长文。依据孙中山有关参加辛亥革命的四种人之说法进行分析论证,认为辛亥革命的胜利是各种政治力量合力的结果。与此相应,又从天时地利出发,对光复会、上海独特的地位、电报等信息传递的快捷与辛亥革命的关系、辛亥革命时期中华书局的诞生、中国第一家银行——中国通商银行的变化进行了论述。

辛亥革命是一场伟大的社会变革,是中国政治制度变迁中划时代带有里程碑意义的事件。为此又先后撰写了《辛亥革命时期的军政府述论》《民国临时参议院简论》《民国临时参议院在中国民主进程中的历史地位》《临时约法颁布百年后的历史反思》《略论民国初年的政党政治》《民初总统制与责任内阁制评议》《同盟会改组国民党再探讨》等论文。

近几十年来,辛亥革命研究有了很大的发展,尤其是对有关人物的评价。我尊重历史事实,依据史料,不随俗、不趋风、不轻易改变自己的观点,始终坚持"论从史出,理由事生"的研究理路和原则。相信读者可以从该书中清楚地体会到这点,并透过本书,可以窥见我几十年来从事研究的心路历程。我虽对辛亥革命史作了多年探索,但总的来说缺乏系统性研究,不少论述还很粗浅。书中讹误不免,诚请方家指正。

为了本书的出版,编辑张晓玲女士倾注了大量的心血,句斟字酌,释疑定向,一丝不苟,令人敬佩。在此向她表示衷心感谢!

美编王小阳先生为了把书出好,选图尽心,令人高兴,在此一并向他致意!

谢俊美
2021 年 9 月于上海

图书在版编目(CIP)数据

辛亥革命与近代中国 / 谢俊美著. -- 上海 : 上海
人民出版社，2024. -- ISBN 978-7-208-19124-2

Ⅰ. K257.06

中国国家版本馆 CIP 数据核字第 2024G0A077 号

责任编辑 张晓玲 张晓婷
封面设计 王小阳

辛亥革命与近代中国
谢俊美 著

出　　版 上海人民出版社
　　　　　（201101 上海市闵行区号景路 159 弄 C 座）
发　　行 上海人民出版社发行中心
印　　刷 上海商务联西印刷有限公司
开　　本 720×1000 1/16
印　　张 19.75
插　　页 3
字　　数 328,000
版　　次 2024 年 10 月第 1 版
印　　次 2024 年 10 月第 1 次印刷
ISBN 978-7-208-19124-2/K·3414
定　　价 98.00 元